Biosphäre 9/10

Baden-Württemberg

Cornelsen

Biosphäre

Band 9/10 Gymnasium Baden-Württemberg

Autorinnen und Autoren:
Astrid Agster, Reutlingen; Robert Felch, Mögglingen; Dr. Horst Janz, Tübingen; Dr. Stephanie Schrank, Ulm; Dr. Matthias Stoll, Tübingen

Teile dieses Buches sind anderen Ausgaben der Lehrwerksreihe Biosphäre entnommen.

Autorinnen und Autoren dieser Ausgaben:
Stefan Auerbach, Joachim Becker, Dr. Werner Bils, Anke Brennecke, Frank Deutschmann, Anne-Kathrin Dierschke, Daniela Grabenstein, Franziska Hach, Angelika Huber, Wolfhard Koth-Hohmann, Prof. Dr. Hansjörg Küster, Dr. Karl-Wilhelm Leienbach, Prof. Dr. Anke Meisert, Martin Post, Annegret Schlegel, Silke Rest, Gabriele Rupp, Dr. Ulrike Schiek, Hans-Peter Schörner, Hans-Jürgen Staudenmaier, Michael Szabados

Redaktion: Amanda Jager Fonseca, Aljoscha Metz
Designberatung: Britta Scharffenberg
Umschlaggestaltung: Klein & Halm Grafikdesign; SOFAROBOTNIK GbR, Augsburg & München
Layoutkonzept und Layout: Klein & Halm Grafikdesign
Technische Umsetzung: Reemers Publishing Services
Grafik: Angelika Kramer; Karin Mall; Tom Menzel; Bernhard A. Peter, Pattensen, NewVision.de; Andrea Thiele

Begleitmaterialien zu Biosphäre Band 9/10 Gymnasium Baden-Württemberg

Schulbuch als E-Book mit Medien	1100028646
Lösungen zum Schulbuch	978-3-06-420380-8
Unterrichtsmanager Plus mit E-Book und Begleitmaterialien	1100028651

www.cornelsen.de

1. Auflage, 1. Druck 2022

Alle Drucke dieser Auflage sind inhaltlich unverändert und können im Unterricht nebeneinander verwendet werden.

Druck: Livonia Print, Riga

ISBN 978-3-06-420378-5

PEFC
PEFC/12-31-006

PEFC zertifiziert
Dieses Produkt stammt aus nachhaltig bewirtschafteten Wäldern und kontrollierten Quellen.

www.pefc.de

Inhalt

1

Evolution 10

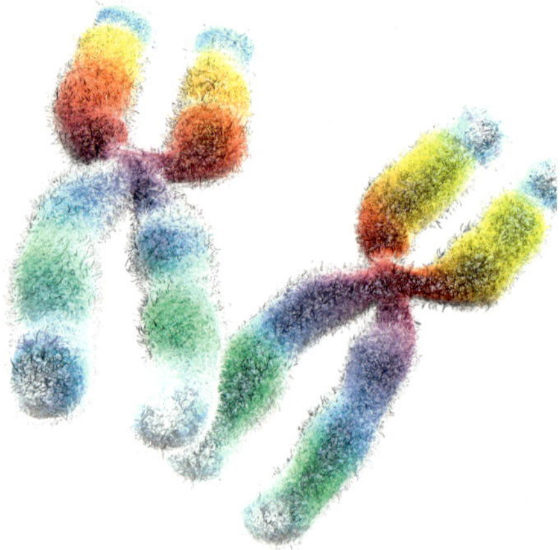

2

Genetik

3

Immunbiologie

4

Zellbiologie

So arbeitest du mit deinem Buch

Kapiteleinstieg

Jedes Kapitel beginnt mit einem großen Bild und einer Übersicht. Die Inhalte des Kapitels werden kurz beschrieben.

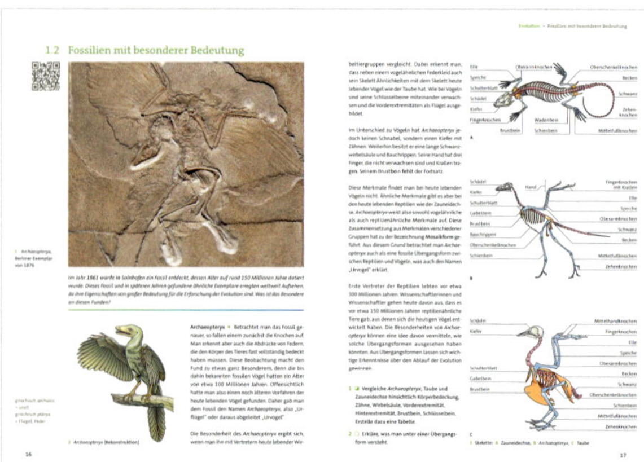

Inhaltsseiten

Ein Bild und eine Frage leiten jedes Unterkapitel ein. Auf drei Inhaltsseiten werden die Inhalte und Fachbegriffe erklärt und die Eingangsfrage wird beantwortet. Mit den Aufgaben kannst du überprüfen, ob du die Inhalte verstanden hast. Die Symbole stehen für den Schwierigkeitsgrad einer Aufgabe:

- ☐ Anforderungsbereich I
- ◩ Anforderungsbereich II
- ■ Anforderungsbereich III

Methode

Auf den Methodenseiten werden Fachmethoden und naturwissenschaftliche Arbeitsweisen Schritt für Schritt erklärt.

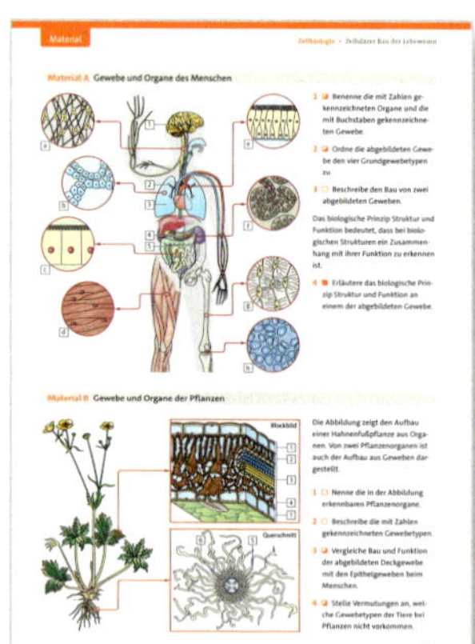

Material

Zu jedem Unterkapitel gehört eine Materialseite. Dort sind Aufgaben zu finden, die mithilfe verschiedener Materialien wie Abbildungen, Tabellen und Diagrammen gelöst werden können.

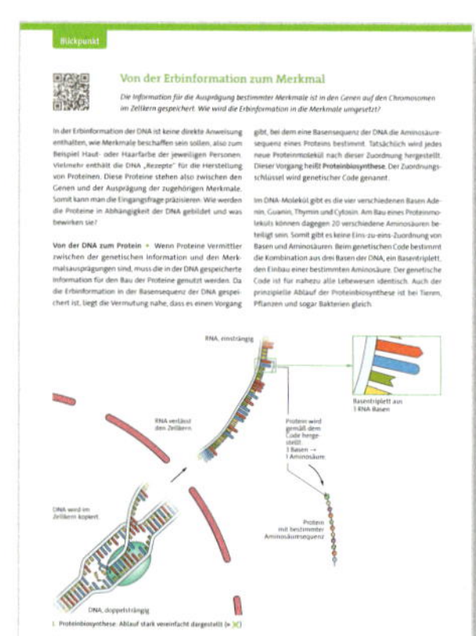

Blickpunkt

Auf den Blickpunktseiten erfährst du Interessantes aus anderen Fachgebieten oder findest vertiefende Informationen zu einem Thema.

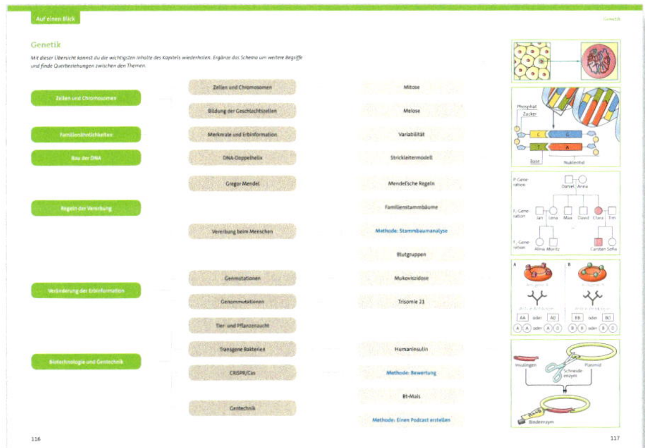

Auf einen Blick

Jedes Kapitel schließt mit einer Übersicht ab, die die wichtigsten Themen und Begriffe enthält. Damit kannst du dir einen Überblick über das Gelernte verschaffen und die Inhalte wiederholen.

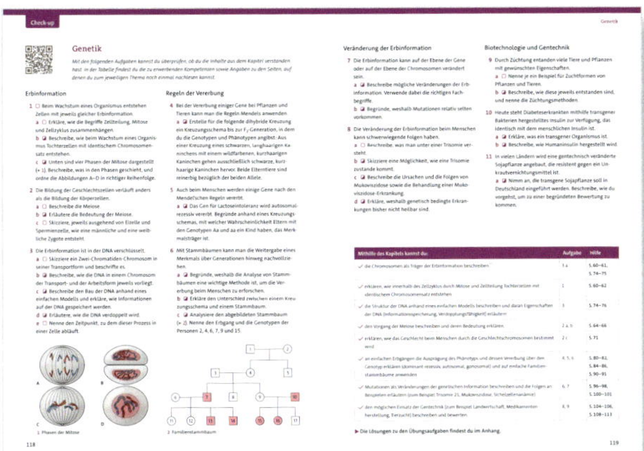

Check-up

Am Ende eines jeden Kapitel findest du Aufgaben, mit denen du überprüfen kannst, ob du die Inhalte verstanden hast. Im Anhang des Buches findest du die Lösungen zu diesen Aufgaben.

Digitale Anreicherung

Auf der ersten Seite eines jeden Unterkapitels ist ein QR-Code abgedruckt. Dahinter findest du zusätzliche digitale Materialien. Auch die Seiten Blickpunkt, Methode und Check-up sind teilweise mit digitalen Materialien über einen QR-Code angereichert.

Wenn du einen QR-Code scannst, öffnet sich eine Seite mit Materialien, die du anklicken kannst.

Hinter diesem QR-Code findest du eine Gesamtübersicht über alle digitalen Materialien zu diesem Buch.

Basiskonzepte und biologische Prinzipien

Basiskonzept

System

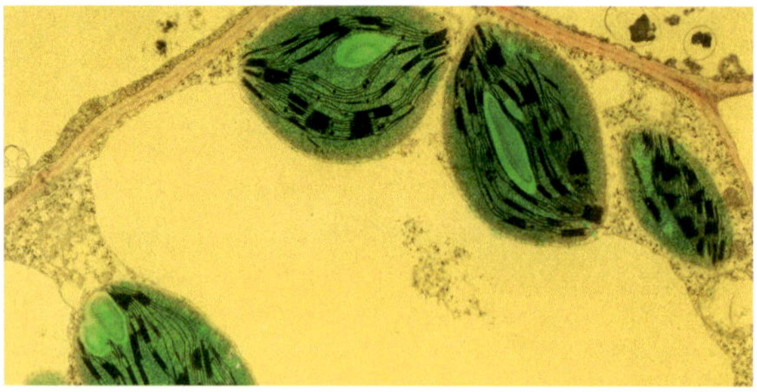

1 Zelle mit Chloroplasten

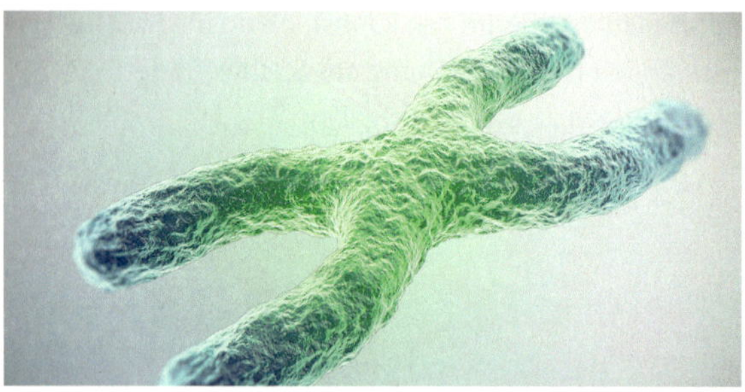

2 Modell eines Chromosoms

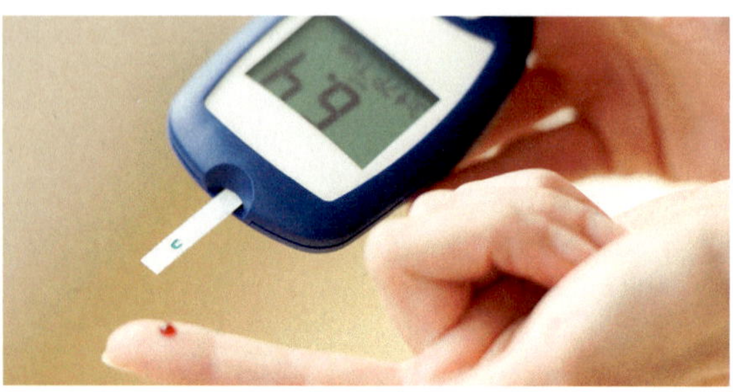

3 Blutzuckermessung

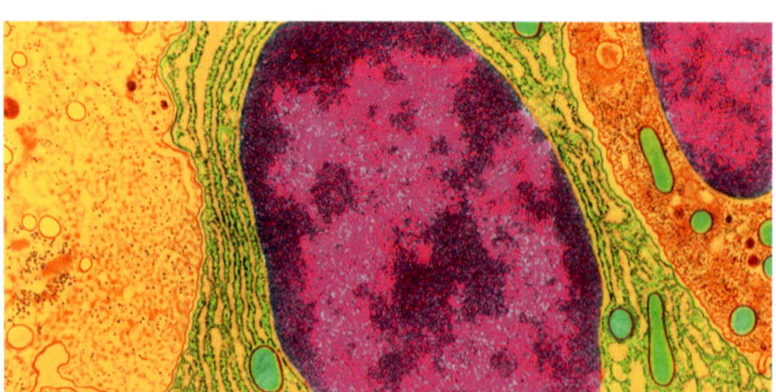

4 Kompartimente einer Zelle

Lebewesen, Organe, Gewebe und Zellen kann man jeweils als Systeme ansehen. Dass man in der belebten Welt auf allen Anschauungsebenen Systeme beschreiben kann, besagt das **Basiskonzept System**.

Stoff- und Energieumwandlung • Systeme benötigen Energie. Pflanzen betreiben Fotosynthese mithilfe der Chloroplasten ihrer Zellen. So nutzen sie die Sonnenenergie für ihr Wachstum und die Lebensvorgänge. Tiere ernähren sich von Pflanzen und erhalten so Energie. Lebende Systeme erhalten ihre Energie von außerhalb.

Information und Kommunikation • Im Zellkern, in den Chromosomen, sind die Erbinformationen eines Lebewesens gespeichert. Sie liegen in der Basensequenz der DNA verschlüsselt vor. Die Informationen können abgelesen und in Proteine übersetzt werden.
Alle Lebewesen kommunizieren. In der Evolution des Menschen hat sich eine Wortsprache herausgebildet, mit der Menschen sich verständigen. Der Austausch von Informationen ist ein Prinzip aller lebenden Systeme.

Steuerung und Regelung • Die Glucosekonzentration im Blut, der Blutzuckerspiegel, ändert sich bei gesunden Menschen nur kurzfristig, zum Beispiel wenn Glucose an die Muskeln oder nach einer Mahlzeit ins Blut abgegeben wird. Der Blutzuckerspiegel wird durch Hormone reguliert: Glukagon führt zu dessen Erhöhung. Es bewirkt die Abgabe von Glucose ins Blut aus Glucose speichernden Zellen. Insulin veranlasst Zellen, Glucose aufzunehmen und senkt so den Blutzuckerspiegel. Steuerungs- und Regelungsvorgänge ermöglichen das Funktionieren von Systemen bei wechselnden Anforderungen.

Kompartimentierung • Viele Zellbestandteile sind durch Membranen abgegrenzt und bilden getrennte Räume. In diesen Kompartimenten herrschen unterschiedliche Bedingungen. Durch die Kompartimentierung können also verschiedene Stoffwechselvorgänge getrennt voneinander ablaufen, ohne sich gegenseitig zu beeinflussen.

Basiskonzept

Struktur und Funktion

Lebewesen, Organe und Zellen haben Strukturen, die für die jeweiligen Funktionen günstig sind. Verschiedene Funktionen und Lebensweisen haben jeweils andere Strukturen zur Folge. Die genaue Kenntnis biologischer Strukturen hilft, ihre Funktion zu verstehen. Diese Erkenntnis ist das **Basiskonzept Struktur und Funktion**.

Oberflächenvergrößerung • In den Mitochondrien wird bei der Zellatmung Energie bereitgestellt. Die innere Membran der Mitochondrien ist stark eingefaltet, wodurch die innere Oberfläche vergrößert ist. So kann der Prozess der Zellatmung besonders effektiv ablaufen.

Schlüssel-Schloss-Prinzip • Antikörper passen genau zu den Antigenen eines bestimmten Erregers. Sie binden an die Antigene, verklumpen die Erreger und machen sie so unschädlich. Die genaue Passung von biologischen Strukturen wird als Schlüssel-Schloss-Prinzip bezeichnet.

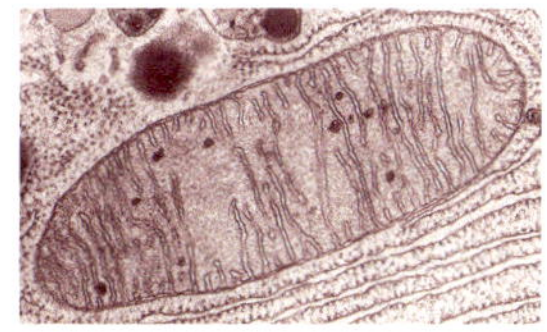

5 Mitochondrium

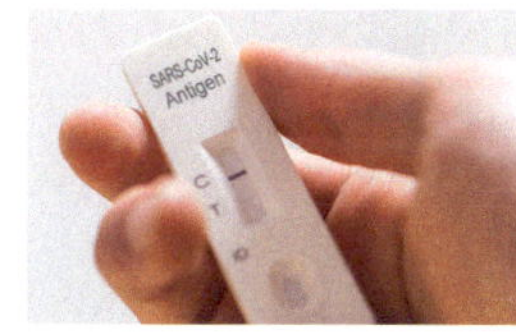

6 Corona-Antigentest

7 Wandelndes Blatt

Angepasstheit • Die Evolution führt zu Lebewesen, die an ihre Umwelt angepasst sind. So bewirkte die Selektion durch Beutegreifer, dass gut getarnte Tiere entstanden, zum Beispiel das Wandelnde Blatt.

Basiskonzept

Entwicklung

Lebewesen entwickeln und verändern sich. Während der Erdgeschichte haben sich die heute vorkommenden Lebewesen aus Vorfahren entwickelt. Entwicklung findet auch bei jedem Individuum auf Ebene der Zellen, Gewebe und Organe statt.

Reproduktion • Menschen pflanzen sich geschlechtlich fort. Bei der Befruchtung verschmelzen die Zellkerne von Spermien- und Eizelle. Ihre Erbinformationen werden dabei kombiniert. Nach der Befruchtung kann ein Kind entstehen und heranwachsen.

Variabilität • Die Nachkommen von Pflanzen und Tieren sind fast nie vollständig gleich. Ein Beispiel sind die unterschiedlichen Färbungen von Schnirkelschnecken, die aus dem Gelege einer einzigen Schnecke hervorgehen. Die Neukombination der Erbinformation bei der Meiose und Befruchtung ist die wichtigste Ursache für die Variabilität bei Lebewesen.

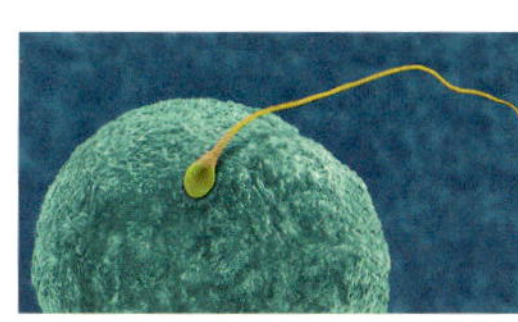

8 Befruchtung einer Eizelle

9 Schnirkelschnecken

10 Fossil (Ammonit)

Evolution • Die heute vorkommenden Lebewesen sind aus Vorfahren entstanden. Manche Vorfahren sind als Fossilien erhalten. Lebewesen haben sich durch Mutation und Selektion über lange Zeiträume entwickelt. Diese Entwicklung wird als Evolution bezeichnet.

1
Evolution

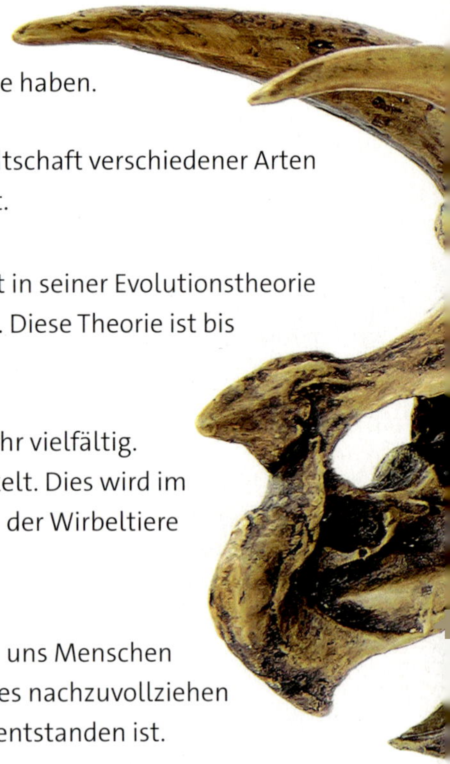

- In diesem Kapitel lernst du, welche verschiedenen Formen von Fossilien es gibt, wie sie entstehen und welche Bedeutung sie für die Evolutionsbiologie haben.
- Du erfährst, wie man Rückschlüsse auf die Verwandtschaft verschiedener Arten ziehen kann, indem man ihren Körperbau vergleicht.
- Der Forscher Charles Darwin hat im 19. Jahrhundert in seiner Evolutionstheorie beschrieben, wie Arten und Artenvielfalt entstehen. Diese Theorie ist bis heute gültig und wird im Kapitel näher beleuchtet.
- Die heute existierende Tier- und Pflanzenwelt ist sehr vielfältig. Diese Vielfalt hat sich erst im Laufe der Zeit entwickelt. Dies wird im Kapitel durch einen Blick in die Stammesgeschichte der Wirbeltiere und der Samenpflanzen deutlich.
- Die menschliche Stammesgeschichte zeigt auf, was uns Menschen zu Menschen macht und anhand welcher Belege dies nachzuvollziehen ist. Im Kapitel erfährst du, wie der heutige Mensch entstanden ist.

Dinosaurier leben heute nicht mehr und doch ist bekannt, dass sie früher die Erde bevölkert haben. Sind sie mit noch heute lebenden Tieren verwandt? Woher weiß man, wie und wann sie gelebt haben?

1.1 Fossilien

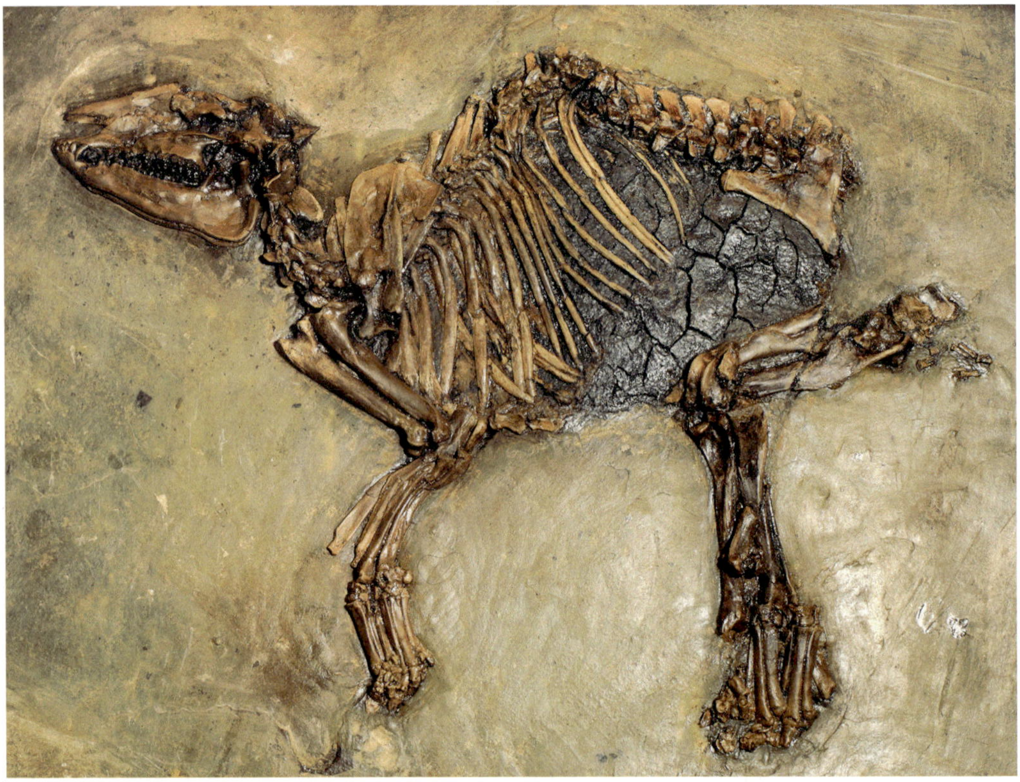

1 Fossil des Urpferdchens

Im Senckenberg-Museum in Frankfurt wird ein Fund präsentiert, der als Urpferdchen bezeichnet wird und wahrscheinlich 45 Millionen Jahre alt ist. Wie gelangt man zu solchen Erkenntnissen?

lateinisch *fossilis* = ausgegraben

Urpferdchen • In der ehemaligen Erzgrube Messel in der Nähe von Darmstadt fanden Wissenschaftler und Wissenschaftlerinnen Steine, die wie Knochen aussahen. Ihre Form und ihre Anordnung ähnelten dem Skelett von heute lebenden Säugetieren.
Untersuchungen zeigten, dass es sich bei einem dieser Funde um Überreste eines Tieres handelte, das viele Ähnlichkeiten mit bereits bekannten Vorfahren unserer heutigen Pferde hatte.

Wahrscheinlich lebte das Tier vor etwa 45 Millionen Jahren und ist damit noch älter als die bisher bekannten Vorfahren der Pferde. Die Forschenden nannten es daher *Urpferdchen.*
Im Gegensatz zu den heute lebenden Pferden war das Urpferdchen nur ungefähr so groß wie ein Fuchs. Zudem hatte es nicht einen Zeh wie heutige Pferde, sondern je Fuß vier Zehen an den Vorderbeinen und drei Zehen an den Hinterbeinen.

Überreste von Lebewesen aus früheren Zeiten bezeichnet man als **Fossilien.** Der Fund aus der Grube Messel ist also ein Fossil des Urpferdchens. Die Wissenschaft, die sich mit der Erforschung von Fossilien beschäftigt, heißt **Paläontologie**.

Entstehung von Fossilien • Wenn ein Lebewesen stirbt, setzen normalerweise Verwesungsprozesse ein und der Körper wird fast vollständig zersetzt. Knochen, Panzer oder Schalen bleiben länger erhalten, aber auch sie werden im Laufe der Zeit zersetzt.

Stirbt ein Lebewesen jedoch an einer Stelle, an der es nach und nach von Sand oder Schlamm begraben wird, können seine Überreste länger erhalten bleiben. Solche Orte können beispielsweise Flussbetten oder der Meeresgrund sein. Je mehr Zeit vergeht, desto tiefer können diese Überreste von weiteren Sand- oder Schlammschichten, den

2 Seeigel, Steinkern

3 Haifischzähne, Versteinerungen

Sedimenten, bedeckt werden. Durch hohen Druck und Mineralstoffeinlagerungen können Knochen, Schalen oder Panzer schließlich zu Stein werden. Diese **Versteinerungen** lassen die Form oder die äußere Struktur der Schalen oder Knochen noch gut erkennen.

Das Sediment kann auch in die Hohlräume von Schneckenhäusern oder Muschelschalen gelangen. Während das Sediment im Inneren versteinert, lösen sich die ursprünglichen Schalen mit der Zeit auf. Es entsteht ein harter Kern, auf dessen Außenseite man die Innenstrukturen der Schalen gut erkennen kann. Solche Fossilien nennt man **Steinkerne.**

Fußabdrücke von Tieren, zum Beispiel von Dinosauriern, können mit der Zeit ebenfalls versteinern. Man spricht dann von **Spurenfossilien.** Es gibt aber auch Fossilien von Pflanzenteilen wie Blättern oder Zweigen. Oft ist im Laufe der Fossilbildung das Gewebe völlig zersetzt worden. Zurück bleibt dann nur der **Abdruck** des Blattes im Stein.

Der Prozess, der zur Entstehung von Fossilien führt, heißt **Fossilisation**. Er dauert oft viele Millionen Jahre. Aus Fossilien lassen sich wichtige Erkenntnisse über den Körperbau und die Angepasstheiten von Lebewesen aus früheren Zeiten gewinnen.

Besondere Fossilformen • Werden Insekten oder andere kleine Wirbellose von Baumharz vollständig eingeschlossen, können ihre Körper nicht zersetzt werden. Sie bleiben erhalten.

Wenn im Laufe von Millionen Jahren das Baumharz versteinert, entsteht **Bernstein,** in dem man dann die konservierten Lebewesen finden kann. Auch im Moorboden, im heißen Wüstensand, im dauerhaft gefrorenen Boden oder im arktischen Eis verzögert sich die Zersetzung toter Lebewesen, sodass sie konserviert werden und **Mumien** entstehen. Mumien unterscheiden sich von anderen Fossilien durch ihr geringeres Alter und den Erhalt von Weichteilen.

Im Laufe sehr langer Zeiträume ist aus dem Torf von Mooren, der aus unvollständig zersetzten Pflanzenresten besteht, zunächst Braunkohle und schließlich Steinkohle geworden. Darin findet man häufig Abdrücke von Bäumen und anderen Pflanzen, die in früheren Erdzeitaltern gelebt haben und nach ihrem Absterben im Moor versunken sind.

1 ▢ Erkläre den Begriff Fossil.

2 ▢ Erstelle eine Tabelle, in der du den verschiedenen Fossilformen stichwortartig Angaben zu ihrer Entstehung machst und ihnen Beispiele zuordnest.

4 Mücke in Bernstein

5 Farnblatt, Abdruck

Bedeutung von Fossilien • Sediment kann sich in Farbe, Form und Korngröße unterscheiden. Über viele Millionen Jahre hinweg können verschiedene übereinanderliegende Gesteinsschichten entstehen, wie man zum Beispiel an Felsküsten oder in einem Steinbruch sehen kann. Die untersten Schichten sind früher entstanden und damit älter als die darüberliegenden. Dasselbe gilt damit auch für die in den jeweiligen Schichten gefundenen Fossilien.

Manche Fossilien findet man regelmäßig nur in bestimmten Gesteinsschichten. Ein Beispiel dafür sind die Trilobiten, die aussehen wie heute lebende Asseln. Trilobiten haben nur zu einer bestimmten Zeit in großer Anzahl auf der Erde gelebt. Das bedeutet, dass alle Gesteinsschichten, in denen man sie findet, in dieser Zeit entstanden und damit gleich alt sind. Solche Fossilien heißen **Leitfossilien.**

1 Gesteinsschichten

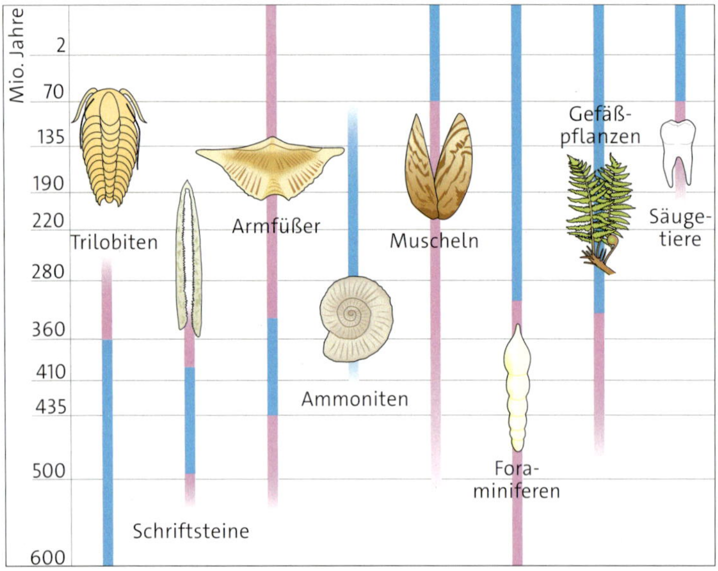

2 Vorkommen (▬) und Bedeutung als Leitfossilien (▬) in der Erdgeschichte

Durch Vulkanausbrüche, Erdbeben und die Bewegung der Erdkruste werden Gesteinsschichten ständig verschoben. Dadurch kann sich auch ihre Lage zueinander verändern. Mithilfe der Leitfossilien in den jeweiligen Gesteinsschichten können Wissenschaftlerinnen und Wissenschaftler die ursprüngliche Abfolge, also die zeitliche Reihenfolge der Schichten, feststellen. Weitere Fossilien, die man in den Schichten findet, kann man diesen altersmäßig zuordnen. Damit hat man einen Maßstab, mit dessen Hilfe man das ungefähre Alter von Fossilien und Gesteinsschichten im Vergleich zu anderen Fossilien und Gesteinsschichten bestimmen kann. Man nennt das Verfahren deshalb **relative Altersbestimmung**.

Im Gegensatz dazu kann man mithilfe moderner physikalisch-chemischer Verfahren das Alter von Gesteinsschichten relativ genau in Jahren angeben. Dieses Verfahren heißt **absolute Altersbestimmung.**

Inzwischen hat man in vielen Erdschichten eine riesige Anzahl unterschiedlichster Fossilien gefunden. Ein Vergleich ähnlicher Fossilien verschiedener Schichten zeigt, dass sich die Lebewesen im Laufe der Erdgeschichte verändert haben. Diese Veränderungen werden als **Evolution** bezeichnet. Vielfach weisen Fossilien auch auf Lebensformen hin, die es heute nicht mehr gibt.

Somit liefern Fossilien wichtige Hinweise auf die Entwicklung von Tieren und Pflanzen im Verlauf erdgeschichtlich langer Zeiträume. Sie geben uns Auskunft darüber, wie die Evolution von Lebewesen auf der Erde verlaufen ist.

1 Erkläre, wie man mithilfe von Leitfossilien Aussagen über das Alter anderer Fossilien machen kann.

Material A Entstehung von Fossilien

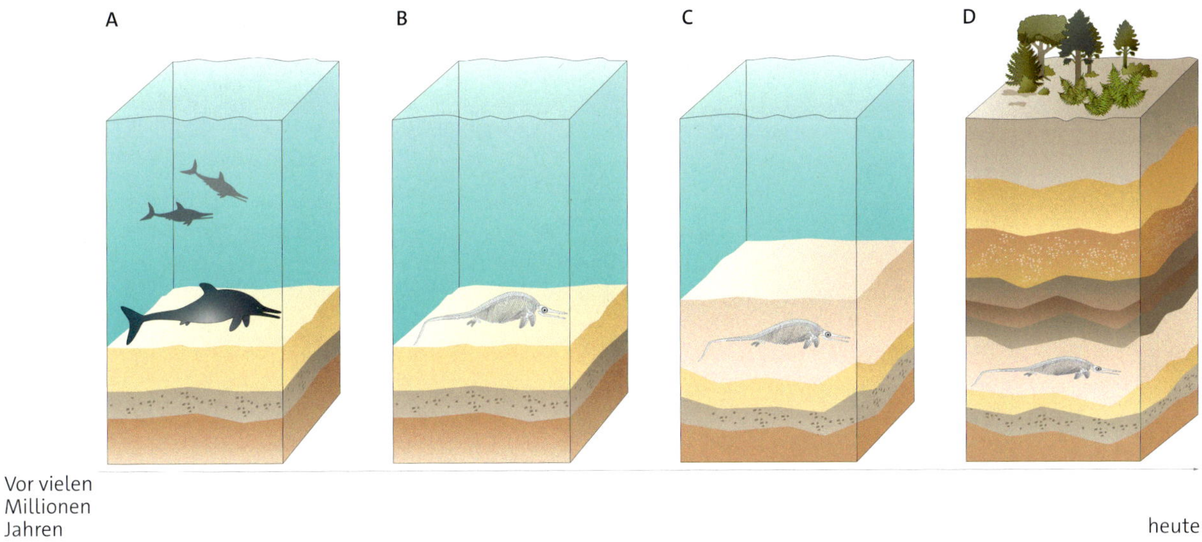

Fischsaurier ähnelten in ihrem Aussehen sehr stark den heutigen Fischen und Meeressäugern.

1 □ Beschreibe mithilfe der Abbildung die Entstehung des Fossils.

2 ◪ Begründe, um welche Fossilform es sich handelt.

3 ◪ Erläutere, unter welchen Voraussetzungen Fossilien gefunden werden können.

Material B Wollhaarmammut

In Sibirien wurde im Jahr 2007 ein junges, vor etwa 41 000 Jahren gestorbenes Wollhaarmammut gefunden. Das gefrorene Tier ist mit Haut und Weichteilen erhalten. In seinem Magen wurden Reste von Muttermilch, Gräsern, Moosen und Zweigen gefunden. Zudem entdeckte man auf der Haut dicke Wollhaare.

1 □ Begründe, um welche Fossilform es sich handelt.

2 □ Beschreibe die Vorgänge, die zu dieser Fossilform geführt haben.

3 ◪ Vergleiche die Entstehung dieser Fossilform mit der Entstehung einer anderen Fossilform.

4 ◪ Stelle eine Hypothese zu den Lebensbedingungen des Wollhaarmammuts auf.

5 ■ Stelle eine Hypothese auf, welche fossilen Reste erwachsener Wollhaarmammuts am häufigsten zu erwarten sind.

1.2 Fossilien mit besonderer Bedeutung

1 *Archaeopteryx*, Berliner Exemplar von 1876

Im Jahr 1861 wurde in Solnhofen ein Fossil entdeckt, dessen Alter auf rund 150 Millionen Jahre datiert wurde. Dieses Fossil und in späteren Jahren gefundene ähnliche Exemplare erregten weltweit Aufsehen, da ihre Eigenschaften von großer Bedeutung für die Erforschung der Evolution sind. Was ist das Besondere an diesen Funden?

2 *Archaeopteryx* (Rekonstruktion)

griechisch *archaios* = uralt
griechisch *ptéryx* = Flügel, Feder

Archaeopteryx • Betrachtet man das Fossil genauer, so fallen einem zunächst die Knochen auf. Man erkennt aber auch die Abdrücke von Federn, die den Körper des Tieres fast vollständig bedeckt haben müssen. Diese Beobachtung macht den Fund zu etwas ganz Besonderem, denn die bis dahin bekannten fossilen Vögel hatten ein Alter von etwa 100 Millionen Jahren. Offensichtlich hatte man also einen noch älteren Vorfahren der heute lebenden Vögel gefunden. Daher gab man dem Fossil den Namen *Archaeopteryx*, also „Urflügel" oder daraus abgeleitet „Urvogel".

Die Besonderheit des *Archaeopteryx* ergibt sich, wenn man ihn mit Vertretern heute lebender Wirbeltiergruppen vergleicht. Dabei erkennt man, dass neben einem vogelähnlichen Federkleid auch sein Skelett Ähnlichkeiten mit dem Skelett heute lebender Vögel wie der Taube hat. Wie bei Vögeln sind seine Schlüsselbeine miteinander verwachsen und die Vorderextremitäten als Flügel ausgebildet.

Im Unterschied zu Vögeln hat *Archaeopteryx* jedoch keinen Schnabel, sondern einen Kiefer mit Zähnen. Weiterhin besitzt er eine lange Schwanzwirbelsäule und Bauchrippen. Seine Hand hat drei Finger, die nicht verwachsen sind und Krallen tragen. Seinem Brustbein fehlt der Fortsatz.

Diese Merkmale findet man bei heute lebenden Vögeln nicht. Ähnliche Merkmale gibt es aber bei den heute lebenden Reptilien wie der Zauneidechse. *Archaeopteryx* weist also sowohl vogelähnliche als auch reptilienähnliche Merkmale auf. Diese Zusammensetzung aus Merkmalen verschiedener Gruppen hat zu der Bezeichnung **Mosaikform** geführt. Aus diesem Grund betrachtet man *Archaeopteryx* auch als eine fossile Übergangsform zwischen Reptilien und Vögeln, was auch den Namen „Urvogel" erklärt.

Erste Vertreter der Reptilien lebten vor etwa 300 Millionen Jahren. Wissenschaftlerinnen und Wissenschaftler gehen heute davon aus, dass es vor etwa 150 Millionen Jahren reptilienähnliche Tiere gab, aus denen sich die heutigen Vögel entwickelt haben. Die Besonderheiten von *Archaeopteryx* können eine Idee davon vermitteln, wie solche Übergangsformen ausgesehen haben könnten. Aus Übergangsformen lassen sich wichtige Erkenntnisse über den Ablauf der Evolution gewinnen.

1 ◪ Vergleiche *Archaeopteryx*, Taube und Zauneidechse hinsichtlich Körperbedeckung, Zähne, Wirbelsäule, Vorderextremität, Hinterextremität, Brustbein, Schlüsselbein. Erstelle dazu eine Tabelle.

2 ☐ Erkläre, was man unter einer Übergangsform versteht.

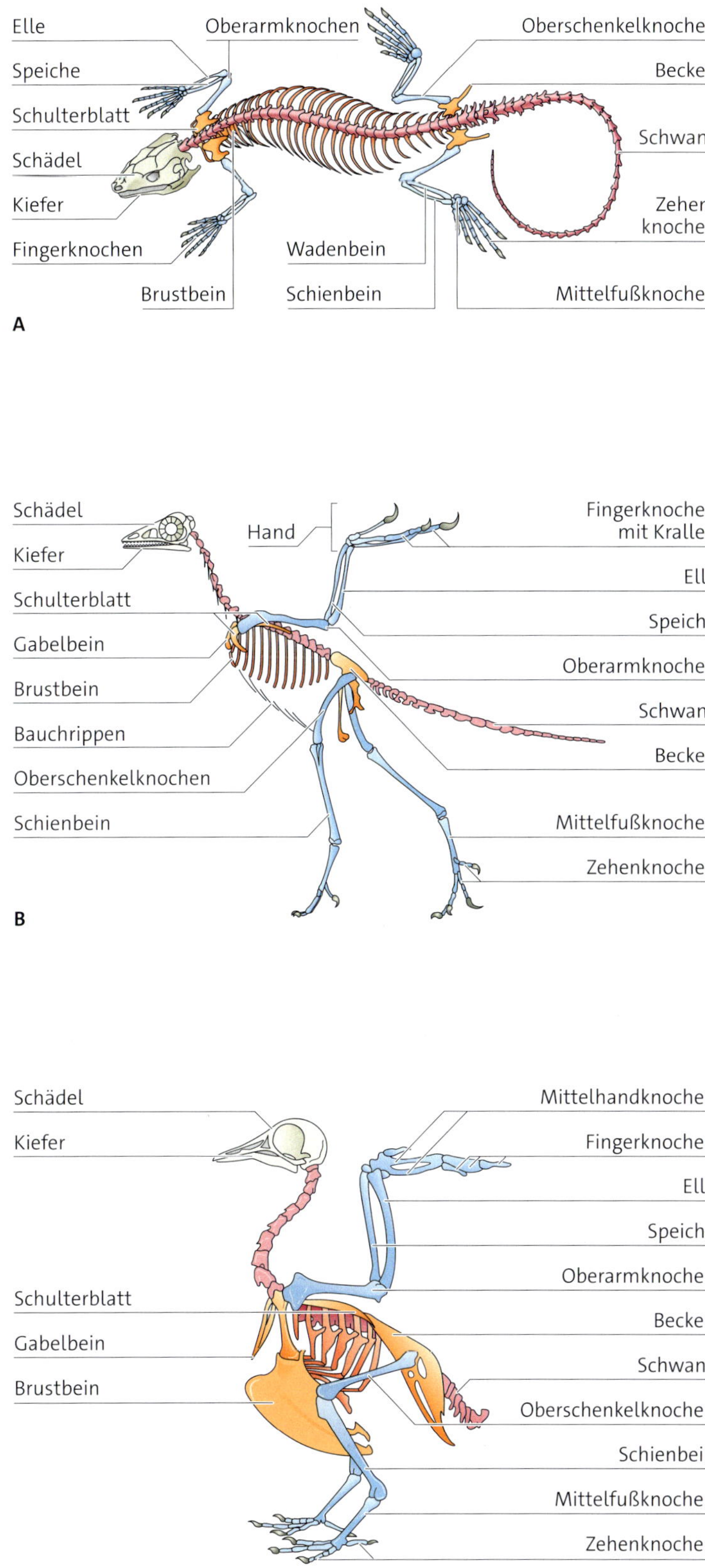

3 Skelette: **A** Zauneidechse, **B** *Archaeopteryx*, **C** Taube

1 Quastenflosser: A 375 Millionen Jahre altes Fossil, B lebendes Fossil *Latimeria chalumnae*

2 Schachtelhalm: A Fossil, B lebendes Fossil *Equisetum arvense*

Lebende Fossilien • Quastenflosser sind Knochenfische, die in zwei kleinen Gebieten des Indischen Ozeans in einer Tiefe von 150 bis 400 m vorkommen. Auffällig ist der Bau ihrer Flossen, die fast wie Arme und Beine aussehen. Ein ausgewachsenes Tier wird etwa 180 cm lang und 100 kg schwer.

Quastenflosser sind die einzigen heutigen Vertreter einer ehemals größeren Tiergruppe, die bereits vor rund 400 Millionen Jahren in den Weltmeeren lebte. Lange Zeit galten sie als ausgestorben, bis im Jahr 1938 ein Exemplar auf einem Fischmarkt gefunden wurde.
Fossile Funde belegen, dass sich das äußere Erscheinungsbild der Quastenflosser in dieser langen Zeitspanne kaum verändert hat. Sie werden daher als **lebende Fossilien** bezeichnet. Ein weiteres Beispiel hierfür sind die in Australien lebenden Schnabeltiere.

Lebende Fossilien unterscheiden sich in besonderem Maße von anderen Tiergruppen, die sich im Verlauf der Evolution erkennbar verändert haben. Eine mögliche Erklärung dafür erhält man, wenn man den Lebensraum dieser Tiere genauer betrachtet. Quastenflosser sind Bewohner der Tiefsee. Dieser Lebensraum ist gekennzeichnet durch Dunkelheit, niedrige Temperaturen und hohen Wasserdruck. In den vergangenen Jahrmillionen haben sich diese Umweltbedingungen kaum verändert.
Stabile Umweltbedingungen oder fehlende Konkurrenten sind mögliche Gründe für das Überleben von Arten über erdgeschichtlich lange Zeiträume.

Auch bei Pflanzen gibt es lebende Fossilien. So belegen etwa 370 Millionen Jahre alte Fossilfunde, dass sich das äußere Erscheinungsbild von Schachtelhalmen im Verlauf der Erdgeschichte kaum verändert hat. Manche urzeitliche Schachtelhalme hatten verholzte Sprossachsen und erreichten Wuchshöhen von etwa 30 m. Die meisten der heute lebenden Schachtelhalme wie beispielsweise der Ackerschachtelhalm (▶ 2B) sind dagegen krautig und werden höchstens 2 m hoch.

Material A Kopffüßer

A1 *Nautilus*

A2 Ammonit

Perlboote sind Kopffüßer. Sie leben in tropischen Meeren. Im Gegensatz zu allen ihren heute lebenden Verwandten, den Tintenfischen, haben sie eine feste äußere Schale. Tagsüber ruhen sie in großen Meerestiefen von bis zu 500 m. Nachts steigen sie zur Nahrungssuche in geringere Tiefen auf. Die wenigen heute lebenden Arten, zum Beispiel *Nautilus pompilius*, sind Vertreter einer einst artenreichen, weitverbreiteten Gruppe von Schalen tragenden Kopffüßern. Von den mit ihnen verwandten Ammoniten lassen sich Fossilien schon in über 400 Millionen Jahre alten Schichten nachweisen. In den Juraschichten der Schwäbischen Alb sind Ammoniten sehr häufig. Vor etwa 70 Millionen Jahren starben sie aus.

1 ☐ Begründe, weshalb *Nautilus* als lebendes Fossil bezeichnet wird.

2 ◪ Begründe, weshalb der Begriff „lebendes Fossil" eigentlich widersprüchlich ist.

3 ■ Stelle eine Hypothese auf, weshalb sich die Vertreter der Gattung *Nautilus* über Jahrmillionen kaum verändert haben.

Material B *Gansus yumenensis*

B1 Rekonstruktion von *Gansus yumenensis*

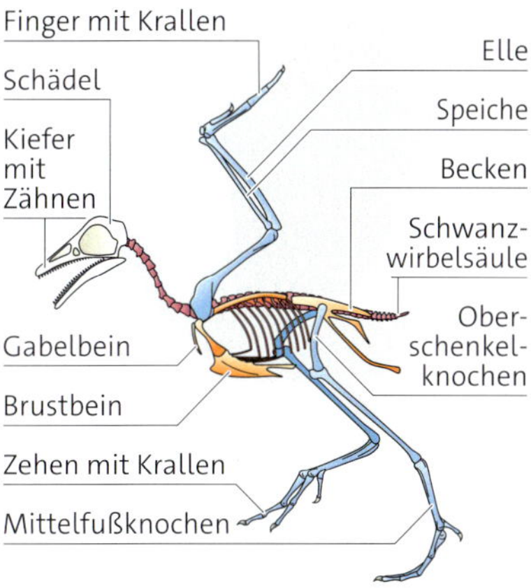

B2 Skelett von *Gansus yumenensis*

Gansus yumenensis lebte vor rund 115 Millionen Jahren im Nordwesten des heutigen China. Abgebildet ist die Rekonstruktion dieser fossilen, etwa taubengroßen Tiere. Alle Funde sind gut erhalten. Neben Spuren von Federn wurden auch Reste von Schwimmhäuten gefunden. Der Bau der Beine weist auf eine besonders kräftige Muskulatur hin. *Gansus yumenensis* lebte demnach auf oder am Wasser und gilt als eine der ältesten Vogelarten.

1 ◪ Vergleiche das *Gansus*-Skelett mit dem der Taube und des *Archaeopteryx*. Nutze dazu Abbildung 3 auf Seite 17.

2 ◪ Erläutere die Bedeutung von *Gansus yumenensis* und *Archaeopteryx* für die Evolutionsbiologie.

3 ■ Erkläre anhand der fossilen Funde von *Gansus yumenensis* das biologische Prinzip Angepasstheit.

1.3 Belege aus der Anatomie

1 Fledermaus und Nachtfalter

Wie die meisten Insekten können Nachtfalter fliegen, sie benutzen dazu Flügel. Auch Fledermäuse haben Flügel, mit denen sie fliegen können. Wie kann die Ähnlichkeit der Insektenflügel mit Fledermausflügeln erklärt werden?

Konvergenz • Sowohl die Flügel der Insekten als auch die der Fledermäuse haben die Form von Tragflächen. Sie werden durch Flugmuskeln bewegt. Die Flügel haben zwar die gleiche Funktion, sind aber ganz unterschiedlich gebaut. Dies hängt damit zusammen, dass Insekten und Fledermäuse zu verschiedenen, nicht näher miteinander verwandten Tiergruppen gehören.

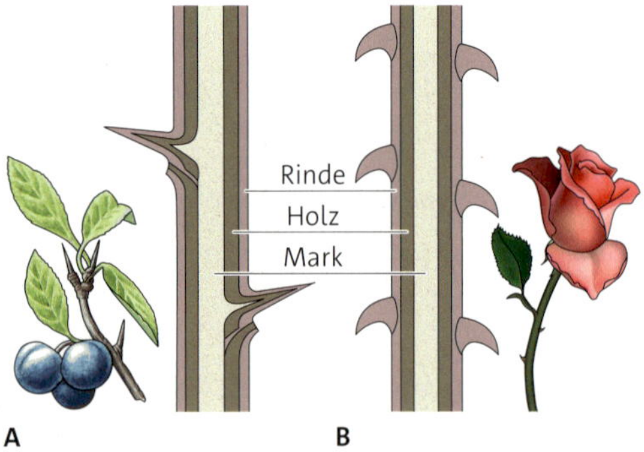

2 Konvergenz bei Pflanzen: A Dornen der Schlehe, B Stacheln der Rose

Während Insekten Gliederfüßer sind, gehören Fledermäuse zu den Wirbeltieren. Bei Insekten werden Flügel aus Ausstülpungen des Chitinpanzers gebildet, der den Insektenkörper als Außenskelett umgibt. Im Gegensatz dazu sind Fledermausflügel Extremitäten und gehören daher zum knöchernen Innenskelett. Die Ähnlichkeiten ihrer Flügel beruhen also nicht auf einem gleichen Grundbauplan, sondern sind Angepasstheiten an den gleichen Lebensraum Luft und die gleiche Lebensweise Fliegen.
Eine solche Ähnlichkeit bei Lebewesen, die auf einer Angepasstheit an den gleichen Lebensraum oder die gleiche Lebensweise beruht, bezeichnet man als **Konvergenz**.

Ein Beispiel für Konvergenz bei Pflanzen sind Wehrorgane. Die Dornen der Schlehe sind sehr fest sitzende, umgewandelte Seitensprosse. Die Stacheln der Rose sind dagegen Bildungen der äußeren Bereiche des Sprosses und können leicht abgebrochen werden. Beide Strukturen erfüllen eine identische Funktion: Sie dienen dem Schutz der Pflanze.

Homologie • Die Flügel der Fledermäuse sind zwar Vorderextremitäten, sehen aber ganz anders aus als die Arme der meisten anderen Wirbeltiere. Zu den ursprünglichen Bestandteilen des Armskeletts eines Wirbeltieres gehören ein Oberarmknochen, zwei Unterarmknochen, mehrere Handwurzel- und Mittelhandknochen sowie fünf Finger mit mehreren Gliedern. Bei Fledermäusen ist dieser Grundbauplan des Armskeletts stark verändert. Zwischen den einzelnen Knochen der Extremitäten und dem Rumpf befindet sich eine Flughaut. Solche starken Veränderungen des Grundbauplans findet man beispielsweise auch bei den Extremitäten der Pferde oder der Wale.

Organe oder Strukturen, die sich auf den gleichen Grundbauplan zurückführen lassen, also den gleichen Ursprung haben, bezeichnet man als **homolog** oder entstehungsgleich.
Homologen Organen liegt eine ähnliche Erbinformation zugrunde. Sie können jedoch ganz unterschiedlich aussehen und verschiedene Funktionen haben, wie im Fall von Fledermausflügel und Walflosse. Sie sind entstehungsgleich, aber funktionsungleich.
Homologe Organe können aber auch ähnlich aussehen und eine ähnliche Funktion erfüllen wie beispielsweise bei einem Fledermausflügel und einem Vogelflügel. Sie sind entstehungsgleich und funktionsgleich.

Im Gegensatz dazu sind die funktionsgleichen Fledermausflügel und Insektenflügel **nicht homolog** zueinander, da sie aus unterschiedlichen Körperstrukturen aufgebaut sind.
Durch ihren gemeinsamen Grundbauplan geben Homologien Hinweise darauf, dass Lebewesen nicht für sich allein, sondern aus gemeinsamen Vorfahren entstanden sind. Lebewesen sind miteinander verwandt und haben sich im Laufe der Erdgeschichte verändert. Homologien sind daher ein wichtiger Beleg dafür, dass Evolution stattgefunden hat.

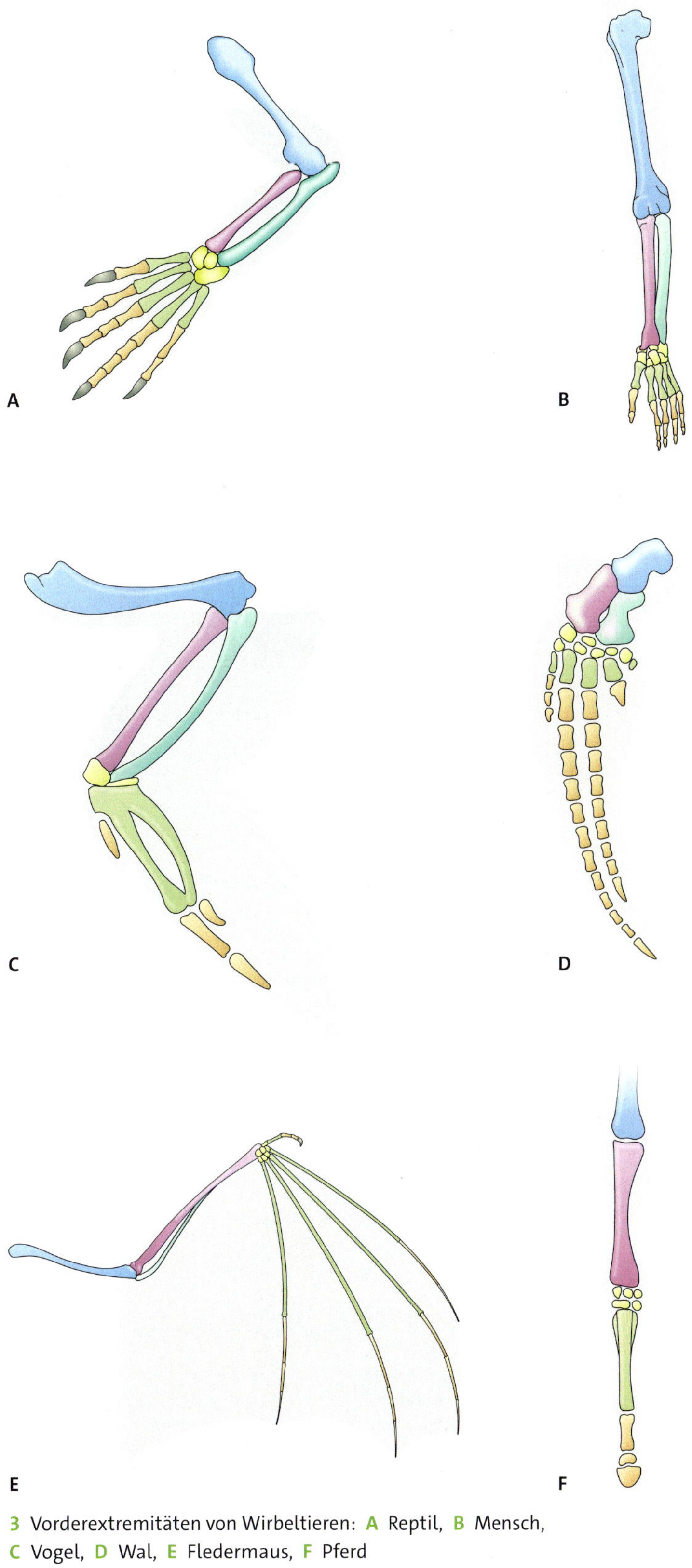

3 Vorderextremitäten von Wirbeltieren: A Reptil, B Mensch, C Vogel, D Wal, E Fledermaus, F Pferd

Rudimente • Die mutmaßlichen Vorfahren des Menschen hatten ein Fell. Beim heutigen Menschen sind nur Teile des Körpers behaart, der Kopf, die Achsel- und Schamregion und beim Mann Kinn und Wangen sowie in vielen Fällen auch die Brust. Diese Teilbehaarung lässt sich als Rest des ehemaligen Fells erklären, wenn man annimmt, dass Evolution stattgefunden hat.

Solche Reste von ursprünglich vollständig ausgebildeten Merkmalen nennt man **Rudimente.** Sie sind häufig funktionslos oder haben ihre ursprüngliche Funktion geändert.

1 Rudimente bei der Erzschleiche

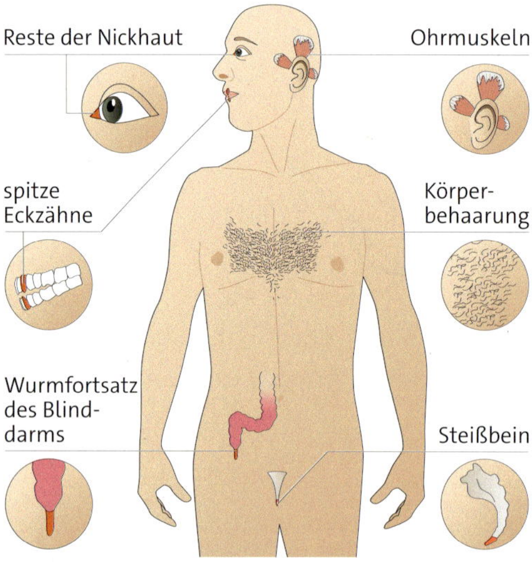

2 Rudimente beim Menschen

Rudimente findet man bei vielen Lebewesen. Beim Menschen zum Beispiel sind der Wurmfortsatz des Blinddarms und die Muskeln der Ohrmuschel rudimentäre Organe. Eine Verwandte der Blindschleiche, die Erzschleiche, hat sehr kleine Beinchen. Sie sind Reste ihrer Eidechsen-Vorfahren.

Rudimente geben Hinweise darauf, dass die Lebewesen aus Vorfahren entstanden sind. Sie sind Belege für die Evolution.

Atavismen • In sehr seltenen Fällen sind Menschen von Geburt an am ganzen Körper dicht behaart. Sie haben eine Art Fell wie unsere mutmaßlichen Vorfahren. Man bezeichnet solche nur bei einzelnen Individuen auftretenden Merkmale, die schon bei den mutmaßlichen Vorfahren vorhanden waren, als **Atavismen.**

Weitere Beispiele für Atavismen sind ein selten auftretender überzähliger Huf an einem Pferdebein oder eine kleine Verlängerung der Wirbelsäule beim Menschen, die wie ein Schwänzchen aussieht.

Atavismus ist durch Evolution erklärbar. Die Erbinformation für das ursprüngliche Organ wurde im Laufe der Evolution blockiert, sodass das Merkmal verschwand oder sehr stark rückgebildet wurde. Wenn diese Blockade aufgehoben wird, kommt es zum Atavismus. Der eigentlich blockierte Teil der Erbinformation kann wieder abgelesen werden, sodass das ursprüngliche Merkmal ausgeprägt wird.

1 ◪ Vergleiche das Armskelett von Vögeln und Fledermäusen miteinander.

2 ▢ Beschreibe, was man in der vergleichenden Anatomie unter einer Homologie versteht.

3 ▢ Nenne Beispiele für konvergente Entwicklungen.

4 ◪ Beschreibe die Unterschiede zwischen einem Rudiment und einem Atavismus und nenne jeweils ein Beispiel.

Material A Maulwurf und Maulwurfsgrille

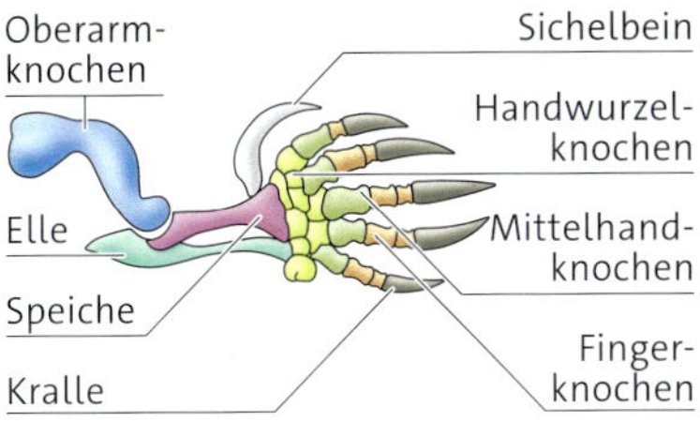

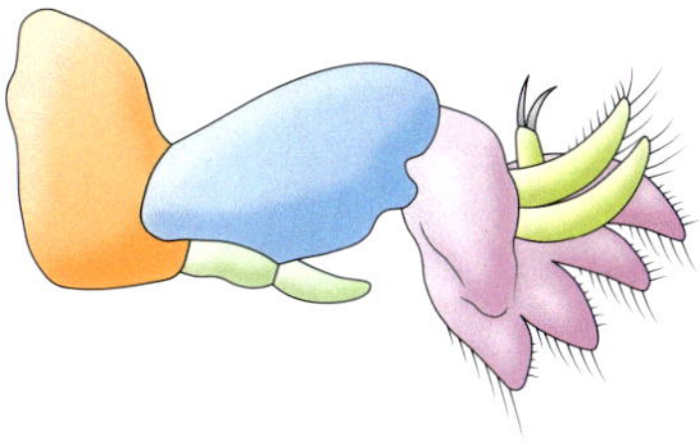

Der Maulwurf ist ein Säugetier. Er legt im Boden ein Netz von Gängen an. In diesem Gangsystem bewegt er sich und sucht seine Nahrung, vor allem Würmer und Insektenlarven.

Die Maulwurfsgrille ist ein Insekt. Sie gräbt Gänge im Boden. In diesem Gangsystem lebt sie und sucht ihre Nahrung, vor allem Insekten und ihre Larven, aber auch Pflanzenwurzeln.

1 ▢ Vergleiche den Bau und die Funktion der Vorderextremitäten von Maulwurf und Maulwurfsgrille.

2 ◪ Begründe, ob die abgebildeten Vorderextremitäten der beiden Tierarten homolog sind.

3 ◪ Begründe, ob es sich beim Arm des Menschen und dem Vorderbein des Maulwurfs um eine Homologie handelt. Verwende dazu die Abbildung 3 auf Seite 21.

4 ■ Bewerte die folgende Aussage: „Die Vorderextremitäten von Maulwurf und Mensch sind ein Beleg dafür, dass Evolution stattgefunden hat.“

Material B Flugsaurier

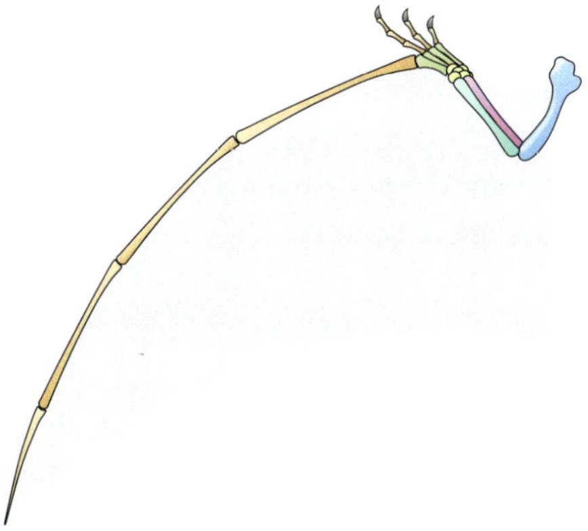

Flugsaurier lebten in einer Zeit vor etwa 228 bis 65 Millionen Jahren und sind mit den Reptilien verwandt. Ihre Flügel hatten eine Flughaut, die der Flughaut der Fledermäuse ähnelt.

1 ▢ Vergleiche die Flügel des Flugsauriers mit denen der Fledermaus und des Vogels auf Seite 21.

2 ◪ Begründe, welcher der Begriffe, Homologie oder Konvergenz, sich beim Vergleich der drei Flügel aus Aufgabe 1 anwenden lässt.

3 ◪ Bewerte die folgende Aussage: „Flugsaurier sind die Vorfahren der Fledermäuse, weil sie Flügel mit Flughäuten haben.“

4 ■ Begründe, ob die Flügel von Fledermäusen, Flugsauriern und Vögeln ein Beleg dafür sind, dass Evolution stattgefunden hat.

1.4 Darwins Evolutionstheorie

1 Giraffe in der Savanne

Giraffen ernähren sich von Blättern und Zweigen. Sie können mit ihrem langen Hals hoch an Bäumen wachsende Blätter erreichen. Wie kam es zu einem so langen Hals?

2 Charles Robert Darwin (1809–1882)

Darwin • Im Jahr 1859 veröffentlichte der britische Naturforscher Charles Darwin sein Hauptwerk „On the Origin of Species by Means of Natural Selection“, auf Deutsch „Die Entstehung der Arten durch natürliche Zuchtwahl“.
Darwin legte darin eine wissenschaftliche Theorie vor, die erklärte, wie sich Pflanzen und Tiere im Laufe der Zeit verändern können. Diese stand im Widerspruch zur Schöpfung durch einen Gott, was zur damaligen Zeit als unumstößliche Wahrheit galt. In seinem Buch beschreibt Darwin sehr viele Beispiele, darunter auch die Entstehung des langen Giraffenhalses.

lateinisch *evolvere* = entwickeln

Sein Buch legte die Grundlage für die heute weiter ausgearbeitete, vielfach belegte **Evolutionstheorie.** Sie beruht auf messbaren und nachprüfbaren Beobachtungen und erklärt, wie Arten durch Veränderung entstehen.

Überproduktion • Darwin beobachtete, dass Lebewesen viel mehr Nachkommen produzieren, als für das Überleben der jeweiligen Art notwendig wäre. Die Anzahl der Pflanzen und Tiere einer bestimmten Art müsste daher von Generation zu Generation ansteigen, weil jedes Elternpaar im Laufe seines Lebens viel mehr als zwei Nachkommen hervorbringt.

Darwin erläuterte das an einem extremen Beispiel. Elefanten haben im Verlauf ihres etwa 100-jährigen Lebens etwa sechs Jungtiere. Rechnerisch würde ein einziges Elefantenpaar dafür sorgen, dass nach 750 Jahren ungefähr 19 Millionen Elefanten auf der Erde leben. Für Pflanzen und Tiere mit mehr Nachkommen sind die Zahlen noch erstaunlicher. Wenn zum Beispiel aus allen Samen einer einzigen Rotbuche wieder Bäume heranwachsen würden, wäre die Erde bald von Rotbuchen bedeckt.

Konkurrenz • Die tatsächliche Anzahl an Nachkommen, die so lange leben, dass sie sich selbst fortpflanzen können, ist sehr viel geringer als die errechnete Anzahl. Einige werden gefressen oder sterben an Krankheiten. Auch sich ändernde Umweltbedingungen führen dazu, dass nicht alle Nachkommen überleben. In der Savanne gibt es zum Beispiel nicht genügend Bäume, um alle Nachkommen der Giraffen ernähren zu können. Die Giraffen stehen daher untereinander in **Konkurrenz** – Darwin spricht vom *„struggle for existence"*.

Konkurrenz ist eine allgemeine, bei allen Lebewesen auftretende natürliche Erscheinung. Vögel konkurrieren zum Beispiel häufig um Brutplätze. Pflanzen konkurrieren dagegen um das Wasser im Boden und um das einfallende Sonnenlicht.

Genetische Variabilität • Die Überproduktion wirft die Frage auf, ob es eine Regel gibt, wer von den Nachkommen überlebt. Zur Beantwortung nahm Darwin eine weitere Beobachtung zu Hilfe. Die Nachkommen von Pflanzen und Tieren sind untereinander fast nie vollständig gleich. Sie zeigen kleine Unterschiede in der Ausprägung ihrer Merkmale, sie **variieren**. Ein Beispiel für solche **Varianten** sind die unterschiedlichen Färbungen von Schnirkelschnecken, die aus dem Gelege einer einzigen Schnecke entstehen (▸ 3).

Unterschiedliche Merkmalsausprägungen bei Individuen sind oft auf unterschiedliche Erbinformationen, auch genetische Information genannt, zurückzuführen.

Von Bedeutung für die Evolution sind vor allem die Merkmale, die durch unterschiedliche genetische Information zustande kommen, denn die Erbanlagen für diese Merkmale können an die Nachkommen vererbt werden. Man spricht daher von der **genetischen Variabilität.**

Mutation und Rekombination • Eine Ursache für die genetische Variabilität sind Veränderungen der genetischen Information, die **Mutationen.** Mutationen treten rein zufällig auf. Wie oft sie auftreten, kann durch Umweltbedingungen beeinflusst werden. Mutationen sind aber immer auch ungerichtet. Das bedeutet, dass die Umweltbedingungen keinen Einfluss darauf haben, welche Veränderung von Erbanlagen auftreten.

Mutationen sind selten. Sie allein können nicht erklären, dass Nachkommen eines Lebewesens fast immer verschieden sind.

Bei der geschlechtlichen Fortpflanzung werden die Erbanlagen immer wieder neu kombiniert. Diese **Rekombination** ist ebenfalls dem Zufall unterworfen und erfolgt sowohl bei der Bildung von Geschlechtszellen während der Meiose als auch bei der Befruchtung. Die Rekombination ist die wichtigste Ursache für die genetische Variabilität.

englisch *struggle* = Kampf
englisch *existence* = Dasein

Bei ungeschlechtlicher Fortpflanzung tritt die Rekombination nicht auf. Daher ist die genetische Variabilität bei ungeschlechtlich entstandenen Nachkommen sehr viel geringer, weil sie nur auf Mutationen beruht.

Da sich Giraffen geschlechtlich fortpflanzen, unterscheiden sich ihre Nachkommen häufig in bestimmten Merkmalen. Darunter können auch Nachkommen sein, die sich in der Halslänge ein wenig unterscheiden.

3 Variabilität bei der Hainschnirkelschnecke

lateinisch *variabilis* = änderbar

lateinisch *mutare* = verändern

1 Erkläre den Zusammenhang zwischen Überproduktion und Konkurrenz.

2 Erkläre die Bedeutung der geschlechtlichen Fortpflanzung und der ungeschlechtlichen Fortpflanzung für die genetische Variabilität.

3 Beschreibe die Einflussmöglichkeiten der Umwelt auf die Veränderung der genetischen Information.

1 Entstehung des Giraffenhalses nach Darwins Evolutionstheorie (▶)

englisch *fit* = tauglich, geeignet, passend

lateinisch *selectio* = Auswahl

Selektion • Giraffen mit einem etwas längeren Hals gelangen zusätzlich zu den für alle erreichbaren Blättern auch noch an die in größerer Höhe wachsenden. Diese Giraffen sind daher besser mit Nahrung versorgt und können sich gut entwickeln. Sie können mehr und gesündere Jungtiere bekommen, die mit höherer Wahrscheinlichkeit die ersten Lebensjahre überstehen.
Giraffen mit längeren Hälsen geben daher die Erbinformation für längere Hälse häufiger an die nächste Generation weiter. In den folgenden Generationen werden daher die Giraffen mit etwas längeren Hälsen immer häufiger. Die Häufigkeit, mit der diese Erbanlagen an die nächste Generation weitergegeben werden, nennt man **Fitness.** Giraffen mit längeren Hälsen sind an ihre Umwelt und Lebensweise besser angepasst. Sie haben eine höhere Fitness.

Diese natürliche Auswahl der jeweils fitteren Lebewesen – Darwin spricht vom *„survival of the fittest“* – bezeichnet man als **natürliche Selektion.** Die natürliche Selektion hat jedoch nur Bedeutung für Merkmale, die auf genetischer Information beruhen. Nur diese können an die nächste Generation weitergegeben werden. Erworbene Merkmale, wie beispielsweise Erlerntes, können dagegen nicht an die nächste Generation weitergegeben werden, weil sie nicht auf Erbinformation beruhen.

Von kurzhalsigen Giraffen ausgehend wurde durch Mutation, Rekombination und natürliche Selektion über sehr viele Generationen hinweg, in sehr langen Zeiträumen und in sehr kleinen Schritten der Hals immer länger, bis zu dem langen Hals der heutigen Giraffen. Dieser Prozess heißt **Evolution**.

Evolutionsfaktoren • Mutation, Rekombination und Selektion sind Einflüsse, die zur Änderung der Merkmale von Pflanzen und Tieren führen können. Man nennt sie **Evolutionsfaktoren**. Mutation und Rekombination führen zu einer ungerichteten Veränderung, die Selektion kann dagegen zu einer gerichteten Veränderung führen, die eine stärkere Angepasstheit zur Folge hat.

Beispiele für Selektion • Birkenspanner sind Nachtfalter, die tagsüber an Birkenstämmen ruhen. Mit ihren hellen Flügeln sind sie gut getarnt: Von Vögeln, die sich von Faltern ernähren, werden sie nicht so leicht entdeckt. Infolge der genetischen Variabilität treten hin und wieder auch schwarze Birkenspanner auf, die Schwärzlinge. Auf den hellen Birkenstämmen fallen sie stärker auf und werden eher von Vögeln gefressen, sie haben also eine geringere Fitness.
Ende des 19. Jahrhunderts entdeckte man in den Industriegebieten Englands immer mehr Schwärzlinge. Wie kam es dazu?
Während der Industrialisierung färbten sich die Birkenstämme durch Rußteilchen in der Luft dunkel. Dadurch waren die hellen Birkenspanner auf den dunklen Rinden der Birke besser zu sehen und wurden häufiger gefressen als die dunklen Exemplare. In den Industriegebieten war die Fitness der Schwärzlinge somit höher, weil sie auf der dunklen Birkenrinde besser getarnt waren. Sie überlebten daher häufiger als die hell gefärbten Birkenspanner. Die Selektion führte also dazu, dass die Schwärzlinge von Generation zu Generation immer häufiger wurden.
Infolge erfolgreicher Umweltschutzmaßnahmen nimmt der Anteil der hellen Birkenspanner inzwischen wieder zu. In welche Richtung die Selektion wirkt, ist also abhängig von den jeweiligen Umweltbedingungen.

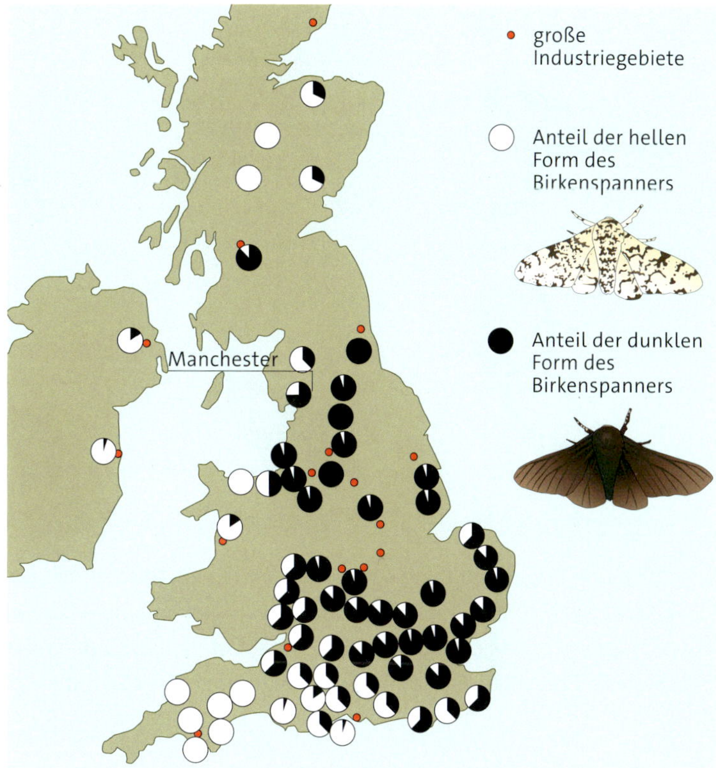

2 Selektion beim Birkenspanner: Verbreitung der hellen und dunklen Formen in Großbritannien und Irland

Auch in anderen Fällen wirkte die Selektion durch Beutegreifer. Es entstanden gut getarnte Tiere, zum Beispiel das Wandelnde Blatt und die Stabschrecke. Bei Wespen entwickelten sich Warnsignale, die vor Giften und Stacheln warnen. In einigen Fällen entstanden Tiere, die in ihrem Aussehen wehrhaften Tieren ähneln, selbst aber harmlos sind. Man bezeichnet das als **Mimikry**. Beispiele dafür sind bestimmte Schwebfliegen, die ähnlich aussehen wie Wespen (▸ 3D).

3 Strategien gegen Beutegreifer: A Tarnung beim Wandelnden Blatt, B Tarnung bei der Stabschrecke, C Warnung bei der Wespe, D Mimikry bei der Schwebfliege

1 ☐ Erkläre die Entstehung des langen Giraffenhalses mithilfe der Abbildung 1.

2 ◪ Erkläre den Zusammenhang zwischen Selektion und Fitness.

3 ◪ Erläutere, wie es durch Selektion zur Merkmalsänderung kommen kann.

Material A Taubenzucht

Alle heute bekannten Taubenrassen wurden gezüchtet und stammen von der Wildform, der Felsentaube, ab. Lange Zeit beschäftigte sich Darwin mit der Beobachtung und Züchtung von Tauben und nutzte seine Erkenntnisse zur Stützung und Erläuterung seiner Evolutionstheorie.

1 Stelle am Beispiel der Trommeltaube dar, wie Taubenzüchter vorgehen, um eine neue Rasse, ausgehend von der Felsentaube, zu erhalten.

2 Erkläre, weshalb Darwin das Vorgehen in der Taubenzucht als Argument dafür heranzog, dass seine Theorie von der Entstehung der Arten zutrifft.

3 Vergleiche das Vorgehen in der Zucht mit den Vorgängen in der Natur bei der Entstehung der Arten.

Material B Stülpnasenotter

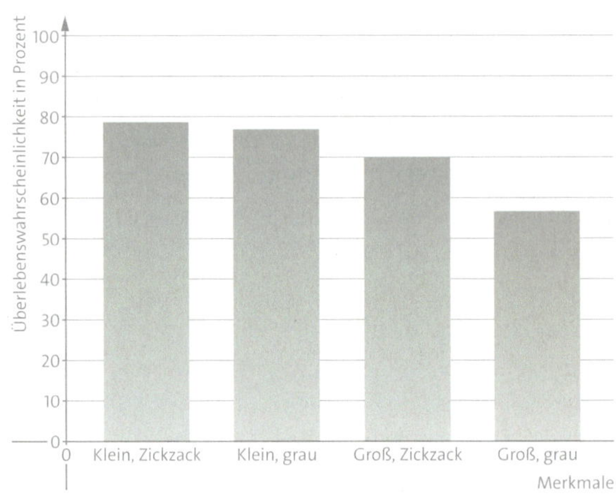

Von der in Südspanien vorkommenden giftigen Stülpnasenotter sind zwei Farbvarianten bekannt. Eine Variante hat ein auffälliges Zickzackmuster auf dem Rücken, die andere ist einheitlich grau. In einem Experiment mit unterschiedlich gefärbten und unterschiedlich großen Schlangenmodellen wurde untersucht, wie häufig das jeweilige Modell von Greifvögeln attackiert wurde, wenn man es im Gelände platzierte.

1 Beschreibe die Ergebnisse des Experiments.

2 Stelle eine Hypothese auf, welchen Einfluss die Merkmale auf die Überlebenswahrscheinlichkeit der Schlangen haben.

3 Nenne den Evolutionsfaktor, der untersucht werden sollte.

4 Bewerte die Aussagekraft des Experiments.

Material C Röhrenschnauze des großen Ameisenbären

Ameisenbären kommen ausschließlich in Mittel- und Südamerika vor. Sie sind nicht näher mit den Bären verwandt. Charakteristisch für Ameisenbären ist die lange Röhrenschnauze mit einer bis zu 60 cm langen Zunge. Ameisenbären ernähren sich fast ausschließlich von Ameisen und Termiten. Mit ihren Krallen brechen sie die Bauten auf und lecken die Tiere dann mit der langen Zunge auf.

1 ▢ Erkläre, welche Vorteile und Nachteile mit einer längeren oder kürzeren Röhrenschnauze und Zunge verbunden sein könnten.

2 ◪ Beschreibe, wie Darwin die Entstehung der Röhrenschnauze mit langer Zunge beim Ameisenbär erklären würde. Erstelle dazu ein Pfeildiagramm wie in Abbildung 1 auf Seite 26.

3 ■ Stelle eine Hypothese auf, weshalb die Röhrenschnauze der Ameisenbären im Verlauf der Evolution nicht noch länger wird.

Material D Lamarcks Evolutionstheorie

D1 Evolutionstheorie nach Lamarck (▶ [▣])

Der französische Biologie Jean-Baptiste de Lamarck veröffentlichte im Jahr 1809 seine Vorstellungen zur Evolution von Pflanzen und Tieren. Er nahm unter anderem an, dass sich Merkmale stärker ausprägen, wenn sie stärker genutzt werden, und sich zurückbilden, wenn sie nicht genutzt werden. Diese durch Gebrauch und Nichtgebrauch erworbenen Veränderungen werden nach Lamarcks Theorie vererbt. So würden sich Pflanzen und Tiere im Laufe der Generationen in kleinen Schritten immer stärker an die jeweilige Umwelt anpassen. Heute gilt die Theorie Lamarcks als widerlegt.

1 ▢ Formuliere zu jeder Abbildung einen kurzen Text, sodass die drei Texte zusammen die Vorstellungen Lamarcks am Beispiel der Giraffen darstellen.

2 ◪ Ordne die Sätze „Die Lebewesen verändern sich" und „Die Lebewesen werden verändert" den Theorien Lamarcks beziehungsweise Darwins zu. Begründe deine Zuordnung.

3 ◪ Beschreibe eine Gemeinsamkeit der beiden Evolutionstheorien.

1.5 Entstehung von Arten

1 Asiatischer Marienkäfer

Auf Dachböden kann man manchmal eine große Anzahl an Marienkäfern finden, die dort überwintern. Obwohl sie sehr unterschiedlich aussehen, gehören sie dennoch zur selben Art. Was versteht man unter einer Art und wie entstehen Arten?

Galapagos • Für die Erforschung der Entstehung von Arten spielen die Galapagosinseln eine wichtige Rolle. Diese Inselgruppe vulkanischen Ursprungs liegt ungefähr 1000 km vor der Küste Ecuadors im Pazifischen Ozean und besteht aus sieben größeren und zahlreichen kleineren Inseln. Auf den Galapagosinseln leben viele Tier- und Pflanzenarten, die ausschließlich dort vorkommen. Die bekanntesten Beispiele sind die Riesenschildkröten und die Meerechsen.

Darwinfinken • Während seiner fast fünf Jahre dauernden Weltreise kam Charles Darwin im Jahr 1835 auf die Galapagosinseln, wo er einen Monat lang intensive Studien der vielfältigen Tier- und Pflanzenwelt betrieb. Dabei fielen ihm unter anderem verschiedene Finkenarten auf. Diese Finken ähnelten den Finken des Festlands unterschiedlich stark. Auch die Finken der verschiedenen Inseln unterschieden sich voneinander, vor allem in der Form und Größe ihrer Schnäbel sowie in ihrer Körpergröße.

Nach seiner Rückkehr und der Auswertung seiner Beobachtungen gelangte Darwin zu dem Schluss, dass Lebewesen sich im Laufe langer Zeiträume verändern.

Isolation • Die einzelnen Galapagosinseln sind zwischen 5,6 Millionen und 300 000 Jahre alt. Direkt nach ihrer vulkanischen Entstehung waren die Inseln praktisch frei von Leben. Man geht davon aus, dass vom Festland zufällig einzelne Tiere und Pflanzen auf die Inseln gelangten. Sie wurden beispielsweise vom Wind verdriftet oder kamen mit Treibholz auf die Inseln und besiedelten sie nach und nach.

Unter diesen Erstbesiedlern waren auch einzelne Finken. Auf den verschiedenen Inseln lebten schließlich Gruppen von Finken, die sich untereinander fortpflanzten. Eine solche Gruppe von Lebewesen im gleichen Lebensraum, die sich untereinander fortpflanzen können, nennt man **Population.**

Die einzelnen Inseln sind zum Teil sehr weit voneinander entfernt, sodass in der Regel keine Vermischung zwischen den Populationen der Inseln stattfinden konnte. Die Populationen waren geografisch voneinander **isoliert.**

In jeder dieser isolierten Populationen waren durch Mutation und Rekombination Individuen mit unterschiedlichen Merkmalsausprägungen vorhanden. Da sich die Umweltbedingungen der Inseln unterscheiden, wirkte die Selektion auf jeder dieser Inseln auf unterschiedliche Weise. Die Populationen der einzelnen Inseln entwickelten sich daher im Laufe der Zeit unterschiedlich. Die geografische Isolation ist ein weiterer Evolutionsfaktor.

Die unterschiedliche Entwicklung der isolierten Populationen kann im Laufe der Zeit dazu führen, dass sich Individuen aus der einen Population nicht mehr mit Individuen aus der anderen Population fortpflanzen können, selbst wenn sie zufällig aufeinandertreffen würden. Man spricht dann von zwei **Arten.**

Zu einer Art gehören alle Individuen einer oder mehrerer Populationen, die sich untereinander fortpflanzen können und Nachkommen haben, die sich ihrerseits weiter fortpflanzen können. Die Individuen des Asiatischen Marienkäfers zum Beispiel sehen zwar unterschiedlich aus, können sich aber untereinander fortpflanzen und fruchtbare Nachkommen haben. Sie gehören daher alle zur selben Art.

Auf den Galapagosinseln haben sich so im Laufe der Zeit 14 nahe miteinander verwandte Finkenarten entwickelt. Der auffälligste Unterschied zwischen den Arten ist die Form des Schnabels. Manche Arten haben einen kurzen, kräftigen Schnabel und sind so an das Beißen von hartschaligen Samen angepasst. Andere Finkenarten haben einen längeren und schlankeren Schnabel. Diese Arten ernähren sich von Insekten. Auch der Spechtfink hat einen dünnen Schnabel. Er nutzt Dornen und kleinere Zweige, um Nahrung aus Ritzen in der Baumrinde hervorzuholen.

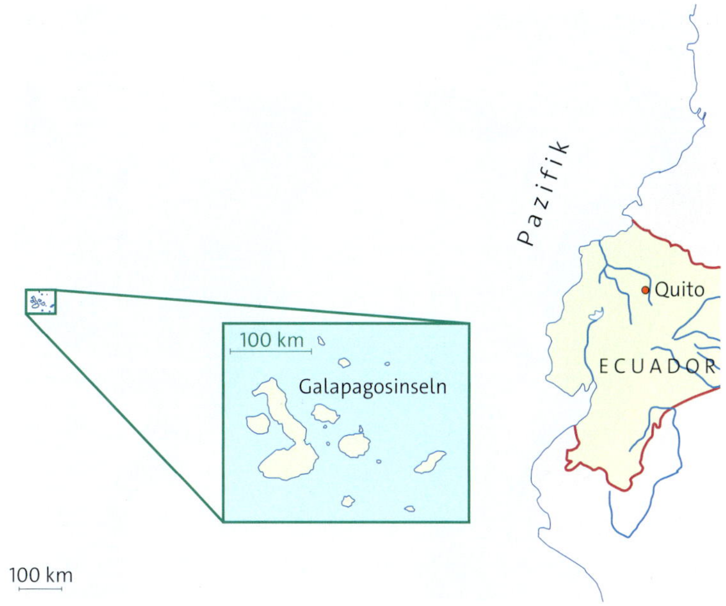

2 Galapagosinseln

3 Vier verschiedene Darwinfinken

1 ▢ Beschreibe, wie durch geografische Isolation aus einer Art zwei Arten entstehen können.

2 ▢ Erkläre, was man unter einer Art versteht.

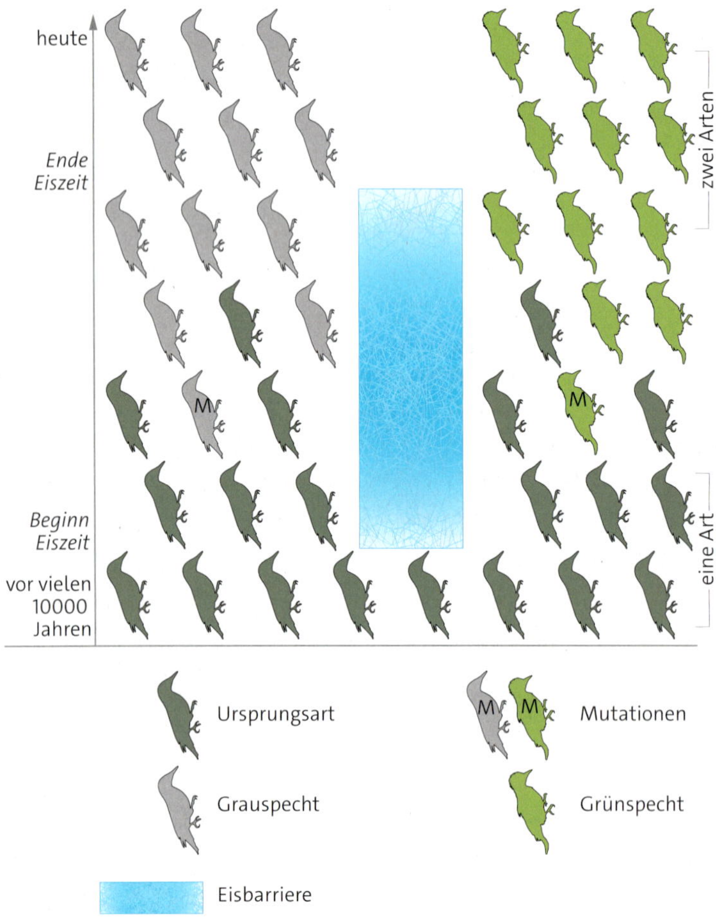

1 Artbildung bei Grauspecht und Grünspecht (▶ [])

Spechte • Der Grauspecht und der Grünspecht sind zwei heimische Spechtarten, die einander recht ähnlich sind. Der Grünspecht ist häufiger, etwas größer und hat eine andere Kopfmusterung als der Grauspecht. Die beiden Arten können auch anhand ihrer Rufe unterschieden werden.

Beide Spechte gehen vermutlich auf eine gemeinsame Ausgangsart zurück. Während der letzten Eiszeit wurde die Population der Ausgangsart durch die Vergletscherung in zwei räumlich voneinander getrennte, also isolierte Populationen aufgespalten.
Die Evolutionsfaktoren Mutation, Rekombination und Selektion wirkten in beiden Populationen jeweils anders. Zu Beginn der Trennung waren sich die Individuen der beiden Populationen noch ähnlich. Im Laufe der Zeit wurden die Unterschiede immer größer, beispielsweise was die Rufe oder das Gefieder angeht.
Als nach dem Ende der Eiszeit und dem Abschmelzen der Gletscher beide Populationen wieder miteinander in Kontakt kamen, waren die Unterschiede so stark geworden, dass keine Fortpflanzung zwischen Individuen der beiden Populationen mehr möglich war. Aus der usrprünglichen Ausgangsart hatten sich nun zwei Arten entwickelt.

Wenn sich dagegen zwei Populationen derselben Art im Laufe der Zeit in manchen Merkmalen auseinanderentwickelt haben, aber Individuen der einen Population sich trotzdem noch mit denen der anderen Population fruchtbar fortpflanzen können, spricht man von **Unterarten**.

Auch durch menschliche Eingriffe können Individuen entstehen, die sich von einer Ausgangsart mehr oder weniger stark unterscheiden. Hierbei werden aus einer Population von Pflanzen oder Tieren gezielt Individuen mit gewünschten Eigenschaften wie Körperform ausgewählt und zur weiteren Fortpflanzung genutzt. Diesen Vorgang nennt man **Züchtung**.

1 ▢ Beschreibe den Unterschied zwischen Art und Unterart.

Material A Antilopenhörnchen

A1 Grand Canyon

A2 Weißschwanz-Antilopenhörnchen

A3 Harris-Antilopenhörnchen

Der Grand Canyon ist eine circa 29 km breite und 1,6 km tiefe Schlucht im Süden der USA, die im Laufe von Jahrmillionen vom Colorado River ins Gestein gegraben wurde. Am Rand des Canyons leben zwei nah verwandte Arten von Antilopenhörnchen: Das Weißschwanz-Antilopenhörnchen kommt nur am Nordrand des Canyons vor, das Harris-Antilopenhörnchen nur am Südrand.

1 ▢ Beschreibe die mögliche Entstehung der beiden Antilopenhörnchenarten aus einer Ursprungsart.

2 ▢ Vergleiche die Entstehung der beiden Arten mit der Entstehung der beiden Spechtarten.

3 ◪ Stelle Hypothesen über ähnliche Situationen in der Erdgeschichte auf, in denen es zur Artentstehung kommen kann.

Material B Gelbbauchunke und Rotbauchunke

B1 Rotbauchunke

B2 Gelbbauchunke

B3 Verbreitungsgebiete

Gelbbauch- und Rotbauchunken kommen in unterschiedlichen Regionen Europas vor. In einer Region überlappen sich ihre Verbreitungsgebiete. Dort kann man Individuen finden, die eine Kombination aus den Merkmalen der Gelbbauchunke und Merkmalen der Rotbauchunke zeigen. Diese Mischlinge sind fortpflanzungsfähig.

1 ▢ Beschreibe die Verbreitungsgebiete von Gelbbauch- und Rotbauchunke.

2 ◪ Stelle Hypothesen auf, wie Gelbbauch- und Rotbauchunke entstanden sein könnten.

3 ◪ Beurteile, ob Gelbbauchunke und Rotbauchunke unterschiedliche Arten sind.

1.6 Stammesgeschichte der Wirbeltiere

1 Wirbeltiere:
A Löwe
B Nashornvogel
C Anemonenfisch
D Waran

Löwe, Anemonenfisch, Waran und Nashornvogel sehen sehr unterschiedlich aus, haben aber gemeinsame Merkmale. Aus diesem Grund werden sie in eine gemeinsame Gruppe eingeordnet, die Wirbeltiere. In welchem verwandtschaftlichen Verhältnis stehen die Tiere zueinander?

Wirbeltiere • Die fünf Wirbeltiergruppen Säugetiere, Vögel, Reptilien, Amphibien und Fische haben als gemeinsame charakteristische Merkmale unter anderem eine Wirbelsäule und zwei Extremitätenpaare. Andere Tiere wie beispielsweise Weichtiere oder Gliederfüßer haben diese Merkmale nicht. Daher geht man davon aus, dass alle Wirbeltiere einen gemeinsamen Vorfahren hatten. Sie sind also miteinander enger verwandt als mit anderen Tieren.

2 Australischer Lungenfisch

Ausgehend von einem Vorfahren als Stammform sind im Laufe der Erdgeschichte viele verschiedene Wirbeltiere entstanden. Dabei sind aber nicht nur Gemeinsamkeiten erhalten geblieben. Die Evolution führte auch zu Unterschieden zwischen den Wirbeltiergruppen. Man spricht von der **Stammesgeschichte der Wirbeltiere.**

Fische • Die ersten in der Erdgeschichte nachweisbaren Wirbeltiere waren Fische. Alle Fische atmen mit Kiemen. Ihre Extremitäten sind als Flossen ausgebildet. Sie legen ihre Eier im Wasser ab. Unter den Fischen kamen schon vor etwa 400 Millionen Jahren Gruppen vor, die außer den Kiemen auch eine Lunge als zusätzliches Atmungsorgan hatten. Vermutlich war das eine Angepasstheit an sauerstoffarme Gewässer, weil diese Fische so auch an der Wasseroberfläche atmen konnten. Aus dieser Gruppe, den Fleischflossern, haben einige wenige Arten bis heute überlebt, zum Beispiel der Quastenflosser und der Australische Lungenfisch.

Amphibien • Aus Fleischflossern entwickelten sich im weiteren Verlauf der Erdgeschichte Tiere, die an Land leben konnten. Sie konnten mit ihren Lungen Luft atmen und sich an Land gut bewegen, weil die Flossen zu Laufbeinen umgewandelt waren. Ein fossiler Vertreter dieser Gruppe, der **Amphibien**, ist *Ichthyostega*.
Da Amphibien keine Schuppen mehr haben wie ihre fischartigen Vorfahren, können sie auch durch die Haut atmen.
Zur Fortpflanzung sind Amphibien dagegen noch an Gewässer gebunden. Ihre Larven, die Kaulquappen, haben keine Lungen als Atmungsorgane, sondern Kiemen.
Die Laufbeine sind ein in der Stammesgeschichte neu aufgetretenes Merkmal. Die Amphibien und alle in der Erdgeschichte nach ihnen aufgetretenen Wirbeltiere werden als **Landwirbeltiere** oder **Vierfüßer** bezeichnet.

Reptilien • Aus einer Gruppe der Amphibien entwickelten sich Tiere, die noch besser an das Leben an Land angepasst waren. Ihre Lungen waren leistungsfähiger. Sie konnten daher auf die Hautatmung verzichten, sodass die Bedeckung mit einem festen Schuppenpanzer möglich wurde. Der Verlust von Körperflüssigkeit durch Verdunstung wurde dadurch stark herabgesetzt.
Die Tiere legten Eier mit einer lederartigen Schale. Im Gegensatz zu den Amphibien wurde damit die Eiablage an Land möglich. Die Jugendentwicklung lief ohne Larvenstadium vollständig im Ei ab.
Durch die neuen Eigenschaften konnten diese Tiere im Gegensatz zu Amphibien in trockeneren Lebensräumen leben. Die Tiergruppe heißt **Reptilien**. Der Waran ist ein Vertreter dieser Tiergruppe.

Säugetiere • Innerhalb der Gruppe, aus der sich auch die heutigen Reptilien entwickelten, entstanden weitere neue Merkmale. Es traten Tiere auf, deren Körper dicht mit Haaren bedeckt war. Das Fell diente vor allem zur Isolation gegen Wärmeverlust. So konnte der Körper unabhängig von der Außentemperatur ständig gleichmäßig warm gehalten werden. Im Gegensatz zu ihren wechselwarmen Vorfahren waren diese Tiere **gleichwarm**.

3 *Ichthyostega* (Rekonstruktion)

Aus dieser Teilgruppe der Reptilien entstanden die **Säugetiere**, zu denen auch der Löwe gehört. Sie haben noch weitere gemeinsame Merkmale wie beispielsweise Milchdrüsen, mit denen die Jungtiere ernährt werden.
Die neuen Merkmale ermöglichen den Säugetieren, in fast allen Gebieten der Erde zu leben.

griechisch *amphi* = beides, griechisch *bios* = Leben

Vögel • Aus einer anderen Teilgruppe der frühen Reptilien entwickelte sich eine weitere Gruppe, die **Vögel**. Auch sie sind gleichwarm wie die Säugetiere. Als Isolation des Körpers dienen ihnen aber keine Haare, sondern Federn.
Die Vorderbeine der Vögel sind zu Flügeln umgewandelt. Ihre Jungen entwickeln sich in Eiern, die eine feste Kalkschale haben.
Durch die ständig hohe Körpertemperatur können Vögel ihre Eier bebrüten. Durch die Brutwärme ist die Entwicklungszeit der Embryonen viel kürzer als bei den Reptilien.
Federn und Flügel sind neu in der Stammesgeschichte auftretende Merkmale. Auch der Nashornvogel besitzt als Angehöriger der Vögel diese Merkmale.

Besonderheiten der Stammesgeschichte • Die kennzeichnenden Merkmale einer Gruppe können bei Teilen dieser Gruppe im Laufe der Erdgeschichte wieder verloren gehen. Wale zum Beispiel sind Säugetiere. Sie haben eine Lunge, aber kein Fell. Auch ihre Hinterbeine sind reduziert. Schlangen gehören zu den Reptilien und damit auch zu den Vierfüßern, obwohl ihre Extremitäten im Verlauf der Stammesgeschichte zurückgebildet wurden.

1 ☐ Nenne in Form einer Tabelle die in der Stammesgeschichte jeweils neu aufgetretenen Merkmale der Landwirbeltiere.

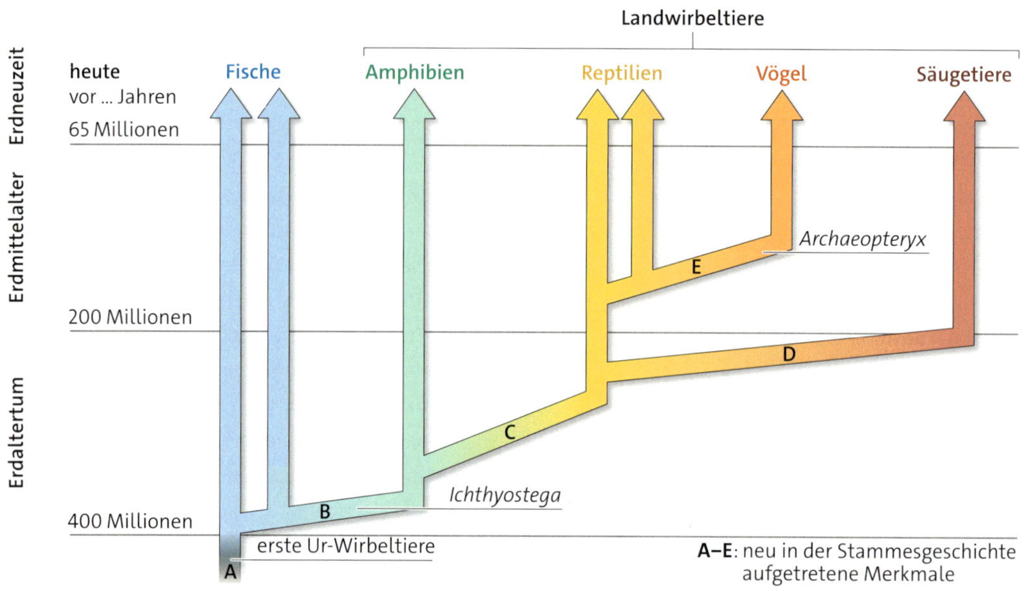

1 Stammbaum der Wirbeltiere

Stammbäume • Hinweise auf Verwandtschaft findet man vor allem durch nachweisbare Veränderungen homologer Merkmale. Die Umwandlung der Vorderbeine zu Flügeln zum Beispiel dient als Argument dafür, dass sich alle Vögel aus einem einzigen Vorfahren entwickelt haben. Alle Vögel sind daher untereinander näher verwandt als mit anderen Tieren. Sie bilden eine **Abstammungsgemeinschaft**.

Die Abstammung und die Verwandtschaft von Lebewesen lassen sich durch eine Grafik veranschaulichen, den **Stammbaum.** Am Fuß eines Stammbaums steht der vermutlich älteste Vorfahr der dargestellten Gruppen. Die heute noch vorkommenden Gruppen werden in der obersten Ebene eingetragen. Fossile Gruppen stehen darunter. Eine senkrechte Zeitskala zeigt das vermutete Alter der Gruppen an.

Systematische Ordnung • Alle Lebewesen können in ineinander verschachtelte Verwandtschaftsgruppen eingeordnet werden. Dies nennt man das natürliche System. Die kleinste Einheit in diesem System heißt Art. Die einzelnen Einheiten und Gruppen werden in der Wissenschaft mit Namen aus dem Lateinischen oder dem Griechischen versehen.

Die Art Löwe trägt den wissenschaftlichen Artnamen *Panthera leo*. Sie gehört zusammen mit mehreren anderen Arten in die nächstgrößere Gruppe, die **Gattung** *Panthera*. Zu dieser Gattung gehört beispielsweise auch der Tiger *Panthera tigris* oder der Leopard *Panthera pardus*. Gemeinsam mit einigen anderen Gattungen und Arten bilden sie die **Familie** der Katzen, die wiederum mit einigen anderen Familien zur **Ordnung** der Raubtiere gehören. Raubtiere sind eine Teilgruppe der **Klasse** Säugetiere. Die Säugetiere bilden zusammen mit den Fischen, Amphibien, Reptilien und Vögeln den **Stamm** Wirbeltiere.

Stamm: Wirbeltiere

Klasse: Säugetiere

Ordnung: Raubtiere

Familie: Katzen

Gattung: *Panthera*

Art: *Panthera leo* (Löwe)

2 Der Löwe im natürlichen System

Material A Stammbaum

Fortpflanzung	Körperbedeckung	Extremitäten	Körperachse
Eier mit lederartiger Schale, Eiablage an Land	Körper mit Haaren bedeckt, die ein Fell bilden	Vorderbeine als Flügel ausgebildet	Körper mit einer in der Längsachse liegenden Wirbelsäule
Milchdrüsen zur Ernährung der Jungtiere	Federn	vier Laufbeine	–
Eier mit Kalkschale, Eiablage an Land	–	–	–

1 Ordne die in der Tabelle angegebenen Merkmale begründet den Kennbuchstaben des Stammbaumschemas der Abbildung 1 auf Seite 36 zu.

2 Erläutere, weshalb sich für die Bearbeitung von Aufgabe 1 die in der Tabelle aufgelisteten Merkmale eignen.

3 Nenne zwei Tiere, die keine Laufbeine haben, aber dennoch in die Gruppe der Vierfüßer eingeordnet werden.

4 Stelle eine Hypothese auf, nach welchen Befunden man suchen müsste, um die Einordnung der unter Aufgabe 3 erwähnten Tiere zu rechtfertigen.

Material B Schnabeltier

1 Recherchiere Informationen zu den Merkmalen des Schnabeltiers und fertige eine Tabelle an.

2 Nenne ein Merkmal des Schnabeltiers, das schon bei seinen Vorfahren vorhanden war, aber bei fast allen anderen Säugetieren nicht zu finden ist.

3 Begründe, weshalb das Schnabeltier innerhalb der Wirbeltiere eindeutig den Säugetieren zugeordnet werden kann.

Material C Systematische Ordnung

C1 Schwertwal

C2 Walhai

1 Recherchiere über die beiden Tierarten und beschreibe ihre Stellung im natürlichen System. Nimm die Abbildung 1 auf Seite 36 zu Hilfe.

2 Vergleiche in Form einer Tabelle Skelett, Atmungsorgane, Haut und Gebiss der Klassen, zu der die beiden Arten gehören.

1.7 Stammesgeschichte der Pflanzen

1 Mischwald

In unseren Wäldern wachsen viele verschiedene Pflanzen wie Moose, Farne, krautige Blütenpflanzen und Bäume. Wie kam es zu dieser großen Vielfalt von Pflanzen?

Frühe Pflanzenevolution • Pflanzen können Fotosynthese betreiben. Ohne diesen Vorgang wäre Leben in der heutigen Form nicht möglich, weil alle Nährstoffe und fast der gesamte Sauerstoff aus der Fotosynthese der Pflanzen stammen. Pflanzen sind daher für das Leben auf der Erde von großer Bedeutung.

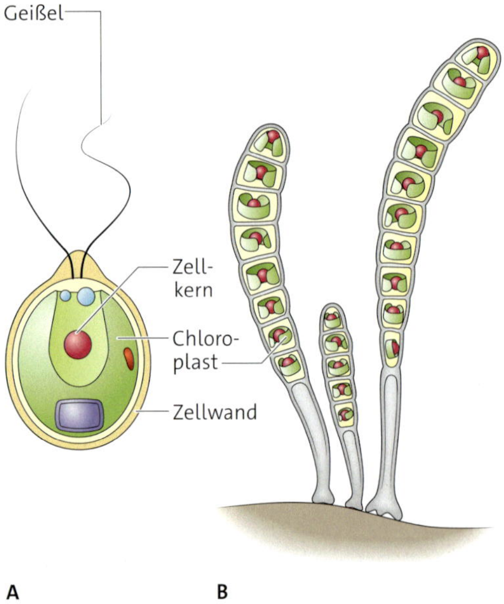

2 Algen: A einzellige Alge, B mehrzellige Alge

Lange Zeit in der Erdgeschichte lebten alle Pflanzen im Wasser, zunächst als einzellige, häufig durch Geißeln frei bewegliche Algen. Später entstanden daraus mehrzellige Algen.

Vor etwa 400 Millionen Jahren besiedelten die ersten Pflanzen das Land. Die ersten Landpflanzen, die **Urfarne**, zeigten bereits wichtige Angepasstheiten an das Leben außerhalb des Wassers.

Während Wasserpflanzen wie die Algen Wasser an jeder Stelle des Körpers aufnehmen können, müssen Landpflanzen das Wasser aus dem Boden beziehen und anschließend in alle Bereiche ihres Körpers transportieren. Zu diesem Zweck hatten die Sprosse der ersten Urfarne ein Leitungsgewebe, das zusätzlich zur Stabilisierung der Pflanze diente. Die Stabilisierung war erforderlich, da an Land die stützende Wirkung des Wassers wegfällt.

Bereits die Urfarne besaßen eine feste, den äußeren Zellen aufgelagerte wachsartige Schicht, die **Kutikula**. Damit konnten sie den an Land drohenden Wasserverlust durch Verdunstung gering halten. Durch kleine Poren in der Kutikula, die den Spaltöffnungen heute lebender Pflanzen ähneln, konnte Kohlenstoffdioxid aus der Luft aufgenommen und Sauerstoff abgegeben werden.

Die Urfarne hatten an den Spitzen von senkrecht wachsenden Sprossteilen kleine Behälter, aus denen widerstandsfähige einzellige Gebilde, die **Sporen**, abgegeben werden konnten. Sporen entstehen ungeschlechtlich, bestehen aus einer einzigen Zelle und können vom Wind verbreitet werden. Aus ihnen bilden sich neue Pflanzen. Voraussetzung dafür ist aber die Befruchtung einer Eizelle durch männliche Geschlechtszellen. Für diese geschlechtliche Fortpflanzung ist Wasser notwendig.

Sporenpflanzen • Im Verlauf der Evolution der Pflanzen kam es zu weiteren Angepasstheiten an das Leben an Land. Die Wasseraufnahme durch die Wurzeln und die Wasserleitung durch spezielle Gewebe wurden immer leistungsfähiger. Jetzt traten auch die ersten breitflächigen Laubblätter auf. So konnten die Pflanzen mehr Sonnenlicht aufnehmen, sodass die Fotosyntheserate stieg und das Wachstum zunahm.

Einige Farnpflanzen bildeten hohe, verholzte Stämme, die in der Konkurrenz um Licht einen Selektionsvorteil brachten. So entstanden die ersten Bäume. Voraussetzung dafür war jedoch ein leistungsfähiges Leitungsgewebe, das auch weit oben liegende Pflanzenbereiche mit Wasser versorgen konnte.
Die Siegel- und Schuppenbäume (▸ 3B) sind solche Vertreter der frühen Bäume. Einige von ihnen wurden bis zu 40 m hoch. Heute sind diese baumartigen Farnpflanzen ausgestorben. Ihre Fossilien können jedoch noch als Abdrücke in Steinkohlenschichten gefunden werden.

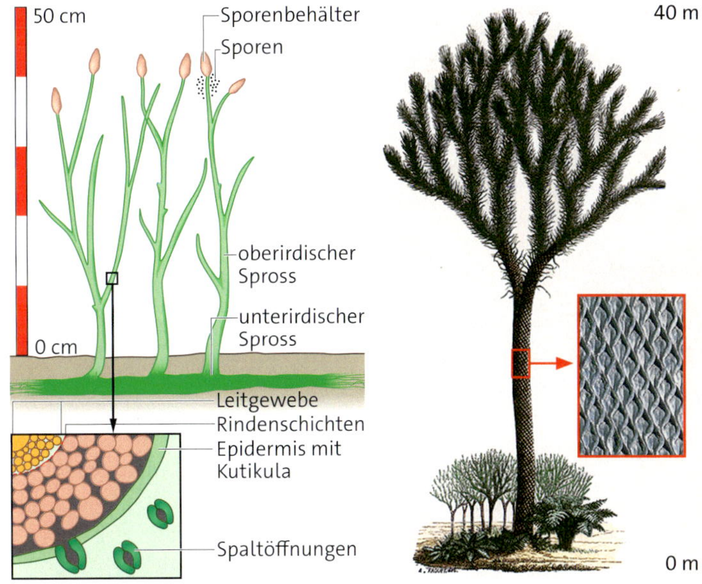

3 Erste Landpflanzen: A Urfarn, B Schuppenbaum

4 Heutige Sporenpflanzen: A Moos, B Bärlapp

Die Ausbreitung und Vermehrung dieser Farnpflanzen geschah weiterhin durch Sporen. Man fasst daher diese Pflanzen als **Sporenpflanzen** zusammen. Auf solche Pflanzen gehen unsere heutigen Moose, Bärlappe und Farnpflanzen zurück. Sporenpflanzen sind bei der geschlechtlichen Fortpflanzung weiterhin an Wasser gebunden, weil ihre männlichen Geschlechtszellen sich mit Geißeln fortbewegen.

1 Kiefernzapfen

2 Blüte

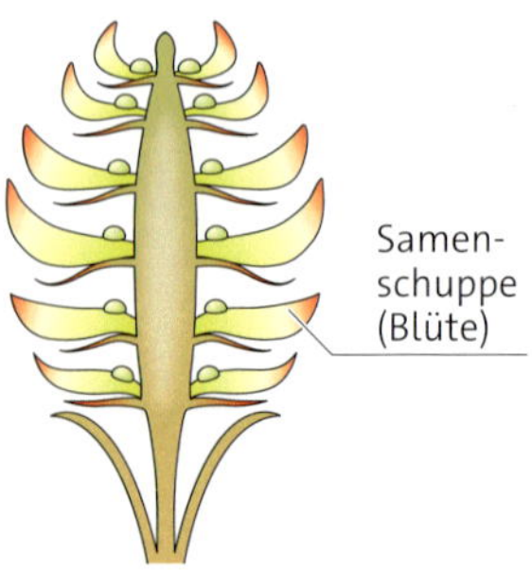

Schema eines Zapfens

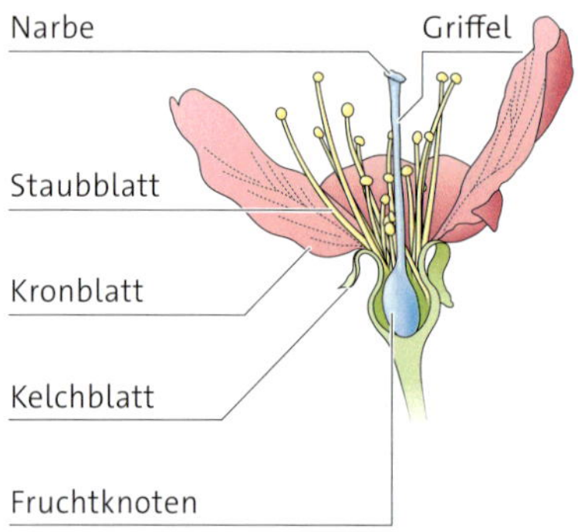

Schema einer Blüte

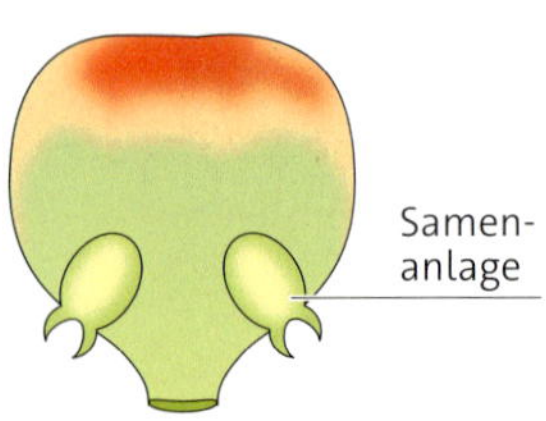

Samenschuppe

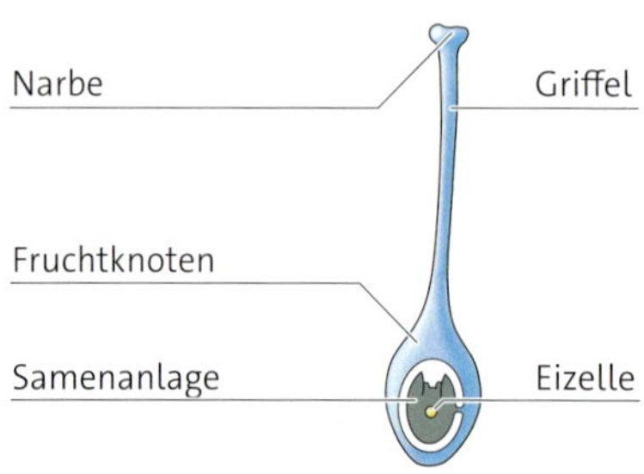

Fruchtknoten

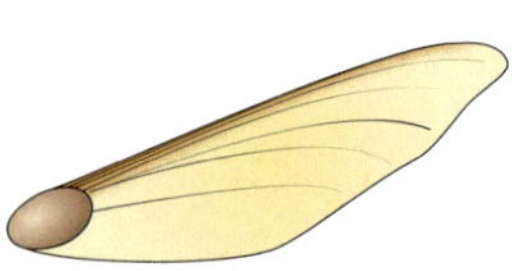

Samen

A

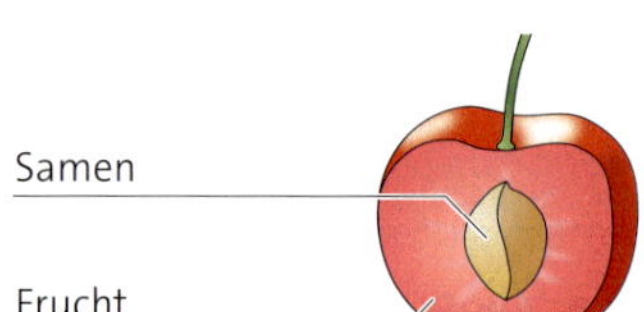

Frucht mit Samen

B

3 Blüten und Samen: A Nacktsamer, B Bedecktsamer

Samenpflanzen • Vor etwa 350 Millionen Jahren wurde die geschlechtliche Fortpflanzung der Landpflanzen vom Wasser unabhängig. Die Befruchtung der Eizelle erfolgte nun nicht mehr durch begeißelte männliche Geschlechtszellen, sondern durch **Pollenkörner**.
Im Pollenkorn liegt die männliche Geschlechtszelle. Nach der Bestäubung erreicht der männliche Zellkern die Eizelle durch einen aus dem Pollenkorn austreibenden Pollenschlauch.

Die Eizelle liegt in einer Samenanlage. In diese wächst der Pollenschlauch und hier entsteht aus der befruchteten Eizelle ein **Samen**. Dieser besteht aus einem Pflanzenembryo und gespeicherten Nährstoffen, die zusammen von einer widerstandsfähigen Hülle umgeben sind. Der Embryo ist so vor Austrocknung, Pilzinfektion und Fressfeinden geschützt.
Bei günstigen Umweltbedingungen kann der Embryo durch die im Samen gespeicherten Nährstoffe sehr schnell keimen und es kann eine neue Pflanze entstehen.
Alle samenbildenden Pflanzen fasst man unter dem Begriff **Samenpflanzen** zusammen. Zu dieser Gruppe gehören die meisten der heute lebenden Pflanzen.

Evolution der Samenpflanzen • Bei den ersten Samenpflanzen lagen die Samenanlagen frei zugänglich auf Schuppen, die häufig in Zapfen zusammenstanden. Heutige Nachfahren dieser **Nacktsamer** sind die Nadelbäume.
Bei den meisten Samenpflanzen sind die Samenanlagen dagegen von Fruchtblättern vollständig umschlossen, sodass ein Fruchtknoten entsteht. Man bezeichnet diese Gruppe daher als **Bedecktsamer**. Viele haben farbenprächtige Blüten. Ihre Samen liegen häufig in einer Frucht, die von den Fruchtblättern der Blüte gebildet wird.

1 ▢ Vergleiche den Bau von Sporen- und Samenpflanzen.

2 ▢ Beschreibe die Angepasstheiten, durch die die Fortpflanzung der Samenpflanzen unabhängig vom Wasser ablaufen kann.

Material A Stammbaum der Pflanzen

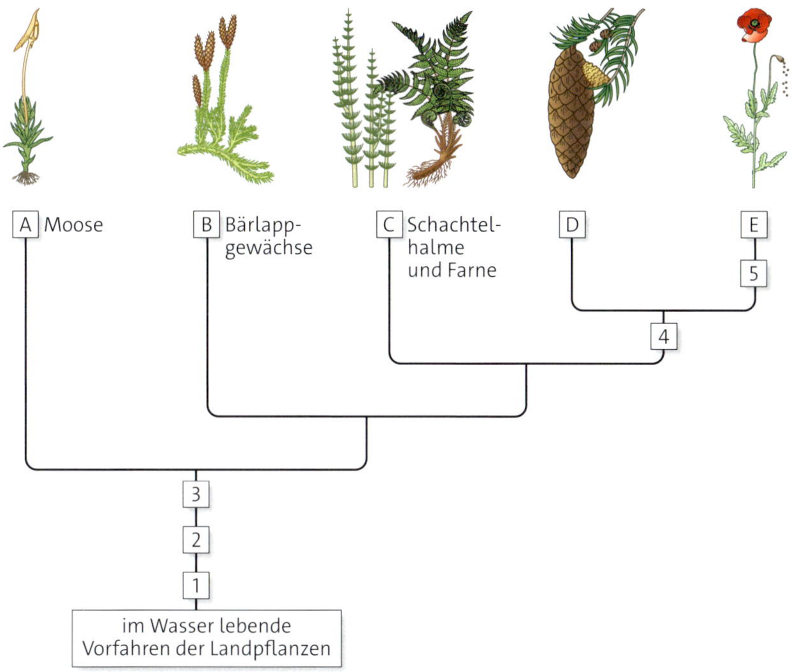

1 Nenne die Fachbegriffe für die mit D und E gekennzeichneten Gruppen des Stammbaumschemas.

2 Nenne die mit Zahlen gekennzeichneten Merkmale, die neu in der Stammesgeschichte der Pflanzen auftreten.

3 Nenne die Gruppen des Stammbaumschemas, die zu den Sporenpflanzen beziehungsweise den Samenpflanzen gehören.

4 Vergleiche Sporen, Pollen und Samen miteinander.

5 Stelle eine Hypothese auf, weshalb sich die pflanzenfressenden Dinosaurier nicht von Gräsern ernähren konnten. Berücksichtige dabei, dass Gräser zur Gruppe E gehören.

6 Stelle eine Hypothese auf, weshalb es für Pflanzen vorteilhaft war, immer unabhängiger vom Wasser zu werden.

Material B Ginkgo

B1 Ginkgoblätter

B2 Fossiles Ginkgoblatt

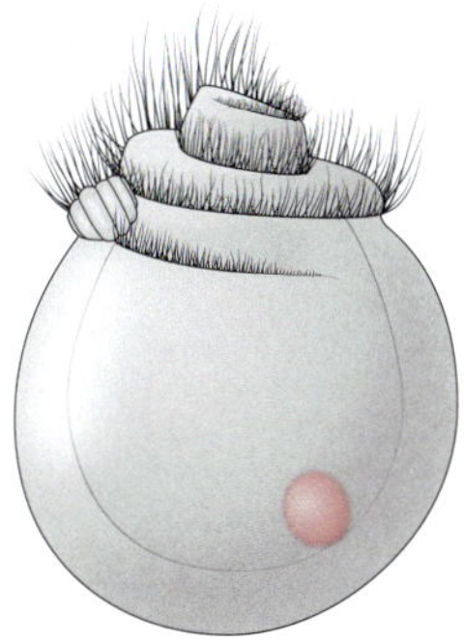
B3 Männliche Geschlechtszelle des Ginkgos

Der Ginkgo ist ein Baum und gehört zu den Nacktsamern. Er hat ungewöhnlich geformte Blätter und eine besondere Form der Befruchtung. Es gibt männliche und weibliche Ginkgobäume. Der männliche Baum bildet Pollenkörner, die auf die weiblichen Blüten übertragen werden. Dort setzen die Pollenkörner männliche Geschlechtszellen frei, die aktiv schwimmend die Eizelle erreichen.

1 Beschreibe die männliche Geschlechtszelle.

2 Vergleiche die Befruchtung des Ginkgos mit der der übrigen Samenpflanzen.

3 Vergleiche das abgebildete fossile Blatt mit den Blättern des heute lebenden Ginkgos.

4 Erkläre, weshalb man den heute lebenden Ginkgo als „lebendes Fossil" bezeichnet.

5 Vergleiche den Ginkgo mit einem anderen heute lebenden Baum. Erstelle dazu eine digitale Präsentation.

1.8 Stammesgeschichte des Menschen

1 Fußspuren von Laetoli

In dem ostafrikanischen Ort Laetoli fand man fossile Fußspuren, die denen heutiger Menschen ähneln. Sie sind circa 3,6 Millionen Jahre alt. Wer waren die Lebewesen, die dort gelaufen sind und in welcher Beziehung stehen sie zum heutigen Menschen?

Stammesgeschichte • Woher wir kommen, ist eine der ältesten Fragen, mit der sich Menschen beschäftigen. Um Antworten zu finden, werden Fossilfunde von Knochen und Zähnen sowie fossile Spuren wie die von Laetoli wissenschaftlich untersucht.

Anhand verschiedener Verfahren der Altersbestimmung lassen sich die gefundenen Fossilien zeitlich in die Erdgeschichte einordnen. Zum Beispiel kann an einem Schädelfund aus der Form der Zähne auf die Nahrung geschlossen werden und Knochen können Auskunft über die Fortbewegungsweise geben. Der Vergleich dieser Merkmale, aber auch der Vergleich der DNA verschiedener Lebewesen liefern Hinweise auf die Verwandtschaft und ermöglichen es, Stammbäume zu erstellen. Auf diese Weise entsteht ein immer genaueres Bild der Menschheitsgeschichte.

Die Rekonstruktion der Stammesgeschichte des Menschen bleibt allerdings an manchen Stellen ungenau. Das liegt daran, dass Fossilien mutmaßlicher Vorfahren des Menschen relativ selten und fast immer unvollständig sind. Oft gibt es Spielraum für Interpretationen. Zum Beispiel sind oft keine eindeutigen Rückschlüsse auf die Nahrung, den Lebensraum oder die Lebensweise möglich. Zudem kann die Zeitspanne der Existenz einer Art häufig nur grob bestimmt werden.

Wie die Menschwerdung im Laufe der Erdgeschichte vonstatten ging, ist also nicht endgültig geklärt. Neue Funde und verbesserte Methoden führen immer wieder dazu, dass bisherige Vorstellungen verändert werden müssen. Selbst wenn noch vieles im Dunkeln liegt, bestätigen aber alle vorliegenden Indizien die Annahme, dass der Mensch sich aus anderen Tieren entwickelt hat.

2 A Halbaffe (Katta) B Neuweltaffe (Brüllaffe) C Altweltaffe (Berberaffe) D Altweltaffe (Schimpanse)
Verwandtschaftsgruppe der Primaten

Primaten • Alle Merkmale der Gruppe der Säugetiere treffen auch auf den heutigen Menschen zu. Innerhalb der Säugetiere lässt sich der heutige Mensch gemeinsam mit den Affen in einer Ordnung, den **Primaten**, zusammenfassen.

Die Primaten können grob in drei Verwandtschaftsgruppen unterteilt werden: Die **Halbaffen** sind ursprüngliche, nur wenig affenähnliche Primaten. Die Affen Süd- und Mittelamerikas bilden die Gruppe der **Neuweltaffen** und die Affen Asiens und Afrikas heißen **Altweltaffen**.

Innerhalb der Altweltaffen finden sich die nächsten Verwandten des Menschen in der Gruppe der **Menschenaffen**. Zu ihr gehören Orang-Utans, Gorillas und Schimpansen. Der Vergleich der DNA zeigt, dass Schimpansen näher mit dem Menschen verwandt sind als mit den übrigen Menschenaffen.

Im Vergleich zu den meisten anderen Säugetieren ist das Gehirn von Primaten relativ groß. Die meisten Arten sind an das Leben in Bäumen angepasst. Die Augen sind nach vorn gerichtet. Das verbessert die Fähigkeit, räumlich zu sehen und Entfernungen abzuschätzen, zum Beispiel beim Springen von Ast zu Ast. Primaten haben Greifhände und Greiffüße mit abspreizbaren Daumen und Großzehen. Die Fußabdrücke solcher Affenarten passen jedoch nicht zu den Fußspuren in Laetoli.

Vormenschen • Im Zeitraum zwischen vor etwa 10 und 7 Millionen Jahren kam es zu einer globalen Abkühlung. In Afrika wurden weite Waldgebiete zu Graslandschaften, den Savannen, in denen nur noch einzelne Bäume standen.

In diesen Savannen und am Rand der Wälder entwickelten sich aus baumbewohnenden Menschenaffen zweibeinig und aufrecht laufende Affenarten. Man fasst diese Arten häufig als **Vormenschen** zusammen.
Der aufrechte Gang verhalf ihnen zu einem guten Überblick im offenen Gelände. Dadurch konnten sie sich besser orientieren und Feinde frühzeitig erkennen. Die durch den aufrechten Gang nun frei gewordenen Hände konnten sie einsetzen, um mit Geräten und Waffen zu hantieren, Nahrung zu transportieren und vermutlich auch, um ihre Jungen auf dem Arm zu tragen.
Außerdem heizen sich aufrechte Körper in einem schattenarmen Lebensraum nicht so stark auf, weil nur eine kleine Fläche von der Sonne direkt bestrahlt wird.

Die Fußspuren in Laetoli stammen sehr wahrscheinlich von einem Vertreter dieser Gruppe. Ein weiterer sehr wichtiger Fund aus dieser Zeit ist „Lucy", ein etwa 3 Millionen Jahre altes Fossil. Weil es in der Afar-Region in Äthiopien gefunden wurde, erhielt es die Bezeichnung *Australopithecus afarensis*.

lateinisch *australis* = südlich, griechisch *pithekos* = Affe

Lucy • Lucy war ein etwa 1,2 m großer weiblicher Vertreter eines Vormenschen. Ihr Gebiss ähnelte bereits dem Gebiss heutiger Menschen, sie ernährte sich vermutlich von Samen und Pflanzen. Ihr Schädel war dagegen noch affenartig. Er hatte keine Stirn, die Kiefer standen so weit vor, dass sie eine Schnauze bildeten, und über den Augen traten kräftige Knochenverdickungen hervor, die **Überaugenwülste**. Mit 400 cm^3 Volumen war ihr Gehirn etwa so groß wie das eines heutigen Schimpansen. Vermutlich bewegte sich Lucy vorwiegend auf zwei Beinen am Boden, konnte aber wohl auch noch gut in Bäumen klettern.

Im Laufe der Stammesgeschichte entstanden mehrere Arten in der *Australopithecus*-Gruppe. Ihre letzten Vertreter starben vor etwa einer Million Jahren aus.

lateinisch *erectus* = aufgerichtet, aufrecht, gerade

lateinisch *habilis* = geschickt, geeignet

Frühmenschen • Im trockener werdenden Klima entstand vor rund 2 Millionen Jahren aus einer der *Australopithecus*-Arten ein Vorfahr des Menschen, dem man die ältesten Funde von selbst hergestellten Steinwerkzeugen zuordnen kann. Von der Wissenschaft wurde er daher ***Homo habilis*** benannt, was „geschickter Mensch" bedeutet. Seine Werkzeuge waren sehr einfach. Sie bestanden aus zerschlagenen Steinen mit scharfen Kanten. Mit ihnen konnte *Homo habilis* unter anderem die ledrige Haut von Beutetieren aufschneiden und an Fleisch gelangen. Die Ernährung mit Fleisch verbesserte die Eiweißversorgung. *Homo habilis* ernährte sich aber auch von pflanzlicher Kost, er war Allesfresser.

Die Fähigkeit, Werkzeuge herzustellen, war ein wichtiger Evolutionsschritt in der stammesgeschichtlichen Entwicklung des Menschen. Mit ihr ging eine Vergrößerung des Gehirns einher.

Die mit Lucy und *Homo habilis* begonnenen Evolutionstendenzen setzten sich fort, was anhand von Fossilien mit einem Alter zwischen 2 Millionen und 500 000 Jahren gezeigt werden kann.
Im Verlauf der Entwicklung vergrößerte sich der Schädel weiter und bot Platz für ein größeres Gehirn mit einem Volumen von etwa 1000 cm^3. Im Vergleich zu früheren Arten war das Gesicht nun menschenähnlicher. Die Arme wurden kürzer und die Beine länger. Dies führte zu einer aufrechteren Körperhaltung, weshalb diese Art ***Homo erectus*** heißt.

Wegen seiner langen Beine nimmt man an, dass *Homo erectus* ein guter Langstreckenläufer war. Vermutlich war sein Körper als Angepasstheit an das Laufen nur schwach behaart. So konnte die Überhitzung des Körpers bei lang andauernder Anstrengung vermieden werden.

Homo erectus konnte Werkzeuge aus Feuerstein herstellen, die viel feiner bearbeitet waren als die

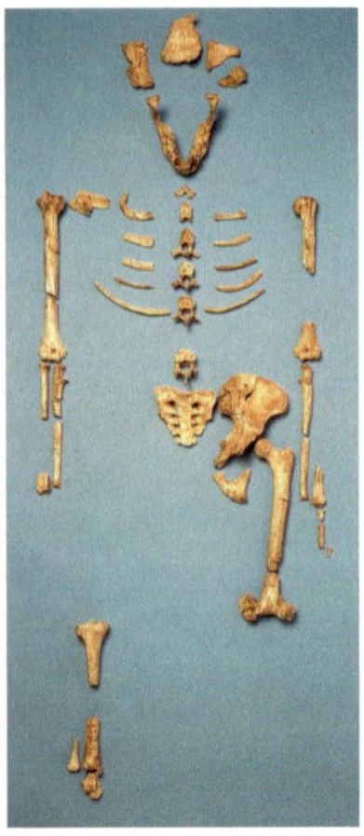

A Knochenfund

B Rekonstruktion

1 Lucy

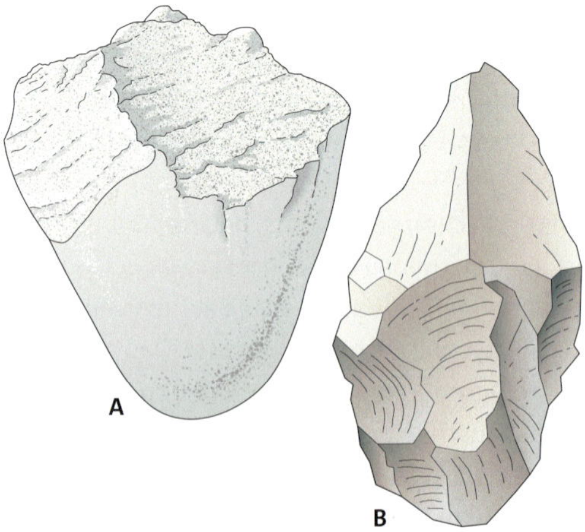

2 Steinwerkzeuge zweier Frühmenschen: A *Homo habilis*, B *Homo erectus*

Werkzeuge von *Homo habilis*. Auch die bisher ältesten Funde von Waffen, 300 000 Jahre alte, sorgfältig angefertigte Wurfspeere, können vermutlich *Homo erectus* zugeordnet werden. Bemerkenswert sind auch die Spuren von Feuerstellen des *Homo erectus*.

Die Handhabung des Feuers ist ein weiterer, sehr wichtiger Entwicklungsschritt in der Stammesgeschichte des Menschen. Durch das Erhitzen wurde die Nahrung leichter verdaulich, denn im rohen Zustand sind viele Pflanzen ungenießbar oder schwerer zu verdauen. So waren die enthaltenen Nährstoffe besser nutzbar und das Nahrungsspektrum wurde stark erweitert. Diese verbesserte Nährstoffversorgung ermöglichte die Entwicklung eines größeren Gehirns. Große Gehirne benötigen viel Energie, da die Vorgänge im Gehirn sehr energieaufwendig sind.

Moderne Menschen • Aus der Verwandtschaftsgruppe um den *Homo erectus* entstanden mehrere Menschenformen, darunter der Neandertaler ***Homo neanderthalensis*** und der heutige Mensch ***Homo sapiens***. Bis vor rund 27 000 Jahren lebten verschiedene Menschenformen nebeneinander auf der Erde und vermischten sich sogar teilweise. So lassen sich bis zu 4 Prozent der Erbinformation vieler heutiger Menschen auf den Neandertaler zurückführen.
Neandertaler und Mensch haben ein etwa 3-mal so großes Gehirn wie *Australopithecus afarensis*. Beide waren sehr geschickte Handwerker, die viele verschiedene fein gearbeitete Werkzeuge herstellten. Vor allem *Homo sapiens* erschuf Kunstwerke, darunter Höhlenmalereien oder die ältesten Skulpturen der Welt, wie die kunstvoll aus Elfenbein gearbeiteten Figuren eines Mammuts oder eines Höhlenlöwen (▶ 4).

Einzigartig unter den Primaten ist auch die Wortsprache der modernen Menschen. Durch Sprache war eine verbesserte Zusammenarbeit, Arbeitsteilung und vorausschauende Planung möglich. Vor allem aber beschleunigte sie die kulturelle Entwicklung, da die Weitergabe von Kenntnissen erleichtert wurde.

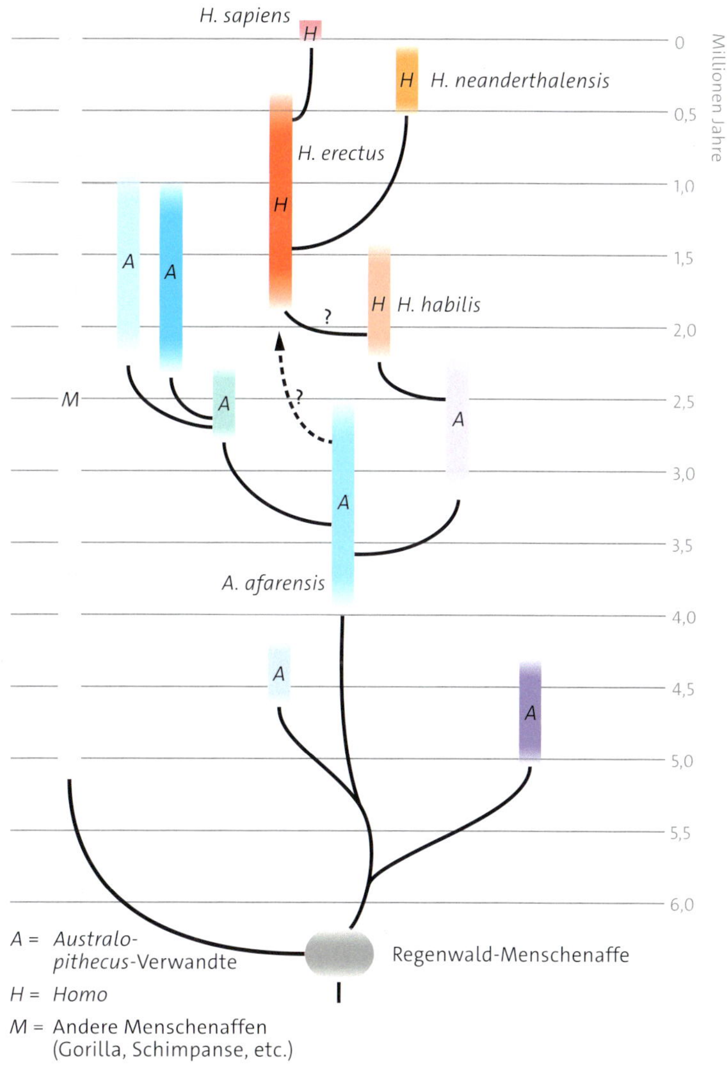

3 Vereinfachter Stammbaum des Menschen (▶)

4 Etwa 40 000 Jahre alte Elfenbeinskulptur eines Höhlenlöwen aus der Vogelherdhöhle in Baden-Württemberg

1 Vergleiche die Vormenschen mit dem modernen Menschen.

Material A Schädelvergleich

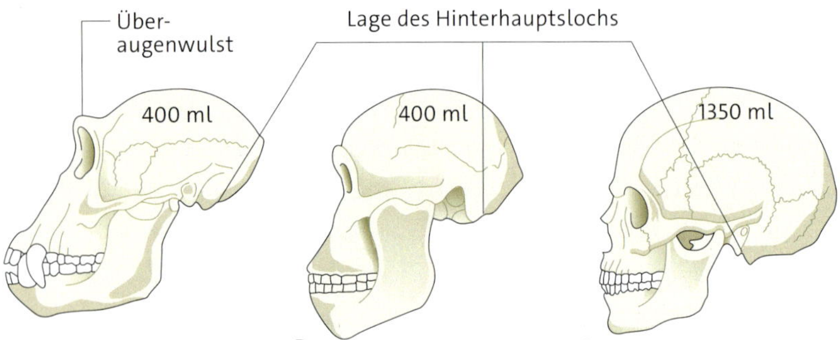

A B C

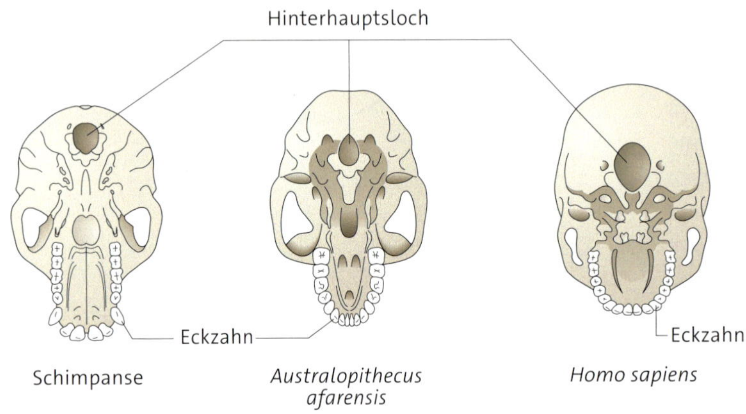

D E F

Die Abbildungen zeigen Schädel in der Ansicht von der Seite und von unten. Die Größenverhältnisse sind nicht berücksichtigt, alle Schädel sind gleich groß gezeichnet.

Den vorderen Teil des Schädels nennt man Gesichtsschädel, den hinteren Hirnschädel. Die Stelle, an der der Schädel auf der Wirbelsäule aufliegt, heißt Hinterhauptsloch.

1 Vergleiche bei den drei Schädeln:
   a die Form des Gesichtsschädels
   b das Größenverhältnis zwischen dem Gesichts- und dem Hirnschädel
   c die Eckzähne
   d die Stirn und die Überaugenwülste
   e die Lage des Hinterhauptslochs.

2 Ordne die Schädel nach dem Volumen ihres Hirnschädels und erkläre die Unterschiede.

3 Stelle eine Hypothese auf, durch die sich die Form der Stirn beim *Homo sapiens* erklären lässt.

4 Beschreibe die Veränderungen in der Lage der Zähne, die dazu geführt haben, dass sich die für den *Homo sapiens* typische Form des Gesichtsschädels entwickelte.

5 Stelle eine Hypothese auf, die die Veränderung der Lage des Hinterhauptslochs durch den Übergang zum aufrechten Gang erklärt.

Material B Aufrechter Gang

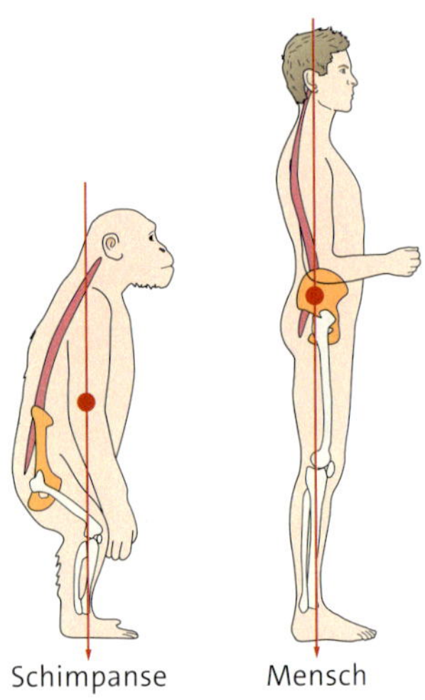

1 Vergleiche die Körperhaltung, die Form der Wirbelsäule und die Lage des mit einem roten Punkt gekennzeichneten Schwerpunkts beim Schimpansen und *Homo sapiens.*

2 Erkläre die in Aufgabe 1 beschriebenen Unterschiede.

3 Beschreibe die Längenverhältnisse zwischen Armen und Beinen beim Schimpansen und beim *Homo sapiens.*

4 Erkläre die in Aufgabe 3 beschriebenen Unterschiede in den Längenverhältnissen der Extremitäten durch die jeweilige Lebensweise.

Material C Menschwerdung

Im Verlauf der Stammesgeschichte fanden Entwicklungen statt, die zu den Eigenschaften des Menschen geführt haben, die ihn von Tieren unterscheiden. Als Wendepunkte für diese Menschwerdung werden diskutiert:

a die Handhabung des Feuers und damit die Möglichkeit, Nahrung zu kochen
b der Erwerb des aufrechten Gangs
c der Erwerb der Wortsprache
d die Herstellung und die Nutzung von Werkzeugen

1 Ordne die dargestellten Fähigkeiten in der Reihenfolge ihrer Entstehung an.

2 Beschreibe für alle vier Fälle, welchen Einfluss die jeweiligen Neuerungen auf die Lebenssituation der betreffenden Lebewesen hatten.

3 Stelle Hypothesen dazu auf, welche Zusammenhänge zwischen der Gehirnentwicklung und den dargestellten Fähigkeiten bestehen könnten.

4 Diskutiere, welche der vier neuen Fähigkeiten der Startpunkt der Menschwerdung sein könnte.

Material D Gehirnentwickung und Energiebedarf

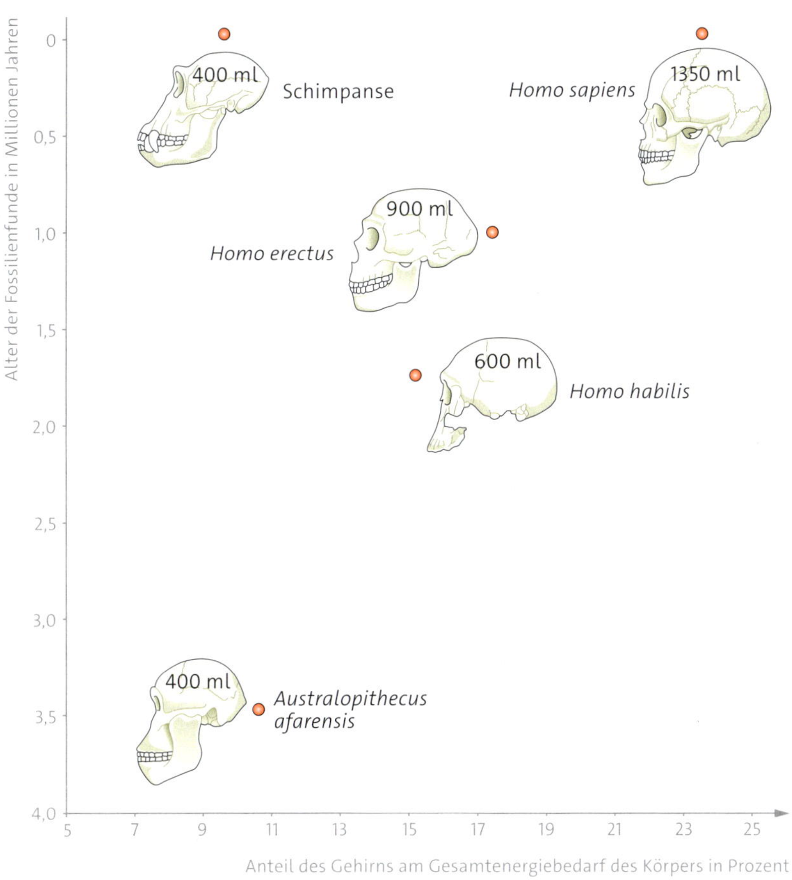

1 Beschreibe die im Diagramm dargestellten Sachverhalte.

2 Erläutere, weshalb für das Diagramm nicht die absoluten Werte des Energiebedarfs des Gehirns verwendet wurden, sondern die sich relativ zum Gesamtenergiebedarf ergebenen.

3 Begründe, ob sich mithilfe des Diagramms die Hypothese stützen lässt, dass die Zunahme der Gehirngröße eine Voraussetzung für den aufrechten Gang war.

1.9 Der Mensch erobert die Erde

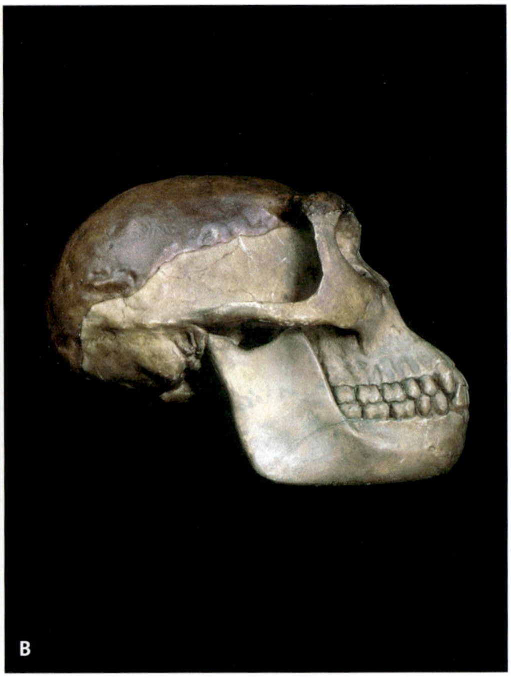

1 Javamensch:
A Rekonstruktion,
B Knochenfund

In Georgien, auf der indonesischen Insel Java und in China wurden Fossilien gefunden, die dem Frühmenschen Homo erectus zugeordnet werden. Sie sind rund 200 000 Jahre jünger als vergleichbare Funde aus Afrika. Wie lässt sich dies erklären?

Ausbreitung der Frühmenschen • Alle vorliegenden wissenschaftlichen Daten weisen darauf hin, dass der Mensch seinen Ursprung in Afrika hat. Ungefähr 2 Millionen Jahre alte Funde des Frühmenschen *Homo erectus* sind aus vielen Regionen Afrikas bekannt. Neben diesen Fossilien wurden aber auch etwas jüngere Reste in Georgien, auf Java und in China gefunden.

Homo erectus hat offensichtlich Afrika verlassen und sich von dort zuerst in Richtung Osten ausgebreitet. Vor ungefähr 1,4 Millionen Jahren tritt *Homo erectus* dann auch in Südeuropa in Erscheinung und breitete sich später bis in Regionen nördlich der Alpen aus. Aus ihm entwickelte sich in Europa vermutlich eine als *Homo heidelbergensis* bezeichnete Art. Der älteste Fund Mitteleuropas dieser Menschenart stammt aus einer Sandgrube bei Heidelberg und ist ungefähr 600 000 Jahre alt. Weitere Funde sind unter anderem bekannt aus Spanien, Frankreich, Italien, Ungarn und Serbien.

Auf mehreren Wanderungsbewegungen erreichte *Homo erectus* also weit von Afrika entfernte Gebiete und besiedelte sogar Inseln. Er war der erste Mensch, der außer in Afrika auch in Asien und Europa lebte. Nord- und Südamerika sowie Australien erreichte er während seiner Wanderungen jedoch nicht (▸ 2).

Triebkraft für diese Wanderungsbewegungen waren vermutlich die vor ungefähr 2 Millionen Jahren einsetzenden Klimaveränderungen, die zur Ausbreitung von Lebensräumen führten, die für ihn attraktiv waren. Damals waren die heutigen Wüstengebiete Afrikas und der Arabischen Halbinsel fruchtbare Savannen. Während der Abfolge der Eiszeiten lag auch der Meeresspiegel niedriger als heute. Heutige Inseln waren mit dem Festland verbunden und heutige Meerengen wie Gibraltar waren Landbrücken. In Warmphasen zwischen den Eiszeiten konnte *Homo erectus* schließlich auch weiter nördlich liegende Gebiete erreichen.

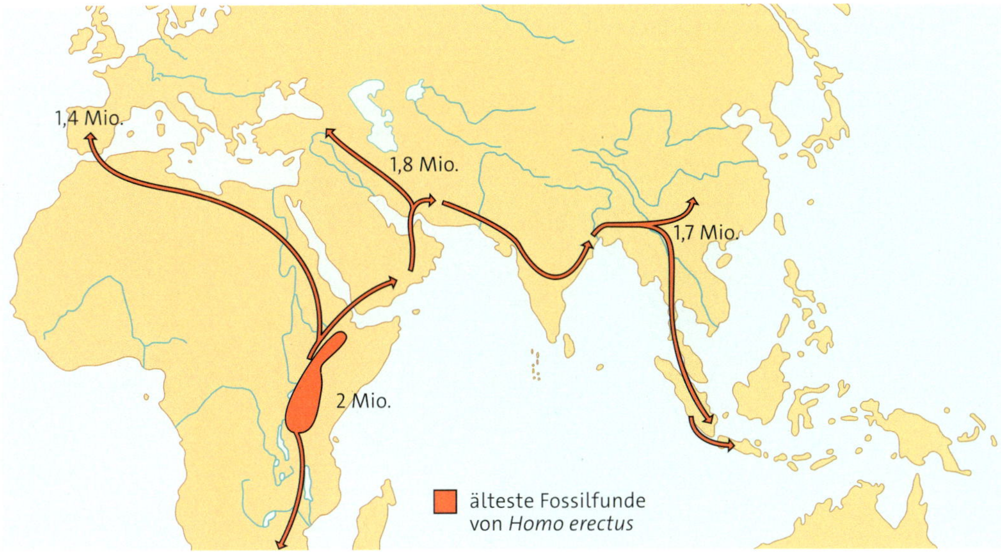

2 Ausbreitung des *Homo erectus*

Neandertaler • 1856 fanden Arbeiter in einem Steinbruch im Neandertal bei Düsseldorf Bruchstücke von Knochen. Diese Fragmente konnten später einer Menschenform zugeordnet werden, die nach ihrem Fundort **Neandertaler** genannt wurde. Anhand zahlloser weiterer Funde weiß man heute, dass der Neandertaler, *Homo neanderthalensis,* etwa 250 000 Jahre lang in einem Gebiet lebte, das sich von Europa über den Nahen Osten und den Kaukasus bis nach Sibirien ausdehnte. Vor ungefähr 39 000 Jahren starb der Neandertaler aus.

Homo neanderthalensis war untersetzter und muskulöser als der *Homo sapiens*. Typisch für diese Menschenform sind die Überaugenwülste und der Gesichtsschädel ohne ausgeprägtes Kinn. Der Neandertaler stellte hochwertige Werkzeuge und Waffen her und ernährte sich vermutlich hauptsächlich von Fleisch.

Anhand von Funden nimmt man an, dass diese Frühmenschen medizinische Behandlungen vornahmen, aus Birkenrinde gewonnenen Klebstoff benutzten und ihre Toten bestatteten. Auch Höhlenmalereien sind bekannt. Der Neandertaler verfügte über Sprachfähigkeit, was durch Knochenfunde und molekulargenetische Analysen gezeigt werden konnte.

Der Vorfahr des *Homo neanderthalensis* ist vermutlich der *Homo heidelbergensis,* der sich in Europa aus dem aus Afrika eingewanderten *Homo erectus* entwickelt hat.

3 Neandertaler, Rekonstruktion aus dem Neandertalermuseum in Mettmann

1 ☐ Beschreibe die Ausbreitungswege von *Homo erectus.*

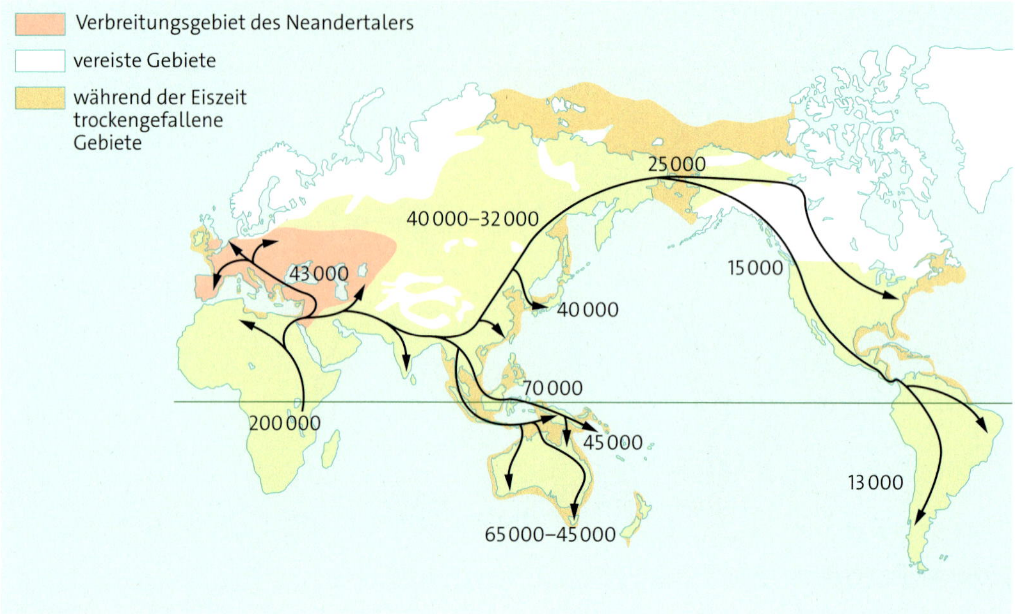

1 Ausbreitung des *Homo sapiens*

Ausbreitung des *Homo sapiens* • Nach allen Ergebnissen aus der Wissenschaft ist es sehr wahrscheinlich, dass der *Homo sapiens* in Afrika entstanden ist und sich von dort aus über die gesamte Erde verbreitet hat.

Diese **Out-of-Africa-Hypothese** wird sowohl durch Fossilfunde als auch durch molekulargenetische Untersuchungen unterstützt. Dabei analysiert und vergleicht man die Erbanlagen, also die Gene verschiedener Menschenformen.

Die ältesten Fossilien, die *Homo sapiens* zugeordnet werden können, stammen aus Nordafrika und sind rund 300 000 Jahre alt. Anhand molekulargenetischer Berechnungen, die weltweit durchgeführt wurden, konnte man feststellen, dass der Urahn der heutigen Menschen vor mindestens 200 000 Jahren in Afrika gelebt haben muss.

Mithilfe der vorliegenden Daten konnten auch die wahrscheinlichen Ausbreitungswege des modernen Menschen rekonstruiert werden. Demzufolge lebte *Homo sapiens* bis vor rund 180 000 Jahren nur auf dem afrikanischen Kontinent. Danach besiedelte er in mindestens zwei Wanderungsbewegungen zuerst Asien und später die anderen Kontinente. Die ältesten Funde aus Indien und China sind circa 100 000 Jahre alt, die ältesten Funde aus Nordaustralien ungefähr 65 000 Jahre.

Vor etwa 43 000 Jahren gelangte *Homo sapiens* über den Nahen Osten und Südosteuropa sowie über Zentralasien nach Europa. Schließlich konnte er sich vor rund 15 000 Jahren über die während der Eiszeiten trockengefallene Beringstraße bis nach Nord- und später auch Südamerika ausbreiten.

Molekulargenetische Untersuchungen zeigen, dass die DNA von Menschen aus fast allen Kontinenten einen Anteil von 2 bis 4 Prozent Neandertalergenen enthält. Nur Afrikanerinnen und Afrikaner, die südlich der Sahara leben, besitzen diese Gene nicht. Dies zeigt, dass der aus Afrika ausgewanderte Mensch gemeinsame Nachkommen mit Neandertalern hatte. Die ersten Zusammentreffen der beiden Menschenformen haben vor mindestens 100 000 Jahren im Nahen Osten stattgefunden.

1 Vergleiche die Ausbreitung von *Homo sapiens* mit der von *Homo erectus*.

Material A Ursprung des modernen Menschen

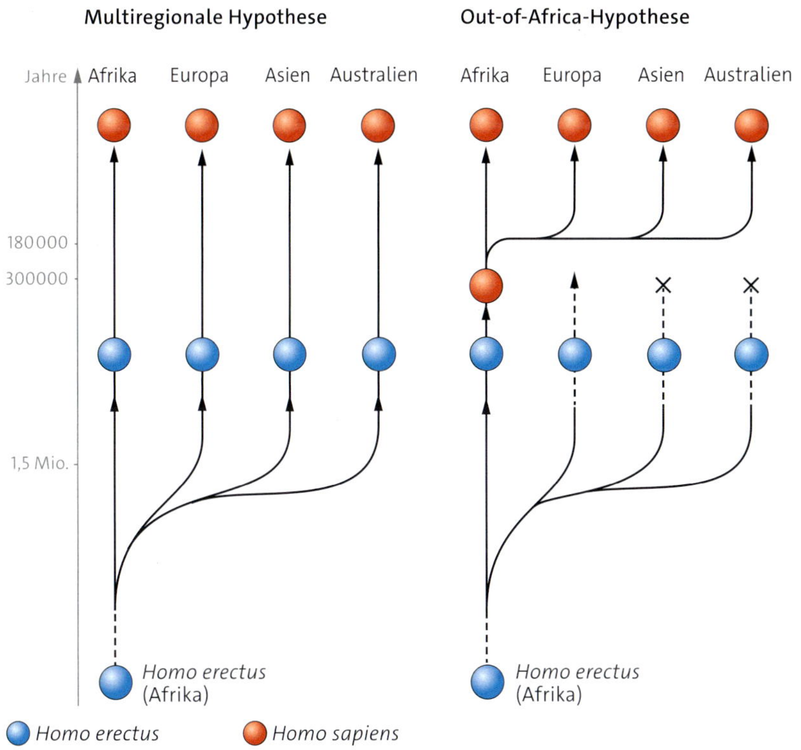

In der Abbildung sind stark vereinfacht zwei Hypothesen zur Entstehung der Formen des heutigen *Homo sapiens* dargestellt. Nach Nord- und Südamerika gelangte der *Homo sapiens* erst spät und von Asien aus. Um zu prüfen, welche der beiden Hypothesen wahrscheinlicher ist, verglich man das Erbgut von Menschen aller Kontinente. Die Untersuchungen zeigten, dass die Unterschiede sehr gering sind.

1 Beschreibe für jede der beiden Hypothesen, wie die Entstehung der heutigen Unterschiede zwischen den Menschen der Kontinente erklärt wird.

2 Vergleiche die beiden Hypothesen hinsichtlich der Zeitdauer, in der die Unterschiede zwischen den heute auf den verschiedenen Kontinenten lebenden Menschen entstanden.

3 Erkläre, welche der beiden Hypothesen durch den Vergleich des Erbguts gestützt wird.

4 Bewerte, ob die Hypothesen als naturwissenschaftliche Argumente gegen rassistische Anschauungen verwendet werden können.

Material B Vermutungen zum Aussterben des Neandertalers

Vermutungen zum Aussterben des Neandertalers

A Neandertaler waren Spezialisten für das kalte Klima in Europa während der Eiszeit.
B Der Neandertaler war Großwildjäger. Das Aussterben von Mammuts und anderen Beutetieren führte daher zu Nahrungsengpässen.
C Der moderne Mensch hatte bessere Waffen und hat den Neandertaler zum Aussterben gebracht.
D Die Kindersterblichkeit war bei Neandertalern höher und ihre Lebenserwartung geringer.
E Der moderne Mensch und der Neandertaler konkurrierten um die gleichen Umweltangebote und der moderne Mensch war überlegen.
F Der moderne Mensch brachte Krankheitserreger mit, gegen die der Neandertaler nicht immun war.

Neandertaler und moderner Mensch lebten mehrere Tausend Jahre in Europa nebeneinander. Es ist nicht geklärt, weshalb der Neandertaler ausgestorben ist. Im Textkasten sind einige Vermutungen aufgeführt.

1 Stelle Hypothesen auf, welche Spuren Hinweise für die Richtigkeit der Vermutungen A–D geben könnten.

2 Erläutere, welche Probleme aufgetreten sein könnten, wenn Vermutung E zutrifft.

3 Recherchiere vergleichbare Beispiele aus der jüngeren Menschheitsgeschichte für den Fall F.

4 Begründe, welche Vermutungen ernst zu nehmende Erklärungen für das Aussterben des Neandertalers liefern.

Der Mensch – eine Art mit diversem Erscheinungsbild

Alle Menschen, egal auf welchem Kontinent sie leben, gehören einer Art an. Dennoch sehen Menschen sehr unterschiedlich aus. Wie lässt sich diese Vielfalt erklären?

Art und „Rasse" • Alle heute lebenden Menschen gehören zur Art *Homo sapiens*. Mit dem Begriff **Art** werden alle Lebewesen bezeichnet, die gemeinsam fruchtbare Nachkommen zeugen können. Genetische Untersuchungen der DNA von Fossilien deuten darauf hin, dass auch der Neandertaler zu dieser Art gehörte. Manche Fachleute halten ihn für eine **Unterart** des *Homo sapiens*. Der biologische Begriff Unterart wird für Populationen einer Art verwendet, die sich in vielen Merkmalen unterscheiden. Manchmal wurde früher anstelle des Begriffs Unterart auch der Begriff „Rasse" benutzt.

Von „Rassen" spricht man vor allem in der Tierzucht. Dort werden Tiere mit besonderen Merkmalen gezielt gepaart. Nach etlichen Generationen prägen sich bestimmte Merkmalskombinationen aus, die für die jeweilige „Rasse" typisch sind.

„Rassentheorie" und Diskriminierung nach rassistischen Mustern • In verschiedenen Regionen der Erde sehen Menschen unterschiedlich aus. Vor allem die Merkmale Körpergröße, Statur, Hautfarbe, Augenfarbe, Haarfarbe und Haarstruktur variieren stark.

Bereits in der Mitte des 19. Jahrhunderts wurde äußeren Merkmalen vielfach auch kulturelle Fähigkeiten und Intelligenz zugeordnet. Einige europäische Wissenschaftler beförderten diese Sicht, indem sie Menschen in verschiedene „Rassen" einteilten. Manche unterschieden dabei 3, andere 10 und manche bis zu 60 „Rassen". Nach der Veröffentlichung von Darwins Evolutionstheorie übertrugen viele seine Aussagen auf die menschliche Gesellschaft und begründeten damit den **Sozialdarwinismus**. Sie behaupteten, dass auch kulturelle und soziale Veränderungen der natürlichen Selektion unterliegen.

1 Vielfalt der Menschen

Dadurch unterschied man nicht mehr nur zwischen „Rassen", sondern bewertete sie auch: Die eigene „Rasse" sah man als besser, überlegen oder höherwertig an.
In der Zeit des Nationalsozialismus führte diese Ideologie zur Judenverfolgung und wurde sogar zum Inhalt des Biologieunterrichts. Mit den Nürnberger Rassengesetzen rechtfertigte das NS-Regime später seine Massenmorde. Auch nach dem Zweiten Weltkrieg blieb Rassendiskriminierung offiziell erhalten, in den Südstaaten der USA bis in die 1960er-Jahre und in Südafrika sogar bis 1990.

Geringe Unterschiede – große Vielfalt • Lange war man auf äußere Merkmale angewiesen, um Daten von Menschen zu erhalten. Menschen verschiedener Kontinente vermessen, gezeichnet, fotografiert und so klassifiziert.
Heute untersucht man die Verwandtschaft verschiedener Menschengruppen mit molekulargenetischen Methoden. Diese zeigten, dass es nur geringfügige Unterschiede zwischen menschlichen Populationen gibt. Zum Beispiel belegten Untersuchungen an mehr als 1000 Personen aus 51 verschiedenen Populationen aus dem Jahr 2008, dass eine scharfe genetische Trennung zwischen den Populationen nicht möglich ist. Es gibt lediglich sehr feine Abstufungen im Erbgut von Menschen verschiedener Regionen (▸ 2). Aufgrund solcher Erkenntnisse erklärte die UNESCO, die Organisation der Vereinten Nationen für Erziehung, Wissenschaft und Kultur, im Jahr 1995, dass die Anwendung des Rassebegriffs auf den Menschen wissenschaftlich nicht mehr vertretbar sei.

Beispiel Hautfarbe • Ein wichtiges Kriterium der Rassentheorie war die Hautfarbe. Aber welche Bedeutung hat die Hautfarbe für die Evolution des Menschen? Vermutlich entstand die dunkle Hautfarbe bei den frühen Menschen, nachdem sie ihre dichte Körperbehaarung verloren hatten. Die Pigmentierung der Haut schützt vor schädlicher UV-Strahlung und verringert das Krebsrisiko. Andererseits benötigt der Mensch eine geringe Dosis UV-Strahlung zur Synthese von Vitamin D. Deshalb ist in Gegenden mit hoher Sonneneinstrahlung eine dunkle Haut von Vorteil. In Gegenden mit wenig Sonneneinstrahlung hingegen sind hellhäutige Menschen besser angepasst.
Molekularbiologische Untersuchungen zeigten, dass es zwei Varianten eines an der Pigmentsynthese beteiligten Enzyms gibt, die sich nur geringfügig unterscheiden. Bei hellhäutigen Menschen ist eine einzige Aminosäure ausgetauscht. Eine kleine genetische Veränderung hat also eine große Auswirkung auf das äußere Erscheinungsbild.

Durch Selektion haben sich vor allem solche Gene geändert, die als Angepasstheit an unterschiedliche Klimazonen äußere Merkmale bestimmen. Der überwiegende Teil der Gene hat sich aber nicht geändert: Der genetische Unterschied aller Menschen ist nur sehr gering.

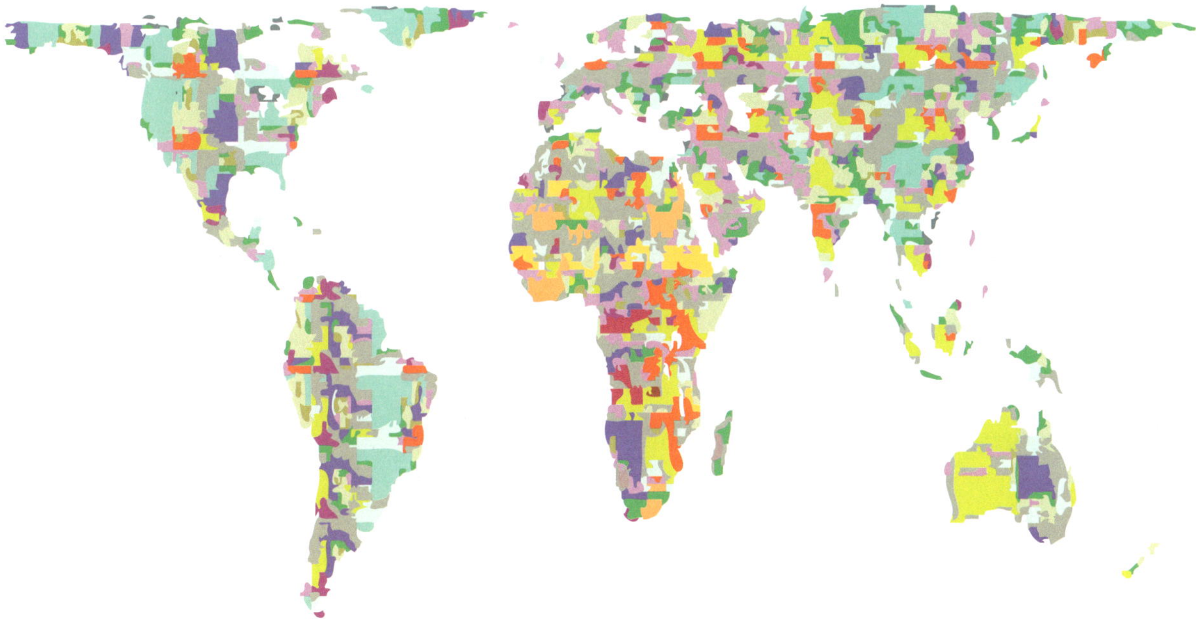

2 Weltkarte der genetischen Vielfalt: Durch molekulargenetische Untersuchungen wurden einzelne unterschiedliche Basenpaare erfasst. Die meisten davon haben keinen Einfluss auf äußere Merkmale.

Evolution

Mit dieser Übersicht kannst du die wichtigsten Inhalte des Kapitels wiederholen. Ergänze das Schema um weitere Begriffe und finde Querbeziehungen zwischen den Themen.

- **Belege für Evolution**
  - Fossilien
  - Belege aus der Anatomie
- **Entstehung der Vielfalt**
  - Evolutionstheorie
  - Stammesgeschichte der Wirbeltiere
  - Stammesgeschichte der Pflanzen
- **Stammesgeschichte des Menschen**
  - Menschwerdung

Entstehung von Fossilien

Mosaikformen

Lebende Fossilien

Homologie und Konvergenz

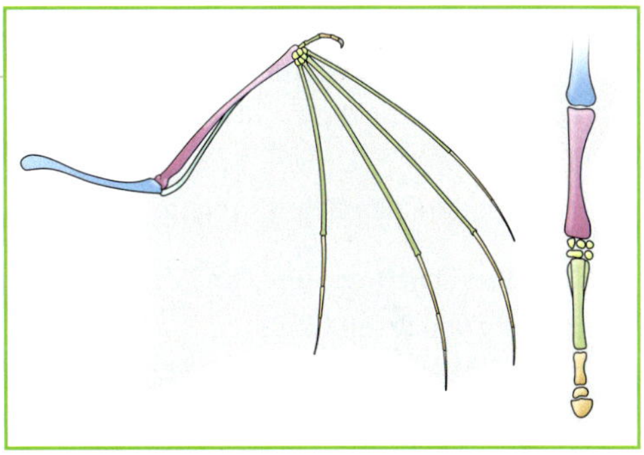

Rudimente und Atavismen

Charles Darwin

Evolutionsfaktoren

Entstehung von Arten

Stammbäume

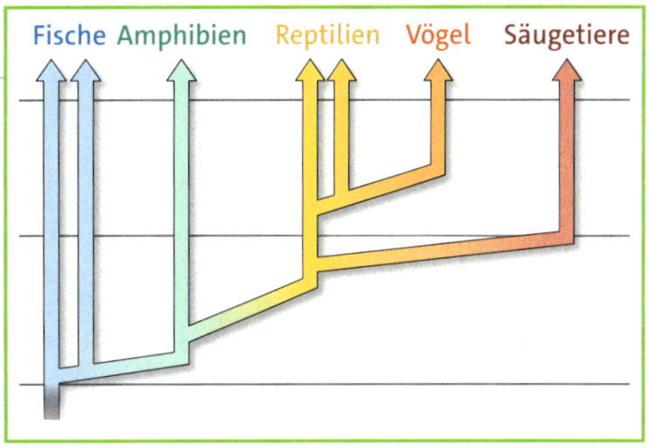

Systematische Ordnung

Sporenpflanzen

Samenpflanzen

Frühmenschen

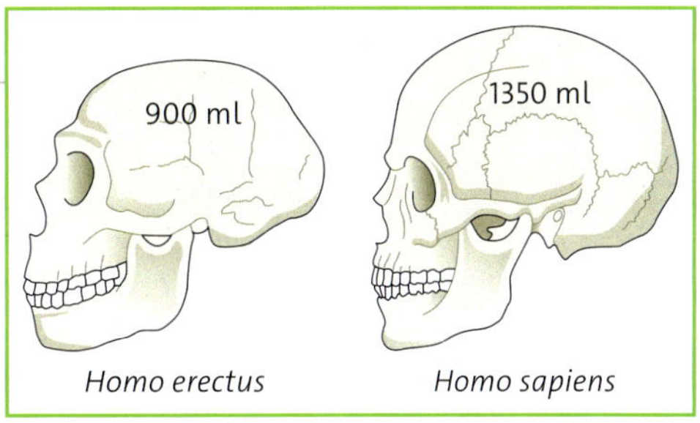

Moderne Menschen

Ausbreitung des Menschen

Evolution

Mit den folgenden Aufgaben kannst du überprüfen, ob du die Inhalte aus dem Kapitel verstanden hast. In der Tabelle findest du die zu erwerbenden Kompetenzen sowie Angaben zu den Seiten, auf denen du zum jeweiligen Thema noch einmal nachlesen kannst.

Evolutionstheorie

1 Die Evolutionstheorie von Charles Darwin ist eine der wichtigsten wissenschaftlichen Theorien der Biologie.

a ◪ Erkläre die Begriffe Population, Variabilität, Selektion und Konkurrenz.

b ◪ Erläutere den Begriff Evolution.

c ◪ Begründe den Zusammenhang zwischen Überproduktion und Evolution.

d ◪ Vergleiche die Züchtung mit der natürlichen Selektion.

e ◪ Erkläre den Begriff Angepasstheit.

2 Die räumliche Trennung von Populationen kann zur Bildung von Arten führen.

a ◪ Erkläre den Vorgang der Artbildung durch geografische Isolation anhand des unten abgebildeten Beispiels (▶ **1**).

Stammesgeschichtliche Entwicklung

3 Lebewesen haben sich im Laufe der Erdgeschichte verändert. Unten ist ein vereinfachter Stammbaum der Wirbeltiere dargestellt (▶ **2**).

a ▢ Nenne die einzelnen Gruppen der Wirbeltiere.

b ▢ Nenne für jede Wirbeltiergruppe je ein in der stammesgeschichtlichen Entwicklung neu hinzugekommenes Merkmal.

4 Ein etwa 380 Millionen Jahre altes Fossil eines Lebewesens, der *Tiktaalik*, gilt als Übergangsform zwischen wasser- und landlebenden Tieren (▶ **3**).

a ◪ Beschreibe die Entstehung der Landwirbeltiere ausgehend von den Fischen.

b ◪ Beschreibe die Veränderungen der Vorderbeine beim Übergang vom Wasser zum Landleben (▶ **3**).

c ◪ Erläutere anhand von *Tiktaalik*, was man unter einer Mosaikform versteht.

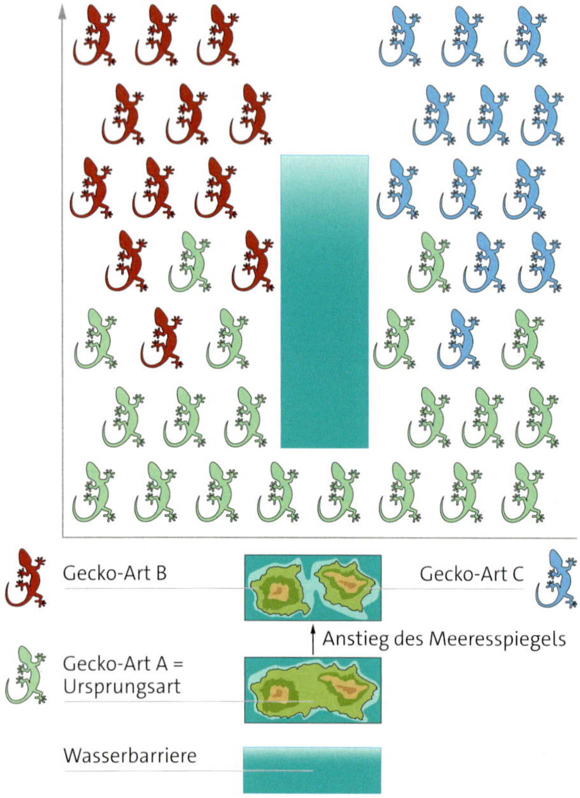

1 Artbildung

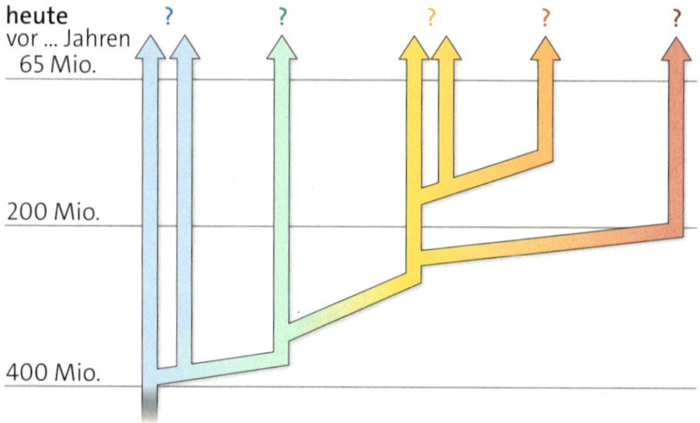

2 Stammbaum der Wirbeltiere

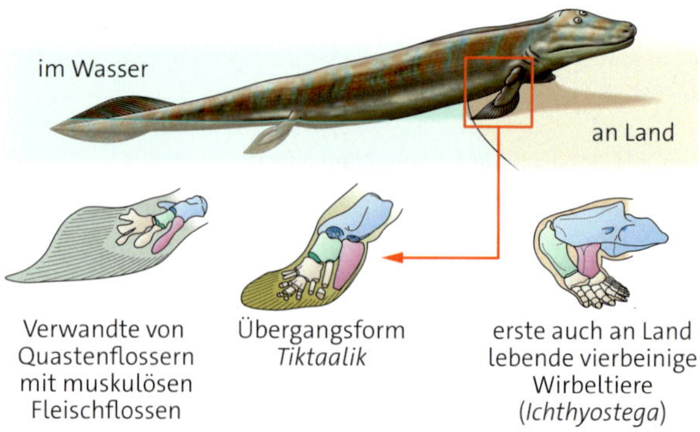

3 Vom Wasser zum Land

Belege

5 Als Belege für die Evolutionstheorie können unter anderem Fossilien oder Homologien verwendet werden.

a ◪ Erkläre den Begriff Fossil.

b ◪ Erkläre den Begriff Homologie mithilfe der unten stehenden Abbildung (▸ **4**).

c ◪ Begründe, weshalb Homologien als Belege für die Evolutionstheorie verwendet werden können.

d ◪ Erläutere den Begriff lebendes Fossil.

Evolution des Menschen

6 Aufgrund von Fossilfunden kann der Ablauf der menschlichen Evolution grob rekonstruiert werden.

a ◪ Ordne den Ziffern im Stammbaum (▸ **5**) die folgenden Bezeichnungen zu: andere Menschenaffen, *Homo sapiens*, *Homo erectus*, Neandertaler, *Homo habilis,* Regenwald-Menschenaffe.

b ◪ Beschreibe die Vorteile, die sich durch den aufrechten Gang ergeben haben.

c ◪ Erkläre den Zusammenhang zwischen dem Werkzeuggebrauch, der Nutzung des Feuers und der Gehirnentwicklung.

d ◪ Erläutere die Bedeutung der Sprachfähigkeit für die menschliche Evolution.

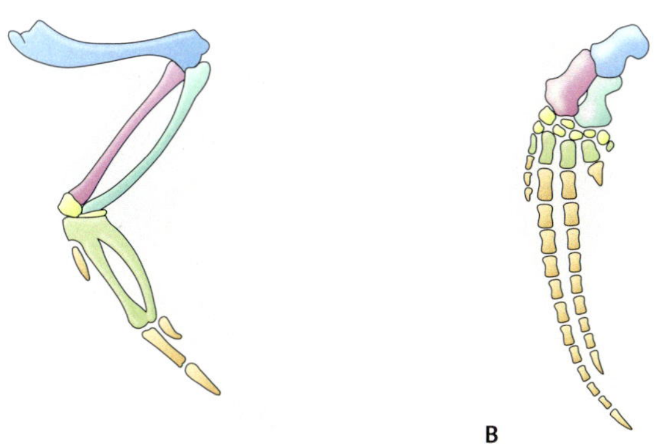

4 Vordergliedmaßen zweier Wirbeltiere

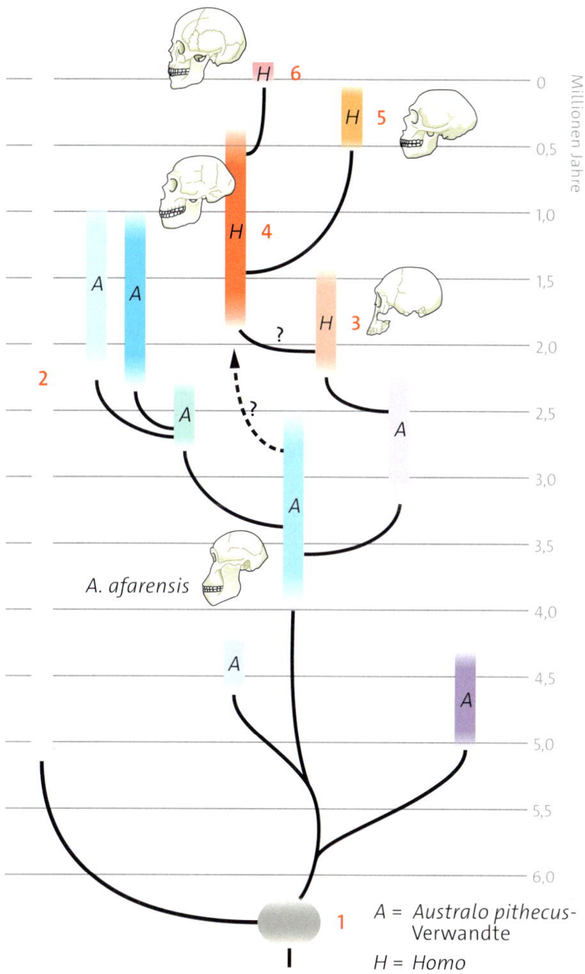

5 Stammbaum des Menschen (vereinfacht)

Mithilfe des Kapitels kannst du:	Aufgabe	Hilfe
✓ die Entstehung von Angepasstheiten bei Arten im Sinne der Evolutionstheorie Darwins erläutern.	1, 2	S. 24–27; S. 30–32
✓ die stammesgeschichtliche Entwicklung von Lebewesen anhand eines Beispiels erläutern.	3, 4	S. 16–18; S. 34–36
✓ Belege der stammesgeschichtlichen Verwandtschaft erläutern.	5	S. 18; S. 20–22
✓ die Evolution zum modernen Menschen anhand ausgewählter Fossilfunde darstellen.	6	S. 41–45

▸ **Die Lösungen zu den Aufgaben findest du im Anhang.**

2 Genetik

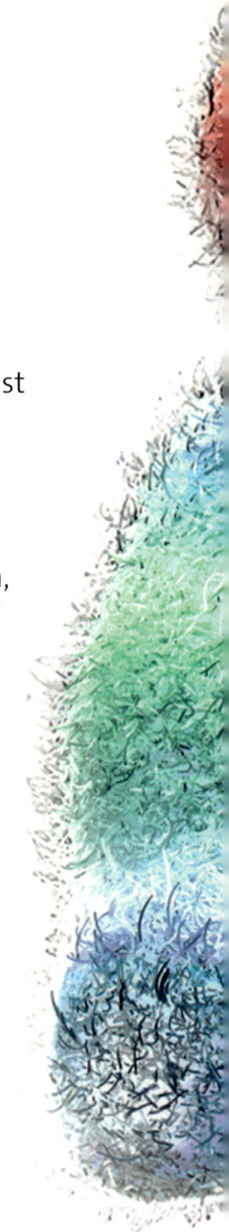

- Jedes Lebewesen besteht zu Beginn aus einer einzigen Zelle, aus der ein komplexer Organismus mit vielen Millionen Zellen heranwächst. Du lernst in diesem Kapitel etwas über Wachstum durch Zellvermehrung und über die Bedeutung der Erbinformation.

- Die Erbinformation eines Lebewesens enthält alle nötigen Informationen, die sein Aussehen bestimmen und seine Körperfunktionen ermöglichen. Du erfährst, in welcher Form diese Informationen vorliegen und wo sie gespeichert werden.

- Du lernst den Zusammenhang zwischen der Erbinformation und dem Aussehen eines Menschen kennen und erfährst, wie bestimmte Merkmale vererbt werden.

- Im Kapitel wird auch erklärt, welche Folgen eine Veränderung der Erbinformation bei Menschen und anderen Lebewesen haben kann.

- Außerdem erfährst du, wie der Mensch mithilfe von klassischen und modernen Methoden die Erbinformation von Lebewesen gezielt verändern kann. Diese Methoden werden in der Landwirtschaft oder der Biotechnologie eingesetzt.

Die Erbinformation von Lebewesen ist im Zellkern in den Chromosomen gespeichert. In bestimmten Phasen kann man diese schon unter dem Lichtmikroskop erkennen. Wie sind Chromosomen aufgebaut und wie kann die Erbinformation von Generation zu Generation weitergegeben werden?

2.1 Teilung und Wachstum

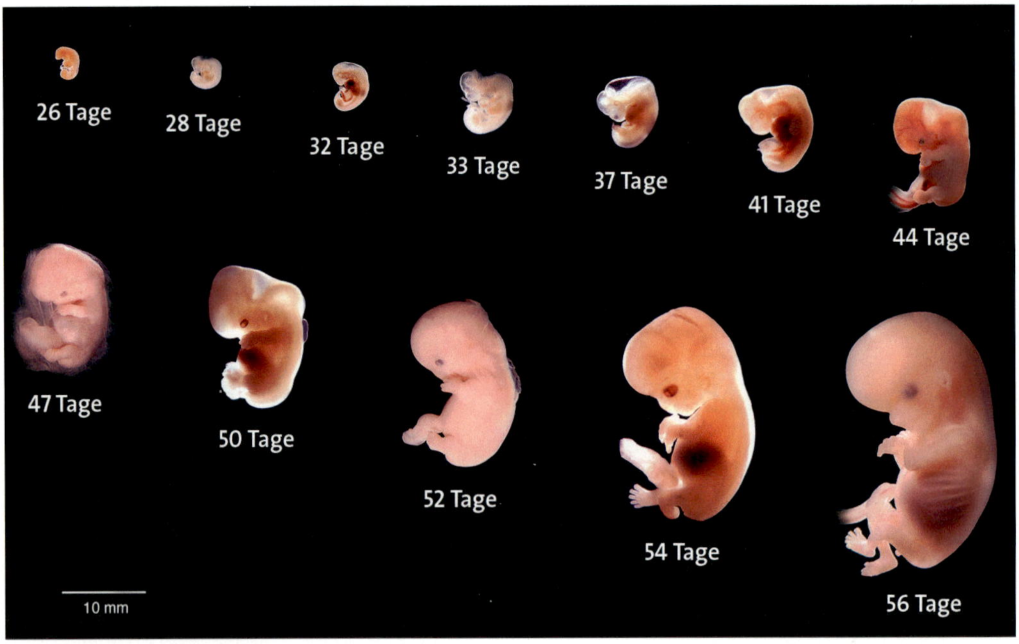

1 Wachstum eines Embryos

Die Entwicklung eines menschlichen Embryos beginnt mit einer einzigen kleinen Zelle, der befruchteten Eizelle. Bis zur Geburt eines ungefähr 50 cm großen Säuglings entstehen aus dieser einen Zelle Milliarden von Zellen. Wie erfolgt dieses Wachstum?

Wachstum • Lebewesen wachsen, indem sich ihre Zellen vermehren. Ihre zusätzlichen Zellen entstehen hierbei jedoch niemals ganz neu. Sie gehen stets aus Verdopplungen bereits vorhandener Zellen hervor. Diese Verdopplung nennt man **Zellteilung**.

Dabei entstehen aus einer vorhandenen Zelle zwei **Tochterzellen**. Die Tochterzellen sind nach der Teilung jeweils etwa halb so groß wie die ursprüngliche Zelle.

Durch die Zellteilung allein findet somit noch kein Wachstum statt. Nach der Zellteilung vergrößern sich jedoch die Tochterzellen meist jeweils auf die Größe der ursprünglichen Zelle. Erst hierdurch kommt es zum eigentlichen Wachstum. Danach können sich die Tochterzellen erneut teilen, sodass 4, 8, 16, 32, 64 und viele weitere Zellen entstehen können.

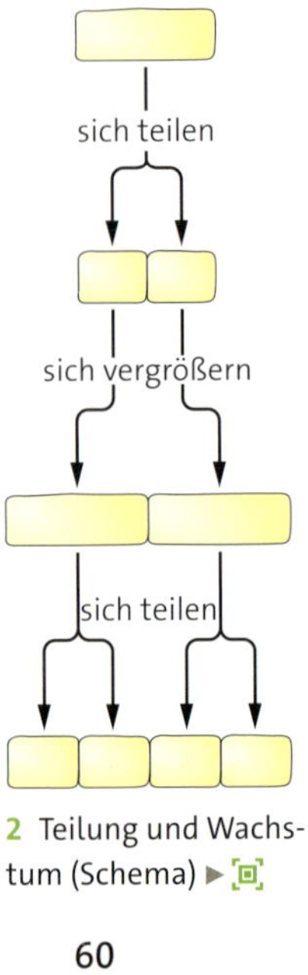

2 Teilung und Wachstum (Schema) ▶

Mitose • Alle Zellen, die durch Zellteilung aus einer Zygote hervorgehen, haben einen Zellkern mit entsprechender Erbinformation. Diese Erbinformation ist von großer Bedeutung, da sie die Prozesse in jeder Zelle steuert. Auch die aus einer Zellteilung hervorgegangenen Tochterzellen enthalten jeweils die vollständige Erbinformation der ursprünglichen Zelle.

Dies ist möglich, da sich die Erbinformation vor jeder Zellteilung zunächst verdoppelt. Anschließend wird sie gleichmäßig auf die Tochterzellen verteilt.

Die Teilung des Zellkerns, bei dem zwei Zellkerne mit identischer Erbinformation entstehen, nennt man Kernteilung oder **Mitose**.

Durch diesen Vorgang wird sichergestellt, dass alle Zellen die identische Erbinformation enthalten.

Chromosomen • Die Erbinformation einer Zelle ist auf mehreren dünnen, fädigen Strukturen im Zellkern gespeichert. Diese Strukturen werden als **Chromosomen** bezeichnet.

Die Anzahl der Chromosomen ist für jede Tier- und Pflanzenart typisch, aber von Art zu Art unterschiedlich. In menschlichen Zellen gibt es stets 46 Chromosomen. Liegen diese Chromosomen als

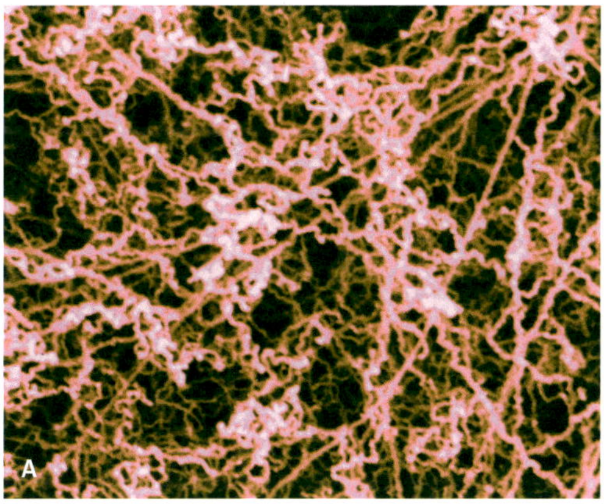

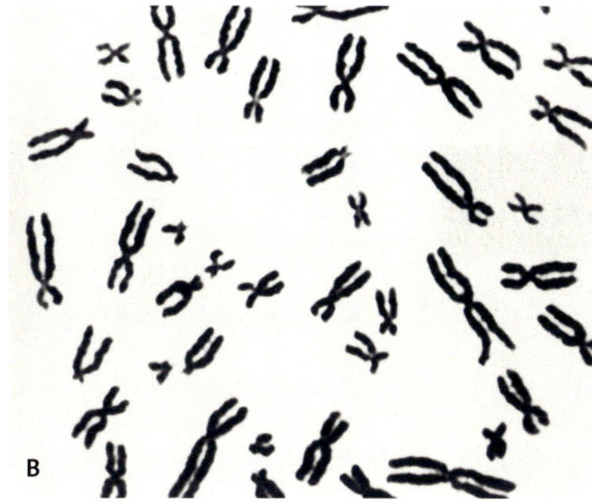

3 Chromosomen: A Arbeitsform, B Transportform

lange, sehr dünne Fäden vor, sind sie aktiv und steuern die Vorgänge der Zelle.

Daher bezeichnet man diesen Zustand der Chromosomen als **Arbeitsform.** In dieser Form sind sie unter dem Mikroskop nicht erkennbar.
Vor der Mitose verkürzen sich die Chromosomen und werden dicker. Sie sind nun im Mikroskop sichtbar. Diese **Transportform** der Chromosomen entsteht dadurch, dass sich die Chromosomenfäden spiralig aufwickeln.
Vor der Mitose verdoppeln sich die fädigen Chromosomen. Die beiden identischen Chromosomen bleiben jedoch durch das **Zentromer** miteinander verbunden, sodass eine X-Form entsteht.
Jeder Einzelfaden wird als **Chromatid** bezeichnet. Vor der Verdopplung bezeichnet man daher die Chromosomen als **Ein-Chromatid-Chromosomen,** nach der Verdopplung als **Zwei-Chromatiden-Chromosomen.** Dabei ist die Erbinformation der beiden Chromatiden eines Zwei-Chromatiden-Chromosoms jeweils gleich.
Während der Mitose werden die beiden Chromatiden eines jeden Zwei-Chromatiden-Chromosoms voneinander getrennt und jeweils auf die Tochterzellen verteilt.
So erhalten die Tochterzellen von jedem Chromosom der ursprünglichen Zelle eine Kopie in Form eines Ein-Chromatid-Chromosoms.
Durch diese gleichartige Verteilung der Erbinformation entstehen bei der Mitose und anschließender Zellteilung entstehen Tochterzellen mit identischer Erbinformation.

Zellzyklus • Die Häufigkeit, mit der sich Zellen teilen, hängt vom Zelltyp ab. Zellen eines Embryos können schon wenige Stunden nach einer Zellteilung erneut in einen Teilungsprozess eintreten. Vollzieht eine Zelle keine Mitose, so befindet sie sich in der **Interphase.**
Je länger diese Interphase andauert, desto länger ist die Zeitspanne zwischen den Zellteilungen. In der Interphase liegen die Chromosomen in ihrer Arbeitsform vor. In der Interphase liegt auch der Zeitraum, in der sich die Chromatiden verdoppeln, sodass Zwei-Chromatiden-Chromosomen entstehen. Die Abfolge aus Mitose und Interphase bezeichnet man insgesamt als **Zellzyklus**.

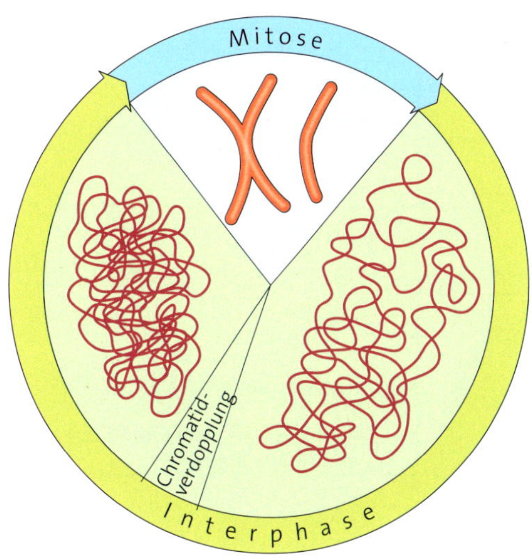

4 Zellzyklus am Beispiel eines Chromosoms in seiner Arbeits- und Transportform sowie als Ein-Chromatid- und Zwei-Chromatiden-Chromosom (▶ [▣])

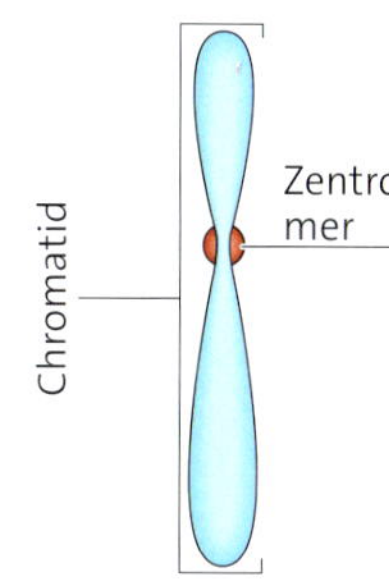

5 Ein-Chromatid-Chromosom

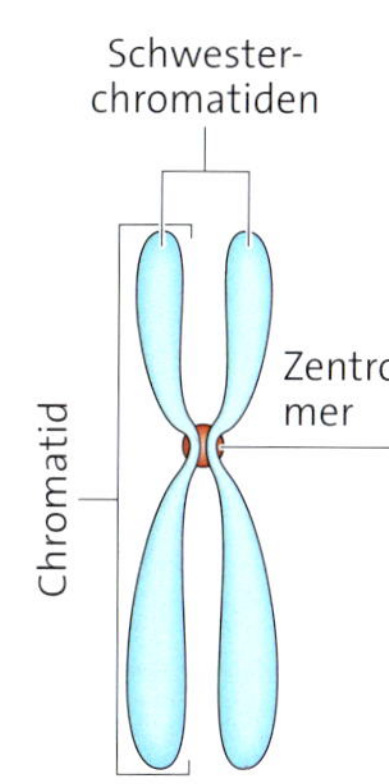

6 Zwei-Chromatiden-Chromosom

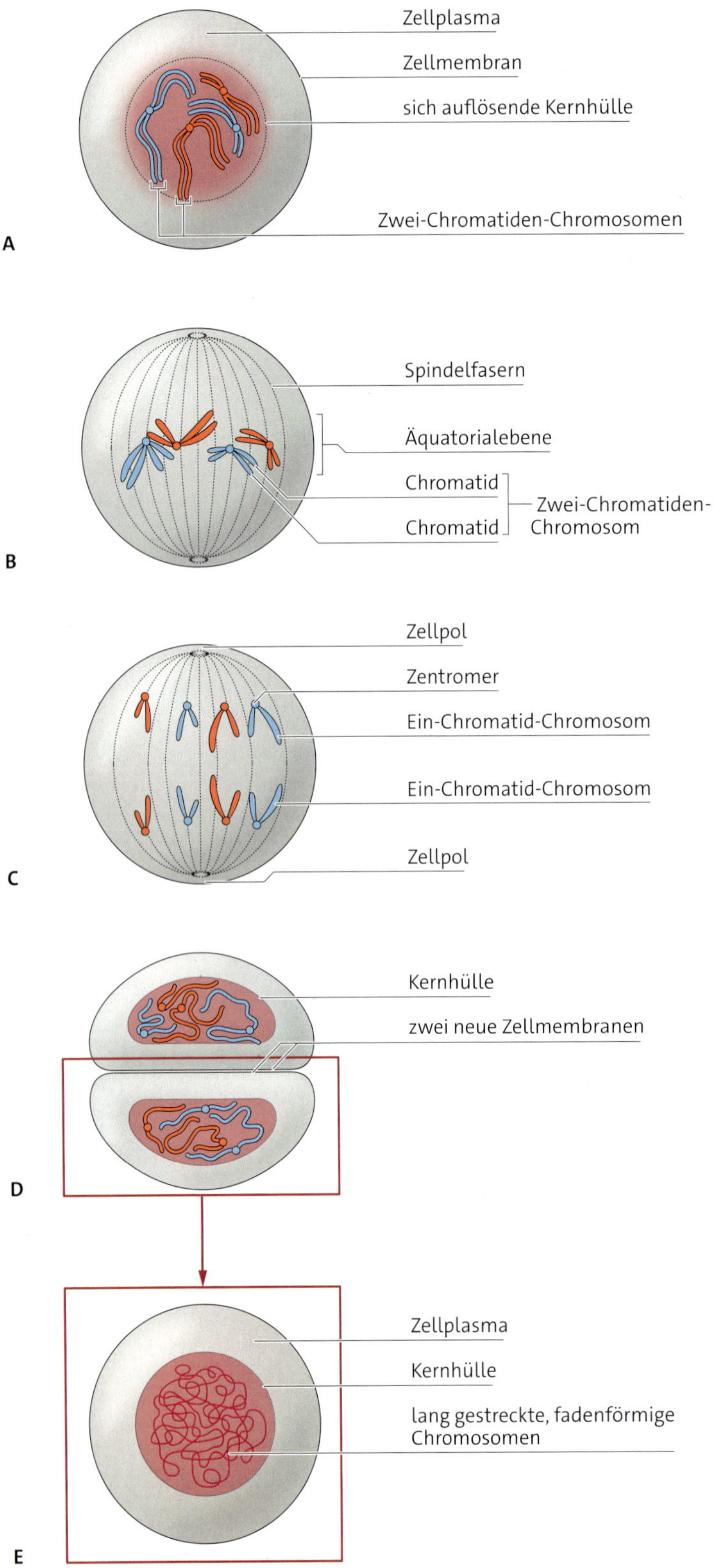

1 Phasen der Mitose: A Prophase, B Metaphase, C Anaphase, D Telophase sowie E Interphase (▶)

Mitose • Die Mitose läuft in einem immer gleichen Vorgang ab, den man in vier einzelne Phasen unterteilen kann.

Prophase: Die Kernhülle löst sich auf, die Zwei-Chromatiden-Chromosomen nehmen die Transportform an und werden lichtmikroskopisch sichtbar.

Metaphase: Die Chromosomen bewegen sich in die Mitte der Zelle und ordnen sich in einer Ebene an, der **Äquatorialebene**, die die Zelle wie ein Äquator auf einem Globus in der Mitte unterteilt. Man kann jetzt sehen, dass die Chromosomen aus zwei Chromatiden bestehen, die am Zentromer zusammenhängen.

Anaphase: Von den Zellpolen bilden sich **Spindelfasern**, die an die Zentromere heranführen. Sie ziehen je ein Chromatid eines jeden Chromosoms zu den gegenüberliegenden Zellpolen.

Telophase: Um die Anhäufungen der Ein-Chromatid-Chromosomen an den Polen bildet sich jeweils eine neue Kernhülle. Die Ein-Chromatid-Chromosomen gehen wieder in den fädigen Zustand, die Arbeitsform, über.

Nach der Kernteilung teilt sich die Zelle. Es sind zwei vollständige neue Zellen entstanden.

Interphase • In der Zeit zwischen zwei Mitosen, der Interphase, steuert die Erbinformation alle notwendigen Stoffwechselprozesse in der Zelle. Dabei wird die Erbinformation von den Chromosomen abgelesen und umgesetzt. Diese liegen in der Interphase als lange Fäden, also in der Arbeitsform, vor. Je nach Zelltyp ist die Interphase unterschiedlich lang. Bevor sich die Zellen erneut teilen können, müssen sie heranwachsen und die Erbinformation muss verdoppelt werden. Dabei werden aus den Ein-Chromatid-Chromosomen wieder Zwei-Chromatiden-Chromosomen.

1 ▢ Beschreibe die Struktur der Chromosomen in den verschiedenen Phasen der Mitose.

Material A Phasen der Mitose in Zellen der Königslilie

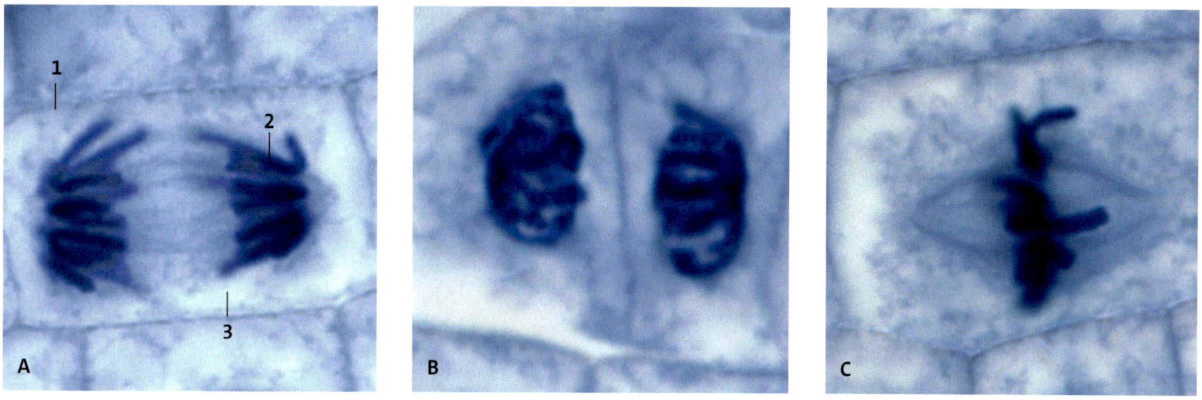

Die lichtmikroskopischen Fotos zeigen drei von vier Phasen der Mitose einer Pflanzenzelle in ungeordneter Reihenfolge.

1 Beschrifte die mit Zahlen gekennzeichneten Bereiche.

2 Nenne die Fachbegriffe für die dargestellten Phasen und ordne sie den Abbildungen zu.

3 Ordne die Phasen in der richtigen zeitlichen Reihenfolge an. Begründe deine Entscheidung.

4 Nenne den Fachbegriff der fehlenden Phase und ordne diese zeitlich in die Abfolge ein.

5 Beschreibe die Vorgänge, die vor und nach der fehlenden Phase stattfinden.

6 Vergleiche die Phase B mit der gleichen Phase der Zellteilung von Tierzellen.

Material B Interphase und Mitose

Dauer der Interphase und Mitose in Geweben des Menschen

Körperbereiche	Interphase (in Stunden)	Mitose (in Stunden)
Dünndarm	14	0,7
Leber	10 000	0,7
blutbildendes Knochenmark	10	0,7
Haut	1 000	0,7

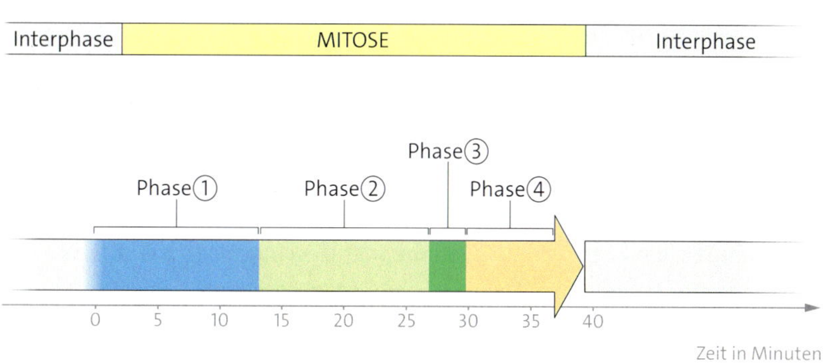

B1 Dauer der Mitosephasen

1 Nenne ein Gewebe, in dem besonders häufig Zellen gebildet werden.

2 Stelle die in der untersten Abbildung dargestellte Zeitdauer der Mitosephasen in einem geeigneten Diagramm dar.

3 Erkläre, weshalb in mikroskopischen Bildern von wachsenden Geweben nur wenige Zellen in der Anaphase zu sehen sind.

4 Wunden an den Lippen heilen sehr viel schneller als andere Hautverletzungen. Stelle Vermutungen an, woran das liegen könnte.

2.2 Bildung der Geschlechtszellen

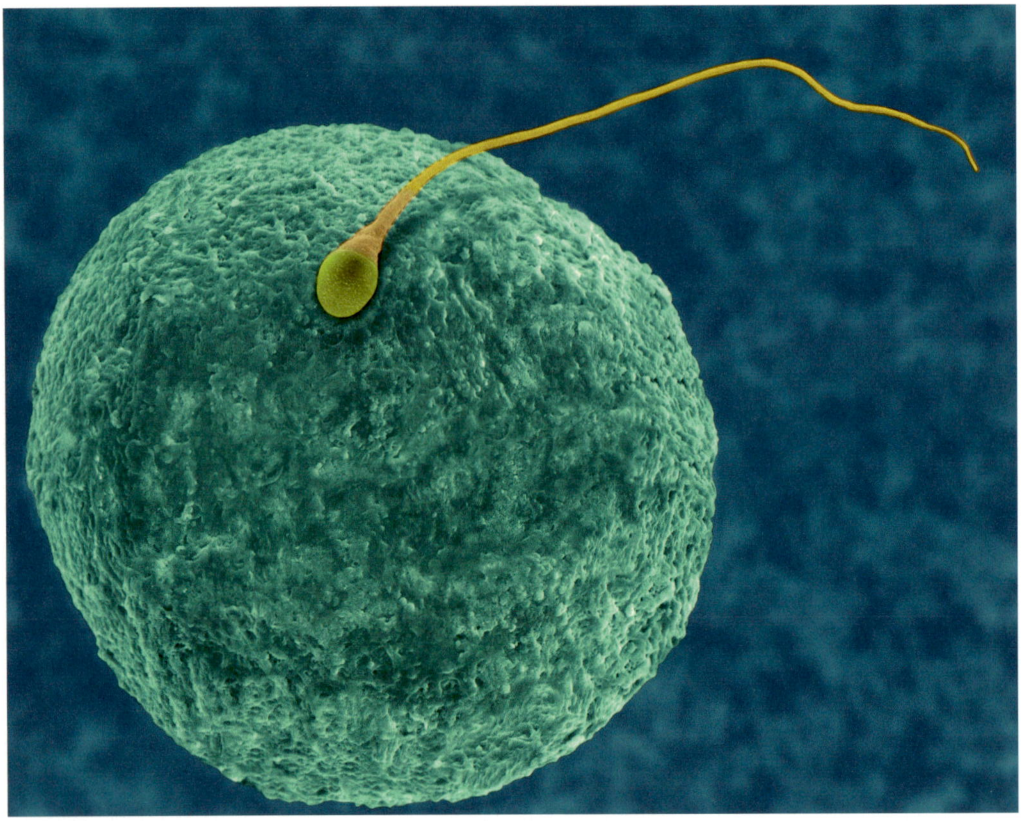

1 Befruchtung einer Eizelle durch eine Spermienzelle

Eine befruchtete Eizelle enthält die Erbinformation beider Elternteile. Diese wird mit den Trägern der Erbinformation, den Chromosomen, an die Kinder weitergegeben. Beim Vater geschieht dies mithilfe der Spermienzelle und bei der Mutter mit der Eizelle. Wie werden die Spermienzelle und die Eizelle, die Geschlechtszellen, gebildet?

Geschlechtszellen • Die Körperzellen eines Menschen enthalten 46 Chromosomen. Je zwei Chromosomen jeder Zelle sind in Form und Größe gleich, sie sind **homolog**. Daher sind 23 homologe Chromosomenpaare vorhanden. Alle Körperzellen gehen durch Zellteilungen aus einer befruchteten Eizelle hervor.

griechisch *haploeidis* = einfach

Bei der Befruchtung verschmelzen die Zellkerne von Eizelle und Spermienzelle und es entsteht eine befruchtete Eizelle mit der Erbinformation beider Elternteile. Die befruchtete Eizelle enthält die vollständige Erbinformation eines Menschen. Wenn eine Zelle zwei Chromosomensätze besitzt, einen von der Eizelle der Mutter und einen von der Spermienzelle des Vaters, so spricht man vom doppelten oder **diploiden** Chromosomensatz.

griechisch *diploe* = Doppelheit

Damit die befruchtete Eizelle 46 Chromosomen erhält, dürfen Spermienzelle und Eizelle vor der Befruchtung nur 23 Chromosomen besitzen. Bei der Bildung der Geschlechtszellen aus diploiden Vorläuferzellen muss deshalb die Chromosomenzahl von 46 auf 23 halbiert werden. Ohne diese Halbierung würde sich die Chromosomenzahl bei jeder weiteren Befruchtung verdoppeln. Die Geschlechtszellen haben somit einen einfachen oder **haploiden** Chromosomensatz.

Die Bildung der Geschlechtszellen wird **Meiose** genannt. Sie findet in den Hoden des Mannes und in den Eierstöcken der Frau statt.

1 Vergleiche Körper- und Geschlechtszellen hinsichtlich ihrer Chromosomen.

Meiose • Der Vorgang der Meiose lässt sich in zwei Zellteilungsschritte, die **erste** und **zweite Reifeteilung,** gliedern. Die erste Reifeteilung beginnt mit einer diploiden Vorläuferzelle. In ihrem Zellkern sind 46 Zwei-Chromatiden-Chromosomen, von denen jeweils ein Chromosom eines jeden homologen Paares mütterlicher und eines väterlicher Herkunft ist.

Während der **Prophase I** werden die Zwei-Chromatiden-Chromosomen aufgewunden und damit sichtbar. In der **Metaphase I** ordnen sich alle 23 homologen Chromosomenpaare paarweise in der Äquatorialebene an. In der folgenden **Anaphase I** werden die homologen Chromosomen jedes Chromosomenpaares zu entgegengesetzten Zellpolen transportiert und so voneinander getrennt. Welche der ursprünglich mütterlichen oder väterlichen Chromosomen eines jeden Paares zu welchem Zellpol gelangen, ist dabei zufällig.

In der **Telophase I** teilt sich die Zelle. In beiden Tochterzellen liegt nun ein haploider Chromosomensatz aus 23 Zwei-Chromatiden-Chromosomen vor. Da der doppelte auf den einfachen Chromosomensatz halbiert wird, bezeichnet man die erste Reifeteilung auch als **Reduktionsteilung.** Die Tochterzellen besitzen nicht die gleiche Erbinformation, da die mütterlichen und väterlichen Chromosomen durch die zufällige Verteilung neu kombiniert werden.
In der anschließenden zweiten Reifeteilung trennen sich die Zwei-Chromatiden-Chromosomen in ihre beiden Ein-Chromatid-Chromosomen. Je eines gelangt zu einem Zellpol. Dieser Vorgang gleicht in seinem Ablauf der Mitose. So entstehen vier haploide Zellen mit Ein-Chromatid-Chromosomen. Beim Mann bilden sich aus der Vorläuferzelle vier Spermienzellen. Bei der Frau entstehen eine sehr große Zelle, die Eizelle, und drei sehr kleine Zellen, die Polkörperchen. Diese können nicht befruchtet werden und sterben ab.

2 ▢ Beschreibe die erste Reifeteilung.

3 ◪ Vergleiche die Chromosomen der Anaphase I und II.

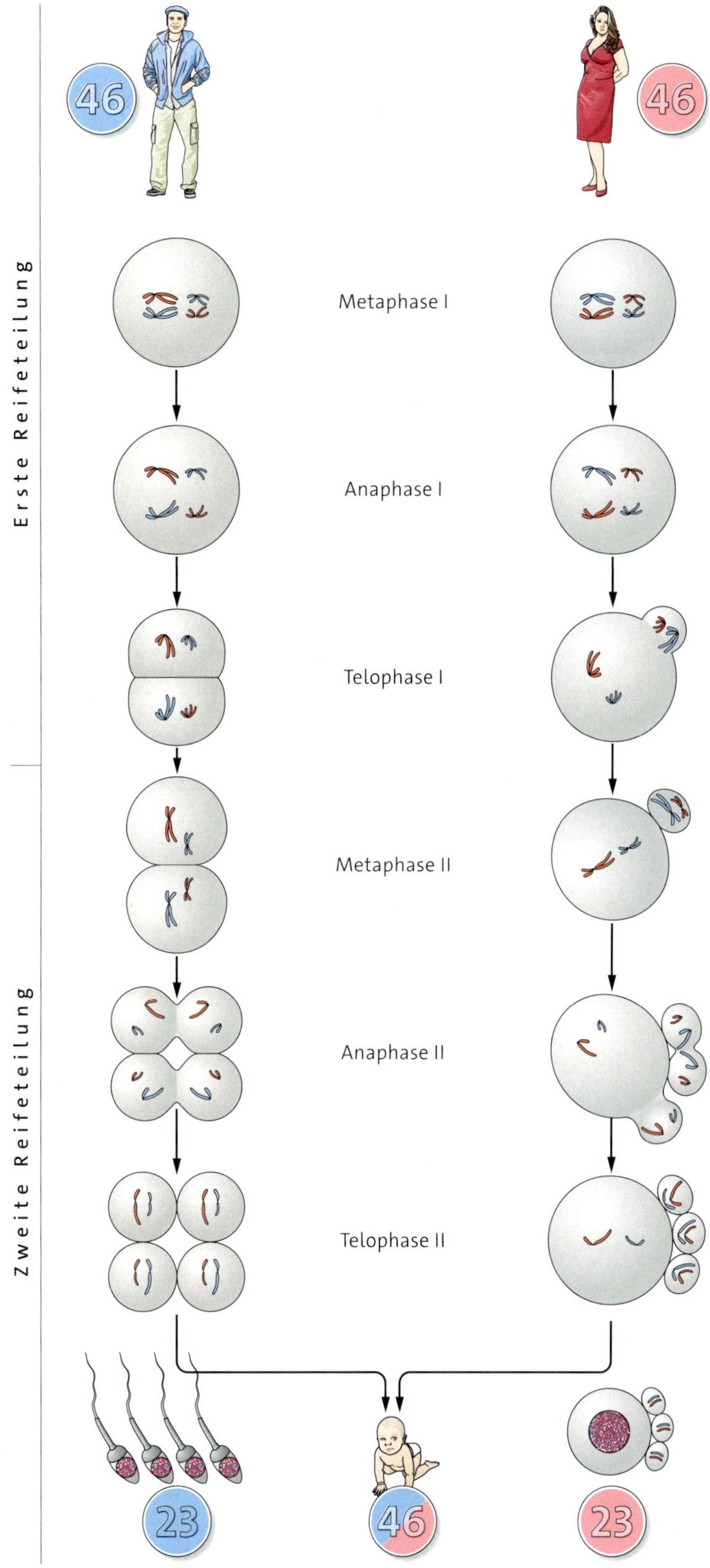

2 Bildung der Geschlechtszellen (Schema mit zwei Chromosomenpaaren)

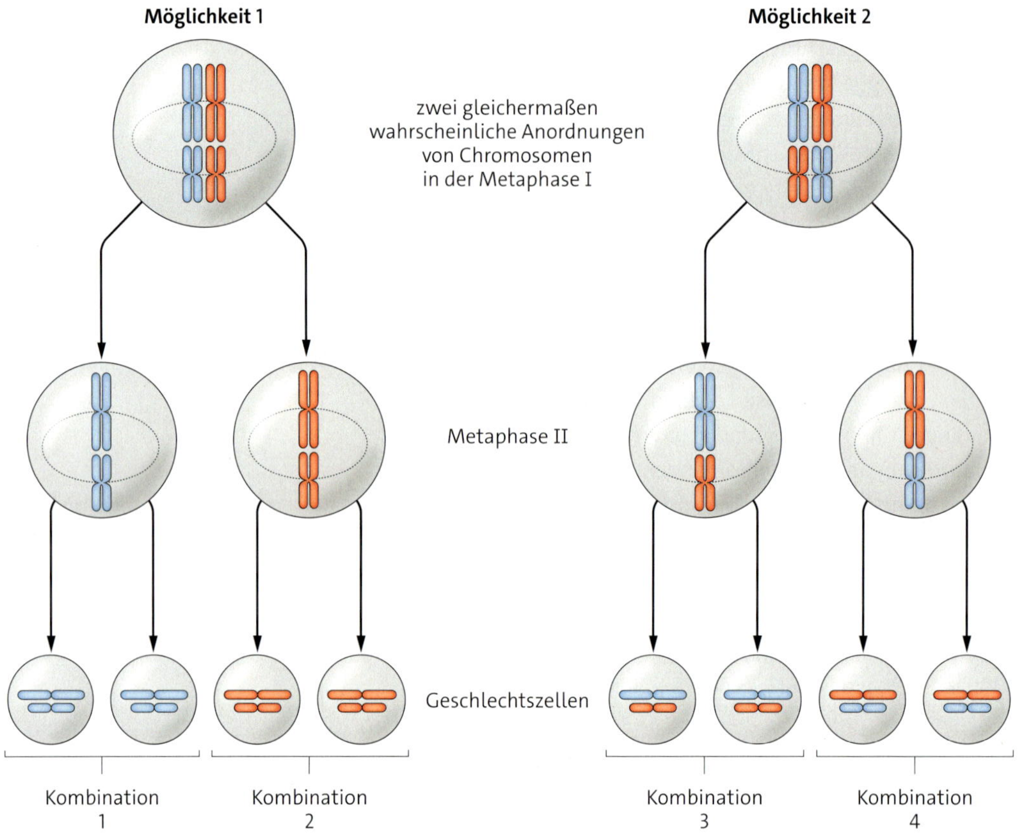

1 Kombinationsmöglichkeiten der Chromosomen in den Geschlechtszellen bei zwei Chromosomenpaaren

Variabilität • Obwohl Geschwister dieselben Eltern haben und je 23 Chromosomen von Vater und Mutter erben, unterscheiden sie sich dennoch. Wie kommen diese Unterschiede zustande?

Während der Reduktionsteilung der Meiose trennen sich die homologen Chromosomenpaare voneinander. Die Verteilung auf die Tochterzellen erfolgt dabei zufällig. Für die Anordnung der homologen Chromosomenpaare in der Äquatorialebene und ihre nachfolgende Verteilung auf die Tochterzellen gibt es verschiedene Möglichkeiten. Diese sind alle gleich wahrscheinlich.

Betrachtet man nur $n = 2$ homologe Chromosomenpaare, so ergeben sich 2^n, also hier $2^2 = 4$ Kombinationsmöglichkeiten für die Geschlechtszellen. Tatsächlich sind es beim Menschen 23 Chromosomenpaare, somit ergeben sich 2^{23} Möglichkeiten. Dies bedeutet, dass die Geschlechtszellen mit hoher Wahrscheinlichkeit unterschiedliche Chromosomenkombinationen haben. Bei jeder Befruchtung verschmelzen die Kerne einer Spermienzelle und einer Eizelle mit jeweils einer individuellen Kombination an Chromosomen miteinander. Da auch das Aufeinandertreffen dieser Geschlechtszellen zufällig ist, können zusätzlich zur Meiose auch bei der Befruchtung **Neukombinationen** von Chromosomen erfolgen.

Die biologische Bedeutung der Meiose wie auch der Befruchtung ist die Durchmischung der Erbinformation in jeder Generation. Dies führt zu einer großen genetischen Vielfalt, der **Variabilität.** Sie ist der Grund dafür, dass Geschwister trotz gleicher Eltern individuelle Erbinformationen und damit individuelle Merkmale aufweisen.

1 ▢ Nenne die Vorgänge, durch die Chromosomen neu kombiniert werden können.

2 ◪ Erkläre die Bedeutung der Meiose für das biologische Prinzip Variabilität.

Material A Vergleich von Mitose und Meiose

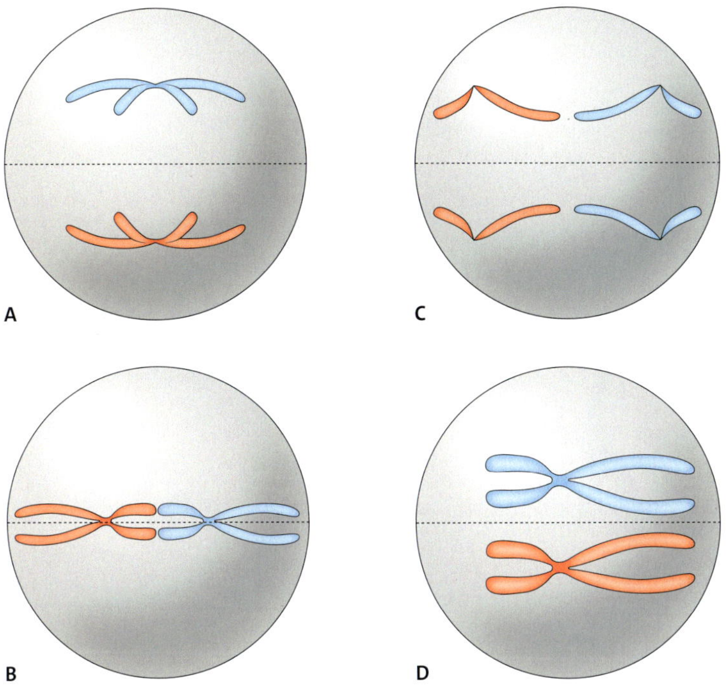

Die Abbildungen A–D zeigen Zellteilungsstadien der Mitose oder der Meiose. Zur besseren Übersicht ist in allen Zellen jeweils nur ein homologes Chromosomenpaar abgebildet.

1 ◪ Ordne alle Stadien der Mitose oder Meiose zu und nenne den Fachbegriff des jeweiligen Stadiums.

2 ■ Zeichne jeweils das Zellstadium, das auf Abbildung A und C folgt.

3 ■ Vergleiche Mitose und Meiose tabellarisch. Berücksichtige dabei die Anzahl der Teilungen, die Chromosomenanzahl und die Bedeutung für die Vielfalt.

Material B Variabilität

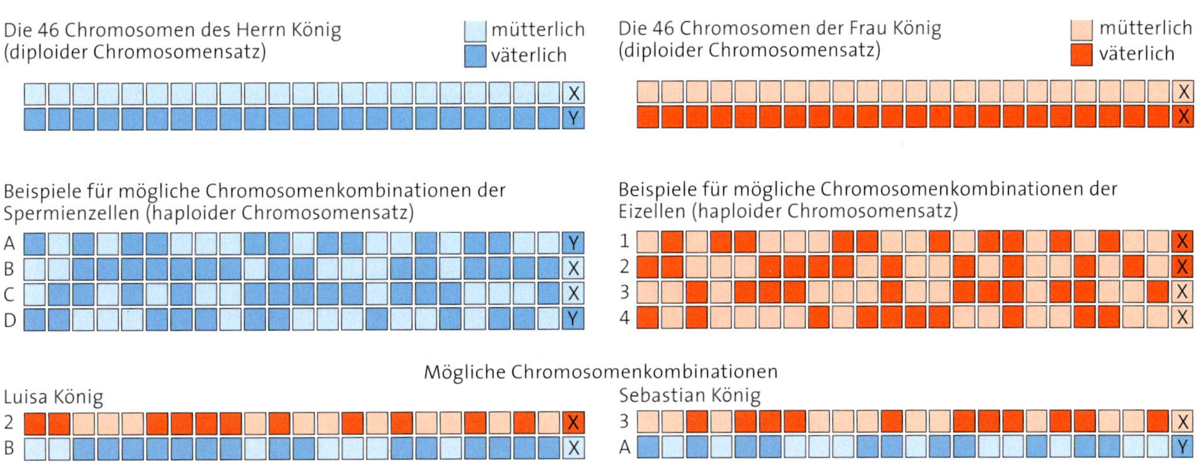

1 ▢ Vergleiche die Chromosomenkombination der Geschwister Luisa und Sebastian König.

2 ◪ Beurteile, ob Luisa und Sebastian eineiige oder zweieiige Zwillinge sein könnten. Begründe.

3 ◪ Frau König ist erneut schwanger mit einem Mädchen. Zeichne eine mögliche Chromosomenkombination für das dritte Kind.

4 ◪ Zeichne zwei mögliche Chromosomensätze von Luisas Eizellen.

5 ◪ Erkläre, in welchem Stadium der Meiose die möglichen Chromosomensätze in Luisas Eizellen zustande kommen.

2.3 Kinder sehen ihren Eltern ähnlich

1 Familie

„Ganz der Vater" oder „Das hast du von deiner Mutter geerbt" hört man häufig. Schaut man sich die Familie an, erkennt man, dass Eltern und Kinder gleiche Merkmale aufweisen. Auch zwischen den Geschwistern gibt es Ähnlichkeiten. Wie ist es zu erklären, dass sie sich ähnlich sehen und dennoch einzigartig sind?

Merkmale • Betrachtet man die Geschwister, fällt auf, dass sich beide in der Form des Gesichts und der Nase ähneln. In anderen Merkmalen, beispielsweise der Augenfarbe, unterscheiden sie sich aber deutlich. Die Augenfarbe, die Gesichtsform und die Form der Nase gehören zum Erscheinungsbild eines Menschen. Solche tatsächlich ausgeprägten und feststellbaren Merkmale machen den Phänotyp aus. Der Begriff **Phänotyp** umfasst auch die nicht sichtbaren Merkmale eines Lebewesens, zum Beispiel die Blutgruppe.

griechisch *phän* = Erscheinung
griechisch *typos* = Abbild

Das Mädchen auf dem Foto hat braune Augen wie ihre Mutter, während der Sohn wie der Vater blaue Augen hat (▸1). Das deutet darauf hin, dass die Information für die Ausbildung eines Merkmals, die Erbinformation, bei einem der Eltern vorhanden ist und weitergegeben werden kann. Andererseits hat der Junge nicht die Augenfarbe seiner Mutter. Welche Erbinformation der Eltern weitergegeben wird und sich ausprägt, ist demzufolge von Kind zu Kind unterschiedlich.

Wie erfolgt nun die Weitergabe der Erbinformation? Wieso hat der Junge blaue Augen wie der Vater und nicht braune wie die Mutter? Um diese Fragen zu beantworten, ist es notwendig, den Beginn des menschlichen Lebens näher zu betrachten.
Die Bildung von Nachkommen, die **Reproduktion**, ist der biologische Prozess, der für die Weitergabe der Erbinformation verantwortlich ist.

Weitergabe der Erbinformation • Voraussetzung für die Reproduktion ist die Verschmelzung der Zellkerne von Spermienzelle und Eizelle, also die Befruchtung. Die Informationen für die Merkmale eines Kindes liegen sowohl im Zellkern der Spermienzelle als auch im Zellkern der Eizelle vor.

Die Erbinformation jeder Spermienzelle eines Mannes kann unterschiedlich sein, ebenso die Erbinformation jeder Eizelle einer Frau. Je nachdem, welche Spermienzelle zufällig welche Eizelle befruchtet, ergibt sich für jede befruchtete Eizelle, die **Zygote**, eine andere Kombination der Erbinformation. Welche Erbinformation von den Eltern weitergegeben wird, ist zufällig. Im Augenblick der Befruchtung wird festgelegt, welche Erbinformation das entstehende Kind erhält.

Durch zahlreiche Zellteilungen entsteht aus einer Zygote ein einzigartiger Mensch, der in jeder Zelle die gleiche individuelle Erbinformation gespeichert hat. Die dadurch auftretende Vielfalt der Phänotypen bezeichnet man als **Variabilität.** Diese Unterschiede der Geschlechtszellen und die individuelle Kombination bei der Befruchtung führen auch bei Geschwistern zu verschiedenen Kombinationen der elterlichen Erbinformationen und damit zu unterschiedlichen, manchmal aber auch zu ähnlichen Merkmalen.

Grundlage aller Merkmale des Menschen ist also die von den Eltern weitergegebene Erbinformation. Die kleinste informationstragende Einheit, die zur Ausprägung eines bestimmten Merkmals erforderlich ist, wird **Gen** genannt. Die Gesamtheit aller Gene, die den Merkmalen eines Lebewesens zugrunde liegen, bezeichnet man als Erbbild oder **Genotyp.**

Einfluss der Umwelt • Neben dem Genotyp beeinflusst auch die Umwelt unseren Phänotyp. Umweltfaktoren können Einfluss darauf haben, wie sich genetisch bedingte Merkmale ausprägen. Das können beispielsweise Sonneneinstrahlung, Ernährung oder Training sein. So wird durch Sonnenbaden die Hautfarbe dunkler und damit verändert sich der Phänotyp.

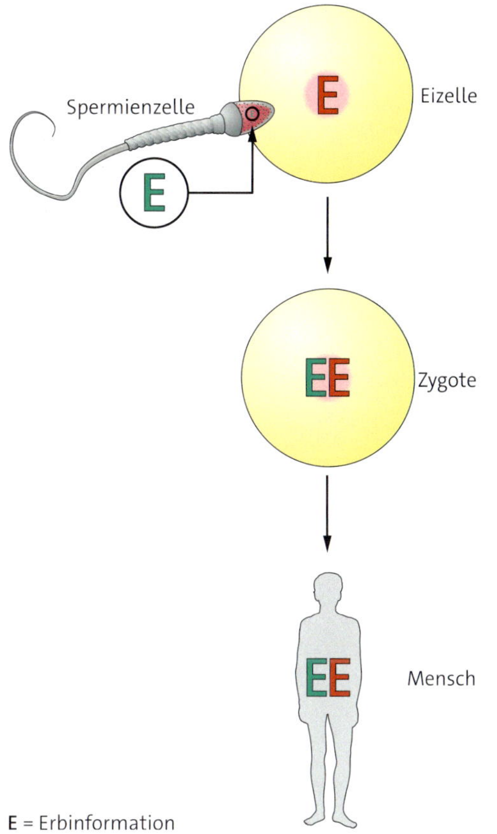

2 Weitergabe der Erbinformation

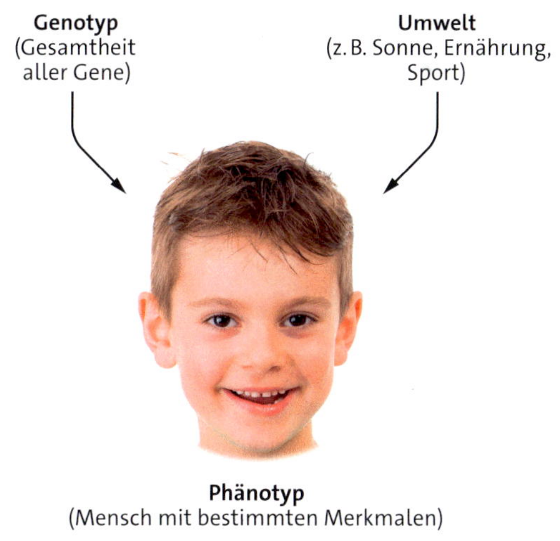

lateinisch *genere* = entstehen

3 Einfluss verschiedener Faktoren auf den Phänotyp

1 ☐ Definiere die Begriffe Phänotyp und Genotyp.

2 ☐ Erkläre, weshalb jeder Mensch einen einzigartigen Genotyp hat.

3 ☐ Erläutere das biologische Prinzip Variabilität beim Menschen.

1 Eineiige Zwillinge

Unterschiede im Phänotyp • Eineiige Zwillinge besitzen dieselbe Erbinformation und damit denselben Genotyp, denn sie haben sich beide aus derselben befruchteten Eizelle entwickelt. Dennoch unterscheiden sie sich, zum Beispiel in ihrer Hautfarbe.

Die Hautfarbe des Menschen wird durch das Hautpigment **Melanin** bestimmt. Je mehr hiervon in bestimmten Hautzellen eingelagert ist, desto dunkler erscheint die Haut. Die Menge des eingelagerten Melanins ist bei jedem Menschen durch seine Erbinformation festgelegt und bestimmt unseren Hauttyp und damit unseren Phänotyp. Die UV-Strahlung der Sonne führt aber dazu, dass die Produktion des Hautpigments gesteigert wird, sodass unsere Haut besser vor der schädlichen UV-Strahlung geschützt ist.

lateinisch *modificare* = umformen, abmessen

Solche umweltbedingten, nicht erblichen Variationen des Phänotyps nennt man **Modifikationen.** Die Grenzen der möglichen Modifikation eines Merkmals werden durch das Gen festgelegt, das dem Merkmal zugrunde liegt. Die Spanne dieses begrenzenden Rahmens, in dem sich Merkmale durch Umwelteinflüsse ändern können, nennt man **Reaktionsbreite**. Merkmale, die durch Modifikation verändert wurden, können nicht an die Nachkommen weitergegeben werden.

Die Körpergröße ist ein weiteres modifizierbares Merkmal des Menschen. Sie ist zu etwa 10 Prozent durch Umweltfaktoren bestimmt. Unter- oder Mangelernährung führt zu geringerem Wachstum, ausgewogene, ausreichende Ernährung wirkt wachstumsfördernd. Gleiches gilt für die Unterschiede der Muskulatur eines Athleten und einer nicht Sport treibenden Person. Der Umweltfaktor Training spielt hier eine Rolle. Auch die Intelligenz eines Menschen ist durch Modifikation veränderbar.

Es gibt aber auch Merkmale, die eng durch den Genotyp bestimmt sind. Die Blutgruppen zum Beispiel unterliegen in ihrer Ausprägung keinen Umwelteinflüssen. Solche Merkmale nennt man **umweltstabil**.

Dass die Ausprägung von Merkmalen häufig durch Gene nicht exakt festgelegt ist, sondern durch die Umwelt modifiziert werden kann, bietet Vorteile. So können sich Individuen kurzfristig auf die jeweiligen Umweltbedingungen einstellen. Durch eine dunklere Haut hat ein Individuum zum Beispiel bei einer starken Sonneneinstrahlung einen höheren Schutz gegen die schädigende UV-Strahlung als ein Individuum mit hellerer Haut.

Wie stark ein Merkmal modifiziert werden kann, lässt sich beim Menschen vor allem an genetisch gleichen Individuen, den eineiigen Zwillingen, erforschen, die unterschiedlichen Umweltbedingungen ausgesetzt sind. Merkmale, die sich bei solchen Zwillingen unterscheiden, lassen den Schluss zu, dass ihre Ausprägung durch die zugrunde liegenden Gene nicht exakt festgelegt ist.

1 Vergleiche die genetische Variabilität mit der Variabilität durch Modifikation.

2 Erkläre den Begriff Modifikation anhand eines selbst gewählten Beispiels.

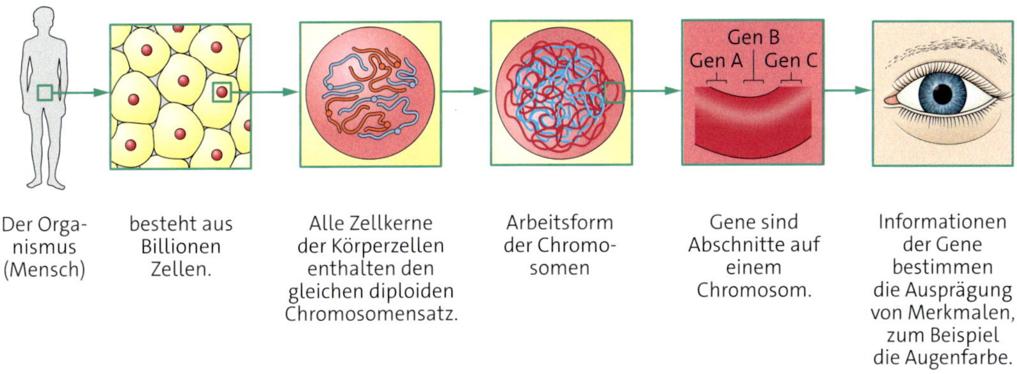

2 Ausprägung eines Merkmals am Beispiel Augenfarbe (Schema) ▶

Chromosomen des Menschen • Der menschliche Organismus besteht aus Billionen von Zellen. Im Zellkern jeder Zelle befinden sich fädige, anfärbbare Strukturen, die Chromosomen. Die Gesamtheit aller Chromosomen in einer Zelle bezeichnet man als **Chromosomensatz**. Jede unserer Körperzellen, egal ob Haut-, Muskel- oder Nervenzelle, hat die gleichen 46 Chromosomen. Immer zwei dieser Chromosomen sind in ihrer Größe und Gestalt gleich, sie sind **homolog.** Jeweils eines der homologen Chromosomen haben wir vom Vater und eines von der Mutter. Eine Körperzelle enthält also einen doppelten Chromosomensatz aus 23 mütterlichen und 23 väterlichen Chromosomen. Körperzellen sind **diploid (2 *n*)**. Auf den Chromosomen liegen die Gene. Ein **Gen** ist ein bestimmter Abschnitt auf dem Chromosom, das Informationen für ein Merkmal enthält. Gene sind für die Ausprägung von Merkmalen erforderlich. Sie bestimmen, welche Augenfarbe oder welche Blutgruppe ein Mensch hat.

Vater und Mutter geben über die Geschlechtszellen jeweils eines von jedem homologen Chromosomenpaar an ihre Nachkommen weiter. In den Geschlechtszellen ist nur ein einfacher Chromosomensatz aus 23 Chromosomen enthalten, das heißt nur je eines der homologen Chromosomen. Geschlechtszellen sind **haploid (1 *n*).**

Karyogramm • Während der Zellteilung lassen sich Chromosomen anfärben, abfotografieren und nach Größe und Gestalt in homologen Paaren anordnen. So erhält man ein **Karyogramm**.

Im Karyogramm erkennt man zwei Typen von Chromosomenpaaren. 22 Chromosomenpaare sind bei allen Menschen gleich, die **Autosomen.** Das 23. Chromosomenpaar besteht bei Frauen aus zwei gleich großen, homologen X-Chromosomen. Männer haben ein ungleiches Chromosomenpaar. Es besteht aus einem X- und aus einem sehr kleinen Y-Chromosom. X- und Y-Chromosomen sind die Geschlechtschromosomen oder **Gonosomen.**

griechisch *chrōma* = Farbe,
griechisch *sōma* = Körper

Bestimmung des Geschlechts • Eizellen enthalten als Gonosom immer ein X-Chromosom. Spermienzellen können entweder ein X oder ein Y-Chromosom besitzen. Nach der Befruchtung enthält die Zygote also entweder ein X- und ein Y-Chromosom oder zwei X-Chromosomen. Im ersten Fall entsteht aus der Zygote ein Junge, im zweiten ein Mädchen.

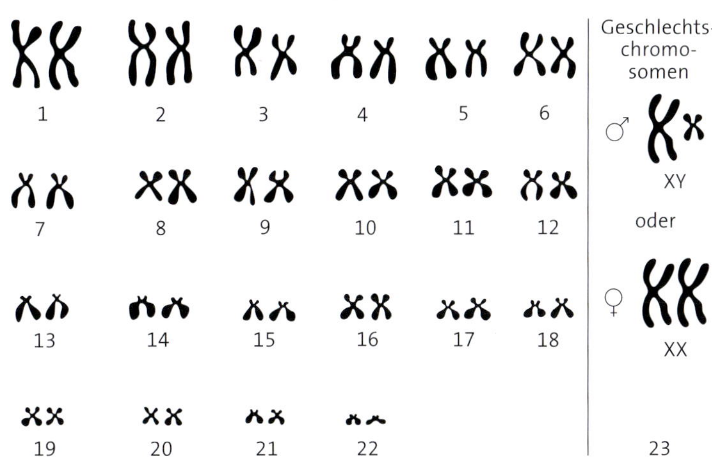

3 Karyogramm des Menschen

3 Erläutere die Unterschiede der Erbinformation in Körper- und Geschlechtszellen.

Material A Familienähnlichkeit

A1 Geschwister Luisa und Sebastian

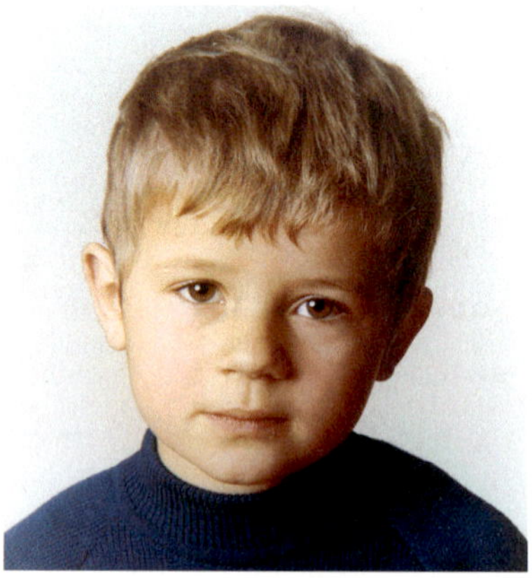

A2 Vater im ähnlichen Alter wie Luisa und Sebastian

1 ▢ Beschreibe Unterschiede und Ähnlichkeiten der Geschwisterkinder mit ihrem Vater im ähnlichen Alter.

2 ◪ Erkläre, wie trotz gemeinsamen Vaters die Unterschiede der Geschwister entstehen können.

3 ◪ Erläutere mithilfe der Bilder das biologische Prinzip Variabilität.

4 ◪ Beschreibe, worin sich die Karyogramme von Vater und Tochter unterscheiden sollten.

Material B Zwillinge

A

B

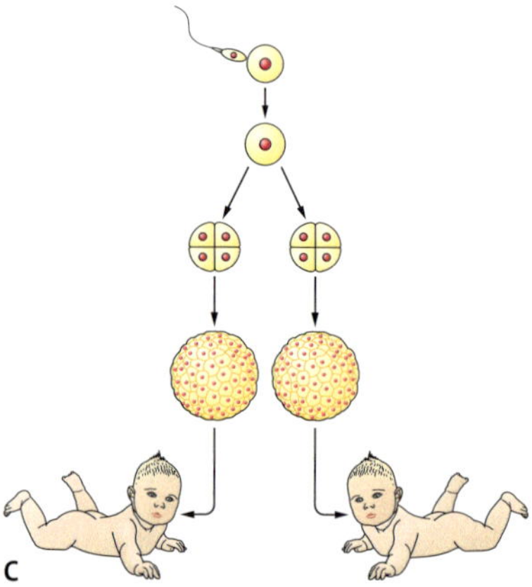

C

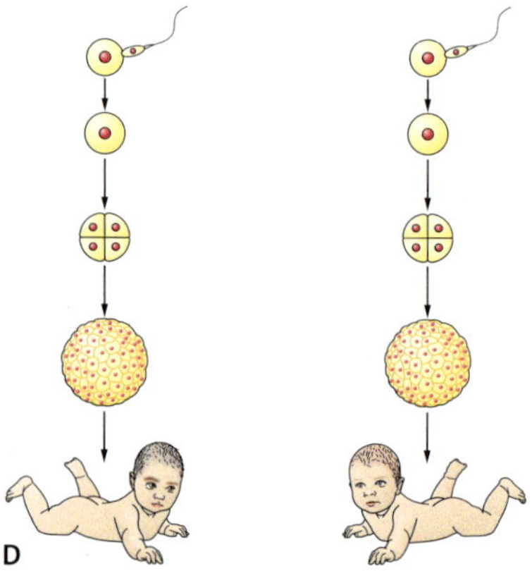

D

1 ▢ Vergleiche jeweils den Phänotyp der Geschwister bei den Zwillingspaaren.

2 ◪ Beurteile die Ähnlichkeiten der jeweiligen Zwillingspaare.

3 ◪ Ordne die Begriffe eineiige und zweieiige Zwillinge den Abbildungen zu. Begründe mithilfe der Grafik, ob auch das Zwillingspaar A unterschiedlichen Geschlechts sein kann.

4 ■ Auch eineiige Zwillinge unterscheiden sich in manchen Merkmalen. Stelle Hypothesen über die Ursachen auf.

Material C Anzahl der Blutzellen

Datum	Höhe in Metern	Anzahl der roten Blutzellen in Millionen pro Kubikmillimeter
01.04.	210	4,5
02.05.	1350	5,2
18.05.	3050	6,6
11.06.	4050	7,7
17.06.	5500	8,3

Der Sauerstoffgehalt der Luft nimmt mit steigender Höhe über dem Meeresspiegel ab. Bei einem Bergsteiger, der sich längere Zeit in verschiedenen Höhen aufhielt, wurde die Anzahl der roten Blutzellen bestimmt. Die Tabelle zeigt die gemessenen Werte.

1 ▢ Beschreibe, wie sich die Anzahl der roten Blutzellen verändert hat.

2 ■ Stelle Hypothesen auf, welche Ursachen die Veränderungen haben könnten.

3 ◩ Erkläre, weshalb Leistungssportler sich zum Training längere Zeit im Hochgebirge aufhalten.

4 ◩ Begründe, ob es sich bei diesem Beispiel um Modifikation handelt.

Material D Modifikation bei Pflanzen

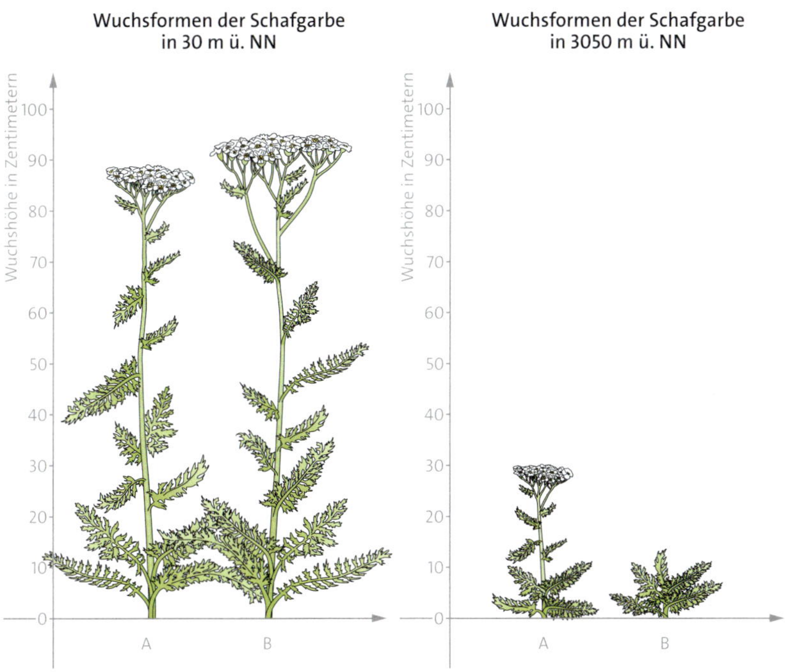

D1 Schafgarbe: Tieflandpflanzen (links) und Hochlandpflanzen (rechts)

Wenn man die Wurzel einiger Pflanzen, zum Beispiel der Schafgarbe, teilt, wächst aus jedem Teil wieder eine neue Pflanze heran.
In einem Versuch wurde die Wurzel von zwei verschiedenen Schafgarbenpflanzen in je zwei Hälften geteilt. Je eine Hälfte der Pflanze A wurde im Tiefland, die andere im Hochland eingepflanzt. Ebenso verfuhr man mit der Pflanze B.
Die Abbildung zeigt schematisch die Pflanzen, die aus den Wurzeln heranwuchsen.

1 ▢ Vergleiche die Versuchsergebnisse.

2 ◩ Begründe, ob sich der Genotyp der Tieflandpflanze B von dem Genotyp der Hochlandpflanze B unterscheidet.

3 ◩ Erkläre, welche Unterschiede auf genetische Variabilität und welche auf Modifikation beruhen.

4 ■ Erläutere den Begriff Reaktionsbreite an diesem Beispiel.

5 ◩ Stelle Hypothesen zu den Umweltfaktoren auf, die für die Unterschiede verantwortlich sein könnten.

6 ■ Stelle eine Hypothese dazu auf, welchen Vorteil die Modifikation bei der Pflanze A bieten könnte.

7 ◩ Formuliere zwei Fragen, die durch den Versuch geklärt werden können.

2.4 Bau der DNA

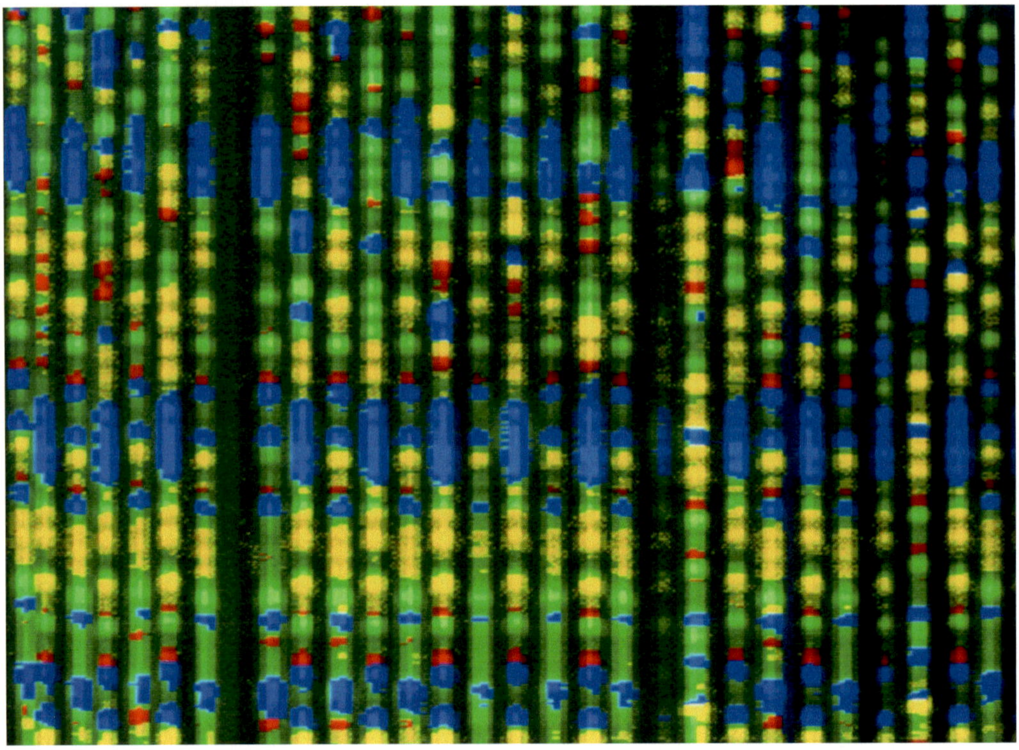

1 Darstellung der menschlichen Erbinformation als farbige Banden

Das Humangenomprojekt hatte das Ziel, die menschliche Erbinformation zu entschlüsseln und zu kartieren. Sie lässt sich als Abfolge von farbigen Banden darstellen. Träger der Erbinformation sind die Chromosomen. Wie ist die Erbinformation in ihnen gespeichert? Wie ist ihre chemische Struktur und wie kann sie sie sich vor jeder Zellteilung verdoppeln?

Erforschung der Erbinformation • Bereits Ende des 19. Jahrhunderts entdeckte der Arzt Friedrich Miescher in Zellen bisher unbekannte Substanzen, die chemisch zu den Säuren gehören. Da sie sich im Zellkern, dem **Nukleus**, befanden, gab er ihnen den Namen **Nukleinsäuren**. Ihre Funktion in der Zelle war damals aber noch nicht bekannt.
Zu Beginn des 20. Jahrhunderts erkannte man, dass Chromosomen Nukleinsäuren enthalten. Diese Nukleinsäuren der Chromosomen bestehen aus vier verschiedenen Basen, dem Zucker Desoxyribose und Phosphatresten. Nach dem vorhandenen Zucker, der Desoxyribose, bezeichnet man sie heute noch als **Desoxyribonukleinsäure** (DNS) oder englisch **DNA.**

englisch DNA = *deoxyribonucleic acid*

Mitte des 20. Jahrhunderts identifizierte Oswald Avery durch Experimente mit Bakterien die DNA als Träger der Erbinformation. James Watson und Francis Crick gelang es, den räumlichen Bau der DNA zu entschlüsseln. Sie analysierten Röntgenbeugungsmuster von Rosalind Franklin und bauten mithilfe dieser Daten ein Molekülmodell. 1953 veröffentlichten sie dieses in der Fachzeitschrift „Nature“ und erhielten dafür 1962 den Nobelpreis für Medizin.
Dieses räumliche Watson-Crick-Modell der DNA war die Grundlage zur Entschlüsselung der menschlichen Erbinformation.

Bau der Chromosomen • Jedes der 46 Chromosomen des Menschen besteht aus einem einzigen langen DNA-Molekül. Es ist sehr dünn, fadenförmig, mehrfach gewunden wie eine Spirale und zusätzlich um Proteine gewickelt, welche Stützfunktionen übernehmen.
Ein DNA-Molekül bildet zusammen mit den Proteinen den **Chromatinfaden.**

Die DNA ähnelt in ihrem Bau einer Strickleiter, die um ihre Achse gewunden ist. Die beiden Holme der Strickleiter bestehen aus dem Zucker Desoxyribose und den Phosphatresten, über die die Zucker miteinander verbunden sind. Die Sprossen bilden die Basenpaare.
Von den vier vorhandenen Basen Adenin, Thymin, Guanin und Cytosin passen je zwei wie Schlüssel und Schloss zueinander. Sie sind zueinander **komplementär.** Über zwei Wasserstoffbrücken sind die **Basen** Adenin und Thymin miteinander verbunden, über drei Guanin und Cytosin. Jeweils eine der vier Basen, ein Zucker und ein Phosphatrest bilden zusammen den Grundbaustein der DNA, ein **Nukleotid.**

Beim DNA-Molekül handelt es sich also um zwei Einzelstränge aus miteinander verknüpften Nukleotiden. Die beiden Stränge sind über Wasserstoffbrücken zwischen den komplementären Basen zu einem Doppelstrang verbunden. Der Doppelstrang weist eine um die eigene Achse gewundene Struktur auf, man spricht deshalb von einer **Doppelhelix.**

Die Abfolge der Basen innerhalb des DNA-Moleküls ist dabei nicht zufällig, sondern erfolgt nach einer bestimmten Basenabfolge, auch **Basensequenz** genannt. Über diese Abfolge ist die Erbinformation verschlüsselt. Dabei bilden bestimmte DNA-Abschnitte in der Größenordnung von 100 bis über 10 000 Basenpaaren **Gene**. Ein Gen verschlüsselt die Information für die Ausprägung eines spezifischen Merkmals, beispielsweise der Blutgruppe.

Im Humangenomprojekt wurde die Basensequenz des menschlichen Genoms, das heißt der kompletten Erbinformation des Menschen, fast vollständig aufgeklärt. Diese Sequenz lässt sich als Folge farbiger Banden darstellen.

1 Beschreibe den Bau eines Einzelstrangs der DNA.

2 Beschreibe den Feinbau eines Chromosoms.

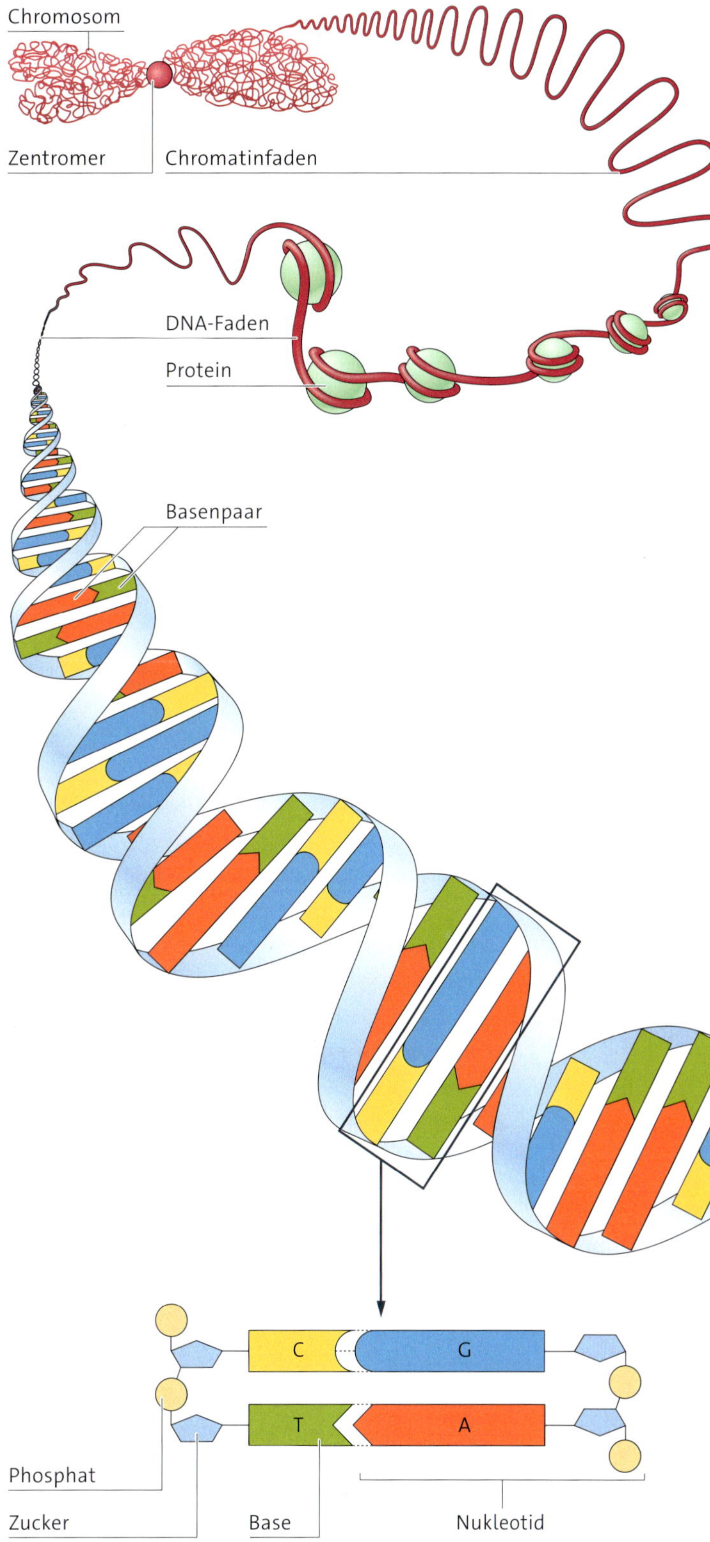

A: Adenin C: Cytosin T: Thymin G: Guanin

2 Feinbau eines Chromosoms (▶)

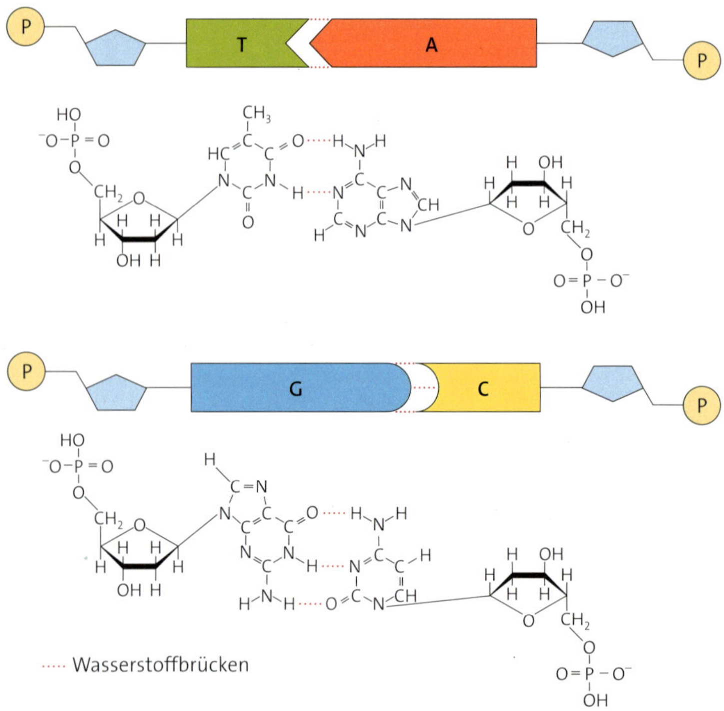

1 Wasserstoffbrücken zwischen Nukleotiden

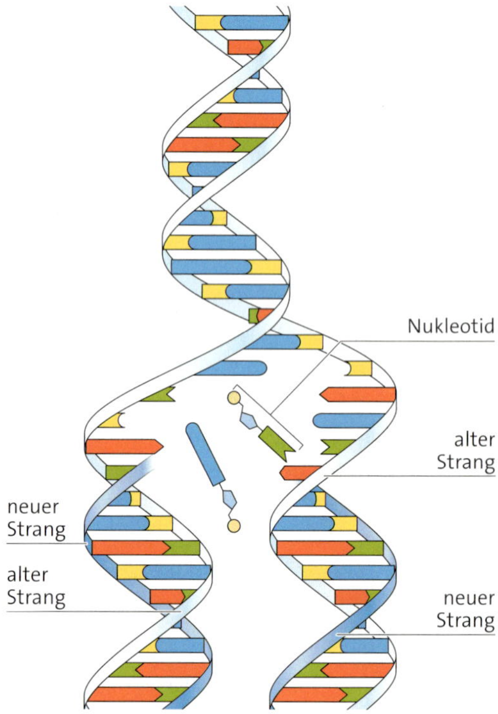

2 Identische Verdopplung der DNA

Verdopplung der DNA • Die DNA liegt als Träger der Erbinformation in jeder Zelle vollständig vor. Jede Körperzelle des Menschen enthält daher die gesamte Erbinformation. Um die DNA weitergeben zu können, muss sie sich vor jeder Zellteilung verdoppeln.

Zur Verdopplung wird die Doppelhelix mithilfe eines Enzyms entwunden. Der Doppelstrang trennt sich durch Lösen der Wasserstoffbrücken zwischen den Basen in zwei Einzelstränge. Dieser Vorgang ist vergleichbar mit dem Aufziehen eines Reißverschlusses.
An beide Einzelstränge lagern sich nun die passenden Nukleotide an und es entstehen neue komplementäre Basenpaare. Die Nukleotide werden mithilfe eines weiteren Enzyms über ihre Zucker- und Phosphatreste zu einem zusammenhängenden Strang verknüpft, der komplementär zum ursprünglichen Strang ist.

lateinisch *mutare* = ändern

Jeder Einzelstrang dient so als Kopiervorlage für den neuen Gegenstrang. Diesen Kopiervorgang der DNA nennt man **Replikation.**

Bei der Replikation entstehen zwei Doppelstränge, die aus je einem neuen und einem alten Einzelstrang zusammengesetzt sind.
Vor jeder Zellteilung wird so die DNA aller 46 Ein-Chromatid-Chromosomen verdoppelt, sodass Zwei-Chromatiden-Chromosomen vorliegen. So erhält bei der Mitose mit anschließender Zellteilung jede der beiden Tochterzellen alle 46 Chromosomen.
Der Vorgang der Replikation muss fehlerfrei erfolgen, damit zwei identische DNA-Moleküle entstehen. Trotz komplementärer Basenpaarung werden aber manchmal falsche Nukleotide eingebaut. Reparaturenzyme erkennen bei der Replikation fehlerhafte Basenpaarungen und korrigieren diese. Dennoch können Fehler auftreten. Bei einer Milliarde angelagerter Nukleotide ist im Durchschnitt eine Basenpaarung falsch.
Fehler bei der Replikation sind eine der Ursachen für dauerhafte Veränderungen der Erbinformation, die man als **Mutationen** bezeichnet.

1 **Stelle die Vorgänge der Replikation als Pfeildiagramm dar.**

Material A Bau der DNA

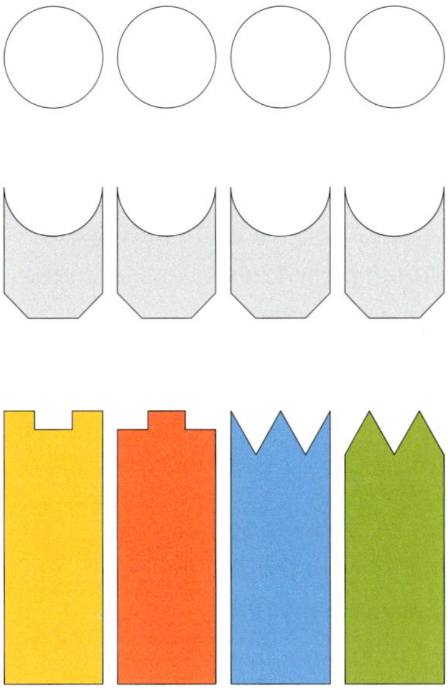

A1 Symbole der Einzelbausteine der DNA

In der Abbildung sind Symbole vorgeschlagen, mit denen sich das Modell eines DNA-Moleküls zeichnen lässt.

1 Erstelle eine Legende in deinem Heft, in der du die Symbole den Einzelbausteinen der DNA zuordnest.

2 Zeichne ein Nukleotid in dein Heft. Verwende hierfür die in der Abbildung angegebenen Symbole.

3 Zeichne einen DNA-Einzelstrang aus 7 Nukleotiden.

4 Ergänze zeichnerisch den Einzelstrang, sodass ein Doppelstrang entsteht.

5 Vergleiche die Basenabfolge deines DNA-Moleküls mit der Zeichnung deiner Mitschülerinnen und Mitschüler. Erkläre, welche Bedeutung die unterschiedlichen Basenabfolgen für die Erbinformation haben.

6 Erläutere das Baumerkmal der DNA, das für die identische Verdopplung von großer Bedeutung ist.

Material B Basenzusammensetzung der DNA

Organismus	Adenin	Thymin	Cytosin	Guanin
Mensch	31 %	31 %	19 %	19 %
Schaf	30 %	30 %	20 %	20 %
Seeigel	33 %	33 %	17 %	17 %
Weizen	27 %	27 %	23 %	23 %
Hefe	31 %	31 %	19 %	19 %
E. coli (Bakterium)	24 %	24 %	26 %	26 %

Die Tabelle zeigt den jeweils prozentualen Anteil einer Base in der DNA für verschiedene Lebewesen.

1 Beschreibe die Anteile der verschiedenen Basen der DNA beim Menschen.

2 Vergleiche die Basenzusammensetzung beim Menschen mit der bei Weizen und Hefe.

3 Erkläre die Unterschiede und Gemeinsamkeiten, die in Aufgabe 2 beschrieben wurden.

4 Interpretiere die Daten der Tabelle im Hinblick auf den Bau der DNA.

Material C Wasserstoffbrücken

1 -T-A-C-C-G-G-C-A-T-C-G-G-

2 -A-A-T-C-T-T-T-A-T-T-G-T-

C1 Basenabfolge zweier DNA-Einzelstränge

In der Abbildung sind die Basenfolgen von Ausschnitten aus zwei Einzelsträngen der DNA dargestellt (▶ C1). Im DNA-Doppelstrang sind die komplementären Basen über Wasserstoffbrücken verbunden. Wasserstoffbrücken lassen sich durch Erwärmen lösen.

1 Übernimm die Buchstabenabfolge der Einzelstränge in dein Heft und ergänze sie zu Doppelsträngen.

2 Begründe, welcher der Doppelstränge sich leichter in zwei Einzelstränge trennen lässt.

Von der Erbinformation zum Merkmal

Die Information für die Ausprägung bestimmter Merkmale ist in den Genen auf den Chromosomen im Zellkern gespeichert. Wie wird die Erbinformation in die Merkmale umgesetzt?

In der Erbinformation der DNA ist keine direkte Anweisung enthalten, wie Merkmale beschaffen sein sollen, also zum Beispiel Haut- oder Haarfarbe der jeweiligen Personen. Vielmehr enthält die DNA „Rezepte" für die Herstellung von Proteinen. Diese Proteine stehen also zwischen den Genen und der Ausprägung der zugehörigen Merkmale. Somit kann man die Eingangsfrage präzisieren: Wie werden die Proteine in Abhängigkeit der DNA gebildet und was bewirken sie?

Von der DNA zum Protein • Wenn Proteine Vermittler zwischen der genetischen Information und den Merkmalsausprägungen sind, muss die in der DNA gespeicherte Information für den Bau der Proteine genutzt werden. Da die Erbinformation in der Basensequenz der DNA gespeichert ist, liegt die Vermutung nahe, dass es einen Vorgang gibt, bei dem eine Basensequenz der DNA die Aminosäuresequenz eines Proteins bestimmt. Tatsächlich wird jedes neue Proteinmolekül nach dieser Zuordnung hergestellt. Dieser Vorgang heißt **Proteinbiosynthese**. Der Zuordnungsschlüssel wird genetischer Code genannt.

Im DNA-Molekül gibt es die vier verschiedenen Basen Adenin, Guanin, Thymin und Cytosin. Am Bau eines Proteinmoleküls können dagegen 20 verschiedene Aminosäuren beteiligt sein. Somit gibt es keine Eins-zu-eins-Zuordnung von Basen und Aminosäuren. Beim genetischen Code bestimmt die Kombination aus drei Basen der DNA, ein Basentriplett, den Einbau einer bestimmten Aminosäure. Der genetische Code ist für nahezu alle Lebewesen identisch. Auch der prinzipielle Ablauf der Proteinbiosynthese ist bei Tieren, Pflanzen und sogar Bakterien gleich.

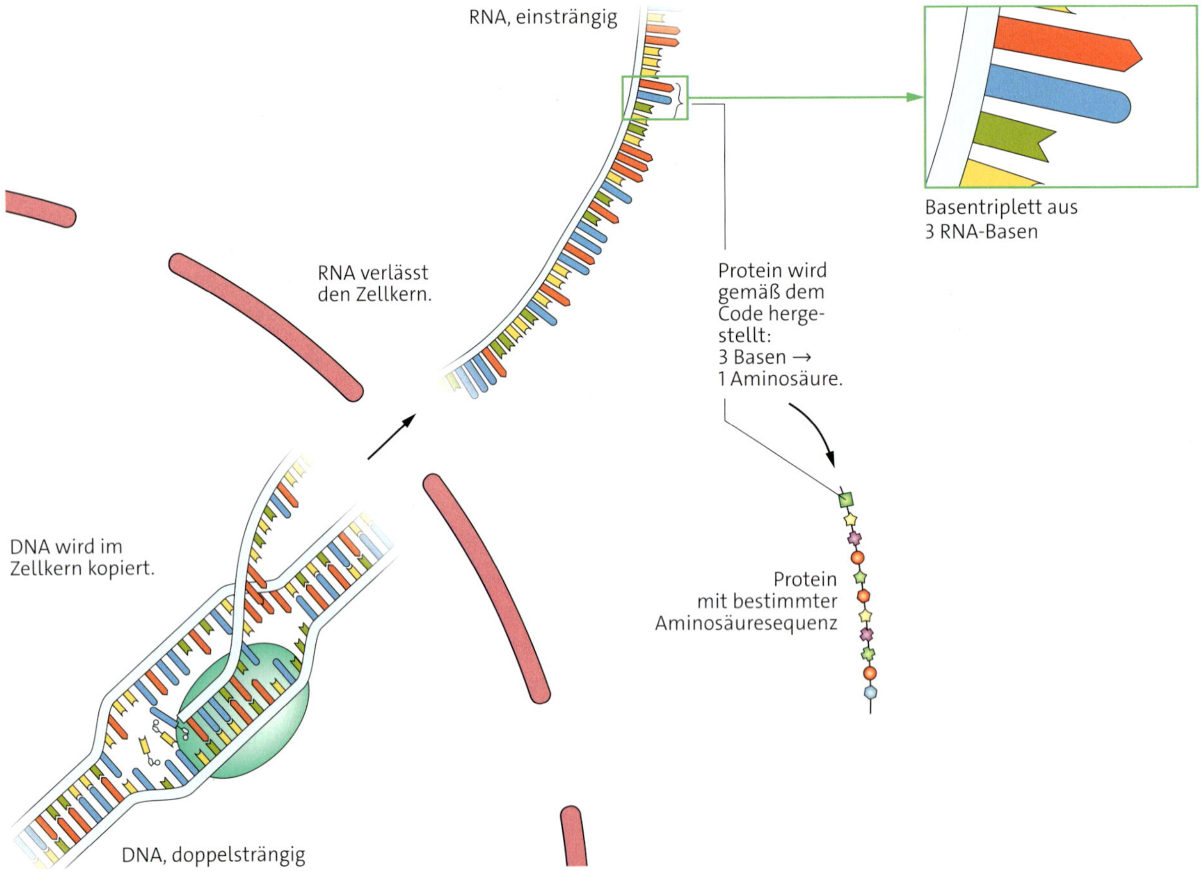

1 Proteinbiosynthese: Ablauf stark vereinfacht dargestellt (▶)

Proteinbiosynthese • Proteine werden im Zellplasma einer Zelle hergestellt. Die Information für diese Herstellung liegt dagegen im Zellkern auf der DNA. Daher wird diese Information zunächst kopiert und dann in das Zellplasma gebracht. Dies geschieht mithilfe des Stoffes Ribonukleinsäure, **RNA**. Diese ist sehr ähnlich aufgebaut wie DNA, besitzt aber anstelle des Zuckers Desoxyribose den Zucker Ribose. Außerdem findet man anstelle der Base Thymin die Base Uracil. Im Gegensatz zur DNA ist die RNA einsträngig. Die RNA gelangt durch die Poren der Kernmembran ins Zellplasma und leitet dort die Bildung eines Proteins ein. Die Proteinbiosynthese verläuft also nach folgendem Prinzip: Ausgehend von der DNA entsteht als Kopie eine RNA. Ihre Basensequenz ist die Kopie der Basensequenz eines Abschnitts der DNA. Diese wird dann in eine Aminosäurekette übersetzt. Entsprechend dem genetischen Code bestimmt ein Basentriplett den Einbau einer bestimmten Aminosäure. So wird die in der DNA-Basensequenz enthaltene Information für die Bildung eines Proteins mit bestimmter Aminosäuresequenz genutzt.

Vom Protein zum Merkmal • Viele der in der Proteinbiosynthese hergestellten Proteine wirken als Enzyme. Ihre jeweils unterschiedliche Wirkung beruht auf der charakteristischen räumlichen Gestalt der Moleküle, die wiederum die Folge ihrer spezifischen Aminosäuresequenz ist. Enzyme ermöglichen chemische Reaktionen in Zellen, man sagt, sie katalysieren Reaktionen. So sorgt ein bestimmtes Enzym beim Menschen dafür, dass der dunkle Farbstoff Melanin aus einer Vorstufe gebildet wird. Ein anders geformtes Enzym bewirkt, dass der dunkle Farbstoff in die Iris der Augen eingelagert wird. In vielen Pflanzen wird nach demselben Prinzip der Farbstoff Anthocyan hergestellt.

Somit wird nur bei Anwesenheit eines bestimmten Enzyms ein bestimmtes Merkmal gebildet. Die Bildung eines Merkmals erfolgt also, indem zunächst ein DNA-Abschnitt kopiert und dann in ein Protein übersetzt wird. Das Protein fungiert als Enzym für eine bestimmte Stoffwechselreaktion, die zu einem Produkt führt, welches das Merkmal ausmacht.

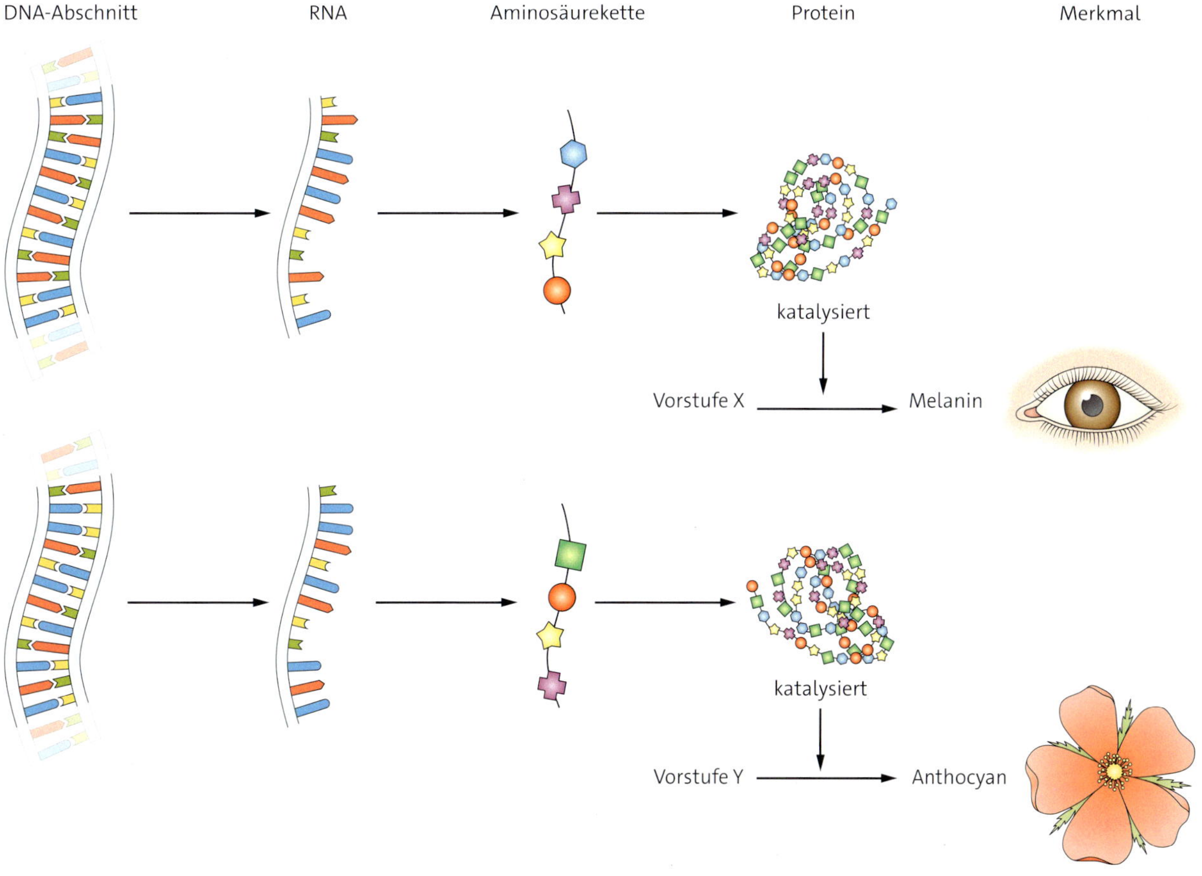

2 Vom Gen zum Merkmal (Schema)

2.5 Mendels Experimente

1 A Johann Gregor Mendel, B Erbsenpflanzen

Johann Gregor Mendel (1822–1884), Augustinermönch und Naturwissenschaftler, veröffentlichte 1866 die „Versuche mit Pflanzenhybriden".

Die Regeln der Vererbung waren noch bis zur Mitte des 19. Jahrhunderts unbekannt. Erst durch zahlreiche Versuche mit Erbsenpflanzen entdeckte sie der Mönch Johann Gregor Mendel. Nach welchen Regeln werden Merkmale wie die Blütenfarbe vererbt?

Versuchsobjekt Erbsenpflanze • Die Erbsenpflanze eignet sich aufgrund mehrerer günstiger Eigenschaften für Vererbungsversuche besonders gut. Sie ist anspruchslos, und eine Pflanze bildet in kurzer Zeit viele Nachkommen, die Erbsensamen. Vor allem aber werden die Narbe und die Staubblätter der Erbsenblüte so von Blütenblättern eingeschlossen, dass nur Pollen derselben Blüte auf die Narbe gelangen können. Dieser Vorgang, die **Selbstbestäubung**, führt zu Pflanzen, die über mehrere Generationen hinweg ihre Merkmale nicht verändern. Solche **reinerbigen** Pflanzensorten schienen Mendel besonders passend, um nach Regeln der Vererbung zu suchen.

Mendels Experimente • Bei seinen Versuchen beobachtete Mendel zunächst nur ein einziges Merkmal, zum Beispiel die Blütenfarbe. Die Ausgangspflanzen nannte er die Eltern- oder **Parentalgeneration,** kurz **P-Generation.** Um eine Selbstbestäubung zu verhindern, entfernte er die Staubblätter einer violett blühenden Erbsenpflanze. Dann entnahm er mit einem Pinsel den Pollen einer weiß blühenden Pflanze und übertrug ihn

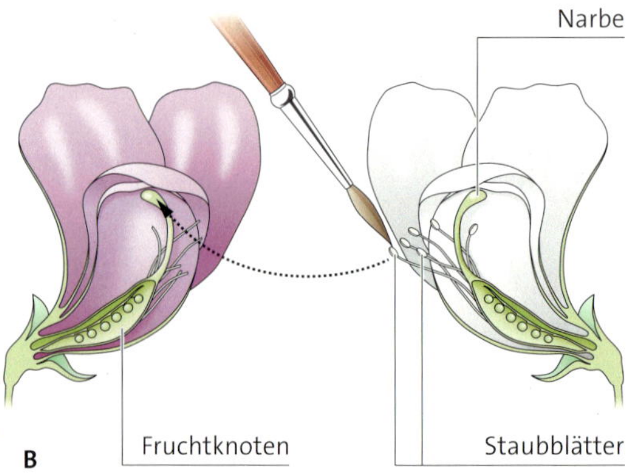

2 Versuchsobjekt Erbsenpflanze: A Bau der Erbsenblüte, B Fremdbestäubung

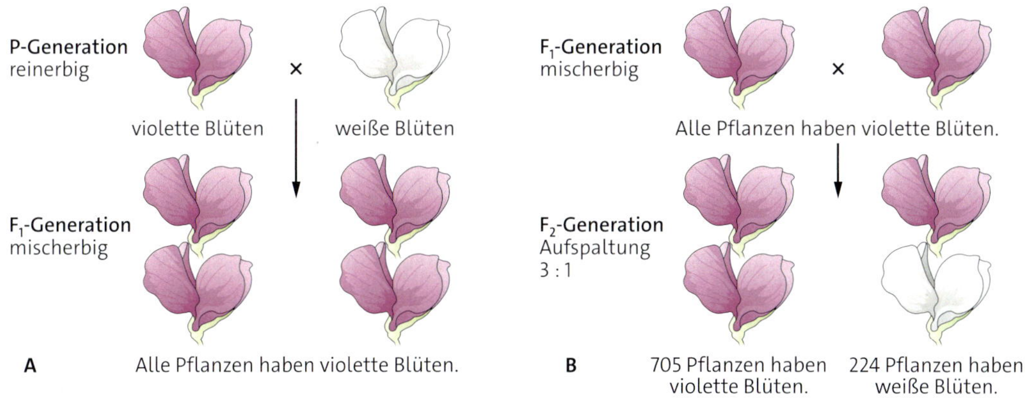

3 Kreuzungsversuche: A zwischen reinerbigen Erbsenpflanzen, B zwischen mischerbigen Erbsenpflanzen (▶ ▣)

auf die Narbe der violetten Blüte. Er führte damit eine **Fremdbestäubung** durch. Bei diesem Kreuzungsversuch mit reinerbigen Eltern wuchs aus den entstandenen Samen die nächste Generation heran. Die Pflanzen dieser ersten Tochter- oder **ersten Filialgeneration,** kurz **F_1-Generation,** hatten alle die gleiche Blütenfarbe: einheitlich violett. Sie waren **uniform.**

Mendel führte die Kreuzung auch umgekehrt durch. Bei dieser **reziproken Kreuzung** bestäubte er die Narbe von weißen Erbsenblüten mit dem Pollen von violetten Blüten. Auch hier erhielt er in der F_1-Generation nur Pflanzen mit violetten Blüten. Diese und weitere Beobachtungen an anderen Merkmalen führten Mendel zur Entdeckung einer Gesetzmäßigkeit, die später als 1. Mendel'sche Regel bezeichnet wurde.

Mendel fragte sich, ob die Information für die Merkmalsausprägung weiße Blüten bei der Vererbung verloren gegangen war. Um dies zu klären, kreuzte er die Pflanzen der F_1-Generation miteinander. In der daraus entstandenen F_2-Generation hatten drei Viertel aller Pflanzen violette Blüten, während bei einem Viertel die weiße Blütenfarbe wieder auftrat. Die Information für die Ausprägung der weißen Blütenfarbe war also erhalten geblieben.

Mendel folgerte daraus, dass es in der F_1-Generation zwei Erbanlagen für die Blütenfarbe geben muss: eine Erbanlage für die violette Blütenfarbe und eine Erbanlage für die weiße Blütenfarbe. Diese Pflanzen sind also **mischerbig** bezüglich des Merkmals Blütenfarbe und werden als Mischlinge oder **Hybride** bezeichnet.
Die Blüten der F_1-Generation sind alle violett, weil sich die Erbanlage für Violett durchsetzt. Die Erbanlage Violett ist **dominant** über die Erbanlage Weiß. Die Erbanlage Weiß wird unterdrückt und ist **rezessiv.**

Mendel prüfte viele solche **dominant-rezessiven Erbgänge** an verschiedenen Merkmalen. Das Zahlenverhältnis 3 : 1 in der F_2-Generation trat als statistischer Wert bei allen diesen Versuchen immer wieder auf. Diese Beobachtung wurde später als 2. Mendel'sche Regel formuliert.

lateinisch *dominare* = herrschen
lateinisch *recedere* = zurückweichen

1 Nenne Voraussetzungen, die Mendel bei seinen Versuchen bedachte.

Uniformitätsregel (1. Mendel'sche Regel)
Kreuzt man zwei Individuen einer Art, die sich in den Ausprägungen eines oder mehrerer Merkmale reinerbig voneinander unterscheiden, dann sind bei allen Nachkommen in der F_1-Generation die betrachteten Merkmale uniform.

Spaltungsregel (2. Mendel'sche Regel)
Kreuzt man die Hybriden der F_1-Generation, so spalten sich die Nachkommen in der F_2-Generation bezüglich der Merkmalsausprägungen in einem bestimmten Zahlenverhältnis auf: beim dominant-rezessiven Erbgang im Verhältnis 3 : 1.

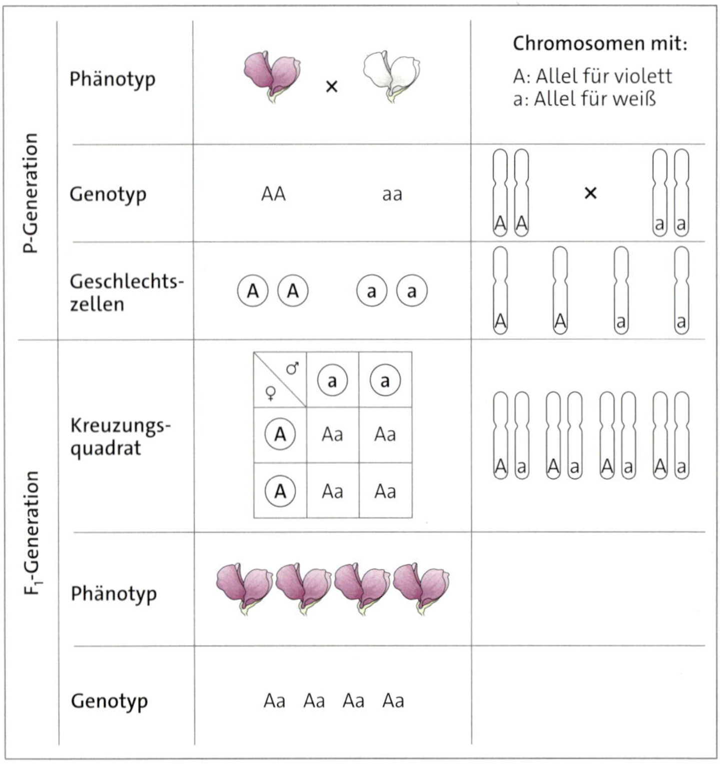

4 Kreuzungsschema zur 1. Mendel'schen Regel

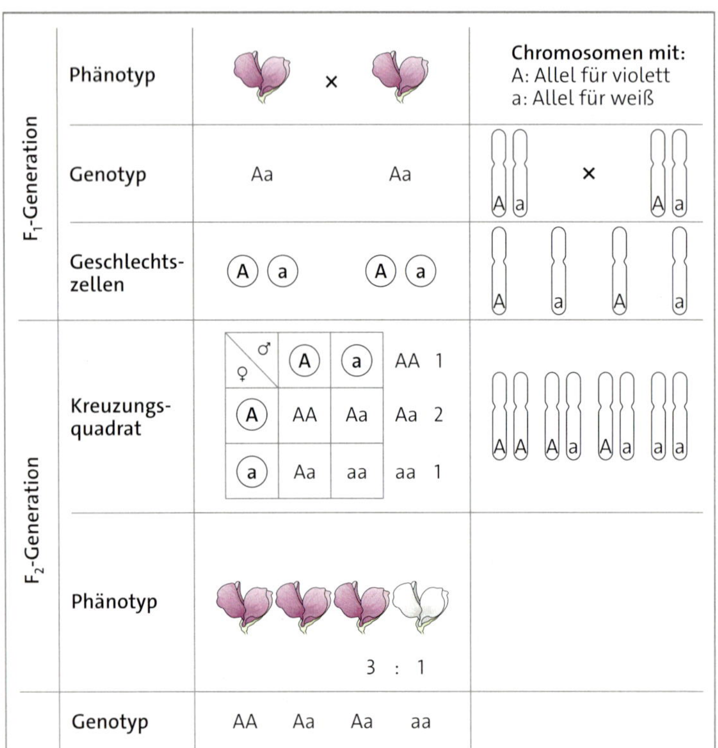

5 Kreuzungsschema zur 2. Mendel'schen Regel

Erbgänge • Nach den Versuchen Mendels kommt ein Merkmal durch das Zusammenwirken zweier Erbanlagen zustande. Diese liegen, wie man heute weiß, auf sich entsprechenden Orten homologer Chromosomen. Ein solcher Ort heißt **Gen**. Das Gen, das für die Farbe der Erbsenblüte verantwortlich ist, kann in zwei verschiedenen Zuständen vorliegen: Es kann zuständig sein für die Ausprägung der violetten Blütenfarbe oder für die Ausprägung der weißen Blütenfarbe. Eine solche Zustandsform eines Gens bezeichnet man als **Allel**.

Liegen in der befruchteten Eizelle, der Zygote, gleiche Erbanlagen auf den beiden homologen Chromosomen, zum Beispiel jeweils die Allele für violette Blüten, so ist die entstehende Erbsenpflanze reinerbig oder **homozygot**. Treffen dagegen in der Zygote verschiedene Anlagen aufeinander, zum Beispiel ein Allel für die Ausprägung violetter und ein Allel für die weißer Blüten, ist die entstehende Erbsenpflanze mischerbig oder **heterozygot**.

Mendel vermutete, dass die Erbanlagen in den Geschlechtszellen liegen und durch sie von einer Generation auf die nächste übertragen werden. Bei der Bildung der Geschlechtszellen in der Meiose gelangt jeweils nur ein Chromosom eines jeden Paares in die Geschlechtszelle. Dabei werden die homologen Chromosomen und damit auch die Allele getrennt. Nach dem Zufallsprinzip werden sie auf die Geschlechtszellen verteilt. In der Geschlechtszelle liegt also im Zellkern immer nur ein einfacher Chromosomensatz vor. Welche der männlichen Geschlechtszellen mit einer weiblichen Geschlechtszelle zur Befruchtung gelangt, ist zufällig. Ebenso ist es auch zufällig, welches Allel in der weiblichen und welches in der männlichen Geschlechtszelle vorhanden ist.

Erbgänge werden durch Kreuzungsschemata veranschaulicht. Ein dominantes Allel, zum Beispiel für die Merkmalsausprägung violette Blüten, wird mit einem großen Buchstaben (A) gekennzeichnet. Das rezessive Allel für die Merkmalsausprägung weiße Blüte erhält einen kleinen Buchstaben (a).

Material A Kreuzung bei Meerschweinchen

In einem Zuchtverein sollen schwarze Meerschweinchen mit weißen gekreuzt werden. Die Meerschweinchen sind bezogen auf die Fellfarbe reinerbig. Das Allel für Schwarz ist dominant über das Allel für Weiß.

1 ◪ Erstelle Kreuzungsschemata bis zur F_2-Generation.

2 ☐ Nenne das Zahlenverhältnis von Genotypen und Phänotypen in der F_2-Generation.

3 ◪ Erkläre, weshalb man bei einem schwarzen Meerschweinchen nicht eindeutig vom Phänotyp auf den Genotyp schließen kann.

Versuch B Modellversuch zur Spaltungsregel

Material:
100 Centmünzen, 2 Boxen, Schal

Durchführung:
Führt den Versuch in Partnerarbeit durch. Verteilt die ausliegenden 100 Centmünzen zu gleichen Teilen in zwei Boxen.

Versuchsperson 1 verbindet der Versuchsperson 2 mit einem Schal die Augen. Diese holt abwechselnd aus der einen und anderen Box jeweils eine Münze heraus und legt die sich ergebende Kombination von Kopf und Zahl nebeneinander auf den Tisch.

Wenn alle Münzen gezogen sind, wird protokolliert. Danach wird der Versuch noch dreimal wiederholt und die Ergebnisse werden addiert.

1 ☐ Zähle die Häufigkeiten der vier entstandenen Kombinationen aus.

2 ☐ Ordne den Kombinationen die Begriffe homozygot und heterozygot zu.

3 ◪ Vergleiche dein Ergebnis mit dem Zahlenverhältnis der Genotypen in der F_2-Generation.

4 ◪ Erkläre, weshalb Mendel viele Kreuzungsversuche durchführen musste, um sichere Aussagen machen zu können, welche Regeln für die Vererbung gelten.

5 ■ Erkläre, inwieweit dieser Modellversuch die Vorgänge bei der Meiose und der Befruchtung wiedergibt.

2.6 Weitere Vererbungsregeln

1 Erbsensamen

Gregor Mendel kreuzte auch Erbsenpflanzen, die gelbe, glatte Samen hatten mit solchen, die grüne, runzlige Samen hervorbrachten. Können bei der Vererbung die beiden Merkmale Farbe und Form der Erbsensamen neu kombiniert werden?

Neukombinationsregel • Mendel verwendete nicht nur Erbsenpflanzen, die sich in einem Merkmal reinerbig unterschieden. Er kreuzte auch Erbsenpflanzen, die sich in zwei Merkmalen unterschieden. Man bezeichnet diese Kreuzungen als **dihybrid.** Unterscheiden sich die Eltern nur in einem Merkmal, spricht man von einem **monohybriden Erbgang.**

Wenn er Erbsenpflanzen mit gelben, glatten Samen mit solchen kreuzte, die grüne, runzlige Samen hatten, entwickelten sich in den Hülsen der Nachkommen nur gelbe, glatte Samen. Die F_1-Generation entsprach damit wie erwartet der Uniformitätsregel. Die Erbanlagen für gelb und glatt sind dominant über grün und runzlig.

Aus der Kreuzung der F_1-Generation untereinander entstanden jedoch zwei neue Phänotypen. In den Hülsen der F_2-Generation lagen auch gelbe, runzlige und grüne, glatte Samen. Mendel erhielt 315 gelb-glatte, 101 gelb-runzlige, 108 grün-glatte und 32 grün-runzlige Samen. Er wiederholte diesen Kreuzungsversuch mehrfach, aber die Aufspaltung der F_2-Generation blieb immer im Zahlenverhältnis von 9 : 3 : 3 : 1. Aus den Ergebnissen schloss Mendel, dass verschiedene Erbanlagen unabhängig voneinander weitergegeben werden und sich neu kombinieren lassen.

Neukombinations- oder Unabhängigkeitsregel (3. Mendel'sche Regel):
Kreuzt man Individuen einer Art, die sich in mehr als einem Merkmal reinerbig unterscheiden, können neue Merkmalskombinationen auftreten. Die Weitergabe der Erbanlagen erfolgt zufällig und unabhängig voneinander.

Variabilität • Mendel folgerte aus seinen dihybriden Kreuzungsversuchen, dass die Mischlinge, die Hybriden, der F_1-Generation mit dem Genotyp *AaBb* vier unterschiedliche Geschlechtszellen mit den Allelkombinationen *AB, Ab, aB* oder *ab* ausbilden können. Die Geschlechtszellen enthalten pro Gen jeweils nur ein Allel, da ihr Chromosomensatz haploid ist. Durch die Befruchtung werden die Allele dann zufällig kombiniert.

Für die F_2-Generation ergeben sich aus den vier mal vier Kombinationsmöglichkeiten des Kreuzungsschemas 16 Kombinationen. Zur besseren Übersichtlichkeit werden in den einzelnen Kombinationsquadraten nicht nur die Genotypen, sondern auch die Phänotypen eingetragen. Es sind neun verschiedene Genotypen und vier unterschiedliche Phänotypen möglich. Davon sind zwei Phänotypen in der F_2-Generation neu aufgetreten. Im Beispiel sind das Pflanzen mit gelben, runzligen Samen und Pflanzen mit grünen, glatten Samen.

Heute weiß man, dass die Gene für die Ausbildung der Farbe und der Form der Erbsensamen auf verschiedenen Chromosomen liegen. Dadurch können die Gene für diese beiden Merkmale unabhängig voneinander vererbt und Allele neu kombiniert werden.
Durch die Neukombination von Merkmalen entsteht Vielfalt, man spricht auch von **Variabilität**. Sie kann sich erhöhen, wenn man Individuen kreuzt, die sich in mehreren Merkmalen unterscheiden.

Variabilität findet man bei allen Lebewesen. Bei denen, die sich geschlechtlich fortpflanzen, ist sie besonders hoch. Daher handelt es sich hier um ein allgemeingültiges biologisches Prinzip. Es ist in der Pflanzen- und Tierzucht von großer Bedeutung.

1 Erläutere die Unabhängigkeitsregel mithilfe des Kreuzungsschemas (▶ 3).

2 Erkläre am Beispiel der Erbsensamen, wie genetische Vielfalt entsteht.

2 Samen in den Hülsen der F_2-Generation

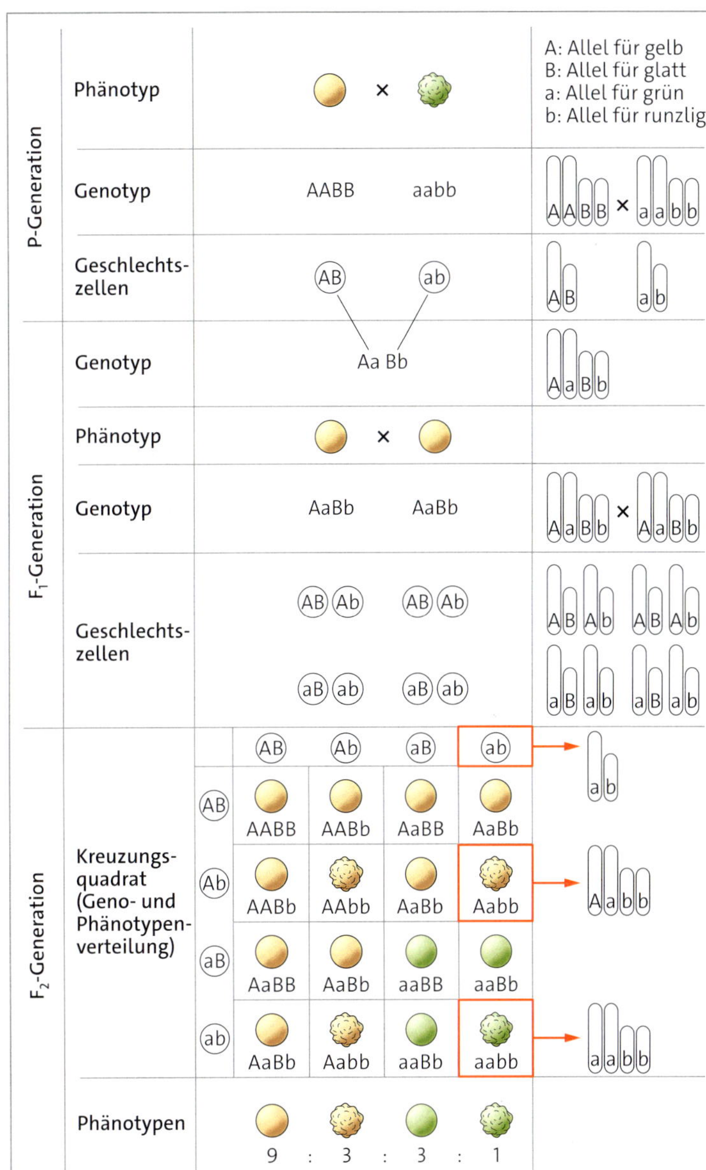

3 Kreuzungsschema zur Neukombinationsregel

1 Verschiedenfarbige Wunderblumen

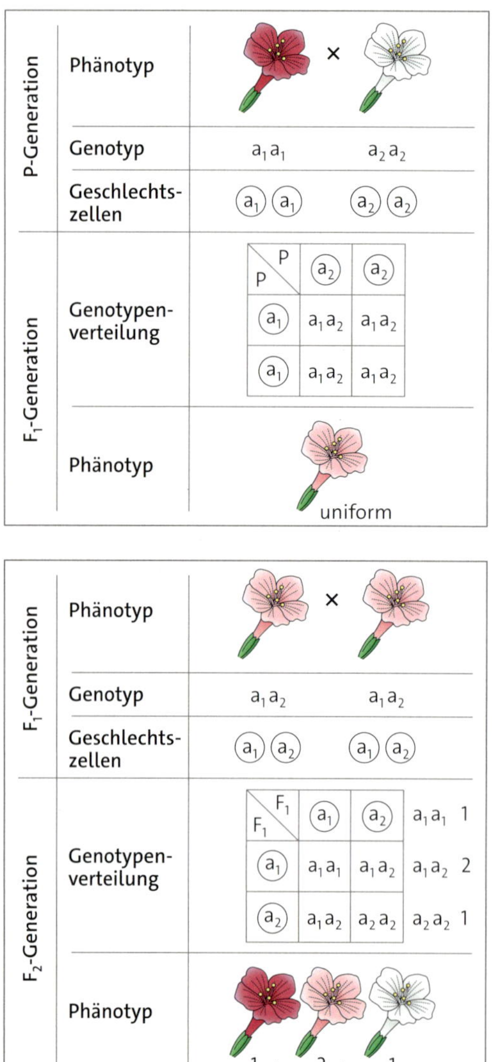

2 Kreuzungsschema intermediärer Erbgang

Intermediärer Erbgang • Etwa vierzig Jahre nach Mendels Untersuchungen an der Erbsenpflanze führte der deutsche Botaniker Karl Correns weitere Kreuzungsversuche durch. Er kreuzte reinerbig rot blühende mit reinerbig weiß blühenden Wunderblumen. Die Pflanzen der F_1-Generation hatten alle die gleiche Blütenfarbe. Sie waren uniform, wie nach der Uniformitätsregel zu erwarten war. Jedoch blühten alle Wunderblumen weder rot noch weiß, sondern rosa.

Die Ausprägung des Merkmals Blütenfarbe liegt demnach phänotypisch zwischen der Merkmalsausprägung der Elternpflanzen. Deshalb kann keines der Allele dominant sein. Correns bezeichnete einen solchen Erbgang als **intermediär.** Im Kreuzungsschema werden solche Allele mit demselben Kleinbuchstaben gekennzeichnet und durch den Zusatz von Zahlen unterschieden.

Bei der Kreuzung der F_1-Generation untereinander treten in der F_2-Generation rot, rosa und weiß blühende Pflanzen im Zahlenverhältnis 1 : 2 : 1 auf – und nicht wie nach der Spaltungsregel zu erwarten wäre im Verhältnis 3 : 1. Das liegt daran, dass die Allele für die Merkmalsausprägung der Blütenfarbe gleich stark sind. Hier lässt sich also immer vom Phänotyp auf den Genotyp schließen. Obwohl Correns einen weiteren Erbgang entdeckte, bestätigten die Ergebnisse seiner Kreuzungsversuche die von Mendel entdeckten Gesetzmäßigkeiten der Vererbung.

Material A Dihybrider Erbgang bei Rinderrassen

Eine schwarze, gescheckte Rinderrasse wird mit einer braunen, einfarbigen gekreuzt. Die Rassen sind in beiden Merkmalen reinerbig.

Aus der P-Generation gehen in der F_1-Generation nur schwarze, einfarbige Tiere hervor, die dann wieder untereinander gekreuzt werden.

1 Nenne die Genotypen der Körper- und Geschlechtszellen der P-Generation.

2 Erstelle Kreuzungsschemata bis zur F_2-Generation. Stelle die Phänotypen im Kombinationsquadrat der F_2-Generation mit sinnvollen Symbolen dar.

3 Erläutere an diesem Beispiel, wie die Variabilität durch Züchtung erhöht werden kann.

Material B Kreuzung von Hühnern

1 Beschreibe die Phänotypen der Kreuzungsergebnisse bis zur F_2-Generation.

2 Beurteile, ob es sich bei dieser Kreuzung um einen dominant-rezessiven oder um einen intermediären Erbgang handelt.

3 Erstelle Kreuzungsschemata bis zur F_2-Generation. Nenne jeweils auch die Phänotypen.

4 Ein Kleintierzuchtverein möchte möglichst viele graue Hühner besitzen. Um dieses Ziel zu erreichen, wurden Tiere der F_1-Generation untereinander gekreuzt. Begründe, ob diese Vorgehensweise sinnvoll war.

Material C Züchtung von Weinreben

C1 Blütenstand der Weinrebe

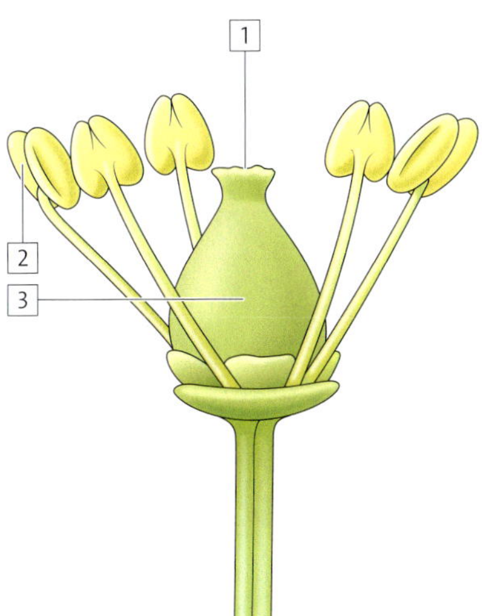

C2 Blüte der Weinrebe

Eine Winzerin hat eine süße, aber pilzanfällige Weinrebensorte und eine pilzresistente Sorte mit bitteren Trauben. Die Allele für bitter und pilzanfällig sind dominant.

1 Nenne die mit Zahlen gekennzeichneten Blütenbestandteile (► C2).

2 Erläutere anhand der Abbildung und mit Kreuzungsschemata, wie die Winzerin vorgehen muss, wenn sie eine süße, pilzresistente Traubensorte züchten möchte.

Material D Rückkreuzung

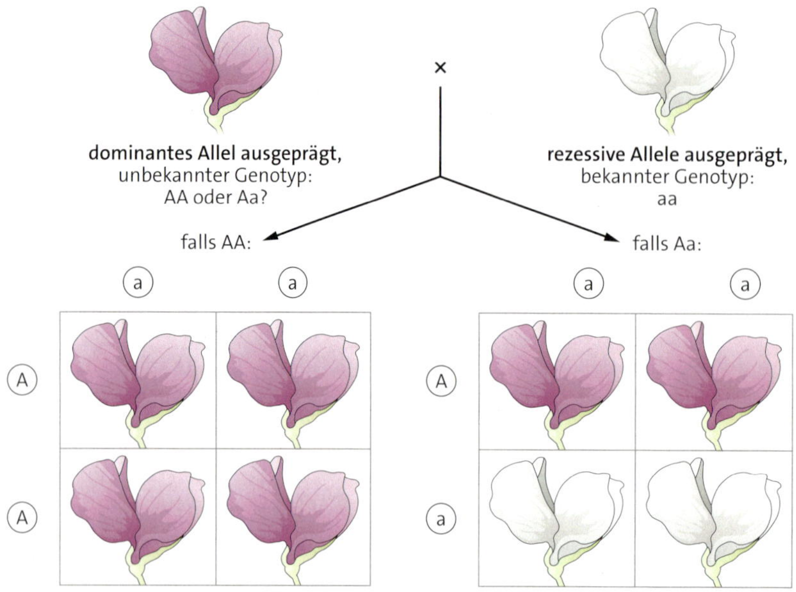

Bei Hybriden wie den violett blühenden Erbsenpflanzen kann man nicht vom Phänotyp auf den Genotyp schließen. Durch eine Rückkreuzung mit dem rezessiven Elternteil lässt sich der Genotyp ermitteln. Daher wird sie auch als *Testkreuzung* bezeichnet.

1 Erläutere, weshalb die Versuchsergebnisse eine Aussage über den Genotyp einer violett blühenden Erbsenpflanze erlauben.

2 Erkläre, weshalb die Rückkreuzung mit einem reinerbig dominanten Elternteil keine Aussage über den Genotyp erlaubt.

3 Die Testkreuzung ist auch mit einem heterozygoten Partner möglich. Begründe mithilfe von Kreuzungsschemata, weshalb diese Kreuzung als Testkreuzung weniger geeignet ist.

Material E Dihybrider Erbgang bei Meerschweinchen

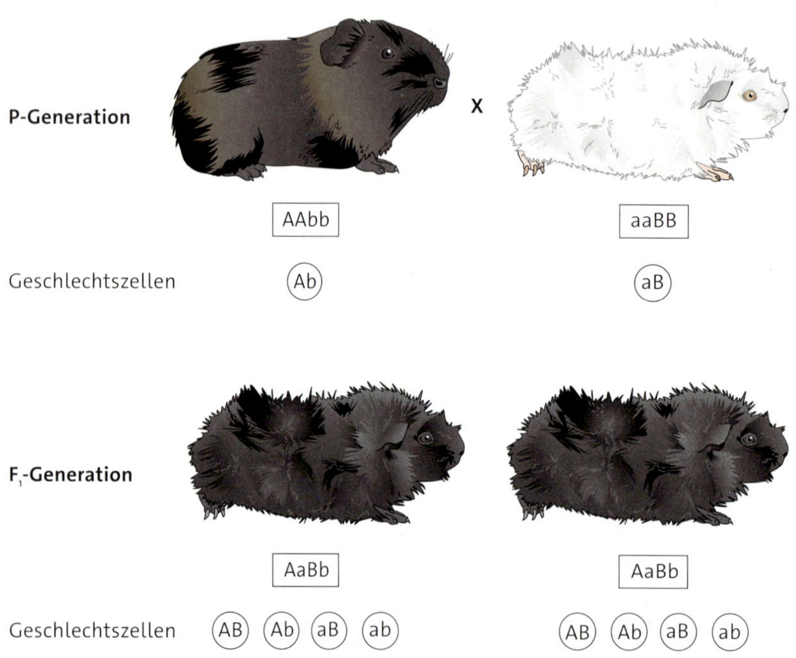

In einer dihybriden Kreuzung wurden reinerbig schwarze, glatthaarige mit reinerbig weißen, wirbelhaarigen Meerschweinchen gekreuzt.

1 Begründe anhand von Kreuzungsschemata, welche Genotypen der P-Generation vorliegen müssten, damit erst in der F_2-Generation neue Merkmalskombinationen entstehen.

2 Mithilfe von Testkreuzungen sucht ein Zuchtverein unter den Individuen der F_2-Generation reinerbig schwarze, wirbelhaarige Tiere. Entwirf entsprechende Kreuzungsschemata und begründe deinen Vorschlag.

Material F Vererbung der Fellfarbe bei Mäusen

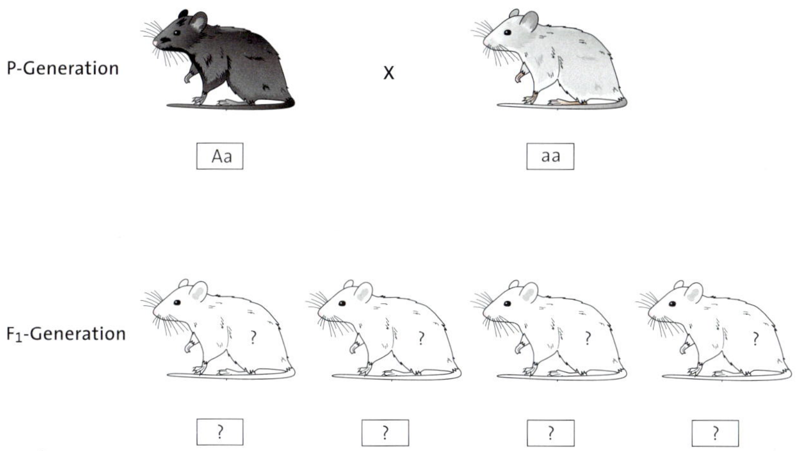

Es werden Mäuse gekreuzt, die sich in ihrer Fellfarbe unterscheiden. Der Erbgang ist dominant-rezessiv.

1 ▢ Übertrage das Schema in dein Biologieheft und vervollständige die fehlenden Phäno- und Genotypen.

2 ◪ Begründe, welche der Mendel'schen Regeln erfüllt werden.

Material G Kreuzungsversuche bei Taufliegen

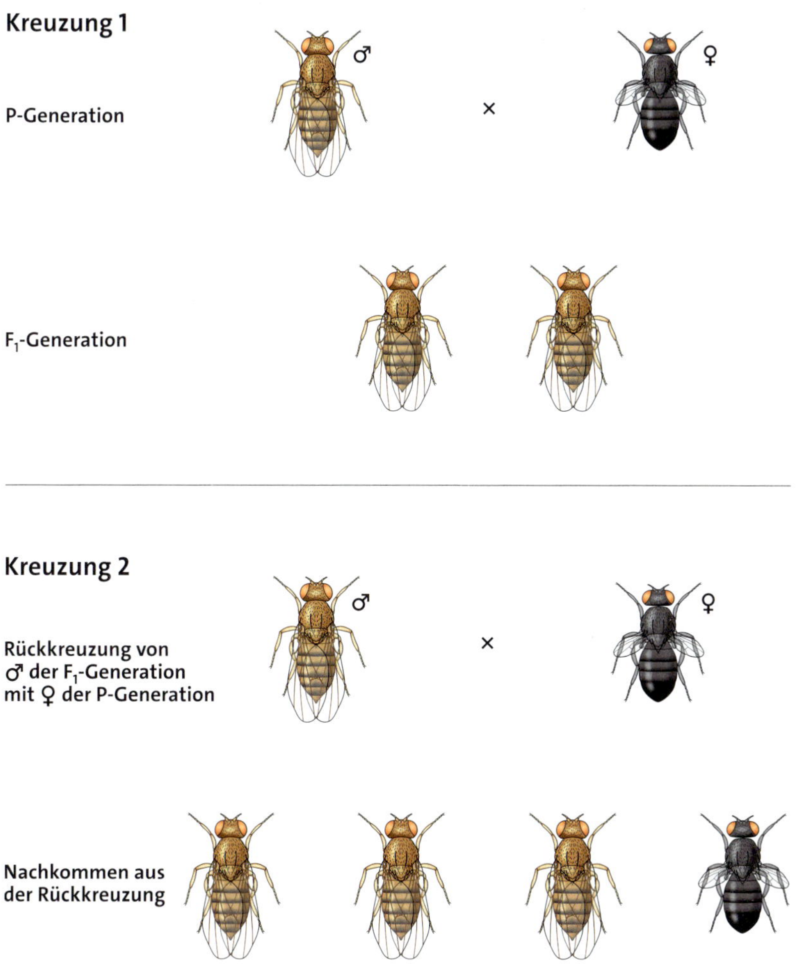

Der Genetiker Thomas H. Morgan führte Kreuzungsversuche an Taufliegen durch. Diese Tiere sind als Versuchsobjekte besonders geeignet, weil sie viele Nachkommen in kurzer Zeit hervorbringen.
Bei einer seiner Kreuzungen, der Kreuzung 1, bestand die P-Generation aus reinerbig braun-grauen, normalflügligen und aus schwarzen, stummelflügligen Taufliegen.
In der Kreuzung 2 kreuzte Morgan Männchen (♂) der F_1-Generation mit Weibchen (♀) der P-Generation.

1 ◪ Erkläre, weshalb eine hohe Nachkommenanzahl und eine kurze Entwicklungsdauer der Lebewesen vorteilhaft für Kreuzungsversuche sind.

2 ◪ Erkläre, weshalb das Ergebnis der Kreuzung 2 überraschend war.

3 ◪ Stelle eine Hypothese auf, die das Ergebnis der Kreuzung 2 erklärt.

Stammbäume lesen und auswerten

Die Vererbung beim Menschen zu untersuchen ist schwierig. Aus ethischen Gründen verbieten sich Kreuzungsversuche. Die geringe Anzahl der Nachkommen und die lange Generationenfolge erschweren eine Auswertung. Erbgänge beim Menschen werden daher zum Beispiel mit der Stammbaumanalyse erforscht. Hier erfährst du, wie du Stammbäume auswerten kannst.

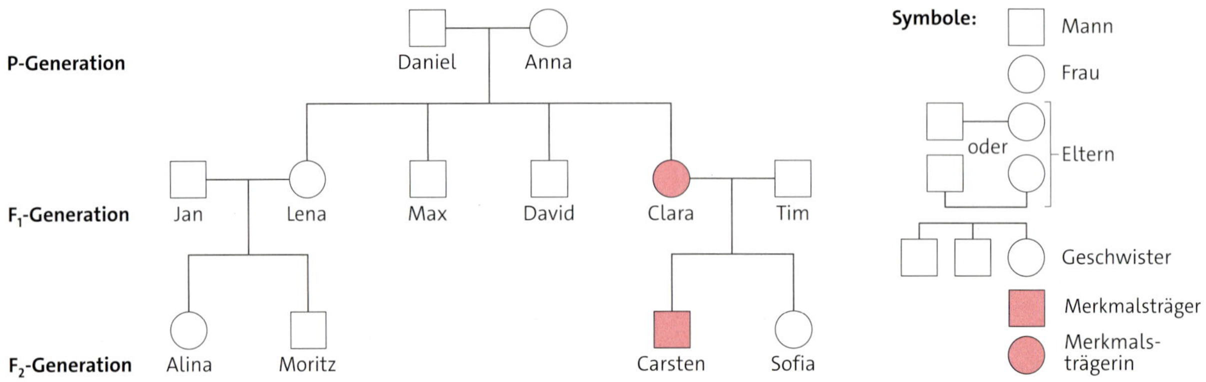

1 Stammbaum Lactoseintoleranz (links) und Stammbaumsymbole (rechts)

1 Überprüfe zunächst, ob es sich um einen dominanten oder rezessiven Erbgang handelt.
Im Stammbaum (▶1) sind Anna und Daniel keine **Merkmalsträger**. Ihre Tochter Clara hat aber eine Lactoseintoleranz. Ein dominanter Erbgang kann ausgeschlossen werden. Sonst müsste eines der Elternteile das dominante Allel ebenfalls besitzen und weitergeben können. Es handelt sich also um einen **rezessiven Erbgang**. Darauf deutet auch hin, dass das Merkmal im Stammbaum relativ selten vorkommt.
Wenn das Merkmal in jeder Generation auftritt, lässt das einen **dominanten Erbgang** vermuten. Zu erkennen ist dieser Erbgang, wenn Merkmalsträger Kinder haben, die nicht Merkmalsträger sind. Wenn beide Eltern heterozygot Aa sind, können ihre Kinder den Genotyp aa besitzen, ebenso wenn ein Elternteil den Genotyp Aa hat und der andere Elternteil den Genotyp aa.

2 Prüfe, wie häufig das Merkmal bei beiden Geschlechtern vorkommt. Tritt das Merkmal bei Männern und Frauen etwa gleich häufig auf, liegt das entsprechende Allel vermutlich auf einem Autosom. Es handelt sich um einen **autosomalen Erbgang**. Zeigt sich das untersuchte Merkmal gehäuft oder ausschließlich bei einem der beiden Geschlechter, liegt das Allel auf einem Gonosom. Man spricht von einem **gonosomalen Erbgang**. Bei Männern kommt ein solches Allel nur einmal vor, entweder auf dem X- oder Y-Chromosom, das heißt, auch ein rezessiv vererbtes Merkmal wird bei Männern immer ausgeprägt. Heterozygote Frauen sind bei einem gonosomal-rezessiven Erbgang keine Merkmalsträgerinnen. Man bezeichnet sie als **Konduktorinnen**, also Überträgerinnen: Ihre Söhne sind mit 50-prozentiger Wahrscheinlichkeit Merkmalsträger.
Um welchen Erbgang es sich hier handelt, lässt sich eindeutig an Daniel und seiner Tochter Clara festmachen. Läge hier ein gonosomaler Erbgang vor, müsste Daniel Merkmalsträger sein. Rezessiv ist der Erbgang, weil Daniel und Anna keine Merkmalsträger sind, ihr Kind Clara aber das Merkmal trägt. Somit beruht die Merkmalsausprägung Lactoseintoleranz auf einem **autosomal-rezessiven Erbgang**.

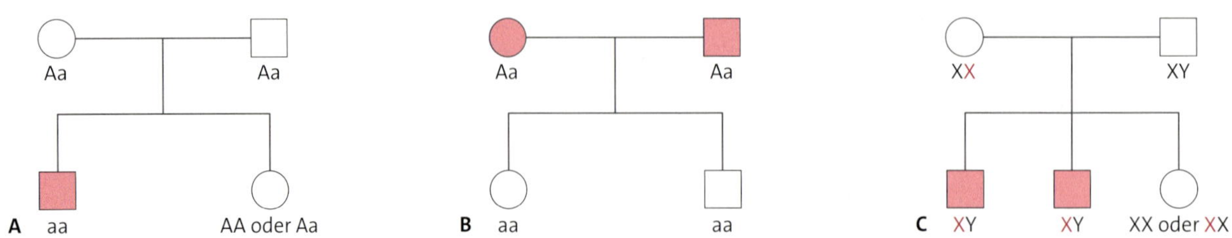

2 Erbgänge (Auswahl): **A** autosomal-rezessiv, **B** autosomal-dominant, **C** X-gonosomal-rezessiv

Material A Stammbaumanalyse

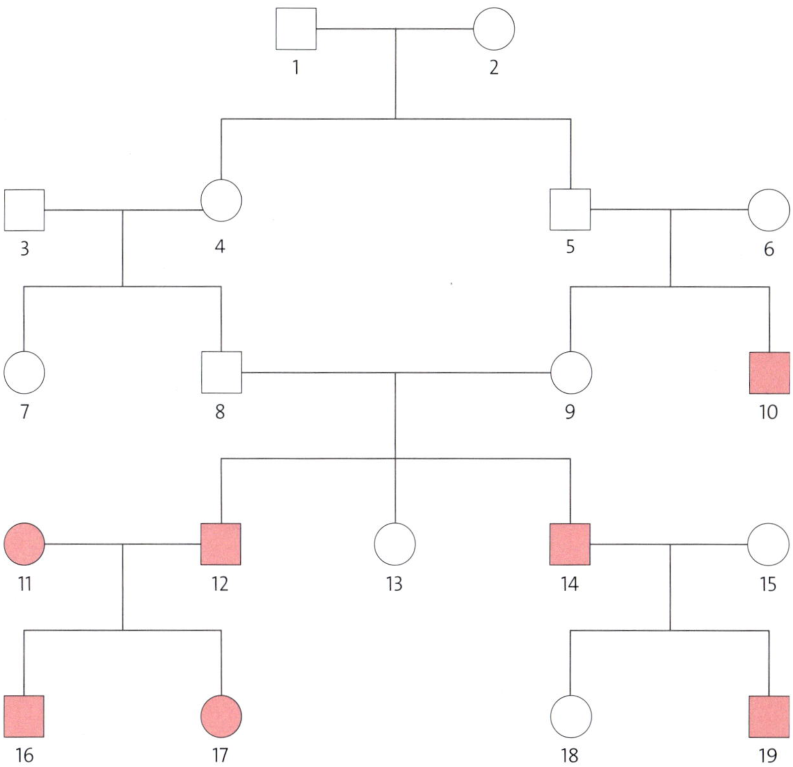

1 Übertrage den Stammbaum in dein Heft. Begründe mit Beispielen aus dem Stammbaum, ob es sich hier um einen autosomal-rezessiven oder autosomal-dominanten Erbgang handelt.

2 Nenne die möglichen Genotypen der Personen 1, 2, 4, 5, 8, 9, 12, 15 und 18.

3 Begründe, mit welcher Wahrscheinlichkeit ein Kind der Personen 16 und 18 Merkmalsträger ist.

4 Erkläre, weshalb die Merkmalsträger nach der dritten Generation gehäuft auftreten.

5 Erstelle ein Glossar mit folgenden Begriffen: reinerbig, dominant, rezessiv, F_1-Generation, Gen, Allel, Genotyp, Phänotyp.

Material B Stammbaumvergleich

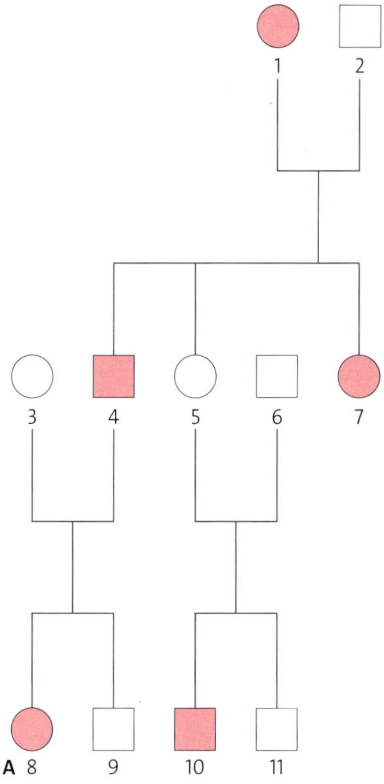

A

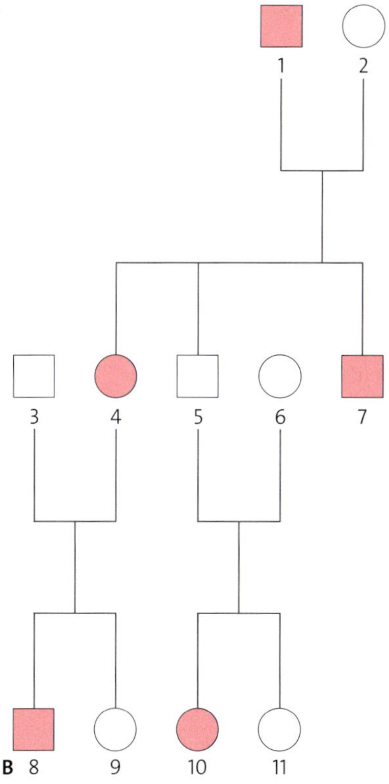

B

1 Begründe, ob der Stammbaum A einen dominanten oder rezessiven, autosomalen oder gonosomalen Erbgang abbildet.

2 Nenne zu allen Personen des Stammbaums A die möglichen Genotypen.

3 Im Rahmen theoretischer Überlegungen wurde durch Vertauschen der Geschlechter aus Stammbaum A der Stammbaum B erstellt.
Begründe, ob deine Analyse von Stammbaum A auch für den Stammbaum B zutrifft.

2.7 Genetik der Blutgruppen

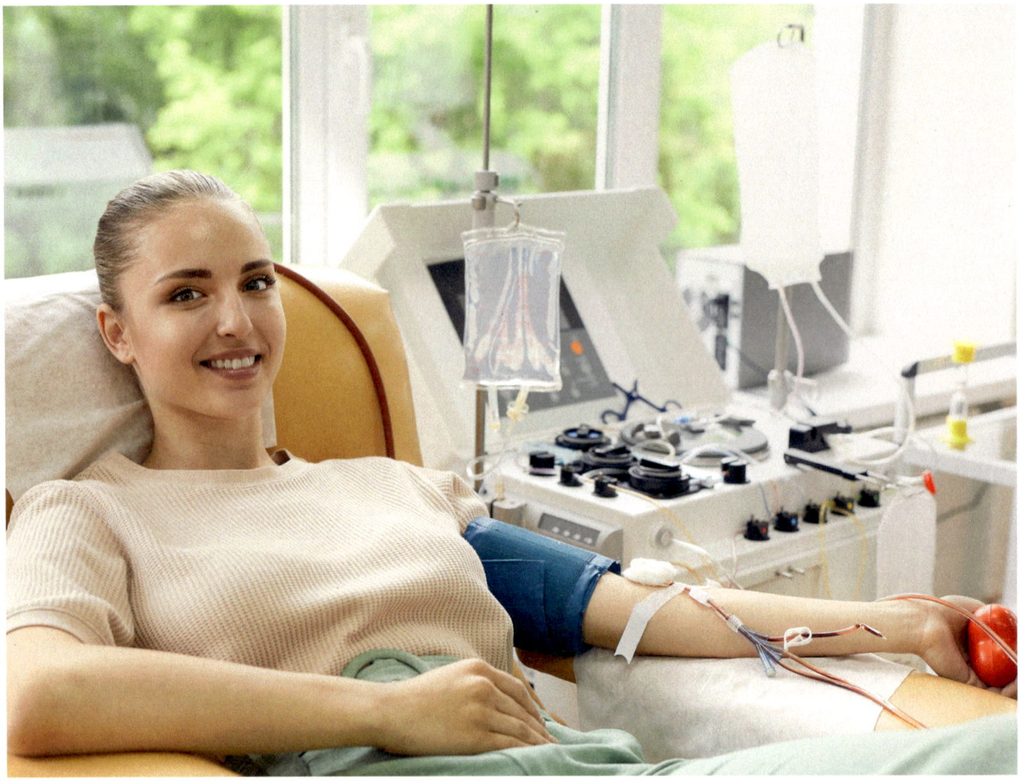

1 Junge Frau bei der Blutspende

Verlieren Kinder bei einem Unfall oder einer schweren Operation viel Blut, fehlen die roten Blutzellen für den Transport des lebensnotwendigen Sauerstoffs. Bei großem Blutverlust wird deshalb Blut übertragen. Dabei erhält ein Kind immer Blut seiner eigenen Blutgruppe. Warum kommen die Eltern oder die Geschwister nicht immer als Spender infrage?

ABO-System • Die Blutgruppe eines Menschen wird durch die Oberfläche der roten Blutzellen, der Erythrozyten, bestimmt. Im Fall der vier Blutgruppen A, B, AB und 0 befinden sich auf der Außenseite der Erythrozyten unterschiedliche Kohlenhydrate, die aus der Zellmembran herausragen. Das Gen für den Aufbau der jeweiligen Kohlenhydrate liegt als drei mögliche Allele vor. Es sind die Allele A, B und 0. Daher wird dieses Blutgruppensystem als **AB0-System** bezeichnet. Da hier von einem Gen mehr als zwei Allele vorliegen, spricht man von **multipler Allelie**.

Bei der Befruchtung einer Eizelle erfolgt die Kombination der Allele nach dem Zufallsprinzip. Je nach Kombination wird eine der vier Blutgruppen A, B, AB oder 0 phänotypisch ausgebildet. Nach welchen Regeln werden die Blutgruppenallele vererbt?

Durch die Auswertung von Familienstammbäumen wurde ermittelt, dass die Allele A und B gegenüber dem Allel 0 dominant sind. Demnach gibt es für die Blutgruppen A und B jeweils zwei mögliche Genotypen: Ein Mensch mit der Blutgruppe A kann den Genotyp AA oder A0 besitzen. Entsprechend verhält es sich bei der Blutgruppe B, auch hier können die Allele entweder homozygot als BB oder heterozygot als B0 vorliegen.

Die Blutgruppe AB kommt dadurch zustande, dass die Allele A und B gleichermaßen ausgeprägt werden, sie sind damit beide dominant. Dadurch werden auf der Oberfläche der Erythrozyten die Kohlenhydrate für die Blutgruppen A und B phänotypisch ausgeprägt.

Eine Vererbung, bei der zwei Allele eines Gens sich gleichermaßen phänotypisch auswirken, bezeichnet man als **kodominant.**

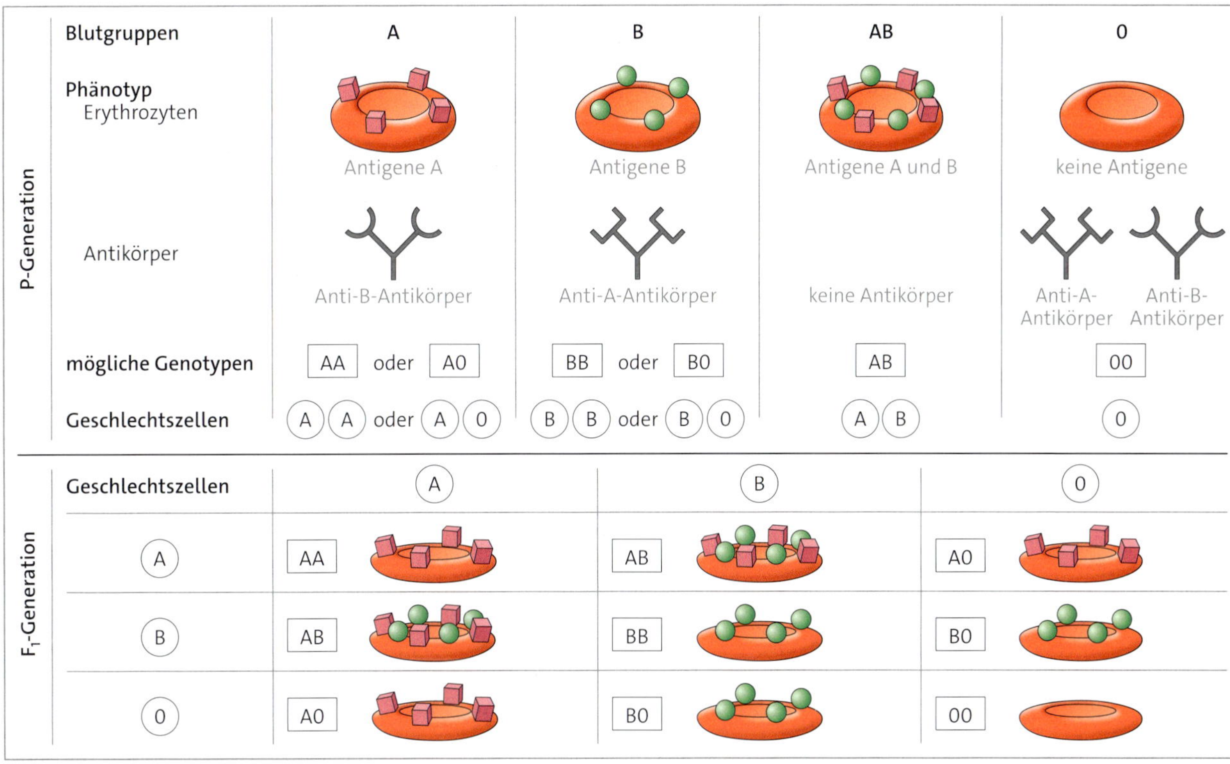

2 Vererbung der Blutgruppen des AB0-Systems

Die Blutgruppe 0 kann dagegen nur in Erscheinung treten, wenn die beiden rezessiven Allele homozygot vorliegen. Die Ursache für die unterschiedlichen Blutgruppen beim Menschen ist also genetisch bedingt. Die zugehörigen Allele werden nach den Mendel'schen Regeln vererbt.

Die Blutgruppe eines Menschen bleibt ein Leben lang unverändert, da sie nicht durch die Umwelt beeinflussbar ist. Die Häufigkeit der verschiedenen Blutgruppen in der Bevölkerung ist je nach Region auf der Erde unterschiedlich.

Bedeutung des AB0-Systems • Die Oberflächenstrukturen auf den Erythrozyten wirken als **Antigene**. Im Blutserum der Blutgruppe A befinden sich Antikörper gegen die Antigene der Blutgruppe B. Das Blutserum der Blutgruppe B enthält dagegen Antikörper gegen das Antigen der Blutgruppe A. Das Blutserum der Blutgruppe 0 enthält Antikörper gegen die Antigene A und B, während sich im Blutserum der Blutgruppe AB keine Antikörper gegen die Antigene A und B befinden.

Vor der Entdeckung des AB0-Systems verliefen viele Bluttransfusionen tödlich. Bei der Vermischung unterschiedlicher Blutgruppen kann es zu heftigen **Antigen-Antikörper-Reaktionen** kommen und damit zu einer Verklumpung der Erythrozyten im Körper. Die verklumpten Erythrozyten können Blutgefäße verstopfen und transportieren keinen Sauerstoff mehr. Vor jeder Blutübertragung muss daher heute zuerst die Blutgruppe bestimmt werden.

Das AB0-System kann auch bei Verwandtschaftsuntersuchungen herangezogen werden. Hat ein Kind die Blutgruppe AB, kann es zum Beispiel keinen Vater mit der Blutgruppe 0 haben, da er nur das rezessive Allel 0 weitervererben kann, das Kind jedoch die Allele A und B besitzt. Mithilfe des AB0-Systems kann man Verwandtschaft nur ausschließen, nicht aber nachweisen.

1 ▢ Nenne die möglichen Genotypen der Blutgruppen A, B, AB und 0.

Blutgruppen	
A	43 %
B	11 %
AB	5 %
0	41 %

3 Häufigkeit der Blutgruppen in Deutschland

Rhesussystem • Auch nachdem das AB0-System bereits bekannt war, kam es immer wieder zu Verklumpungen bei Bluttransfusionen. 1940 entdeckte man an der Erythrozytenmembran von Rhesusaffen ein Protein, das auch beim Menschen für die Verklumpung verantwortlich war. Dieses Protein wurde daher als **Rhesusfaktor** bezeichnet. Das zugrunde liegende Gen liegt als Allel D oder d vor.

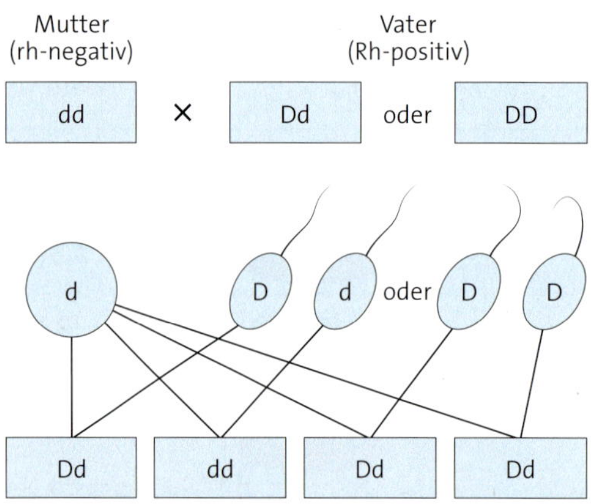

1 Vererbung des Rhesusfaktors

	Mutter	Vater
Phänotyp	B Rh^+	A Rh^+
Genotyp (Beispiel)	BBDd	A0Dd
Chromosomen	B B D d	A 0 D d

Vater \ Mutter	BD	Bd
AD	ABDD AB Rh^+	ABDd AB Rh^+
0D	B0DD B Rh^+	B0Dd B Rh^+
Ad	ABDd AB Rh^+	ABdd AB rh^-
0d	B0Dd B Rh^+	B0dd B rh^-

2 Kreuzungsschema für einen dihybriden Erbgang: AB0-System und Rhesussystem

Da das Gen für den Rhesusfaktor dominant vererbt wird, sind die meisten Europäer rhesuspositiv, abgekürzt Rh^+. Der Genotyp kann daher entweder homozygot, DD, oder heterozygot, Dd, sein. Nur etwa 15 Prozent der Europäer haben die rhesusnegative Blutgruppe, abgekürzt rh^-. Diese Menschen bilden das Protein nicht aus, da sie den homozygot rezessiven Genotyp dd besitzen.

Auswertungen von Stammbäumen haben gezeigt, dass die Gene des AB0-Systems und des Rhesussystems unabhängig voneinander vererbt werden wie in einem dihybriden Erbgang. Somit können die Gene nicht auf dem gleichen Chromosom liegen. Bei den Nachkommen können daher auch neue Merkmalskombinationen auftreten.
Dies kann man anhand eines Kreuzungsschemas nachvollziehen (▶2). Hat eine Mutter zum Beispiel den Genotyp BBDd und der Vater den Genotyp A0Dd, kann der Vater die vier Geschlechtszellen AD, 0D, Ad und 0d bilden und die Frau BD und Bd. Bei der Befruchtung können zufällig die Allele Ad und Bd aufeinandertreffen. Das Kind hat mit seiner Blutgruppe AB rhesusnegativ eine neue Merkmalskombination und damit eine andere Blutgruppe als seine Eltern. Die Eltern sind beide rhesuspositiv und haben die Blutgruppe A beziehungsweise B. Sie kommen daher für ihr Kind als Blutspender nicht infrage.

Im Unterschied zum AB0-System enthält das Blutserum des Rhesussystems keine Anti-D-Antikörper. Beim Rhesussystem werden die Antikörper gegen das Antigen D erst gebildet, wenn ein Mensch mit rhesusnegativem Blut in Kontakt mit dem Rhesusfaktor kommt. Erhält diese Person bei einer zweiten Bluttransfusion wieder rhesuspositives Blut, reagiert das Immunsystem sofort: Die Anti-D-Antikörper binden an die Antigene, also die Proteine der Membran, und verklumpen so die Erythrozyten. Das kann für die Betroffenen lebensbedrohend werden. Vor einer Bluttransfusion muss daher immer die Blutgruppenverträglichkeit untersucht werden.

1 Nenne Gemeinsamkeiten und Unterschiede des AB0- und des Rhesussystems.

Material A Blutgruppen von Eltern und Kindern

	Eltern	Blutgruppe
I	Vater	A / rh⁻
	Mutter	B / rh⁻
II	Vater	AB / Rh⁺
	Mutter	B / Rh⁺
III	Vater	0 / rh⁻
	Mutter	0 / Rh⁺

Kinder	Blutgruppe
Darya	0 / Rh⁺
Marco	B / rh⁻
Emily	AB / Rh⁺
Anna	B / Rh⁺
Aylin	A / rh⁻
Levian	0 / rh⁻

Da die Vererbung der Allele für die Blutgruppen nach den Mendel'schen Regeln erfolgt, lassen sich Eltern und Kinder anhand ihrer Blutgruppen teilweise zuordnen.

1 ◪ Begründe mithilfe von Kreuzungsschemata, welche Kinder sich welchen Eltern zuordnen lassen.

2 ◪ Nenne die Kinder, die nur einem Elternpaar zugeordnet werden können.

Material B Stammbaumanalyse

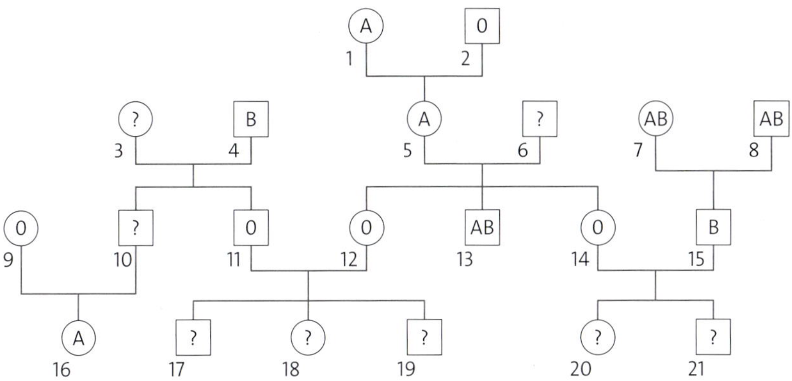

Im Stammbaumschema sind mit den Symbolen A, B und 0 die Blutgruppen der Personen eingetragen.

1 ☐ Nenne die im Stammbaum nicht angegebenen Blutgruppen.

2 ◪ Begründe mithilfe eines Kreuzungsschemas, mit welcher Wahrscheinlichkeit ein zweites Kind der Eltern 7 und 8 die Blutgruppe B haben könnte.

Material C Rhesusunverträglichkeit

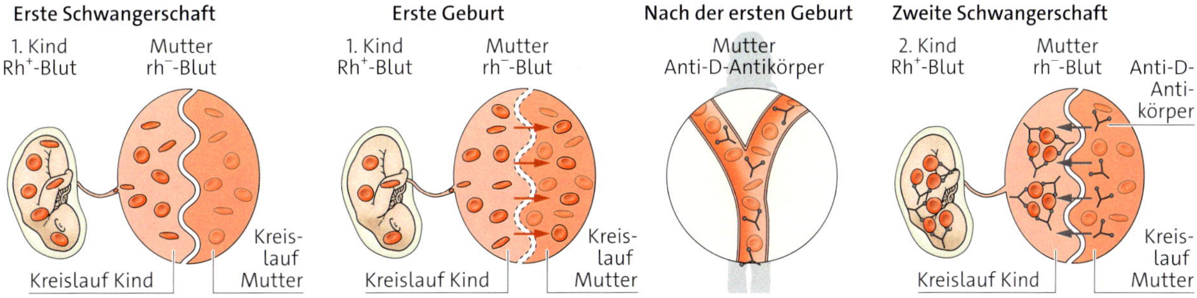

Menschen mit rhesusnegativem Blut bilden Anti-D-Antikörper, wenn sie in Kontakt mit rhesuspositivem Blut kommen. Diese als Rhesusunverträglichkeit bezeichnete Reaktion kann bei Bluttransfusionen, Organtransplantationen und bei der Geburt auftreten.

1 ☐ Beschreibe, wie es bei einer Schwangerschaft zur Rhesusunverträglichkeit kommen kann.

2 ◪ Nenne die Folgen für das Kind.

3 ■ Erkläre, weshalb man einer rhesusnegativen Mutter nach der Geburt eines rhesuspositiven Kindes Anti-D-Antikörper spritzt.

2.8 Genmutationen

1 An Mukoviszidose erkrankte Mädchen

Der Tagesablauf der beiden Mädchen unterscheidet sich von dem der meisten Menschen. Mehrfach am Tag sind besondere Therapiemaßnahmen erforderlich, zum Beispiel Inhalieren. Warum können mit diesen Maßnahmen die Symptome der Mukoviszidose nur gelindert, aber nicht geheilt werden?

lateinisch *mucus* = Schleim
lateinisch *viscidus* = zähflüssig

Mukoviszidose • Eine häufige angeborene Stoffwechselkrankheiten ist die Mukoviszidose. Die Erkrankungsquote bei Neugeborenen liegt bei 1:2000.
In Deutschland sind mehr als 8000 Menschen von dieser Krankheit betroffen. Bei den an Mukoviszidose Erkrankten bildet sich zäher Schleim im Schleimhautgewebe vieler Organe wie der Lunge, dem Darm, der Bauchspeicheldrüse und in den Geschlechtsorganen. Es kommt zu Verstopfungen der Drüsenzellen. Quälender Husten, schwere Lungenentzündungen, Atemnot und starke Verdauungsstörungen sind die Folgen. Bei männlichen Patienten können die Spermienleiter blockiert werden, sie sind dann zeugungsunfähig.

Da bei der Mukoviszidose gleich mehrere Organe stark geschädigt werden, sind die Therapiemaßnahmen vielfältig. Um den klebrigen Schleim in der Lunge aufzuweichen, müssen die Patientinnen und Patienten mehrfach am Tag Kochsalzlösung inhalieren und spezielle Atemübungen sowie Krankengymnastik machen. Damit kann der Schleim wenigstens zum Teil abgehustet werden. Ausreichend Bewegung und Sport sind besonders wichtig und können das Wohlbefinden der Betroffenen verbessern. Die tägliche Einnahme von Antibiotika kann das Risiko von Entzündungen verringern. Zusätzlich gleichen eine besondere Ernährung und Medikamente mit Verdauungsenzymen die Mangelerscheinungen aus, die durch Verdauungsstörungen auftreten. Inzwischen gibt es auch Medikamente, die die Ursachen der Symptome direkt bekämpfen.

Durch die therapeutischen Maßnahmen kann die Lebenserwartung der Patientinnen und Patienten deutlich erhöht werden. Früher starben die Betroffenen schon im Jugendalter. Eine Heilung der Mukoviszidose ist jedoch noch nicht möglich, da die Ursache dieser Krankheit auf einer Veränderung der DNA, einer **Mutation,** beruht.

Genmutation • Es gibt viele Mutationen, die zu unterschiedlich schweren Formen der Mukoviszidose führen. Die häufigste Mutation ist der Verlust von drei aufeinanderfolgenden Basen innerhalb eines Gens. Dieses Gen enthält die Informationen für den Bau eines wichtigen Proteins, eines Enzyms. Da das Gen aufgrund der Mutation fehlerhaft ist, kann das Enzym nicht richtig zusammengebaut werden. Es kann daher seine Funktion nicht erfüllen. Eine Veränderung der Basensequenz eines Gens heißt **Genmutation.** Diese Veränderung auf der molekularen Ebene hat Auswirkungen auf die zelluläre Ebene.
Das Protein, das bei Menschen mit Mukoviszidose verändert ist, befindet sich in der Zellmembran von Schleimhautzellen. Die Veränderung des Enzyms bewirkt, dass nicht mehr genügend Wasser aus der Zelle austreten kann. Durch den Mangel an Wasser verdünnt sich der Schleim nicht. Das hat Folgen auf der Gewebe- und Organebene. Der zähflüssige Schleim legt sich über die Schleimhäute. In der Lunge ist dadurch zum Beispiel die Atmung stark beeinträchtigt.

Erbgang • Tritt eine Genmutation in den Geschlechtszellen auf, die zur Befruchtung gelangen, sind alle Körperzellen des Kindes genetisch verändert. Führt dies zu einem erkennbaren Defekt beim Phänotyp, spricht man von einer genetisch bedingten Krankheit oder **Erbkrankheit.**

Wenn Menschen bezüglich dieses Gens heterozygot veranlagt sind, bricht die Krankheit nicht aus. Da noch ein unverändertes Allel vorhanden ist, kann ausreichend Wasser durch die Membran austreten. Mukoviszidose tritt nur auf, wenn beide Allele verändert sind, also bei homozygotem Genotyp. Es liegt ein autosomal-rezessiver Erbgang vor. Kinder von gesunden, heterozygoten Eltern haben daher ein Erkrankungsrisiko von 25 Prozent.

Um herauszufinden, ob jemand bezüglich der Mukoviszidose heterozygot veranlagt ist, kann man den Salzgehalt im Schweiß testen. Die ausgeschwitzte Flüssigkeit ist selbst bei heterozygoter Veranlagung salzhaltiger als im Normalfall.

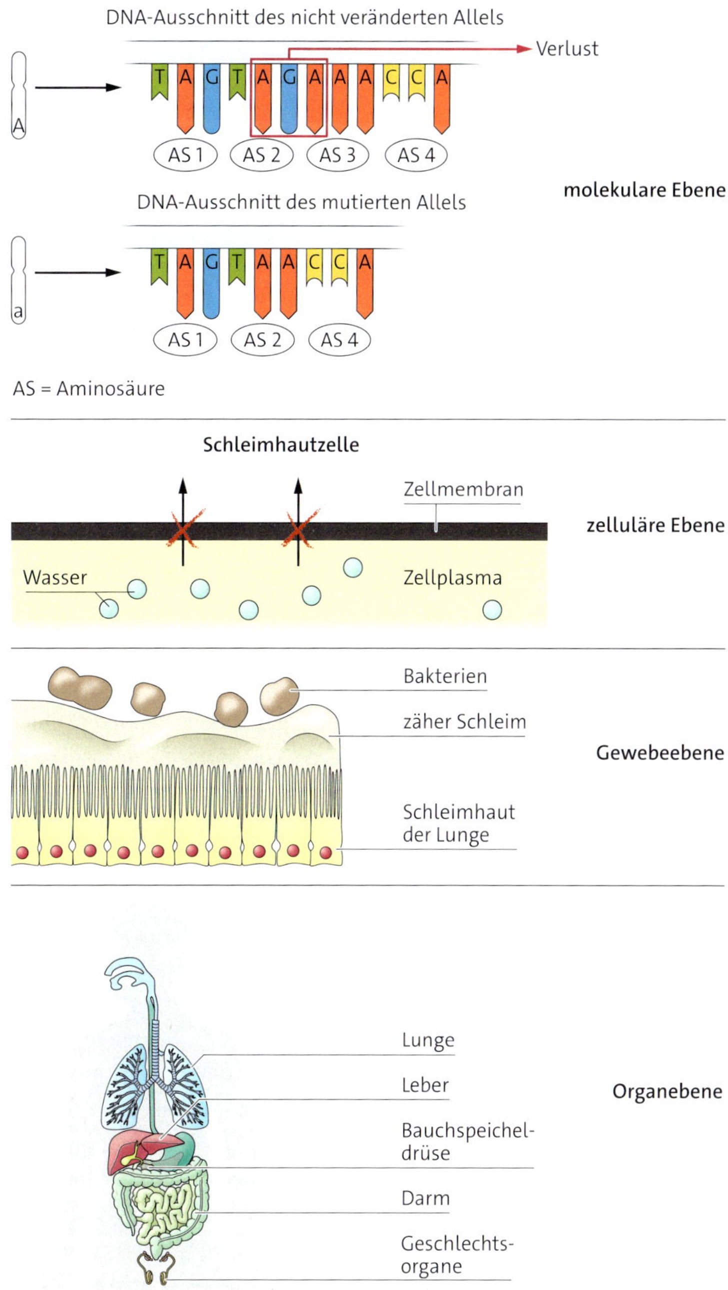

2 Auswirkungen einer Genmutation bei Mukoviszidose

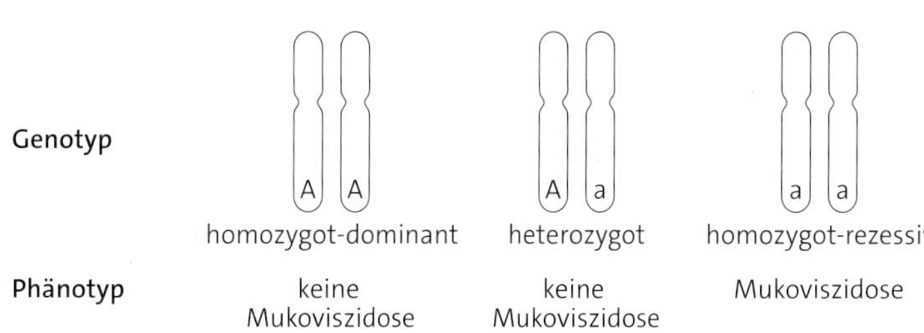

3 Chromosomen mit Allelkombinationen

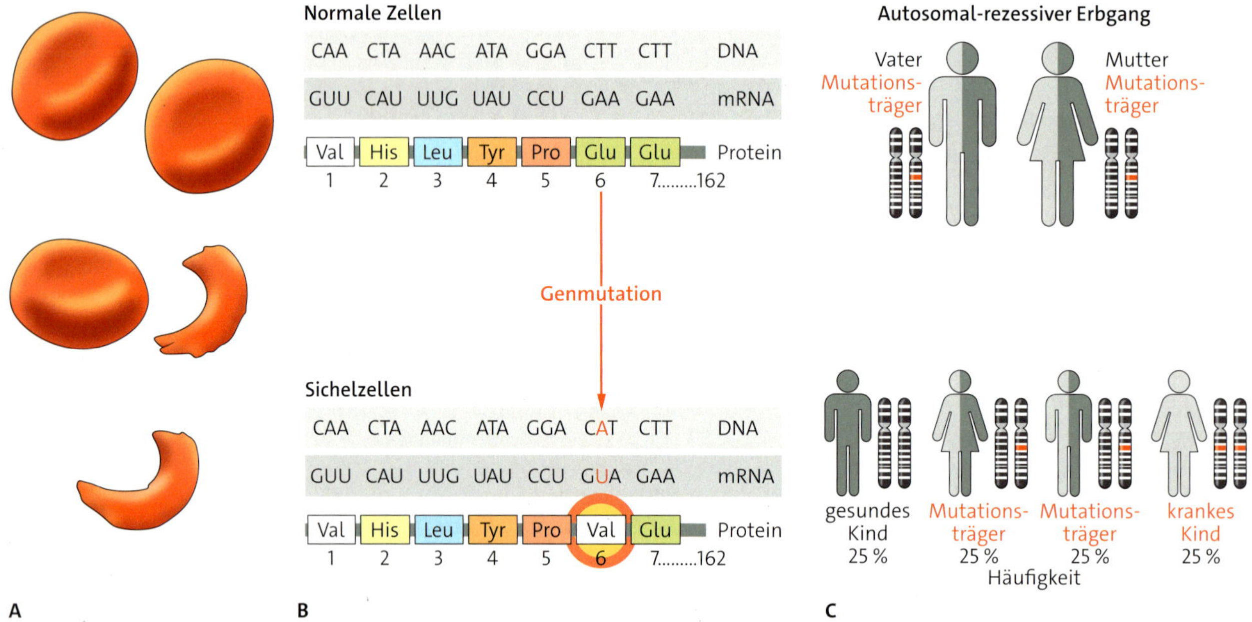

1 Sichelzellenanämie: A Phänotyp, B Genotyp, C Erbgang

lateinisch *mutare* = ändern
lateinisch *genere* = erzeugen

Sichelzellenanämie • Ein noch kleinerer Fehler in der DNA als bei der Genmutation der Mukoviszidose führt zu einer Veränderung der Erythrozyten. Die Ursache liegt im Austausch einer einzigen Base im Hämoglobin-Gen. Bei der Verdopplung der DNA wird an einer bestimmten Stelle statt Thymin die Base Adenin eingebaut. Dieser Austausch verändert den roten Blutfarbstoff Hämoglobin derart, dass im sauerstoffarmen Blut die Erythrozyten sichelförmige Gestalt annehmen. Im Vergleich zu normalen Erythrozyten sind diese Sichelzellen starr. Dadurch verhaken sie sich im Blut miteinander und verstopfen die Kapillaren. Zudem sind sie weniger stabil, zerbrechen leicht im Blutstrom und werden schneller abgebaut. Das führt zur Blutarmut, der Anämie. Man nennt diese Erbkrankheit daher **Sichelzellenanämie.**

Das Gen für Sichelzellenanämie wird autosomal-rezessiv vererbt. Bei homozygotem Genotyp hat sie schwerwiegende Folgen für alle Organe, da diese nicht ausreichend mit Sauerstoff versorgt werden. Herz- und Nierenversagen, Gehirnschäden und Lähmungen führen zu einem frühzeitigen Tod der Betroffenen. Bei Personen mit heterozygotem Phänotyp sind die Krankheitserscheinungen weniger ausgeprägt.

Mutagene • Die Häufigkeit von Genmutationen kann durch einige physikalische und chemische Einflussfaktoren aus der Umwelt, die **Mutagene**, erhöht werden. UV-Strahlung, radioaktive Strahlung, Tabakrauch, Formalin oder anderen Chemikalien können vermehrt Genmutationen verursachen. Häufig bilden sich durch Einwirkung von Mutagenen auch Zellen, die sich unkontrolliert teilen, die **Krebszellen**.

Mutationen entstehen zufällig und es lässt sich nicht voraussagen, welches Gen wie verändert wird. Die meisten Schäden der DNA können durch ein DNA-Reparatursystem in den Zellen erkannt und behoben werden. Der Anteil der in einer bestimmten Zeit neu mutierten Zellen, die **Mutationsrate**, ist daher gering.

1 ☐ Definiere den Begriff Genmutation.

2 ☐ Beschreibe an einem Beispiel eine Genmutation und erläutere die Auswirkungen dieser Genmutation auf den Organismus.

3 ◪ Erkläre, wie man erkennen kann, dass Mukoviszidose autosomal-rezessiv vererbt wird.

Material A Genmutationen

nicht mutierte Gensequenz

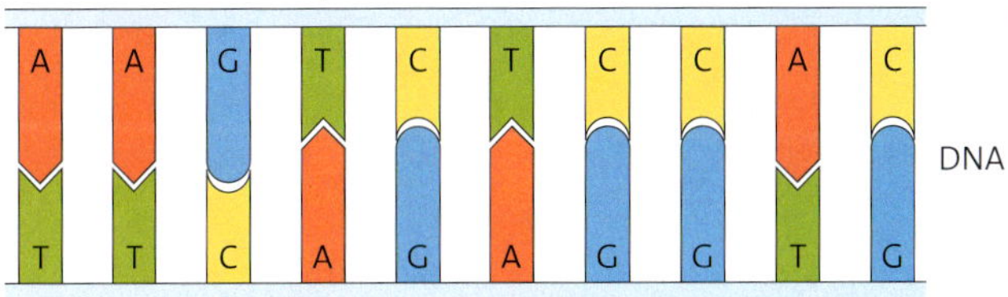

A

1.

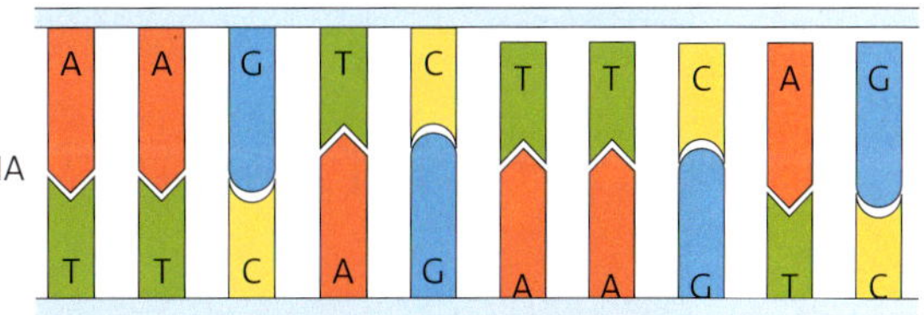

B

Leserichtung der DNA →

2.

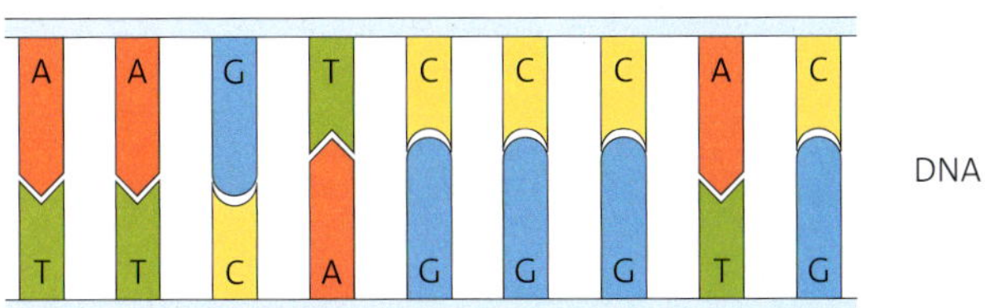

C

3.

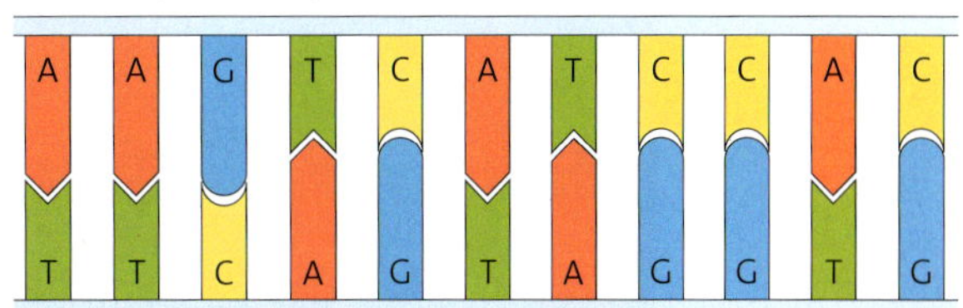

D

In den Abbildungen A–D sind schematisch eine nicht mutierte und drei mutierte DNA-Sequenzen dargestellt. Sie enthalten die Information für die Herstellung eines bestimmten Proteins.

1 ▢ Beschreibe, was jeweils bei den drei Mutationen passiert ist.

2 ◪ Erläutere mögliche Folgen der Mutationen für die herzustellenden Proteine.

Material B Blutgerinnung

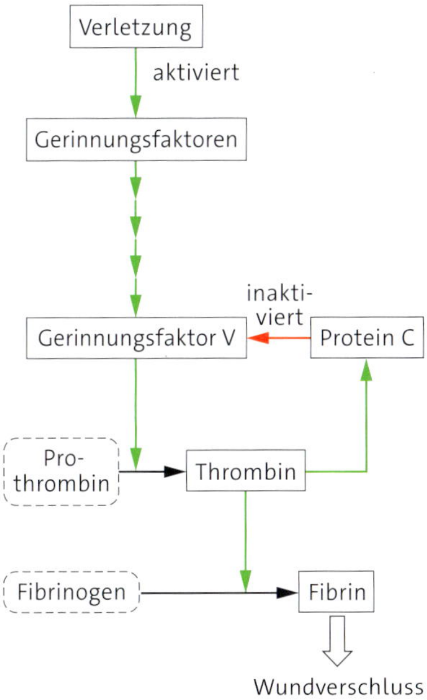

Die Blutgerinnung ist ein sehr komplexer Vorgang, der hier nur stark vereinfacht wiedergegeben ist: Nach einer Verletzung werden zunächst bestimmte Stoffe freigesetzt, die Gerinnungsfaktoren. Diese lösen eine Reaktionskette aus, an deren Ende die Bildung des fadenförmigen Fibrins aus der gelösten Vorstufe Fibrinogen steht. An der Reaktionskette sind insgesamt 13 verschiedene Gerinnungsfaktoren beteiligt, die nacheinander aktiviert werden. Das letztlich entstandene Fibrin zieht die Wunde zusammen und in ihm bleiben Blutzellen haften. Dadurch entsteht ein Pfropf, der die Wunde verschließt.

1 ◪ Beschreibe den Ablauf der Blutgerinnung.

2 ◪ Erkläre, welche Folgen auftreten, wenn ein Gerinnungsfaktor nicht oder nur unzureichend gebildet wird.

3 ◪ Stelle eine Vermutung an, weshalb es verschiedene genetisch bedingte Bluterkrankheiten gibt.

4 ■ Erkläre, welche Bedeutung die Inaktivierung von Gerinnungsfaktor V durch das vom Thrombin aktivierte Protein C hat.

5 ◪ Erläutere die doppelte Funktion von Thrombin.

2.9 Genommutationen

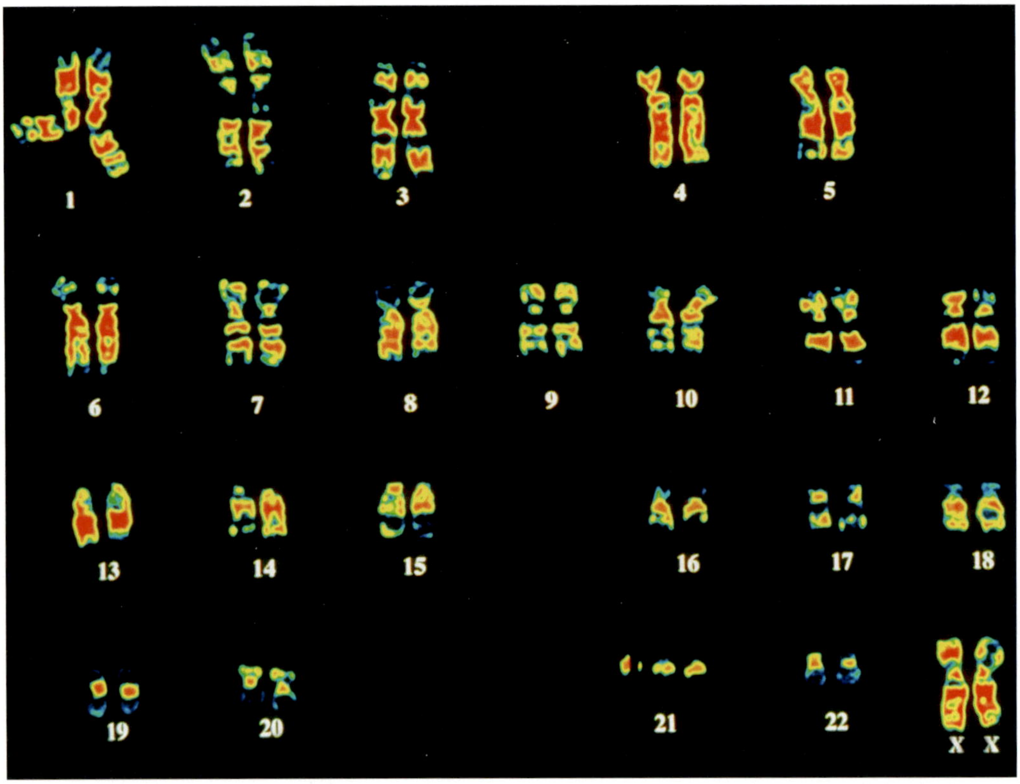

1 Karyogramm eines Menschen mit Trisomie 21

Es gibt Menschen, die das Chromsom 21 dreifach besitzen. Im Karyogramm wird das sichtbar. Wie entsteht diese Veränderung und wie wirkt sie sich auf den Menschen aus?

Trisomie 21 • Menschen mit einem überzähligen Chromosom 21 unterscheiden sich vom äußeren Erscheinungsbild nur wenig von Menschen mit einem normalen Chromosomensatz. Kennzeichen dieser als Trisomie 21 bezeichneten genetischen Veränderung können eine geringere Körpergröße, schmalere Augenspalten, eine flachere Nasenwurzel und ein rundliches Gesicht sein. Jedoch kommt es oft aufgrund des überzähligen Chromosoms 21 auch zu Fehlentwicklungen der inneren Organe. Herzfehler, Atemwegserkrankungen, Funktionsstörungen der Schilddrüse, Verdauungsstörungen und ein schwächeres Immunsystem sind häufige Symptome.

Ein Kennzeichen ist auch die unterschiedlich ausgeprägte Minderung der geistigen Fähigkeit, die aber durch früh einsetzende Förderung weitgehend ausgeglichen werden kann. Allerdings verfügen diese Menschen vielfach über besonders ausgeprägte soziale und emotionale Fähigkeiten.

Der englische Kinderarzt John Langdon-Down beschrieb 1860 als Erster die Merkmale der Trisomie 21. Deshalb wird diese typische Kombination von Merkmalen auch als **Down-Syndrom** bezeichnet.

Da die Funktionsstörungen der Organe heute gut behandelt werden können, konnte die Lebenserwartung der Menschen mit Trisomie 21 deutlich erhöht werden.

Anders verhält es sich bei den Trisomien 13 und 18, bei denen die Chromosomen 13 oder 18 dreifach vorhanden sind. In diesen Fällen werden die Neugeborenen nur wenige Monate alt, da die Fehlbildungen der Organe zu schwerwiegend sind.

Man vermutet, dass vor allem bei Trisomien der größeren Chromosomen die Entwicklung der Embryonen durch die überzähligen Gene so stark gestört ist, dass es schon zu einem sehr frühen Zeitpunkt zu Fehlgeburten kommt.

Genommutation • Die Ursache für die Trisomie 21 ist ein überzähliges Chromosom. Diese Abweichung kommt durch eine ungleichmäßige Verteilung der Chromosomen bei der Bildung der Geschlechtszellen zustande. Wenn sich zum Beispiel bei der Bildung der Eizelle während der ersten Reifeteilung der Meiose die beiden homologen Chromosomen 21 nicht trennen, entsteht eine Geschlechtszelle, die zwei Chromosomen 21 enthält. Bei der zweiten Reifeteilung kann die fehlerhafte Verteilung nicht korrigiert werden. In dieser Phase werden die Zwei-Chromatiden-Chromosomen in Ein-Chromatid-Chromosomen aufgetrennt. Die Zahl der Chromosomen bleibt in der zweiten Reifeteilung gleich. Bei einer späteren Befruchtung gelangt durch die haploide Spermienzelle das dritte Chromosom 21 in die Eizelle. Die Gesamtzahl der Chromosomen, das Genom, verändert sich dadurch. Deshalb spricht man von einer **Genommutation.**

Genommutationen können bei der Meiose entstehen und sind daher bei Spermienzellen und Eizellen gleichermaßen möglich. Dennoch steigt das Risiko einer Fehlverteilung der Chromosomen vor allem mit zunehmendem Alter der Mutter an. Das liegt daran, dass die Bildung der späteren Eizellen schon während der Embryonalentwicklung eines Mädchens beginnt. Mit steigendem Alter der Frau altern also auch ihre Eizellen und daher erhöht sich die Wahrscheinlichkeit einer fehlerhaft ablaufenden Meiose.

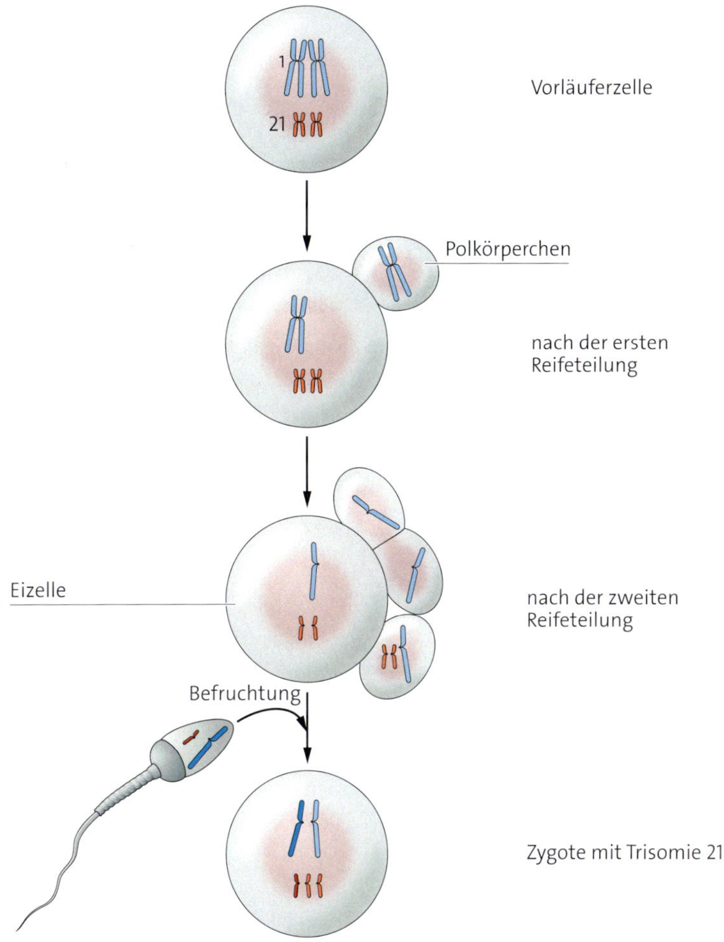

2 Entstehung von Trisomie 21 (▶)

Gonosomale Genommutation • Auch die Geschlechtschromosomen, die **Gonosomen**, können ungleich verteilt sein. Menschen mit dem Genotyp X0 fehlt das zweite X-Chromosom. Ihre Körpergröße ist etwas geringer als die durchschnittliche Größe bei Frauen, sie besitzen keine funktionsfähigen Eierstöcke und ihre sekundären Geschlechtsmerkmale sind wenig ausgeprägt. Man spricht von **Turner-Frauen**. Die phänotypische Beeinträchtigung kann jedoch individuell so unauffällig sein, dass erst mit Ausbleiben der Menstruation eine genetische Untersuchung vorgenommen wird.
Männer mit dem Genotyp Y0, also ohne X-Chromosom, gibt es nicht. Der Embryo kann sich nämlich nicht entwickeln. Dafür fehlen die zahlreichen Gene, die auf dem X-Chromosom liegen.
Trisomien der Gonosomen kommen bei beiden Geschlechtern vor. Frauen mit drei X-Chromosomen sind fruchtbar und in ihrem Körperbau meist unauffällig.
Bei Trisomien von Männern liegt entweder das X-Chromosom oder das Y-Chromosom zweifach vor. Die **Klinefelter-Männer** besitzen den Genotyp XXY. Sie haben lange Arme und Beine, eine hohe Stimme und einen geringen Bartwuchs. In ihren Hoden werden keine Spermienzellen gebildet. Männer mit zwei Y-Chromosomen sind in ihrem Aussehen unauffällig. Ihre Körpergröße liegt nur minimal über dem Durchschnitt und sie sind zeugungsfähig.

1 ☐ Definiere den Begriff Genommutation.

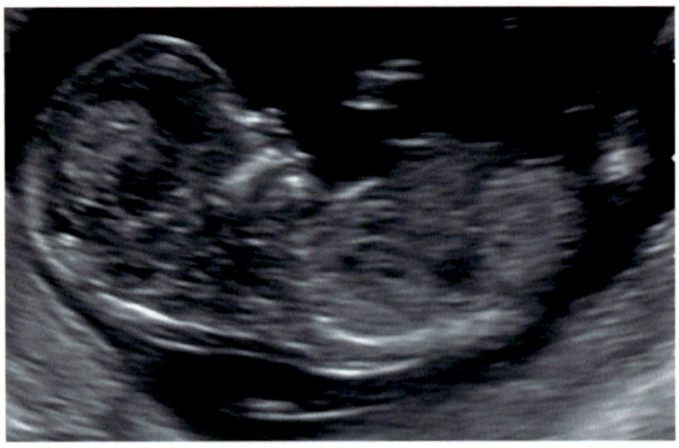

1 Ultraschallaufnahme in der 10. Schwangerschaftswoche

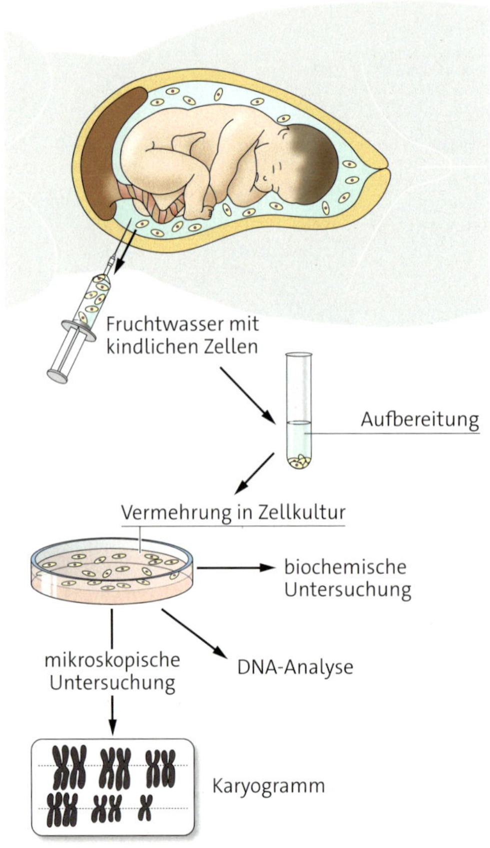

2 Fruchtwasseruntersuchung

Pränatale Diagnostik • Paare mit Kinderwunsch wenden sich häufig an eine genetische Beratungsstelle, wenn in ihren Familien gehäuft Erbkrankheiten aufgetreten sind. Hier kann dann über Familienstammbäume das Vererbungsrisiko ermittelt werden. Auch ältere Paare nehmen häufig die genetische Beratung in Anspruch. Bei ihnen ist aufgrund des höheren Alters mit einer größeren Wahrscheinlichkeit von Genommutationen bei ihren Kindern zu rechnen. In beiden Fällen werden die Ratsuchenden über vorgeburtliche Untersuchungsmethoden, die **pränatale Diagnostik,** sowie über die Bedeutung und die Konsequenzen eines Testergebnisses informiert. Das Ziel einer genetischen Beratung ist, den Paaren zu helfen, eine eigenverantwortliche Entscheidung zu treffen.

Eine wichtige Vorsorgeuntersuchung ist die **Ultraschalluntersuchung.** Damit können schon ab der 10. Schwangerschaftswoche die Lage, das Wachstum und die Herztöne beobachtet sowie Fehlbildungen des Embryos festgestellt werden. Blutuntersuchungen der Schwangeren können ebenfalls Auskunft über bestimmte Fehlbildungen geben.
Zwischen der 11. und 14. Schwangerschaftswoche wird eine bei jedem Fetus im Nacken vorhandene Flüssigkeitsansammlung vermessen. Da die Flüssigkeit im Ultraschallbild durchsichtig erscheint, nennt man diese Untersuchung **Nackentransparenzmessung**. Sie kann einen Hinweis auf eine erhöhte Wahrscheinlichkeit für genetisch bedingte Erkrankungen oder Fehlbildungen beim Fetus geben. Das Untersuchungsergebnis kann Anlass für eine intensive Beratung der Eltern und weitere Untersuchungen sein.

Invasive Methoden • Um genetisch bedingte Stoffwechselkrankheiten oder Chromosomenveränderungen zu erkennen, benötigt man Zellen des Kindes. Um diese zu erhalten, muss man in den Körper der Schwangeren eindringen, man spricht von invasiven Methoden. Bei der **Fruchtwasseruntersuchung** gewinnt man die Zellen des Kindes, indem man unter Ultraschallbeobachtung mit einer dünnen Nadel durch Bauchdecke und Gebärmutter hindurch in die Fruchtblase sticht. Diese werden dann mehrere Tage in einem Nährmedium vermehrt, bevor sie mikroskopisch nach Chromosomenveränderungen und biochemisch auf Stoffwechselkrankheiten untersucht oder Gendefekte über DNA-Analyse gefunden werden können. Mit dieser Methode ist allerdings ein geringes Fehlgeburtsrisiko von 5 bis 8 Prozent verbunden.

Material A Down-Syndrom

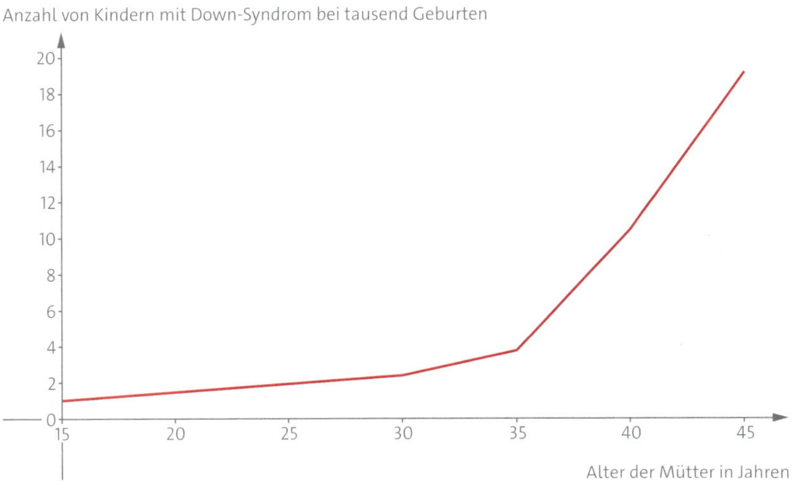

1 ☐ Beschreibe das Kurvendiagramm und werte es aus.

2 ◪ Erkläre, weshalb das Alter der Mutter für den Kurvenverlauf verantwortlich ist.

3 ■ Erkläre, weshalb eine Fruchtwasseruntersuchung geeignet ist, um das Down-Syndrom festzustellen.

Material B Genommutation

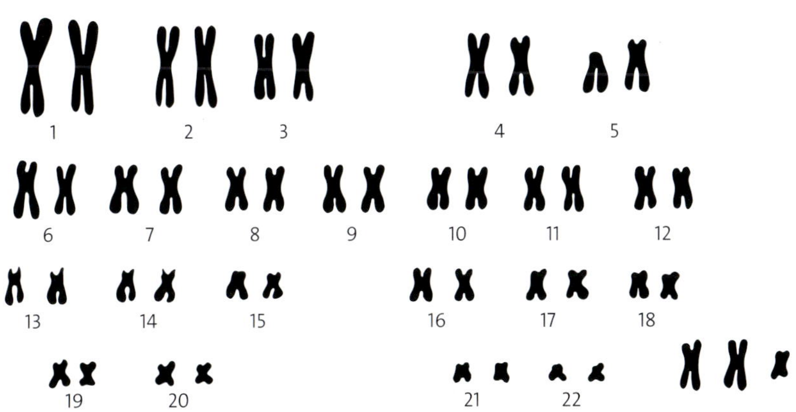

1 ☐ Nenne die Bezeichnung dieses Genotyps und seine phänotypischen Auswirkungen.

2 ◪ Begründe, ob bei der vorliegenden Genommutation die Ultraschalluntersuchung für die pränatale Diagnose geeignet ist.

3 ■ Stelle die Entstehung dieser Genommutation mithilfe von Schemazeichnungen dar.

Material C Katzenschreisyndrom

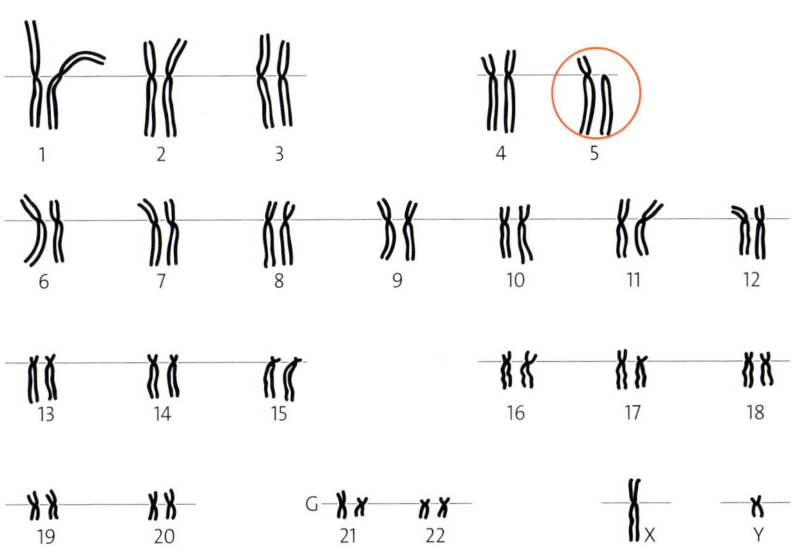

Bei diesem Genotyp fehlt ein Stück des Chromosoms 5. Es handelt sich um eine Chromosomenmutation. Betroffene bleiben körperlich und geistig zurück. Auffallend sind die Laute der Kinder, die an Schreie von Katzen erinnern.

1 ◪ Stelle eine Hypothese auf, weshalb es zu Fehlentwicklungen kommt.

2 ◪ Nenne Unterschiede in der Entstehung dieser Chromosomenmutation zu einer Genommutation.

2.10 Tier- und Pflanzenzucht

1 Wildschwein mit Frischlingen

Schon vor vielen Tausend Jahren begann der Mensch, Wildschweine für seinen Nahrungsbedarf zu halten. Aus dem Wildschwein entstanden unsere heutigen Hausschweinrassen. Wie wurde aus dem Wildtier ein Nutztier?

Auslesezüchtung • Unsere heutigen Hausschweine unterscheiden sich deutlich vom Wildschwein. Der Mensch war daran interessiert, für ihn günstige Eigenschaften der Tiere zu verstärken und ungünstige Merkmale zu verringern. Das kann durch Verfahren erreicht werden, die man als **Zucht** bezeichnet. Schweine sollten zum Beispiel schnell an Gewicht zunehmen, viele Nachkommen haben, weniger aggressiv und weniger anfällig für Krankheiten, Parasiten und Stresssituationen sein. Solche Merkmale nennt man **Zuchtziele.** Diese lassen sich unter anderem erreichen, indem man für die Fortpflanzung nur diejenigen Tiere auswählt, die ein erwünschtes Merkmal am stärksten zeigen. Durch eine solche **Auslesezüchtung** kann man in kleinen Veränderungsschritten über viele Generationen hinweg dem Zuchtziel immer näherkommen.

2 Rassen des Hausschweins: A Schwäbisch-Hällisches Landschwein, B Deutsches Edelschwein

In der Pflanzenzucht konnte man durch Auslesezüchtung ebenfalls Zuchtziele erreichen. In der Getreidezucht sind das zum Beispiel die höhere Anzahl und der festere Halt der Körner in den Ähren. Getreidepflanzen mit standfesten Halmen sind günstig, weil sie verhindern, dass die Körner bei Kontakt mit dem Boden bereits vor der Reife auskeimen. Auch der geringere Bedarf an Dünger und eine geringere Anfälligkeit für Krankheiten sind Zuchtziele.

Kombinationszüchtung • Lupinen haben eiweißreiche Samen, die sich als Tierfutter eignen. Ursprüngliche Lupinensorten enthalten aber Bitterstoffe, die ihre Verwendung als Futterpflanzen unmöglich machen. Die Süßlupine hat zwar keine giftigen Bitterstoffe, ihre Hülsen platzen aber beim Ernten auf, sodass die Samen herausfallen und verloren gehen.
Man kreuzte daher die Süßlupine mit einer Rasse, die zwar Bitterstoffe enthält, aber platzfeste Hülsen hat (▶ 3). Beide Sorten waren bezüglich dieser Merkmale homozygot. Die F_1-Generation bestand nur aus Pflanzen mit Bitterstoffen und platzenden Hülsen. In der F_2-Generation aber traten auch bitterstofffreie Lupinen mit platzfesten Hülsen auf. Sie wurden ausgewählt und vermehrt. Weil die Merkmale also kombiniert wurden, spricht man von **Kombinationszüchtung.**

Bei dieser Züchtungsmethode nutzt man die Erkenntnisse Gregor Mendels. Alle Individuen der F_1-Generation sind entsprechend der Uniformitätsregel untereinander identisch. In der F_2-Generation können entsprechend der Unabhängigkeitsregel die Allele neu kombiniert werden. Dabei treten auch Nachkommen auf, die phänotypisch die verschiedenen Merkmale ihrer Eltern in sich vereinen.
Alle Nutztierrassen und Nutzpflanzensorten entstanden durch Züchtung. Ohne sie wäre die Ernährung der Weltbevölkerung nicht möglich.

Heterosiseffekt • Nahe verwandte Individuen sind untereinander genetisch sehr ähnlich. Wenn man sie miteinander kreuzt, treffen daher bei der Befruchtung häufig Geschlechtszellen aufeinander, die gleiche Allele enthalten. Man kann deshalb mit einer solchen **Inzuchtzüchtung** die Wahrscheinlichkeit erhöhen, dass homozygote Nachkommen auftreten. Wenn man diese vermehrt, entstehen *Inzuchtlinien.*

P: AAbb × aaBB

F_1: AaBb | AaBb | AaBb | AaBb

F_2:

	AB	Ab	aB	ab
AB	AABB	AABb	AaBB	AaBb
Ab	AABb	AAbb	AaBb	Aabb
aB	AaBB	AaBb	aaBB	aaBb
ab	AaBb	Aabb	aaBb	aabb

A Allel für bitterstoffführend
a Allel für bitterstofffrei
B Allel für platzende Hülsen
b Allel für platzfeste Hülsen

3 Lupine: A Blüten, B Hülsen, C Kombinationszüchtung

Aus der Kreuzung zwischen verschiedenen Inzuchtlinien gehen häufig Nachkommen hervor, die leistungsfähiger sind als ihre Eltern. Meistens wachsen sie schneller oder sind widerstandfähiger gegen Krankheiten und Parasiten. Diese höhere Leistungsfähigkeit kann dann auftreten, wenn Gene heterozygot vorliegen. Man bezeichnet dieses Phänomen daher als **Heterosiseffekt.** Diesen Effekt macht man sich zum Beispiel zunutze, um widerstandsfähige und ertragreiche Maissorten zu erhalten.

1 Vergleiche Auslese- und Kombinationszüchtung miteinander.

Hybridzüchtung • Die Maispflanzen der Inzuchtlinie, die homozygot-dominant sind, werden mit Pollen der Inzuchtlinie bestäubt, die homozygot-rezessiv sind. Ebenso werden Pollen von der homozygot-dominanten Inzuchtlinie auf die homozygot-rezessive übertragen. Um zu gewährleisten, dass die Pflanzen nur mit fremden Pollen bestäubt werden, entfernt man die männlichen Blütenstände schon im unreifen Zustand. Die durch diese Fremdbestäubung entstehenden Samen sind bezüglich der betrachteten Merkmale heterozygot, sie sind Hybride. Man nennt diese Züchtungsmethode daher **Hybridzüchtung.**

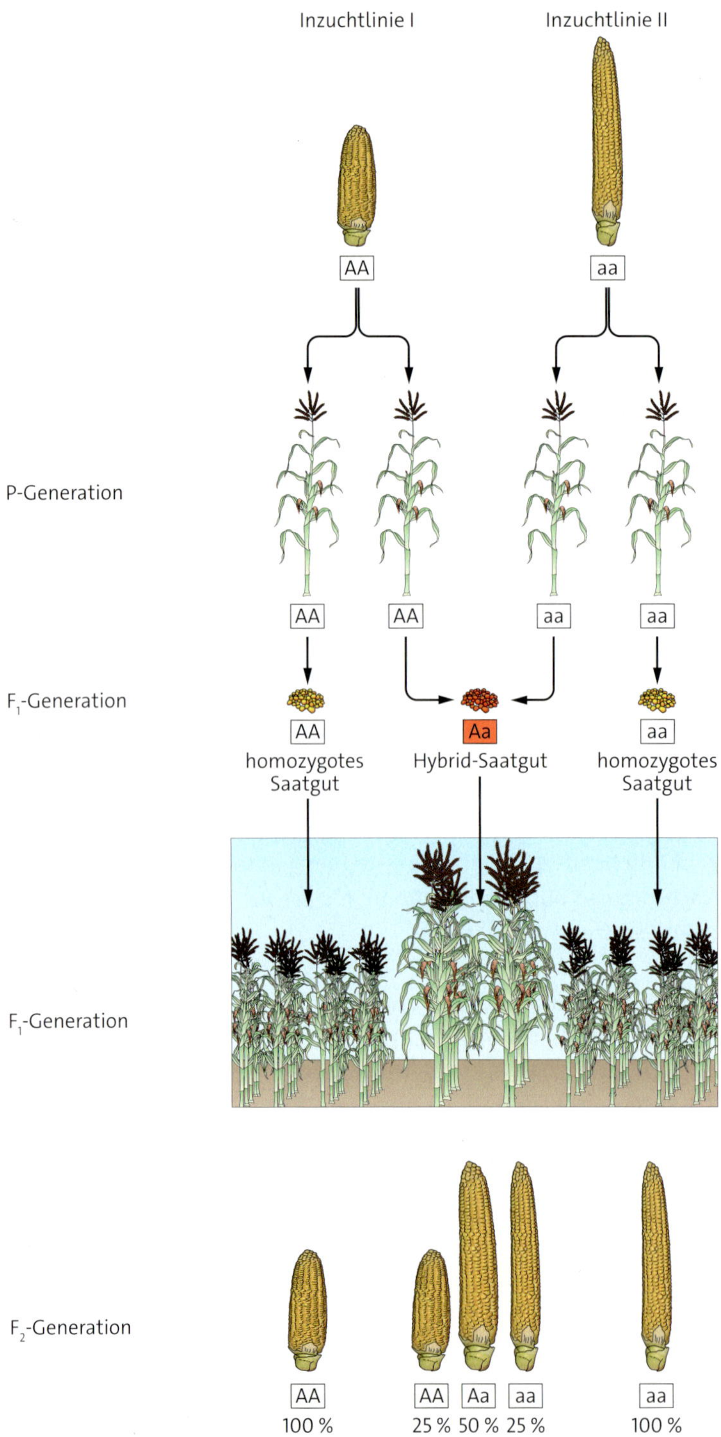

1 Hybridzüchtung beim Mais (▶)

Die Hybridsamen werden zur Aussaat verwendet. Aus ihnen entstehen die Pflanzen, die aufgrund des Heterosiseffekts sehr leistungsfähig sind. Diese Pflanzen werden zur Ernährung oder als Futter genutzt. Die Pflanzen, die als Pollenspender dienen, bestäuben sich auch selbst. Dadurch entstehen Samen, die je nach Inzuchtlinie homozygot-dominant oder homozygot-rezessiv sind. Diese Samen werden ausgesät, damit für die nächste Herstellung von Hybridsamen wieder homozygote Pflanzen zur Verfügung stehen. Die homozygoten Pflanzen dienen also nur zur Zucht, nicht als Nahrungs- oder Futterlieferanten. Sie müssen auf Feldern, die von Pollen anderer Maissorten nicht erreicht werden können, immer wieder vermehrt werden.

Mit der Hybridzüchtung sind Nachteile verbunden. Die Pflanzen der F_1-Generation, die Hybridpflanzen, bestäuben sich gegenseitig. Entsprechend der Spaltungsregel Mendels sind deshalb nur 50 Prozent ihrer Samen heterozygot. Die Samen der F_1-Generation eignen sich daher nicht für die Aussaat. Aus diesem Grund muss man die Hybriden immer wieder neu aus den homozygoten Linien herstellen. Da die homozygoten Pflanzen durch Inzucht entstehen, treten bei ihnen häufig ungünstige Merkmale auf, vielfach sind sie anfällig für Krankheiten. Die Hybridzüchtung ist heute in der Landwirtschaft weit verbreitet. Viele unserer Gemüsesorten, alle heimischen Maissorten, viele Zierpflanzen, aber auch Nutztiere, vor allem Schweine und Hühner, sind Hybride.

1 ☐ Nenne Vorteile und Nachteile der Hybridzüchtung.

Material A Hühnerzucht

A1 Kreuzung von Hühnern

In dem abgebildeten Schema ist vereinfacht eine Kreuzung von Hühnern dargestellt, mit der man in der Geflügelzucht besonders leistungsfähige Legehennen erzeugt hat.

1. Nenne die Bezeichnung der dargestellten Züchtungsart.
2. Nenne die Genotypen der Tiere, die aus Inzuchtlinien stammen.
3. Erkläre, welche weiteren Kreuzungen die Geflügelzüchter durchführen müssen, um für die Zukunft zu gewährleisten, dass sie Legehennen mit dem Genotyp AaBb erzeugen können.
4. Erkläre, weshalb die Tiere mit dem Genotyp AaBb nicht untereinander gekreuzt werden, um sie zu vermehren.
5. Nenne die Tiere, unter denen die männlichen Küken als unerwünscht aussortiert werden. Begründe.

Material B Erdbeeren

B1 Walderdbeere

B2 Gartenerdbeere

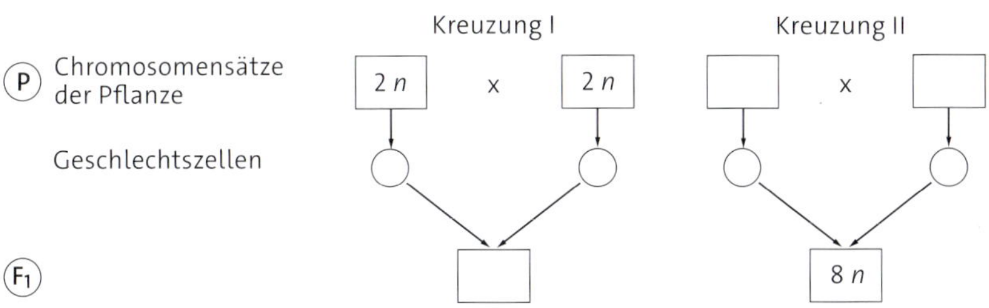

B3 Kreuzungsschema Gartenerdbeere

Die Zellen der Gartenerdbeere haben mehr als zwei Chromosomensätze. Sie sind nicht diploid ($2n$) wie ihre Stammform, die Walderdbeere, sondern polyploid. Polyploide Pflanzen entstehen durch Geschlechtszellen, die in Folge einer fehlerhaften Meiose dieselbe Anzahl an Chromosomen haben wie die Körperzellen.

1. Vergleiche den Genotyp der Walderdbeere mit dem der Gartenerdbeere.
2. Übernimm das Schema der Kreuzungen (▶ B3), durch die die Gartenerdbeere entstanden ist, in dein Biologieheft und vervollständige es.
3. Beschreibe die Stellen des Schemas, an denen eine fehlerhafte Meiose abgelaufen ist.
4. Stelle Hypothesen auf, weshalb polyploide Pflanzen leistungsfähiger sind als diploide.
5. Stelle Hypothesen auf, weshalb bei triploiden Pflanzen – das sind Pflanzen, die drei Chromosomensätze haben – Schwierigkeiten bei der Meiose auftreten.

2.11 Gentechnik

1 Genetisch veränderte Pflanzen

Die genetische Information von Viren, Bakterien, Pflanzen und Tieren lässt sich durch technische Verfahren gezielt verändern. Wie geht man dabei vor und welche Chancen und Risiken sind damit verbunden?

Eingriff in die Erbinformation • Die genetische Information eines Lebewesens kann so verändert werden, dass sie ganz bestimmte gewünschte Eigenschaften zeigt. Häufig überträgt man dazu Abschnitte der DNA eines Lebewesens in die DNA eines anderen.

Möglich wird dies dadurch, dass alle Lebewesen denselben genetischen Code aufweisen. Das fremde Gen kann also in den Zellen in das neue Merkmal, zum Beispiel ein verändertes Protein, übersetzt werden.

Solche Verfahren werden bei Pflanzen, Tieren und Bakterien angewendet. Es ist beispielsweise möglich, Gene von Bakterien auf Pflanzen oder Gene von Tieren auf Bakterien zu übertragen und auf diese Weise Organismen mit neuen Eigenschaften zu erhalten. Die Verfahren, mit denen die genetische Information durch Eingriffe in die DNA verändert wird, bezeichnet man als **Gentechnik.**

Die Vorteile der gentechnischen Verfahren lassen sich am Beispiel der Produktion von Insulin aufzeigen. An Diabetes erkrankte Menschen benötigen dieses Hormon. Früher wurde das Insulin, das ihnen in die Blutbahn gespritzt wird, aus der Bauchspeicheldrüse geschlachteter Rinder und Schweine isoliert. Die Verwendung des tierischen Insulins ist möglich, weil es dem menschlichen Insulin, dem **Humaninsulin**, sehr ähnlich ist. Um den Insulinbedarf eines Patienten für ein Jahr zu decken, brauchte man etwa 50 Schweine. Außerdem unterscheidet sich die chemische Struktur des tierischen Insulins von der des Humaninsulins an wenigen Stellen. Das Immunsystem erkennt es als körperfremden Stoff, wodurch es zu einer Abwehrreaktion kommen kann.

Heute steht den Patientinnen und Patienten gentechnisch hergestelltes Insulin zur Verfügung, das identisch ist mit dem des Menschen.

Wie läuft nun das gentechnische Verfahren ab, durch das man die genetische Information eines Lebewesens so verändern kann, dass Humaninsulin hergestellt wird?

Herstellung von Insulin • Zur Herstellung von Humaninsulin wird zunächst DNA aus menschlichen Spenderzellen gewonnen. Anschließend wird der DNA-Abschnitt isoliert, der das **Insulingen** enthält. Die Werkzeuge, die dazu nötig sind, sind Enzyme, die den gewünschten Abschnitt ausschneiden. Diese Enzyme heißen deshalb **Schneideenzyme**.
Außerdem wird DNA aus Bakterienzellen isoliert. DNA ist in Bakterienzellen in Form eines Chromosoms im Zellplasma zu finden, bei vielen Bakterien zusätzlich in Form eines Ringes, dem **Plasmid.** Ein solches Plasmid wird in einem nächsten Schritt ebenfalls von einem Schneideenzym aufgeschnitten.
In das geöffnete Plasmid wird nun das menschliche Gen eingesetzt, das die genetische Information zur Insulinbildung trägt. Zusammengefügt werden Plasmid und Insulingen ebenfalls mit einem Enzym, einem **Bindeenzym.**
Die Plasmide, die das fremde menschliche DNA-Stück enthalten, werden nun in Bakterien eingeschleust. Durch die gezielte gentechnische Veränderung der genetischen Information der Bakterien sind diese in der Lage, Humaninsulin zu produzieren. Um viel Humaninsulin gewinnen zu können, werden sie vermehrt. Anschließend wird aus ihnen das Insulin isoliert und gereinigt.
Bakterien, deren genetische Ausstattung nach gentechnischer Veränderung einen Abschnitt eines anderen Lebewesens enthalten, nennt man **transgene Bakterien.**
Gentechnisch hergestelltes Humaninsulin ruft keine Reaktion des Immunsystems hervor, da es identisch ist mit dem, das die menschliche Bauchspeicheldrüse bildet. Es wirkt besser als tierisches Insulin, da es perfekt in die Rezeptoren der Zielzellen passt.

1 ▢ Beschreibe die Funktion von Enzymen bei der Herstellung transgener Bakterien.

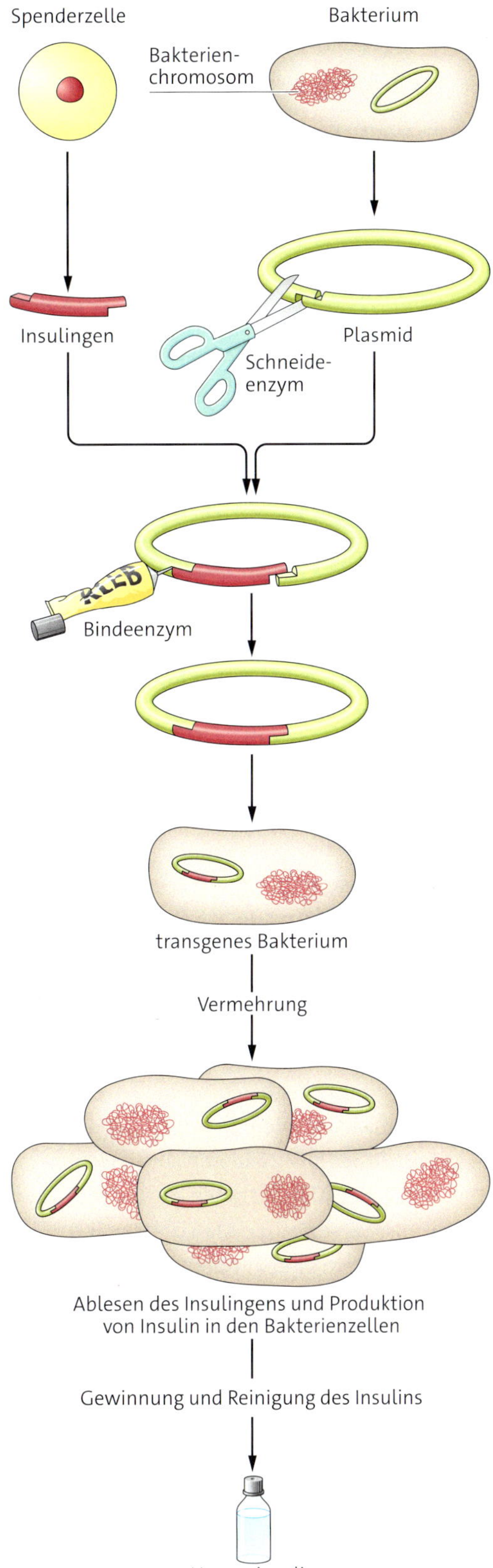

2 Gentechnische Herstellung von Humaninsulin (▶ ▣)

1 A Gesunde Maispflanze, B Maiszünsler, C vom Maiszünsler befallene Maispflanze

Transgener Mais • Mais ist eine der wichtigsten Nutzpflanzen der Erde. Er wird in vielen Ländern angebaut, vor allem in Nord- und Südamerika sowie in Afrika. Mais dient der Ernährung des Menschen, findet aber auch Verwendung als Futtermittel für Schweine, Rinder und Hühner. Ebenso wird er als Rohstoff für die Energieerzeugung und als Ausgangsstoff für Kunststoffe eingesetzt, die auf der Basis von nachwachsenden Rohstoffen erzeugt werden, den Biokunststoffen.

In den Maisanbaugebieten führt weltweit ein Schädling zu erheblichen Ernteausfällen. Dabei handelt es sich um einen circa 3 cm großen Falter, den **Maiszünsler.** In Mitteleuropa fliegen die Falter im Juni in junge Maisbestände, wo die Weibchen auf der Unterseite der Maisblätter ihre Eier ablegen. Nach dem Schlüpfen fressen sich die Schmetterlingslarven im Inneren des Stängels der jungen Maispflanze nach unten (▶ 1C). Dadurch wird der Transport von Wasser und Mineralstoffen in der Sprossachse eingeschränkt. Die Maispflanze wächst daher weniger gut. Im weiteren Verlauf fressen sich die Zünslerlarven immer tiefer in die Maispflanze hinein, bis diese nicht mehr standhalten kann. Die Stängel knicken ein. Infolgedessen können die Maiskolben nicht mehr ausreifen oder bei der Ernte nicht mehr erfasst werden. In Süddeutschland bringt der Falter oft sogar zwei Generationen pro Jahr hervor.
Der Maiszünsler ist der wirtschaftlich bedeutendste Maisschädling, der im Jahr Schäden in Höhe von mehreren Millionen Euro verursacht. Weltweit gehen dadurch jährlich etwa 4 Prozent der Maisernte verloren.

Heute steht eine gentechnisch veränderte Maispflanze zur Verfügung, die nicht vom Maiszünsler geschädigt wird. In diese Maispflanze wurde ein Gen aus dem Bodenbakterium *Bacillus thuringiensis,* abgekürzt Bt, übertragen. Es handelt sich also um eine transgene Maissorte, den **Bt-Mais.** Das Bakteriengen wird übersetzt, sodass in den Pflanzenzellen ein bestimmtes Protein gebildet wird. Für die Maispflanze, aber auch für den Menschen und andere Wirbeltiere ist dieses Bt-Protein ungiftig. Frisst allerdings die Zünslerlarve an der Maispflanze, wird das Bt-Protein im Insektenkörper aufgespalten, sodass eine giftige Verbindung entsteht. Diese durchlöchert die Darmwand des Insekts und die Maiszünslerlarve stirbt.

1 ▢ Beschreibe, wie die Maispflanzen durch den Maiszünsler geschädigt werden.

CRISPR/Cas-Methode • Wissenschaftlerinnen und Wissenschaftler haben eine neue Methode der Gentechnik entwickelt, die es ermöglicht, beliebige DNA-Abschnitte einfach, gezielt und schnell zu verändern. Diese Methode beruht auf einem natürlichen System, mit dem sich Bakterien gegen eingedrungene Viren wehren.

Bakterien besitzen in ihrem Erbgut kurze, sich wiederholende DNA-Abschnitte, die man **CRISPR** nennt. Diese sind unterbrochen von veränderlichen Abschnitten, in die Bakterien bei einem Virusbefall Teile der Virus-DNA einbauen. Wird das Bakterium erneut von diesem Virus befallen, erkennt ein bakterieneigenes Protein, das **Cas-Protein**, die Virus-DNA, zerlegt sie und hindert die Viren damit an ihrer Vermehrung.

In der Gentechnik wird dieses natürliche CRISPR/Cas-System umfunktioniert, sodass man gezielt Gene abschalten oder Genabschnitte verändern kann.
Zunächst wird dafür außerhalb der Zelle das „biologische Werkzeug" hergestellt. Dazu hängt man einen RNA-Einzelstrang mit frei wählbarer Nukleotidsequenz an ein Cas-Protein an. Danach bringt man dieses Cas-Protein in die Zelle, deren Erbgut man verändern möchte.

Dort sucht nun das Protein am DNA-Doppelstrang nach Stellen, die zu seiner angehängten RNA-Nukleotidsequenz komplementär sind. Hat es diese gefunden, schneidet es den DNA-Doppelstrang an dieser Stelle. Das Cas-Protein bezeichnet man deshalb auch als **Genschere.** Mit der Wahl der Nukleotidsequenz des RNA-Stranges kann man also bestimmen, an welcher Stelle die DNA geschnitten werden soll.

Zum Schluss verbindet das natürliche Reparatursystem der Zelle die freien Enden der DNA an der Schnittstelle. Dabei entstehen auch manchmal Fehler, sodass zum Beispiel einzelne DNA-Bausteine entfernt werden. An diesen Schnittstellen können aber auch gezielt fremde Gene eingebaut werden. CRISPR/Cas wird anschließend aus der Zelle entfernt.

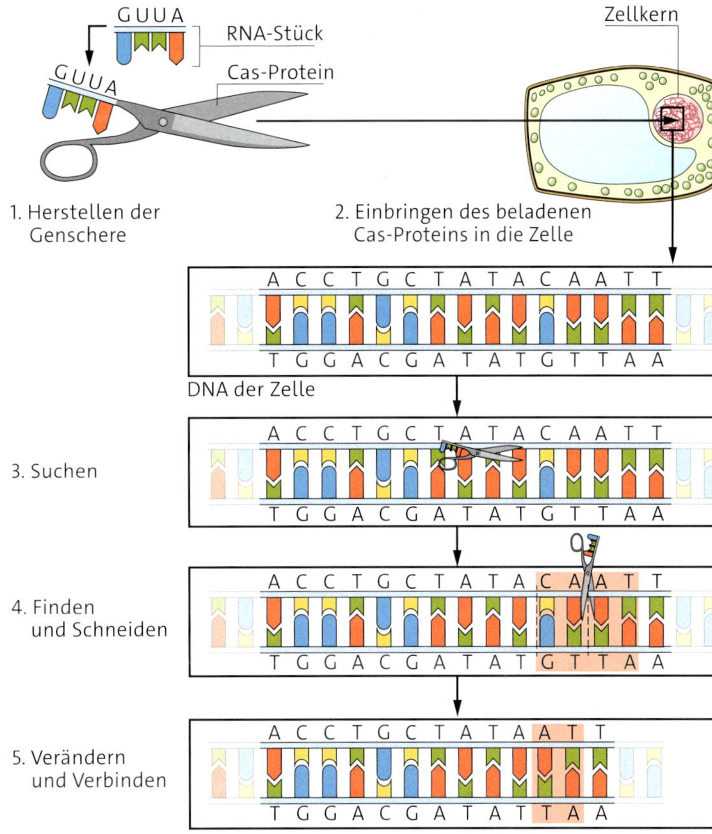

2 Anwendung der CRISPR/Cas-Methode in einer Pflanzenzelle (Schema)

Die CRISPR/Cas-Methode hat viele Vorteile. Sie ist sehr viel präziser als die bisherigen gentechnischen Verfahren, weil mit ihr sehr genau bestimmt werden kann, welche Stelle der DNA verändert werden soll. Sie kann sowohl bei Bakterien als auch bei Pflanzen, Tieren und auch beim Menschen angewendet werden. Außerdem ist sie sehr kostengünstig.
Über die Frage, ob mit dieser Methode veränderte Lebewesen als gentechnisch verändert einzuordnen sind oder nicht, lässt sich kontrovers diskutieren. Einer der Diskussionspunkte ist, dass sich der durch die CRISPR/Cas-Methode vorgenommene Eingriff ins Erbgut anders als bei anderen gentechnischen Verfahren in den Lebewesen nicht mehr nachweisen lässt.

2 ☐ Nenne die Vorteile der CRISPR/Cas-Methode gegenüber herkömmlichen gentechnischen Verfahren.

Bewerten – ein begründetes Urteil fällen

Anwendungen der Gentechnik, aber auch anderer naturwissenschaftlicher Bereiche haben Auswirkungen auf den Menschen oder die Umwelt. Mögliche Folgen müssen daher diskutiert und bewertet werden. Die Methode beschreibt, wie du dir in solchen Fällen ein begründetes Urteil bilden kannst.

Beispiel **Malaria – eine tödliche Erkrankung**

Malaria ist eine der folgenschwersten Erkrankungen weltweit. Jährlich sterben etwa 400 000 Menschen, vor allem Kinder, an Malaria. Die Erreger werden durch die *Anopheles*-Mücke auf den Menschen übertragen. Malariakontrollprogramme stützen sich vor allem auf den Einsatz von Medikamenten zur Vorsorge und Behandlung der Erkrankung. Weiterhin spielt der Einsatz von Pestiziden eine große Rolle, mit denen die Mücken bekämpft werden. Auch gezielte Eingriffe in die Umwelt wie das Trockenlegen von Brutgebieten der Mücke stellen eine wichtige Säule zur Bekämpfung von Malaria dar. Nun ist es Wissenschaftlern und Wissenschaftlerinnen gelungen, im Labor *Anopheles*-Mücken mithilfe der CRISPR/Cas-Methode gentechnisch so zu verändern, dass sie unfruchtbar sind und sich somit nicht mehr vermehren können.
Darf der Mensch Lebewesen derart verändern und welche Konsequenzen hätte das Aussetzen dieser gentechnisch veränderten *Anopheles*-Mücken für die Umwelt?

Das Beispiel zeigt, dass naturwissenschaftliche Erkenntnisse und neue Methoden einerseits einen Fortschritt in der Lösung von Problemen bieten können. Andererseits werfen sie auch Fragen auf, die die gesamte Gesellschaft betreffen. Dies sind nicht nur Fragen nach der technischen Machbarkeit, sondern immer auch nach Chancen und Risiken sowie den Folgen dieser Erkenntnisse und Methoden.
Es ist oft nicht leicht, ein eigenes und begründetes Urteil zu fällen. Ein systematisches Vorgehen, das zu einer tragfähigen Bewertung führt, ist hilfreich. Dazu informiert man sich über den bestehenden Konflikt, versucht Handlungsmöglichkeiten zu entwickeln, sammelt Argumente, versieht sie mit Werten und gewichtet sie. So gelangt man schließlich zu einer Bewertung.

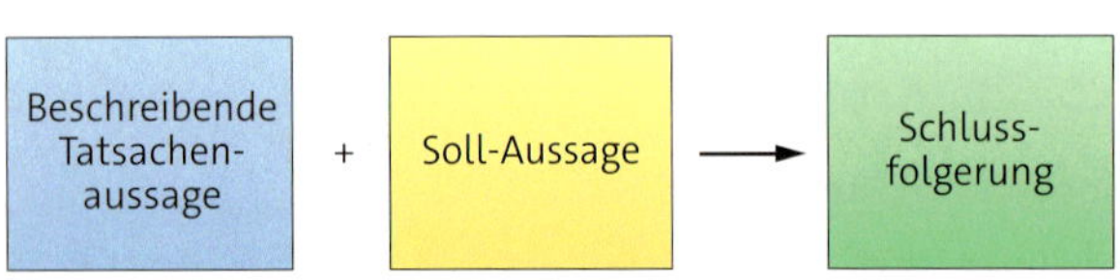

1 Zusammensetzung eines Arguments

1 Beschreiben des Konflikts

Verschaffe dir zunächst Informationen, um die vorliegende Problematik mit eigenen Worten genau beschreiben zu können. Zum Beispiel sollte man sich darüber informieren, welche Maßnahmen die bisherigen Malariakontrollprogramme umfassen.

2 Beschreiben von Handlungsmöglichkeiten

Beschreibe nun die Möglichkeiten, die zu einer Lösung des Konflikts beitragen könnten. Zum Beispiel kannst du dich uneingeschränkt für die neue Methode aussprechen oder uneingeschränkt dagegen. Zwischen diesen beiden Extremen können auch weitere Varianten in Betracht gezogen werden.
Beispielsweise gäbe es die Möglichkeit, dass alle anderen Kontrollprogramme noch stärker ausgebaut werden sollen und nur eine bestimmte Anzahl an *Anopheles*-Mücken verändert werden dürfen oder dass diese nur in bestimmten Gebieten ins Freiland ausgesetzt werden dürfen.

3 Sammeln und Prüfen von Argumenten

Sammle anschließend für jede Handlungsmöglichkeit Argumente, die für oder gegen die jeweilige Handlungsmöglichkeit sprechen. Unterscheide dabei zwischen **naturwissenschaftlichen Aussagen** und **ethischen Aussagen**.
Naturwissenschaftliche Aussagen beschreiben Fakten und geben damit an, wie etwas ist. Sie beschreiben sachlich einen Ist-Zustand, zum Beispiel dass die CRISPR/Cas-Methode gezielt Gene der *Anopheles*-Mücke ausschalten kann, die für die Fortpflanzung gebraucht werden.
Ethische Aussagen beschreiben den Soll-Zustand. Sie geben an, wie etwas sein sollte. Dabei orientieren sich ethische Aussagen an Normen. Das sind Vorgaben der Gesellschaft zu Verhaltensweisen: Eine ethische Aussage ist zum Beispiel, dass der Mensch ein anderes Lebewesen nicht gezielt verändern sollte.
Ein vollständiges Argument setzt sich aus einer Tatsachenaussage und einer ethischen Aussage zusammen und enthält eine Schlussfolgerung (▸ 1).
Man sollte alle Argumente dahingehend prüfen, ob die naturwissenschaftlichen Aussagen sachlich richtig und ob die ethischen Aussagen überzeugend sind.

4 Benennen von Werten

Handlungsmöglichkeiten stehen immer in Zusammenhang mit bestimmten Werten, die es in diesem vierten Schritt zu benennen gilt. Diese Werte können sachlicher Art sein wie Sicherheit, Wettbewerb oder Fortschritt. Im Fall von CRISPR/Cas kann ein sachlicher Wert sein, dass die Methode ein herausragender wissenschaftlicher Fortschritt ist.
Es können aber auch ethische Werte sein, die den Menschen und sein Verhältnis zur Technik oder zur Umwelt betreffen. Ethische Werte können der Erhalt von Ökosystemen, Gerechtigkeit oder Gesundheit sein. Im Fall von CRISPR/Cas kann ein ethischer Wert sein, dass man alles unternehmen sollte, um die Gesundheit des Menschen zu erhalten oder wiederherzustellen.
Erstelle zunächst einen Wertepool mit vielen Werten (▸ 2) und ordne die Werte den gesammelten Argumenten zu.

5 Gewichtung

In einem weiteren Schritt gewichtest du die verschiedenen Werte. Durch Punktevergabe bringst du sie und die zugehörigen Argumente in eine Reihenfolge. Diese hängt davon ab, wie wichtig man den jeweiligen Wert persönlich einschätzt. So kann man den Wert des Erhalts von Ökosystemen als wichtiger erachten als den Wert des Fortschritts. Für das vorliegende Beispiel könnte das bedeuten, dass die Frage nach den Auswirkungen für das Ökosystem, wenn veränderte *Anopheles* ins Freiland ausgesetzt werden, als wichtiger erachtet wird als die Tatsache, dass man mit der Ausbringung der Mücken die CRISPR/Cas-Methode erproben kann.

Ethik ist eine Wissenschaft, die sich mit den Voraussetzungen für menschliches Handeln und dessen Bewertung befasst. Sie ist auch das Nachdenken über Moral. Moral umfasst gesellschaftliche Vorstellungen über das, was als gut oder schlecht bewertet wird.

2 Wertepool

6 Bewerten und Fällen eines Urteils

Im letzten Schritt bewertest du die gegebene Problematik. Du fällst dein persönliches, begründetes Urteil. Dazu wägst du mithilfe der Gewichtung die unterschiedlichen Handlungsmöglichkeiten gegeneinander ab.

1 Vervollständige die Argumente in der Tabelle.

2 Finde weitere Argumente, führe eine Gewichtung durch und formuliere ein begründetes Urteil.

Naturwissenschaftliche Aussage	Ethische Aussage	Schlussfolgerung	Wert	Gewichtungsvorschlag
CRISPR/Cas ist viel präziser als bisherige Verfahren, aber wie sie sich in nachfolgenden Generationen auswirkt, ist nicht absehbar.	Die durch CRISPR/Cas verursachten genetischen Veränderungen sollen auch in nachfolgenden Generationen abschätzbar sein.	Die Methode ist zu unsicher.	Sicherheit	●●●
Mit CRISPR/Cas können Gene bei *Anopheles* ausgeschaltet werden.	Lebewesen sollen unversehrt bleiben.		Unversehrtheit	●●
Mit CRISPR/Cas veränderte *Anopheles*-Mücken müssten ins Freiland ausgesetzt werden, um die Malaria einzudämmen.	Starke Eingriffe in Ökosysteme sollen unbedingt vermieden werden.		Erhalt von Ökosystemen	●●●
CRISPR/Cas ist eine neuartige wissenschaftliche Methode, mit der Malaria wirksam bekämpft werden könnte.	Wissenschaftlicher Fortschritt soll gefördert werden, indem neue Methoden erprobt werden.		Fortschritt	●
...				

Material A CRISPR/Cas – uneinschätzbares Risiko oder vielfältige Chance?

1 Das Cas-Protein schneidet präzise an der gewünschten Stelle des DNA-Doppelstrangs.

2 CRISPR/Cas ist kostengünstiger als andere gentechnische Verfahren.

3 Die Ausbreitung gefährlicher Krankheitsüberträger wie *Anopheles* kann durch CRISPR/Cas eingedämmt werden.

4 Bei bisher verwendeten herkömmlichen Verfahren ist nicht sicher, wo genau in der DNA fremde Gene eingebaut werden.

5 Krebstherapien mit CRISPR/Cas sind sehr aufwendig und stehen nicht allen Krebspatienten zur Verfügung.

6 Die Folgen für Tiere, die mit CRISPR/Cas verändert werden, sind nicht abschätzbar.

7 Mit CRISPR/Cas könnten Lebewesen wie die *Anopheles*-Mücke ausgerottet werden.

8 Pflanzen können mit CRISPR/Cas stressresistent gegenüber ungünstigen Umweltfaktoren wie Trockenheit gemacht werden.

9 Auswirkungen der durch CRISPR/Cas herbeigeführten Mutationen in nachfolgenden Generationen sind für die meisten Lebewesen noch nicht erforscht.

10 Die Auswirkungen, die mit CRISPR/CAS veränderte Pflanzen auf Ökosysteme haben, ist nicht geklärt.

11 Mit CRISPR/Cas veränderte Zellen können vermutlich sogar Krebszellen abtöten, wie einzelne Experimente zeigen konnten.

12 CRISPR/Cas lässt sich bei allen Zellen und allen Organismen anwenden.

13 In der Tierzucht kann mit CRISPR/Cas eine höhere Fleischqualität erzeugt werden.

Die CRISPR/Cas-Methode gilt als eine der wichtigsten Entdeckungen im Bereich der Molekularbiologie. So ist sie beispielsweise einsetzbar in der Bekämpfung von Malaria, deren Überträger die *Anopheles*-Mücke ist. Ebenso findet sie ihren Einsatz in der Tierzucht und in der Herstellung neuer, stressresistenter Pflanzensorten, die bei der Bekämpfung des Welthungers helfen können. Auch im Bereich der Krebstherapie sind erste vorsichtige Erfolge zu verzeichnen.
Gleichzeitig gibt es auch viele kritischen Stimmen zu CRISPR/Cas. Viele Menschen hinterfragen, ob alles, was machbar ist, auch gemacht werden soll.

Somit ist in unserer Gesellschaft eine lebhafte Diskussion über naturwissenschaftliche Machbarkeit und ethische Vertretbarkeit dieser neuartigen Methode im Gange.

1 Ordne die oben stehenden Aussagen nach naturwissenschaftlichen und ethischen Aussagen.

2 Ordne den Aussagen passende Werte zu.

3 Formuliere weitere naturwissenschaftliche und ethische Aussagen zum Thema CRISPR/Cas und ordne ihnen passende Werte zu.

4 Formuliere mithilfe der Aussagen vollständige Argumente, die jeweils aus einer Tatschachenaussage, einer ethischen Aussage und einer Schlussfolgerung bestehen (▸ S. 112).

5 Ordne die Argumente nach Themen und gewichte sie. Bringe sie so in eine für dich stimmige Rangfolge. Orientiere dich dabei nach der Wichtigkeit, die die Werte für dich haben.

6 Formuliere eine persönliche Stellungnahme zur Fragestellung, ob die CRISPR/Cas-Methode als uneinschätzbares Risiko oder als vielversprechende Chance zu bewerten ist.

Einen Podcast erstellen

Um viele Menschen zu einem bestimmten Thema auf unterhaltsame Weise zu informieren und Diskussionen anzustoßen, eignet sich das Medium Podcast besonders gut.

In einem Podcast kannst du zum Beispiel gesellschaftlich relevante Themen interessant und ansprechend aufbereiten. Ein Podcast ist geeignet, um andere auf kurzweilige Art zu informieren und aufzuklären.
Du kannst entweder allein sprechen, ein Interview führen oder verschiedene Rollen vergeben, die ein Thema aus unterschiedlichen Perspektiven beleuchten.

1 Themensuche

Zunächst legst du den konkreten Inhalt deines Podcasts fest und überlegst dir eine spannende Fragestellung, der du aus unterschiedlichen Blickwinkeln heraus nachgehen möchtest.

2 Kriterien

Neben einer interessanten Fragestellung gibt es auch weitere Kriterien, die einen guten Podcast ausmachen: Ist der zu beleuchtende Sachverhalt korrekt dargestellt? Sind die Inhalte so erklärt, dass sie gut verständlich sind? Werden Fachbegriffe richtig verwendet und tragen sie zum Verständnis bei? Ist das Sprechtempo angemessen? Ist die Sprache gut verständlich? Eventuell enthält der Podcast eine musikalische Untermalung.

3 Recherche

Nun informierst du dich sorgfältig über dein Thema und über die Fragestellung, der du genauer nachgehen möchtest. Halte dabei aussagekräftige Informationen schriftlich fest.

4 Vorbereitung

Bevor du mit der Aufnahme deines Podcasts beginnst, erstellst du zunächst ein Storyboard, das dir hilft, deine Ideen zu strukturieren (▸1). Wähle hierfür eine Tabelle mit drei Spalten: Hier trägst du die Zeit pro Aufnahmesequenz ein, den Inhalt der jeweiligen Szene sowie Anweisungen für die Personen, die sprechen.

5 Aufnahme

Nun nimmst du deinen Podcast mit einem Smartphone auf. Du kannst dabei auch eine passende App verwenden. Berücksichtige die Kriterien, die einen guten Podcast ausmachen, und arbeite mit dem Storyboard.

Zeitabschnitt in Minuten und Sekunden	Inhalt	Anweisungen
00:00 – 00:38	Einleitung und begrüßende Worte an die Zuhörerschaft	Emily spricht Begrüßungsworte; freundlich. Jonas stellt das Thema vor; neugierig und begeisternd.
00:38 – 00:40	Überleitung	Pause
00:40 – 02:14	Hintergründe und aktueller Stand: - Was ist Bt-Mais? - Probleme beim regulären Maisanbau - gesellschaftliche und politische Relevanz	Jonas stellt das Thema vor; neutral und fachlich.
02:14 – 02:30	Überleitung	Jonas stellt eine Frage an Emily.
02:30 – 05:23	Argumente vorstellen: - für den Anbau von Bt-Mais - gegen den Anbau von Bt-Mais	Emily beleuchtet Vorteile des Bt-Mais-Anbaus. Jonas beleuchtet Nachteile des Bt-Mais-Anbaus. Beide kommen ins Gespräch.
...	...	...

1 Auszug aus einem Storyboard

Ein aktuelles, gesellschaftlich relevantes Thema ist der Anbau von Bt-Mais. In einigen Ländern wird Bt-Mais im Freiland angebaut, in Deutschland beispielsweise wird der Anbau sehr kritisch und kontrovers diskutiert.

1 Formuliere Argumente, die für bzw. gegen einen Anbau von Bt-Mais sprechen, und notiere diese in einer Tabelle.

2 Erstellt gruppenteilig einen Podcast, in dem ihr den Anbau von Bt-Mais diskutiert und zu einer begründeten Stellungnahme kommt. Berücksichtigt dabei die Kriterien, die einen guten Podcast ausmachen, und arbeitet mit dem Storyboard. Euer Podcast sollte zwischen 3 und 6 min lang sein.

3 Hört eure Podcasts zusammen in der Klasse an und nominiert die besten drei Podcasts. Begründet eure Wahl.

Genetik

Mit dieser Übersicht kannst du die wichtigsten Inhalte des Kapitels wiederholen. Ergänze das Schema um weitere Begriffe und finde Querbeziehungen zwischen den Themen.

- **Zellen und Chromosomen**
  - Zellen und Chromosomen
  - Bildung der Geschlechtszellen
- **Familienähnlichkeiten**
  - Merkmale und Erbinformation
- **Bau der DNA**
  - DNA-Doppelhelix
- **Regeln der Vererbung**
  - Gregor Mendel
  - Vererbung beim Menschen
- **Veränderung der Erbinformation**
  - Genmutationen
  - Genommutationen
- **Biotechnologie und Gentechnik**
  - Tier- und Pflanzenzucht
  - Transgene Bakterien
  - CRISPR/Cas
  - Gentechnik

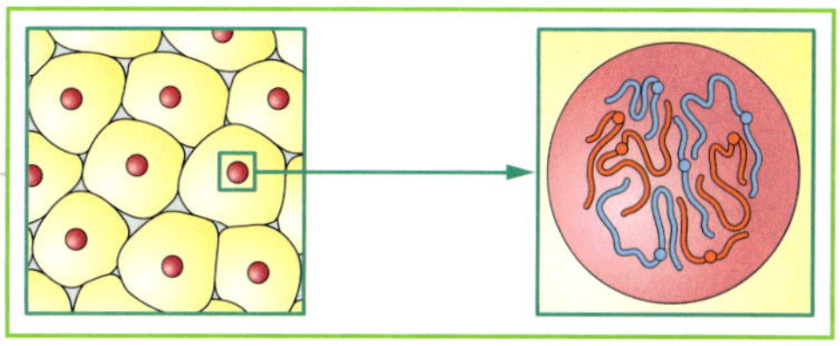

Mitose

Meiose

Variabilität

Strickleitermodell

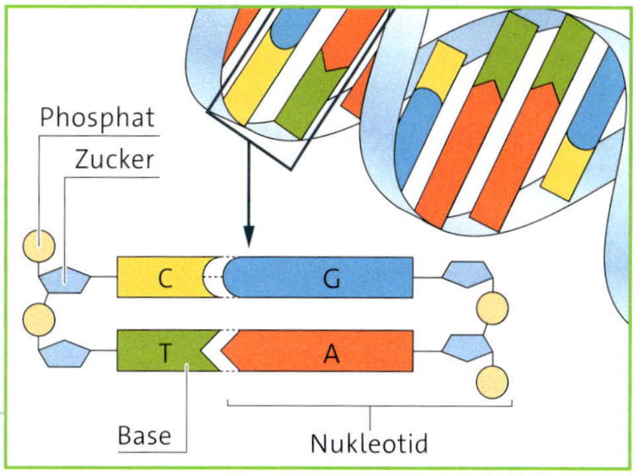

Mendel'sche Regeln

Familienstammbäume

Methode: Stammbaumanalyse

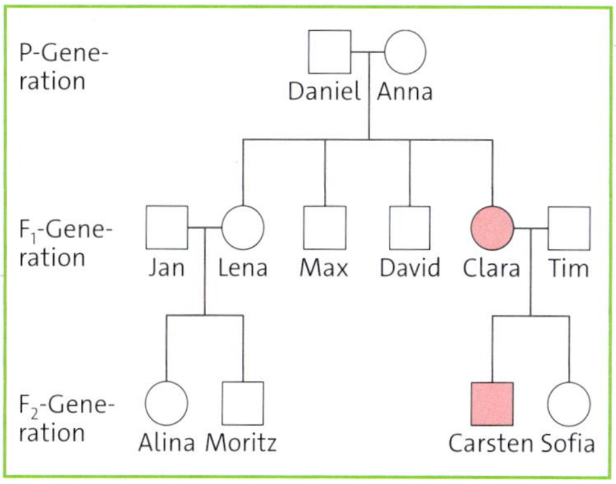

Blutgruppen

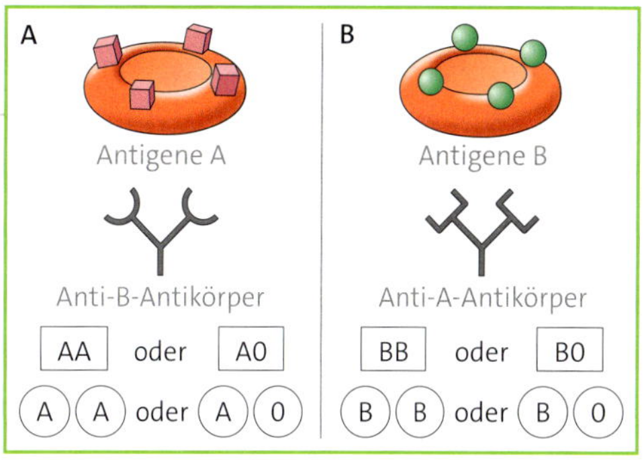

Mukoviszidose

Trisomie 21

Humaninsulin

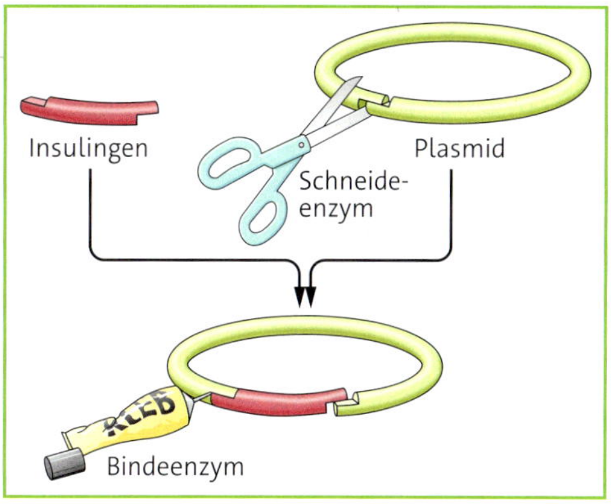

Methode: Bewertung

Bt-Mais

Methode: Einen Podcast erstellen

Genetik

Mit den folgenden Aufgaben kannst du überprüfen, ob du die Inhalte aus dem Kapitel verstanden hast. In der Tabelle findest du die zu erwerbenden Kompetenzen sowie Angaben zu den Seiten, auf denen du zum jeweiligen Thema noch einmal nachlesen kannst.

Erbinformation

1 ▢ Beim Wachstum eines Organismus entstehen Zellen mit jeweils gleicher Erbinformation.

a ▢ Erkläre, wie die Begriffe Zellteilung, Mitose und Zellzyklus zusammenhängen.

b ◪ Beschreibe, wie beim Wachstum eines Organismus Tochterzellen mit identischem Chromosomensatz entstehen.

c ◪ Unten sind vier Phasen der Mitose dargestellt (▸ 1). Beschreibe, was in den Phasen geschieht, und ordne die Abbildungen A–D in richtiger Reihenfolge.

2 Die Bildung der Geschlechtszellen verläuft anders als die Bildung der Körperzellen.

a ▢ Beschreibe die Meiose.

b ◪ Erläutere die Bedeutung der Meiose.

c ▢ Skizziere, jeweils ausgehend von Eizelle und Spermienzelle, wie eine männliche und eine weibliche Zygote entsteht.

3 Die Erbinformation ist in der DNA verschlüsselt.

a ▢ Skizziere ein Zwei-Chromatiden-Chromosom in seiner Transportform und beschrifte es.

b ◪ Beschreibe, wie die DNA in einem Chromosom der Transport- und der Arbeitsform jeweils vorliegt.

c ◪ Beschreibe den Bau der DNA anhand eines einfachen Modells und erkläre, wie Informationen auf der DNA gespeichert werden.

d ◪ Erläutere, wie die DNA verdoppelt wird.

e ▢ Nenne den Zeitpunkt, zu dem dieser Prozess in einer Zelle abläuft.

Regeln der Vererbung

4 Bei der Vererbung einiger Gene bei Pflanzen und Tieren kann man die Regeln Mendels anwenden.

a ◪ Erstelle für die folgende dihybride Kreuzung ein Kreuzungsschema bis zur F_2-Generation, in dem du die Genotypen und Phänotypen angibst: Aus einer Kreuzung eines schwarzen, langhaarigen Kaninchens mit einem wildfarbenen, kurzhaarigen Kaninchen gehen ausschließlich schwarze, kurzhaarige Kaninchen hervor. Beide Elterntiere sind reinerbig bezüglich der beiden Allele.

5 Auch beim Menschen werden einige Gene nach den Mendel'schen Regeln vererbt.

a ◪ Das Gen für Lactoseintoleranz wird autosomal-rezessiv vererbt. Begründe anhand eines Kreuzungsschemas, mit welcher Wahrscheinlichkeit Eltern mit den Genotypen Aa und aa ein Kind haben, das Merkmalsträger ist.

6 Mit Stammbäumen kann man die Weitergabe eines Merkmals über Generationen hinweg nachvollziehen.

a ◪ Begründe, weshalb die Analyse von Stammbäumen eine wichtige Methode ist, um die Vererbung beim Menschen zu erforschen.

b ◪ Erkläre den Unterschied zwischen einem Kreuzungsschema und einem Stammbaum.

c ◪ Analysiere den abgebildeten Stammbaum (▸ 2). Nenne den Erbgang und die Genotypen der Personen 2, 4, 6, 7, 9 und 15.

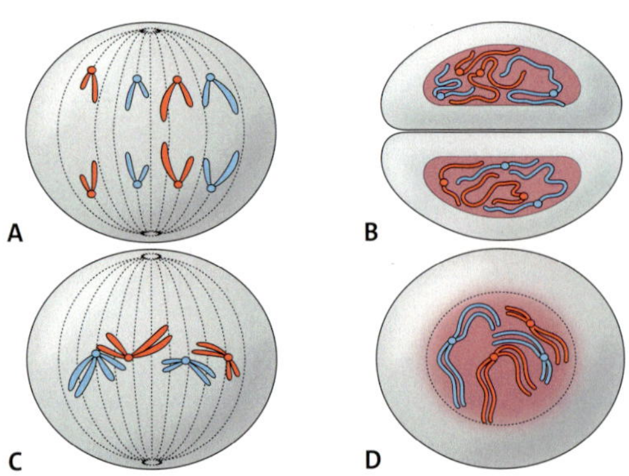

1 Phasen der Mitose

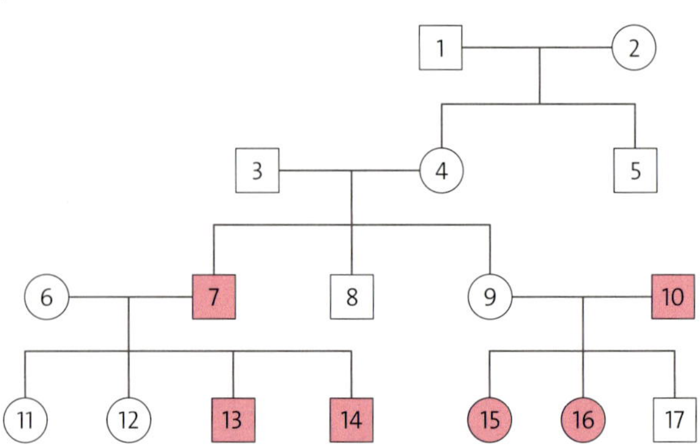

2 Familienstammbaum

Veränderung der Erbinformation

7 Die Erbinformation kann auf der Ebene der Gene oder auf der Ebene der Chromosomen verändert sein.

a ◪ Beschreibe mögliche Veränderungen der Erbinformation. Verwende dabei die richtigen Fachbegriffe.

b ◪ Begründe, weshalb Mutationen relativ selten vorkommen.

8 Die Veränderung der Erbinformation beim Menschen kann schwerwiegende Folgen haben.

a ▢ Beschreibe, was man unter einer Trisomie versteht.

b ◪ Skizziere eine Möglichkeit, wie eine Trisomie zustande kommt.

c ◪ Beschreibe die Ursachen und die Folgen von Mukoviszidose sowie die Behandlung einer Mukoviszidose-Erkrankung.

d ◪ Erkläre, weshalb genetisch bedingte Erkrankungen bisher nicht heilbar sind.

Biotechnologie und Gentechnik

9 Durch Züchtung entanden viele Tiere und Pflanzen mit gewünschten Eigenschaften.

a ▢ Nenne je ein Beispiel für Zuchtformen von Pflanzen und Tieren.

b ◪ Beschreibe, wie diese jeweils entstanden sind, und nenne die Züchtungsmethoden.

10 Heute steht Diabeteserkrankten mithilfe transgener Bakterien hergestelltes Insulin zur Verfügung, das identisch mit dem menschlichen Insulin ist.

a ◪ Erkläre, was ein transgener Organismus ist.

b ◪ Beschreibe, wie Humaninsulin hergestellt wird.

11 In vielen Ländern wird eine gentechnisch veränderte Sojapflanze angebaut, die resistent gegen ein Unkrautvernichtungsmittel ist.

a ◪ Nimm an, die transgene Sojapflanze soll in Deutschland eingeführt werden. Beschreibe, wie du vorgehst, um zu einer begründeten Bewertung zu kommen.

Mithilfe des Kapitels kannst du:	Aufgabe	Hilfe
✓ die Chromosomen als Träger der Erbinformation beschreiben.	3 a	S. 60–61, S. 74–75
✓ erklären, wie innerhalb des Zellzyklus durch Mitose und Zellteilung Tochterzellen mit identischem Chromosomensatz entstehen.	1	S. 60–62
✓ die Struktur der DNA anhand eines einfachen Modells beschreiben und daran Eigenschaften der DNA (Informationsspeicherung, Verdopplungsfähigkeit) erläutern	3 c, d	S. 74–76
✓ den Vorgang der Meiose beschreiben und deren Bedeutung erklären.	2 a, b	S. 64–66
✓ erklären, wie das Geschlecht beim Menschen durch die Geschlechtschromosomen bestimmt wird.	2 c	S. 71
✓ an einfachen Erbgängen die Ausprägung des Phänotyps und dessen Vererbung über den Genotyp erklären (dominant-rezessiv, autosomal, gonosomal) und auf einfache Familienstammbäume anwenden.	4, 5, 6	S. 80–82, S. 84–86, S. 90–91
✓ Mutationen als Veränderungen der genetischen Information beschreiben und die Folgen an Beispielen erläutern (zum Beispiel Trisomie 21, Mukoviszidose, Sichelzellenanämie).	6, 7	S. 96–98, S. 100–101
✓ den möglichen Einsatz der Gentechnik (zum Beispiel Landwirtschaft, Medikamentenherstellung, Tierzucht) beschreiben und bewerten.	8, 9	S. 104–106, S. 108–113

▶ **Die Lösungen zu den Aufgaben findest du im Anhang.**

3 Immunbiologie

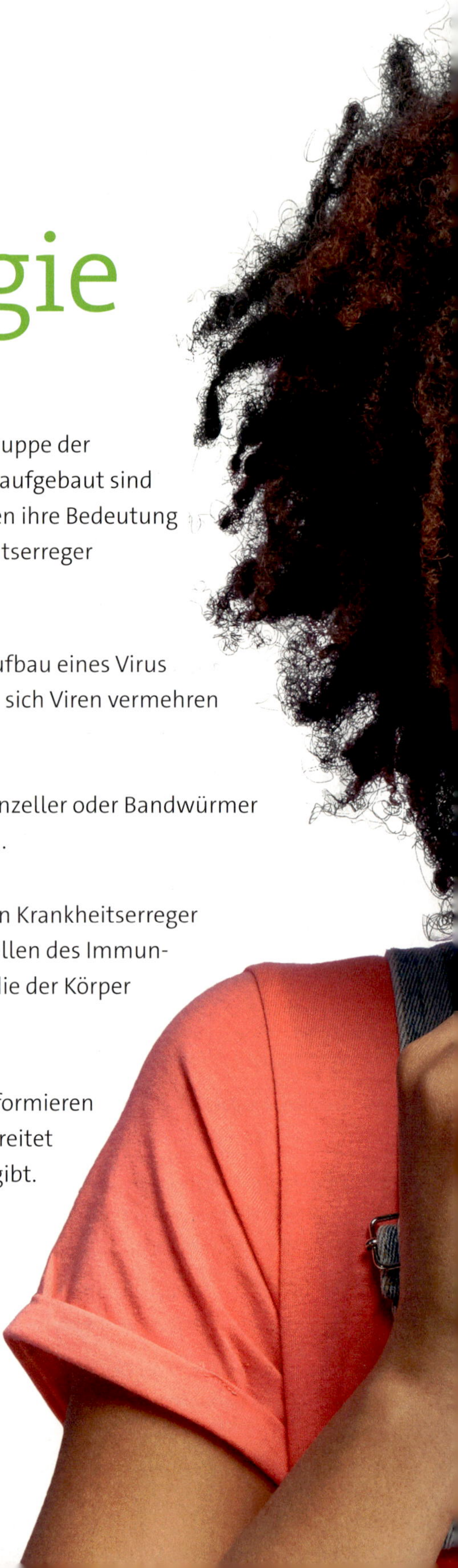

- In diesem Kapitel lernst du die Organismengruppe der Bakterien kennen. Du erfährst, wie Bakterien aufgebaut sind und wie sie sich vermehren. Außerdem werden ihre Bedeutung für den Menschen und ihre Rolle als Krankheitserreger beschrieben.

- Du erfährst, was Viren sind, und lernst den Aufbau eines Virus kennen. Im Kapitel wird auch dargestellt, wie sich Viren vermehren und wie sie Krankheiten verursachen.

- Du lernst außerdem Krankheitserreger wie Einzeller oder Bandwürmer und Krankheitsüberträger wie Zecken kennen.

- Das Kapitel erklärt, wie sich dein Körper gegen Krankheitserreger wehrt. Du erfährst etwas über Organe und Zellen des Immunsystems und lernst Vorgänge kennen, durch die der Körper Krankheitserreger bekämpfen kann.

- Du kannst dich über das SARS-CoV-2-Virus informieren und erfährst, weshalb es sich so schnell ausbreitet und welche Schutzmaßnahmen es dagegen gibt.

Jeder Mensch war schon einmal mehr oder weniger schwer erkältet. Aber warum werden wir überhaupt krank und was geschieht in dieser Zeit im Körper?

3.1 Bakterien – nicht nur Krankheitserreger

1 Jemand schöpft Trinkwasser aus einem Fluss.

In Ländern mit unzureichenden hygienischen Bedingungen und schlechter Wasserversorgung leiden Menschen oftmals an einer lebensbedrohlichen Durchfallerkrankung, der Cholera. Was ist die Ursache dieser Krankheit?

Krank machende Bakterien • Wenn kein sauberes Trinkwasser zur Verfügung steht, ist die Gefahr, an Cholera zu erkranken, besonders hoch. Die Cholera wird von einer bestimmten Bakterienart hervorgerufen, die in verschmutztem Wasser vorkommen kann. Wenn sich Cholerabakterien im Körper des Menschen stark vermehren, sind schwere und lang andauernde Durchfälle die Folge. Dadurch kann es zu einem so starken Verlust an Wasser und Mineralstoffen kommen, dass die erkrankten Menschen sterben.

Verlauf einer Infektionskrankheit • Das Eindringen von Krankheitserregern wie Bakterien in den Körper wird als Ansteckung oder **Infektion** bezeichnet. Man kann sich durch verunreinigtes Wasser oder verdorbene Nahrungsmittel mit Bakterien infizieren oder über verunreinigte Gegenstände und Oberflächen. Andere Bakterien, wie die Erreger der Lungenentzündung, werden durch den Kontakt mit infizierten Menschen übertragen. Die Übertragung erfolgt zum Beispiel über die beim Niesen herausgeschleuderten Flüssigkeitströpfchen. Dies nennt man **Tröpfcheninfektion**.

lateinisch *inficere* = anstecken, vergiften, hineintun

Krankheitserscheinungen wie Fieber, Erbrechen, Durchfall oder Schmerzen heißen **Symptome**. Eine häufige Ursache für Symptome bei bakteriellen Erkrankungen sind giftige Stoffe, die von den Bakterien abgegeben werden, sowie die Reaktionen des Körpers auf diese Erreger. Symptome treten erst auf, wenn sich die Erreger im Körper stark vermehrt haben.

Die Zeit zwischen dem Eindringen der Erreger in den Körper und dem Auftreten von ersten Symptomen heißt **Inkubationszeit**. Je nach Erreger liegt sie zwischen mehreren Stunden und einigen Tagen.

Es schließt sich die Phase der **Erkrankung** an. Die Symptome sind deutlich ausgeprägt und dauern je nach Krankheit einige Tage oder Wochen an. Der Körper bekämpft in der Regel die eingedrungenen Krankheitserreger. Dadurch klingen die Symptome bis zum vollständigen Verschwinden ab. Diese abschließende Phase heißt **Gesundung**.

Erkranken viele Menschen in einem Gebiet an der gleichen Infektionskrankheit, spricht man von einer **Epidemie**.

Bau eines Bakteriums • Bakterien sind winzige, einzellige Lebewesen, die nur wenige Tausendstel Millimeter groß sind. Pflanzenzellen sind ungefähr 50-mal größer.
Die Bakterienzelle ist von einer Bakterienzellwand begrenzt, die ganz anders gebaut ist als die Zellwand von Pflanzenzellen. Bei vielen Bakterien befindet sich außen auf der Zellwand noch eine schützende schleimhaltige **Kapsel**. An der Innenseite der Zellwand liegt die Zellmembran des Bakteriums.
Eine Bakterienzelle hat im Gegensatz zu pflanzlichen oder tierischen Zellen keinen Zellkern. Die Erbsubstanz liegt frei im Zellplasma. Mitochondrien und Chloroplasten fehlen. Viele Bakterien besitzen außen einen oder mehrere dünne Fäden, die **Geißeln**, die zur Fortbewegung dienen.

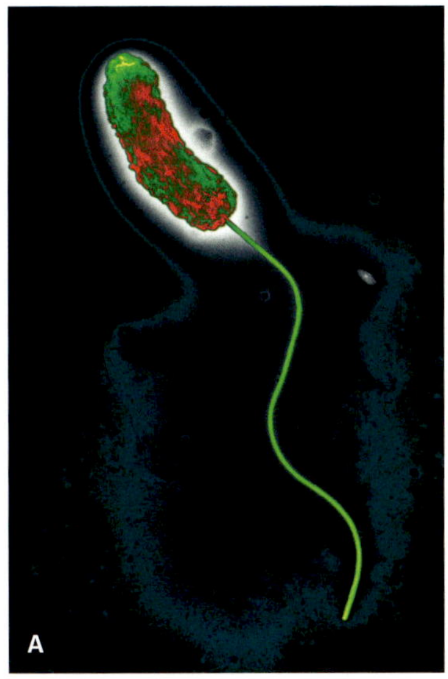

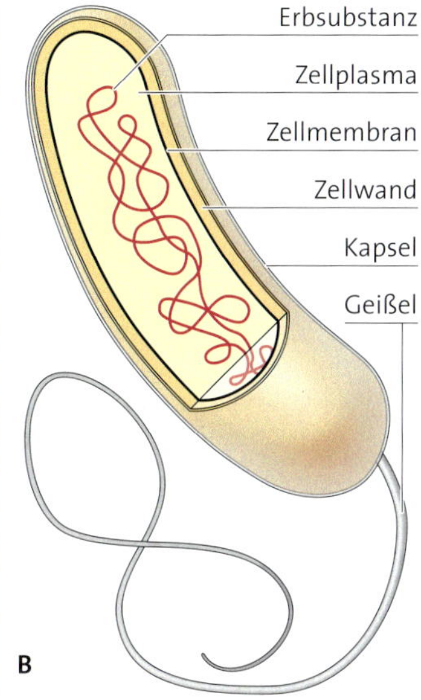

2 Bau einer Bakterienzelle: A mikroskopische Aufnahme, B Schema

Bakterien kommen in vielfältigen Formen vor. So sind **Kokken** kugelig, **Stäbchen** lang gestreckt und **Spirochäten** schraubenförmig (▶ 3–5).

Vermehrung • Alle Bakterien vermehren sich durch **Zellteilung**. Einige Arten können sich alle 20 Minuten teilen und sich so sehr schnell vermehren. Günstige Bedingungen für die Vermehrung der Bakterien sind vor allem Wärme, Feuchtigkeit und ein ausreichendes Nahrungsangebot. Im menschlichen Körper, beispielsweise im Darm oder auch im Blut, finden Bakterien daher ideale Bedingungen vor.

Wenn die Lebensbedingungen ungünstiger werden, können viele Bakterienarten sehr widerstandsfähige **Überdauerungsformen** bilden. Diese sind in der Lage, extreme Bedingungen wie Hitze, Kälte oder Trockenheit lange Zeit zu überstehen. Überdauerungsformen von Bakterien können auch in der Luft über weite Strecken transportiert werden.

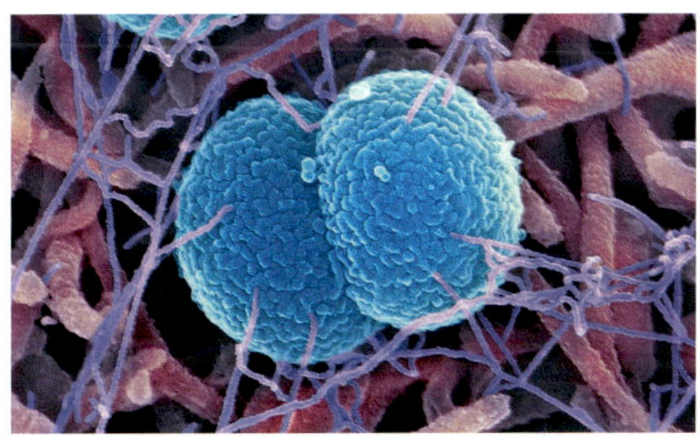
3 Erreger der Hirnhautentzündung

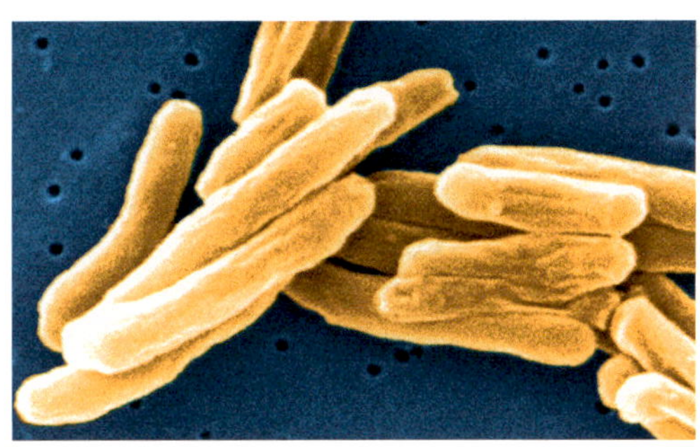
4 Erreger der Tuberkulose

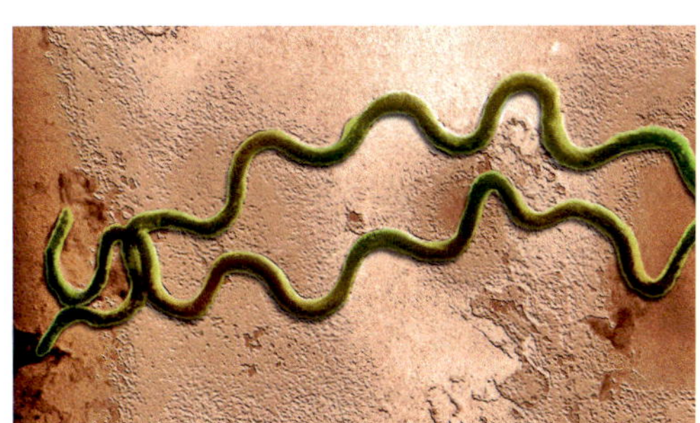
5 Erreger der Syphilis

1 ▢ Nenne die Bedingungen im Körper des Menschen, die eine starke Vermehrung von Bakterien begünstigen können.

2 ▢ Nenne drei Unterschiede im Bau von Bakterien- und Pflanzenzelle.

Robert Koch (1843–1910), deutscher Bakterienforscher

Louis Pasteur (1822–1895), französischer Bakterienforscher

Bedeutung von Bakterien • In nahezu allen Lebensräumen der Erde gibt es Bakterien. Sie kommen im Boden, im Salz- und Süßwasser vor, aber auch in der Luft. Sie leben sowohl am Grund des Meeres in großen Tiefen als auch in kochend heißen Quellen oder auf eiskalten Gletschern. Jede Pflanze, jedes Tier und jeder Mensch ist von unzähligen Bakterien besiedelt. Bakterien kommen meistens in großer Anzahl vor und spielen eine wichtige Rolle in der Natur, beispielsweise als Zersetzer von toten Pflanzen und Tieren. Von den vermutlich mehreren Millionen Bakterienarten der Erde sind nur wenige Hundert für den Menschen bedrohlich.

Von Nutzen sind einige Bakterienarten bei der Herstellung von Lebensmitteln. Milchsäurebakterien werden zum Beispiel für die Herstellung von Joghurt, Quark, Salami oder Sauerkraut benötigt. Essigsäurebakterien nutz man, um Essig aus Wein oder Apfelmost herzustellen.

Bekämpfung von Bakterien • Bis zum Ende des 19. Jahrhunderts waren die Ursachen und Ansteckungswege bakterieller Infektionskrankheiten unbekannt. Die Bakterien, die zum Beispiel Tuberkulose, Typhus, Cholera, Keuchhusten oder Wundstarrkrampf auslösen, konnten damals kaum bekämpft werden. Nachdem **Robert Koch** in Deutschland und **Louis Pasteur** in Frankreich entdeckt hatten, wie bakterielle Infektionskrankheiten entstehen, konnte die Übertragung vieler dieser Krankheiten vor allem durch verbesserte **Hygiene** begrenzt werden.

Seit Beginn des 20. Jahrhunderts stehen darüber hinaus Arzneimittel zur Verfügung, die Bakterien töten oder ihre Vermehrung hemmen, die **Antibiotika**. Allerdings haben manche Bakterienarten Schutzmechanismen, die sie widerstandsfähig gegen Antibiotika machen und ihnen helfen zu überleben. Man nennt sie **resistent**. Diese vermehren sich dann trotz Antibiotikabehandlung.

Blickpunkt

Alexander Fleming entdeckt das Penicillin

1 Fleming in seinem Labor

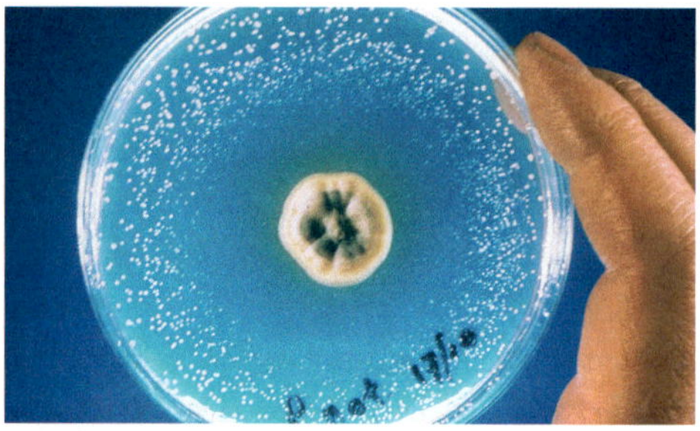

2 Schale mit Bakterien und Schimmelpilzen

Dem schottischen Bakterienforscher Alexander Fleming (1881–1955) fiel beim Aufräumen seines Labors eine Glasschale in die Hände, in der er Bakterien auf einem Nährboden gezüchtet hatte. Er wollte die Schale schon wegwerfen, da sich Schimmelpilze darin angesiedelt hatten. Dabei bemerkte er, dass in der Nähe der Schimmelpilze keine Bakterien wuchsen. Sollte der Schimmelpilz etwa die Vermehrung der Bakterien gehemmt haben? Fleming führte Versuche zur Bestätigung seiner Vermutung durch und konnte zeigen, dass der Schimmelpilz **Penicillium** einen Stoff erzeugt, der die Vermehrung vieler Bakterienarten hemmt. Diesen Stoff nannte er **Penicillin**.
Für die Entdeckung des Penicillins, des ersten **Antibiotikums**, erhielt Fleming 1945 den Nobelpreis für Medizin.

Material A Vermehrung von Bakterien

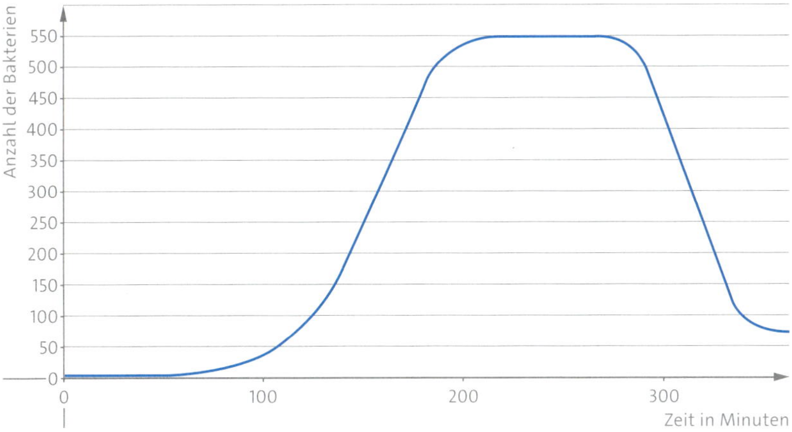

Das Diagramm zeigt das Bakterienwachstum in einer Nährlösung im Laufe der Zeit. Die Lösung enthält eine begrenzte Menge an Nährstoffen.

1 ☐ Beschreibe das im Diagramm dargestellte Ergebnis.

2 ◪ Berechne mit einem Tabellenkalkulationsprogramm die Zahl der Tochterzellen nach 3, 12 und 24 Stunden. Gehe davon aus, dass sich ein Bakterium etwa alle 20 Minuten teilt.

3 ◪ Erkläre den Kurvenverlauf so weit möglich.

4 ■ Stelle eine Vermutung an, weshalb eine bakterielle Krankheit nicht sofort nach der Infektion ausbricht.

Material B Infektionen und Vorbeugung

Steckbrief

Pest

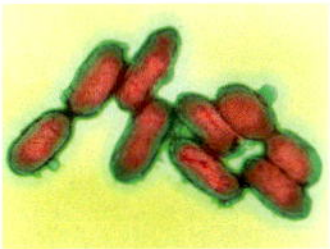

Im Mittelalter erlagen der Pest in Europa viele Millionen Menschen. Heute ist sie nahezu ausgerottet. Eine Form, die Beulenpest, äußert sich mit Kopf- und Gliederschmerzen sowie beulenartigen Schwellungen am Körper. Unbehandelt endet diese nach wenigen Tagen häufig tödlich. Die Beulenpest wird durch den Stich eines Rattenflohs übertragen.

Steckbrief

Tripper

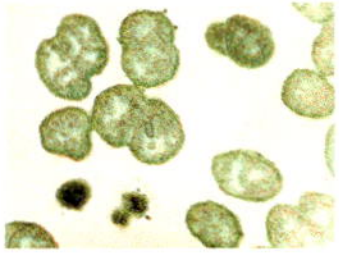

Der Tripper (Gonorrhoe) ist eine der häufigsten durch Geschlechtsverkehr übertragbaren Krankheiten. Die Inkubationszeit beträgt 2–3 Tage. Bei Männern treten schmerzhafte Entzündungen der Harnröhre auf, bei Frauen eitrige Ausflüsse aus der Scheide. Der Erreger kann von infizierten Schwangeren bei der Geburt auf das Kind übertragen werden.

Steckbrief

Scharlach

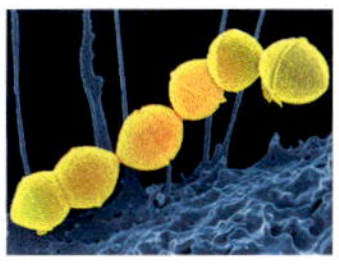

Diese Infektionskrankheit von Gaumen und Rachen tritt häufig bei Kindern auf. Symptome sind Halsschmerzen, eine scharlachrote Zunge, Schluckbeschwerden und Fieber. Hustet oder niest ein an Scharlach erkrankter Mensch, gelangen feinste Flüssigkeitströpfchen mit Bakterien in die Umgebung, wodurch der Erreger sehr leicht auf andere übertragen wird.

1 ◪ Vergleiche die Übertragungswege der oben beschriebenen bakteriellen Infektionskrankheiten.

2 ☐ Beschreibe Maßnahmen, mit denen man sich vor der Infektion mit den jeweiligen Erregern schützen kann.

3 ◪ Stelle Vermutungen an, weshalb im Mittelalter so viele Menschen an der Pest erkrankten.

Nach Naturkatastrophen, zum Beispiel nach einem Erdbeben oder Überschwemmungen, treten häufig Choleraepidemien auf, die sich über große Gebiete ausbreiten. Scharlachepidemien dagegen bleiben meistens örtlich begrenzt.

4 ◪ Stelle Vermutungen an, wie der Unterschied in der Ausbreitung von Cholera und Scharlach erklärt werden könnte.

3.2 Viren als Krankheitserreger

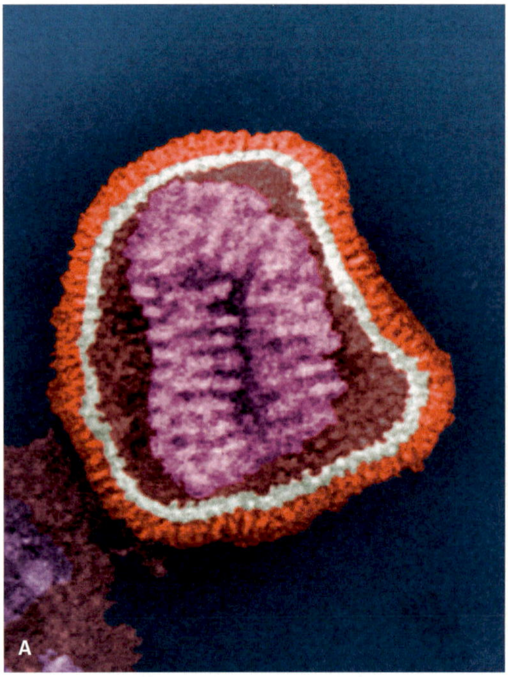

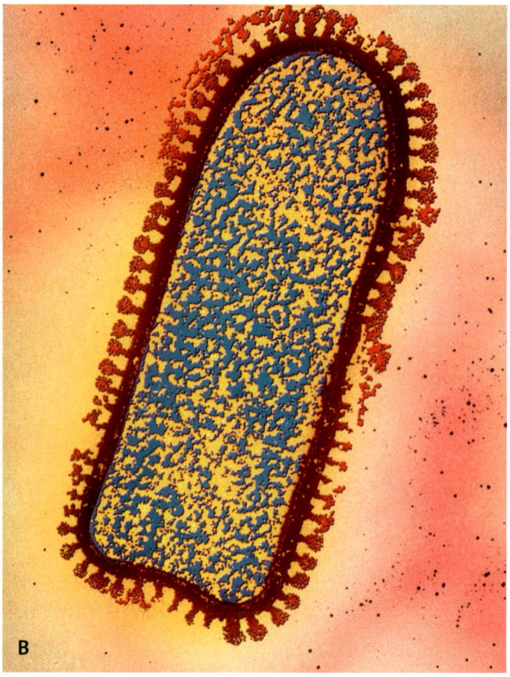

1 Viren im Elektronenmikroskop, (koloriert):
A Grippevirus,
B Tollwutvirus

Früher glaubte man, dass viele Krankheiten, für die man keine Erreger nachweisen konnte, durch Giftstoffe verursacht wurden. Diese Stoffe bezeichnete man daher als Virus – dem lateinischen Wort für Gift. Erst mit dem Elektronenmikroskop konnte man Viren sichtbar machen und ihre Vielfalt aufzeigen. Was sind Viren?

Bau von Viren • Um 1900 fand man heraus, dass Viren noch kleiner sein müssen als Bakterien. Ließ man nämlich eine Flüssigkeit mit Viren durch einen Filter laufen, der Bakterien zurückhält, konnte man die Viren damit nicht auffangen. Heute ist bekannt, dass Viren nur etwa ein zehntausendstel Millimeter Durchmesser haben und deshalb nur im Elektronenmikroskop sichtbar sind.

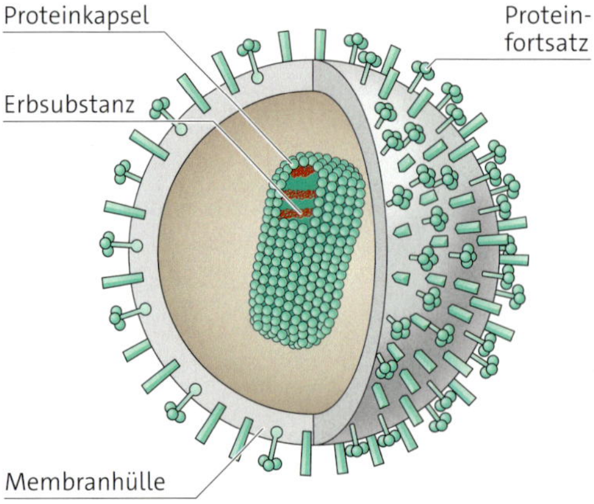

2 Bau des Grippevirus

Manche Viren bestehen lediglich aus einer **Proteinkapsel** und einer **Erbsubstanz.** Viele Viren, zum Beispiel Grippeviren, sind zusätzlich noch von einer Membranhülle umschlossen, die viele Proteinfortsätze oder Spikes trägt. Es gibt eine Vielzahl verschiedener Viren, die sich in der Größe, dem Bau der Proteinkapsel sowie der Art und Menge der Erbsubstanz unterscheiden.

Vermehrung • Kommt ein Virus in Kontakt mit einer Wirtszelle, bleibt es mit seinen Fortsätzen an Strukturen auf der Zellmembran, den **Rezeptoren**, haften. Danach wird das Virus meist von der Membran umschlossen und in einem Membranbläschen in die Zelle aufgenommen. Dort lösen sich das Membranbläschen und die Proteinkapsel auf.

Die Erbsubstanz gelangt ins Zellplasma der Wirtszelle und schließlich in den Zellkern. Dort veranlasst sie die Zelle, Virusbausteine herzustellen.

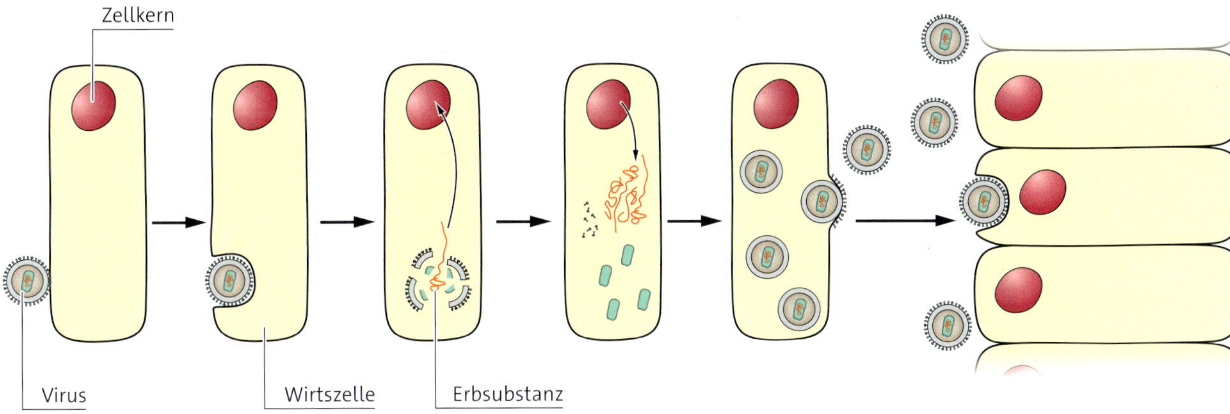

3 Vermehrung von Viren (▶)

Diese Bausteine fügen sich von selbst zu zahlreichen neuen Viren zusammen. Viren mit Membranhülle verlassen die Zelle, indem sie sich an der Zellmembran abschnüren und sich dabei mit einem Stück der Zellmembran umhüllen. Bei Viren ohne Membranhülle platzt meist die Zelle und neue Viren werden frei. Die neue Virengeneration kann jetzt weitere Zellen befallen.

Viruserkrankungen • Viren können viele Krankheiten verursachen. Beim Menschen sind das zum Beispiel Grippe, Herpes, Masern, Pocken, Windpocken, Röteln, Mumps, Kinderlähmung und Tollwut. Die Unterschiede der Krankheiten sind darauf zurückzuführen, dass jeweils unterschiedliche Wirtszellen zerstört werden.
Bei Grippe sind vor allem die Schleimhautzellen der Atemwege betroffen. Nach einer Infektion treten zunächst Symptome wie Niesen und Husten auf. Dadurch werden die Grippeviren, in feinste Schleimtröpfchen verpackt, in die Luft geschleudert. Die Übertragung erfolgt durch Tröpfcheninfektion, die Inkubationszeit beträgt 1–3 Tage. Weitere typische Symptome von Grippe sind plötzliches Fieber von 38,5 bis 40 °C, das meist länger als 3 Tage anhält, oft auch Erbrechen und Durchfall sowie Schwächegefühl.
Tollwut wird direkt übertragen, zum Beispiel durch den Biss eines infizierten Fuchses. Man spricht von **Kontaktinfektion**. Die Inkubationszeit beträgt 1–6 Monate. Das Tollwutvirus schädigt Nervenzellen. Eine Erkrankung an Tollwut endet ohne Behandlung meistens tödlich.

Steckbrief Masern

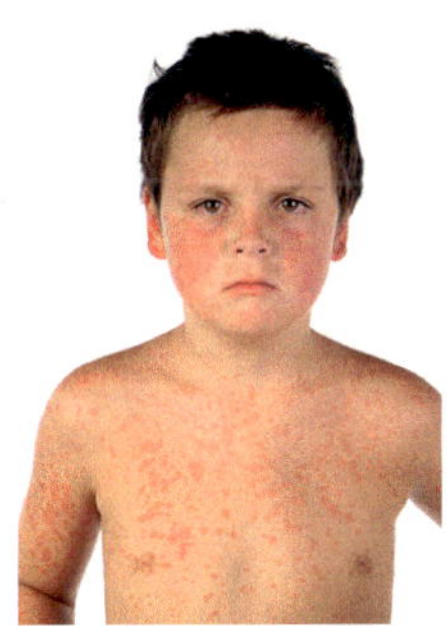

Übertragung: Tröpfcheninfektion
Inkubationszeit: 8–14 Tage
Symptome: Schnupfen, Husten und Fieber; nach 4 Tagen rote Flecken am Körper, der Masernausschlag; Rückgang des Fiebers am 7. bis 8. Tag. Seltene Folge kann eine Hirnhautentzündung sein.
Behandlung: Schutzimpfung; bei Erkrankung fiebersenkende Maßnahmen

Steckbrief Mumps

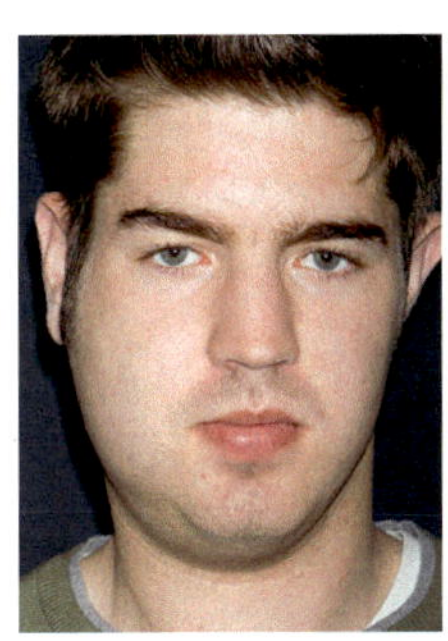

Übertragung: Tröpfchen- oder Kontaktinfektion
Inkubationszeit: 12–25 Tage
Symptome: Fieber, Kopfschmerzen, Erbrechen; Schwellung der Ohrspeicheldrüsen, „Hamsterbacken". Seltene Folge bei Jungen kann eine Hodenentzündung sein.
Behandlung: Schutzimpfung; bei Erkrankung fiebersenkende Maßnahmen

1 ☐ Beschreibe Bau und Vermehrung eines Virus.

2 ☐ Erkläre den Unterschied zwischen Erkrankung und Inkubationszeit.

3.3 Weitere Krankheitserreger

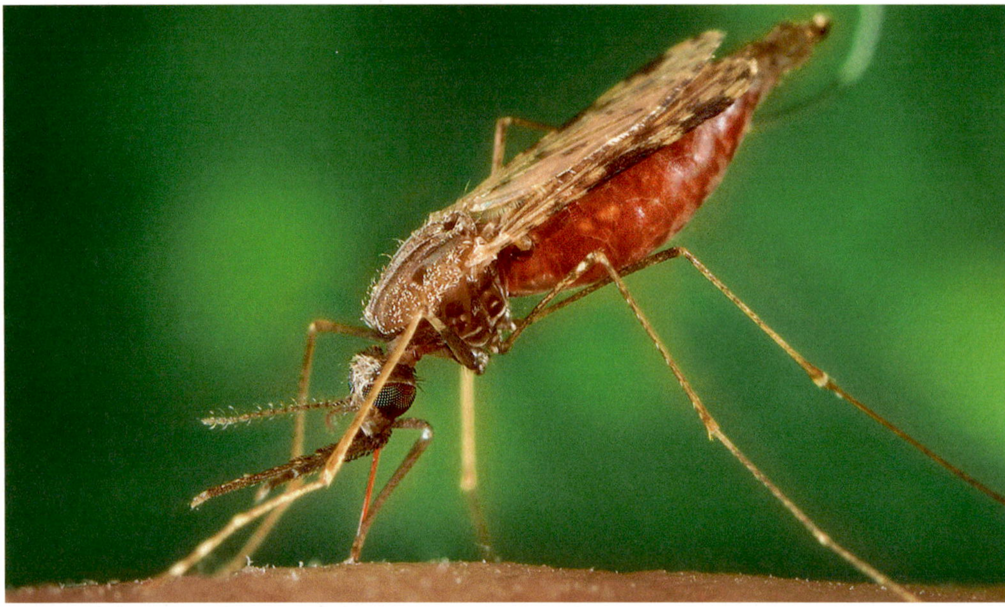

1 Weibchen einer *Anopheles*-Mücke

Ein Mückenstich ist lästig, macht uns aber normalerweise nicht krank. In vielen tropischen Ländern jedoch können Mücken Krankheitserreger übertragen, die schwere Krankheiten verursachen. Welche Krankheitserreger sind das?

Einzellige Krankheitserreger • Nur die Weibchen von Stechmücken ernähren sich von Blut. Sie suchen vor allem in der Dämmerung ihre Opfer auf. Die Mücken selbst sind für Menschen ungefährlich. Vor allem in den Tropen tragen Stechmücken der Gattung *Anopheles* aber häufig Krankheitserreger in sich, die weder Bakterien noch Viren sind. Es sind bestimmte einzellige **Parasiten**, die **Sporentierchen**. Ein Parasit ist ein Lebewesen, das einem anderen Lebewesen, dem **Wirt**, Nahrung entzieht. Der Wirt wird dadurch geschädigt, aber meist nicht getötet.

Hat eine Mücke ihren Stechrüssel in die Haut eines Menschen eingestochen, gibt sie zunächst etwas Speichelflüssigkeit in die Wunde ab, damit das Blut beim Einsaugen nicht gerinnt. Dadurch gelangen die Sporentierchen in das menschliche Blut.
Durch den Blutkreislauf werden die Sporentierchen rasch zur Leber transportiert. In den Leberzellen vermehren sie sich sehr stark. Innerhalb einer Woche entstehen in jeder befallenen Leberzelle zwischen 10 000 und 30 000 neue Sporentierchen. Die Leberzellen werden dabei zerstört. Die freigesetzten Sporentierchen dringen dann in rote Blutzellen ein, in denen sie sich erneut vermehren.
Nach der Vermehrung der Sporentierchen platzen alle Blutzellen meistens gleichzeitig. Dadurch gelangen sehr viele Sporentierchen sowie ihre ausgeschiedenen Giftstoffe schlagartig ins Blut. Dies löst bei den Betroffenen heftiges Fieber aus. Man nennt die ***Anopheles*-Mücke** daher auch Fiebermücke. Erneut dringen dann die Krankheitserreger in weitere rote Blutzellen ein und vermehren sich dort.

Je nach der Art des Sporentierchens erfolgt ein Vermehrungsvorgang unregelmäßig oder dauert 2 oder 3 Tage, sodass die Fieberanfälle in diesen Abständen auftreten. Die von den Sporentierchen hervorgerufene Krankheit nennt man daher auch Wechselfieber oder **Malaria**.
Nach mehreren Fieberanfällen ist das Blut mit Sporentierchen überschwemmt. Saugt eine Fiebermücke bei einem infizierten Menschen Blut, nimmt sie Sporentierchen auf. Diese entwickeln

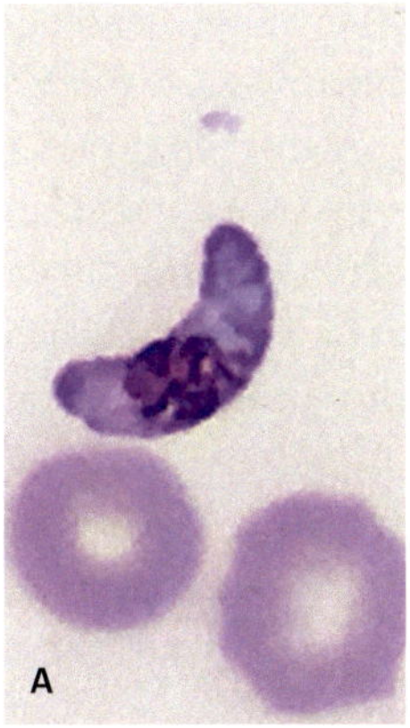

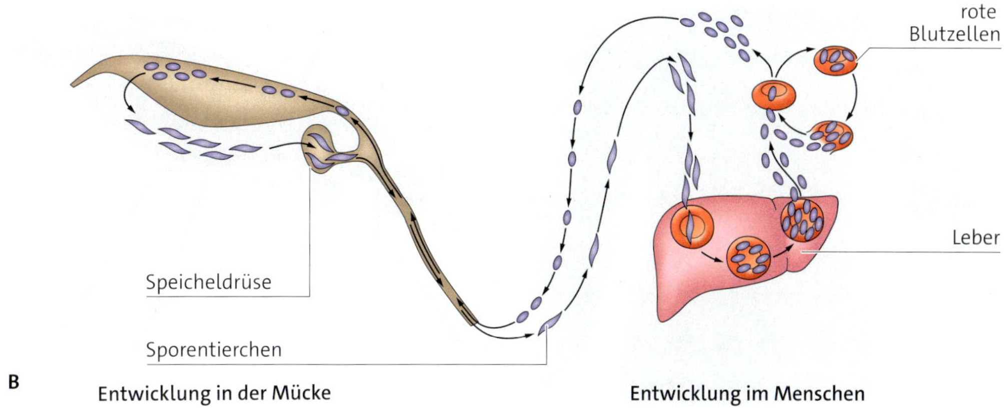

2 Malariaerreger: A lichtmikroskopisches Bild, B Entwicklung (▶)

und vermehren sich in der Mücke. Da der Malariaerreger für seine Entwicklung und Verbreitung zwei verschiedene Wirte benötigt, die Mücke und den Menschen, zwischen denen er wechselt, spricht man von einer Entwicklung mit **Wirtswechsel**.

Etwa 240 Millionen Menschen weltweit leiden unter Malaria, von denen mehr als 600 000 Menschen jährlich daran sterben. Vor Reisen in Malariagebiete sollte man sich deshalb über geeignete Schutzmaßnahmen informieren. Weil Medikamente keinen vollständigen Schutz vor Malaria bieten können, muss man die Übertragung des Malariaerregers verhindern, unter anderem mit Mückennetzen.

Rinderbandwurm • Im Körper von Wirbeltieren können sich Krankheitserreger befinden, die aus einem kugeligen Kopf mit Saugnäpfen und 1 000 bis 2 000 gleichartigen flachen Körpergliedern bestehen, die zu einem bis zu 10 m langen Band aneinandergereiht sind. Man nennt sie daher **Bandwürmer.** Sie benötigen für ihre Entwicklung und Verbreitung einen Wirtswechsel.

Rind und Mensch sind Wirte, zwischen denen der **Rinderbandwurm** wechselt. Menschen infizieren sich durch den Verzehr von rohem Rindfleisch, das abgekapselte Entwicklungsstadien des Rinderbandwurms enthält, die **Finnen**. Die aufgenommenen Finnen entwickeln sich im menschlichen Dünndarm zu Bandwürmern. Befallene Menschen leiden unter Übelkeit, Durchfall und Hungergefühl.

Bandwürmer zeigen eine Reihe von Angepasstheiten an ihre Lebensweise im Darm. Weil sie gelöste Nährstoffe über ihre Körperoberfläche aufnehmen, haben sie weder Mund noch Darm noch After. Mit den Saugnäpfen am Kopf halten sie sich im Darm des Menschen fest. Da Bandwürmer innerhalb ihres Wirtes leben und ihm Nährstoffe entziehen, bezeichnet man sie als **Innenparasiten.** Bandwürmer sind Zwitter und können sich selbst befruchten. In den hintersten Körpergliedern des Bandwurms werden bis zu 80 000 Eier je Glied gebildet. Diese Glieder lösen sich ab und werden mit dem Kot ausgeschieden. Nehmen Rinder die Eier mit der Nahrung auf, schlüpfen daraus Larven, die über das Blut in die Skelettmuskulatur gelangen und dort neue Finnen bilden.

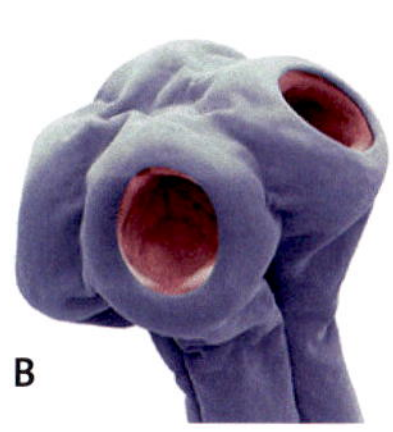

3 Rinderbandwurm: A Bandwurm, B Kopf

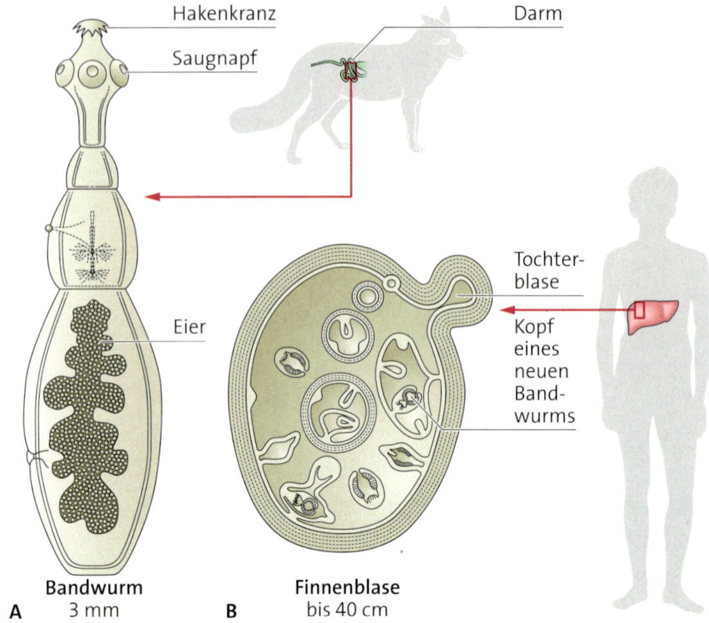

1 Fuchsbandwurm: A Bandwurm, B Finnenblase

Fuchsbandwurm • Füchse beherbergen in ihrem Darm oft einen nur aus drei Körpergliedern bestehenden Bandwurm, den **Fuchsbandwurm.** Mit dem Kot scheidet der Fuchs die Bandwurmeier aus, die häufig von Mäusen aufgenommen werden. In den Mäusen schlüpfen aus den Eiern Larven, die **Finnen**. Die Larven wandern vor allem in die Leber und bilden dort große **Finnenblasen** aus. Diese können Tochterblasen abschnüren, die sich wieder in der Leber festsetzen und sie so schwer schädigen, dass die Maus stirbt. Durch den Verzehr infizierter Mäuse gelangen die Larven wieder in den Darm des Fuchses und entwickeln sich zu einem Bandwurm. Nehmen Menschen, zum Beispiel mit ungewaschenen Waldbeeren, die Eier des Fuchsbandwurms auf, können sie das gleiche Schicksal erleiden wie infizierte Mäuse. Die bis zu kindskopfgroßen Finnenblasen in der menschlichen Leber sind nur durch schwierige Operationen zu entfernen. Häufig sterben Menschen an dieser Infektion. Da dieser Bandwurm nicht nur in Füchsen, sondern auch in Hunden und Katzen leben kann, erhöht sich die Gefahr für die Menschen in den Verbreitungsgebieten des Fuchsbandwurms.

Außenparasiten als Überträger • Ebenso wie Mückenweibchen ernähren sich auch Zecken, Flöhe und Läuse von Blut. Da sie außen an ihrem Wirt leben, spricht man von **Außenparasiten.** Sie selbst sind für Menschen eigentlich harmlos, können aber gefährliche Krankheitserreger übertragen.
Manche Zecken übertragen ein Virus, das die **Frühsommermeningoenzephalitis** (FSME), eine gefährliche Hirnhautentzündung, verursacht. Gegen FSME-Viren gibt es eine Schutzimpfung.
Viele Zecken beherbergen das Borreliose-Bakterium. Es gelangt meist erst Stunden nach dem Stich in den Wirt. Häufig ist dies an einer größer werdenden Rötung um die Einstichstelle erkennbar. Eine rasche Behandlung mit Antibiotika kann die Erreger bekämpfen. Unbehandelt kann es schwere Gelenk- und Nervenschmerzen verursachen, die **Borreliose**.

Flöhe können sehr weit springen und damit auch leicht von Wirt zu Wirt gelangen. Rattenflöhe können so den Erreger der Pest auf den Menschen übertragen.
Im Unterschied zu Zecken und Flöhen bewohnen Läuse ihren Wirt dauerhaft. Oft wird ein Befall mit Kopfläusen erst aufgrund ihrer Eier, der **Nissen**, festgestellt. Man sieht sie als kleine weiße Punkte an den Haaren kleben. Kopfläuse verursachen meistens nur einen kräftigen Juckreiz.

2 Außenparasiten: A Zecke, B Floh, C Kopflaus

Material A Malaria

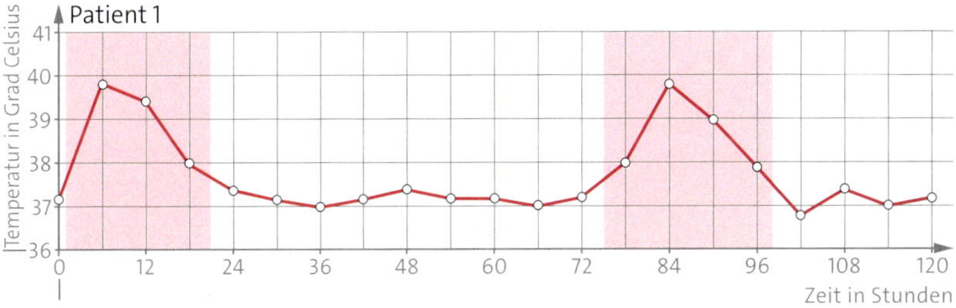

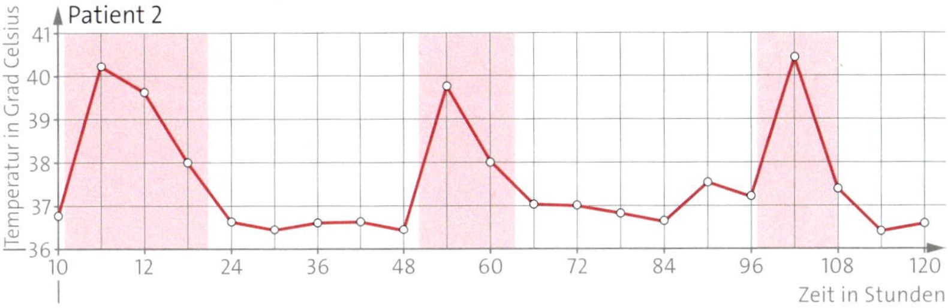

In der Abbildung sind typische Fieberkurven von zwei Patienten zu sehen, die sich mit unterschiedlichen Malariaerregern infizierten.

Im Jahr 1945 gab es eine Malariaepidemie in Südwestdeutschland. Damals kamen sehr viele Flüchtlinge, Heimkehrer und Kriegsgefangene nach Deutschland zurück, von denen einige mit Malariaerregern infiziert waren. Das nach dem Krieg zerstörte Land bot zahlreiche Brutplätze für Mücken, zum Beispiel die Rheinauen oder mit Wasser gefüllte Bombentrichter. Zudem gab es einen extrem heißen Sommer mit konstant hohen Temperaturen, sodass sich die *Anopheles*-Mücken und damit auch die Erreger der Malaria rasant vermehren konnten.

1 Vergleiche die unterschiedlichen Malariaerreger anhand der Kurvenverläufe.

2 Formuliere eine Hypothese zur unterschiedlichen Gefährlichkeit der beiden Erreger.

3 Beschreibe die Bedingungen, unter denen Malaria auch in Deutschland auftreten kann.

4 Informiere dich im Internet über die Verbreitung von Malaria. Nenne jeweils drei Länder mit einem geringen, hohen und sehr hohen Malariarisiko.

Material B Bandwürmer

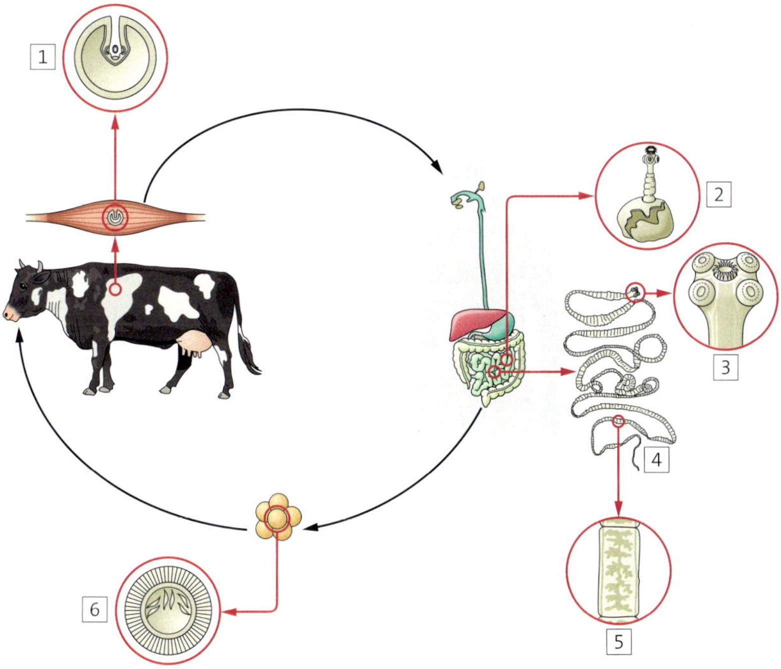

1 Formuliere eine passende Überschrift für die Abbildung.

2 Ordne den Zahlen die passenden Fachbegriffe zu.

3 Beschreibe das biologische Prinzip der Angepasstheit am Beispiel des Rinderbandwurms.

4 Vergleiche die Ursachen der Erkrankungen beim Rinder- und Fuchsbandwurm.

5 Begründe Stellen im Zyklus, an denen man den Rinderbandwurm bekämpfen kann.

6 Begründe, weshalb man sich nach dem Streicheln eines Hundes oder einer Katze die Hände waschen sollte.

3.4 Abwehr von Krankheitserregern

1 Krank im Bett

„Ohne Arzneimittel dauert eine Erkältung sieben Tage, mit Medikamenten eine Woche", sagt der Volksmund. Wie wehrt sich der Körper gegen Krankheitserreger?

Der Körper reagiert mit einem sehr komplizierten dreistufigen Abwehrsystem auf Krankheitserreger. Einerseits verhindert es das Eindringen in den Körper, andererseits bekämpft es Erreger, die in den Körper gelangt sind.

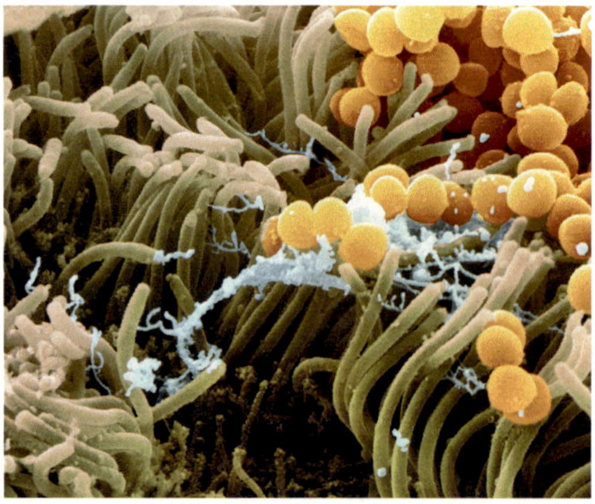

2 Schleimhaut mit Flimmerhärchen und Bakterien im Elektronenmikroskop (koloriert)

Erste Stufe: Schutzbarrieren • In der Haut liegen die Zellen dicht beieinander und verhindern, dass Krankheitserreger und fremde Substanzen eindringen. Zudem scheiden Drüsen in der Haut ständig Stoffe aus, die einen natürlichen Säureschutzmantel bilden. Auch die natürlicherweise auf der Haut lebenden Bakterien verdrängen schädliche Erreger. Die Haut ist also eine Schutzbarriere.
Die Körperöffnungen, vor allem Mund, Nase und die Geschlechtsöffnungen, sowie der Darm sind mit Schleimhäuten ausgekleidet. Diese sind zwar dünn und leicht verletzbar, der kontinuierlich produzierte Schleim enthält aber Abwehrstoffe und hält Erreger fest. Schleim und Erreger werden durch Flimmerhärchen in den Atemwegen sowie durch Husten, Tränenflüssigkeit, Naselaufen, Stuhlgang und Wasserlassen aus dem Körper herausbefördert. Bakterien, die über die Speiseröhre in den Magen gelangen, werden in der Regel durch die Magensäure abgetötet.

Zweite Stufe: Unspezifische Abwehr • Falls Erreger in den Körper eindringen, werden sie von weißen Blutzellen bekämpft. Diese erkennen, ob Zellen oder Partikel fremd sind oder zum eigenen Körper gehören. Manche weißen Blutzellen bewegen sich kriechend fort. Auf diese Weise können sie Blutgefäße verlassen und im Gewebe patrouillieren. Sie umfließen Krankheitserreger oder Fremdkörper und nehmen sie so in ihr Zellinneres auf. Dort werden die Erreger aufgelöst. Man nennt diese Zellen **Fresszellen.**

Wenn sie Erreger erkennen, geben die Fresszellen auch Signalstoffe ab. Dadurch werden weitere Fresszellen angelockt. Außerdem werden die Blutgefäße erweitert und ihre Wände durchlässiger. Die angelockten Zellen können so besser in das umliegende Gewebe gelangen und die eingedrungenen Erreger bekämpfen. Weil auch mehr Flüssigkeit in das Gewebe gedrückt wird, schwillt es an. Durch die stärkere Durchblutung rötet und erwärmt es sich. Häufig führt die Schwellung zu Schmerzen. Diese örtlich begrenzte Reaktion des Körpers bezeichnet man als **Entzündung.** Aus abgestorbenen Fresszellen, zerstörten körpereigenen Zellen und Erregern kann sich eine gelbliche Flüssigkeit bilden, der **Eiter.**

Wenn sich Krankheitserreger stark vermehrt haben, ist die Reaktion häufig nicht lokal begrenzt: Die erhöhte Temperatur bei **Fieber** schädigt Krankheitserreger im ganzen Körper und lässt alle Stoffwechselvorgänge schneller ablaufen. So werden auch die Abwehrreaktionen beschleunigt.

Alle diese Reaktionen des Körpers sind nicht gegen bestimmte Erreger gerichtet. Deshalb ordnet man sie der **unspezifischen Abwehr** zu. Schutzbarrieren und unspezifische Abwehr sind uns **angeboren.** Man bezeichnet die unspezifische Abwehr daher auch als **angeborene Immunabwehr.**

Lymphe • Aus den Blutgefäßen dringt ständig etwas Blutplasma ins Gewebe. Deshalb befindet sich zwischen allen Körperzellen Flüssigkeit, die **Lymphe.** Sie fließt in Lymphkapillaren, die sich zu immer größeren Lymphgefäßen vereinigen. Schließlich münden diese in der Nähe des Herzens in eine Vene, über die die Lymphe zurück in den Blutkreislauf gelangt.
An vielen Stellen erweitern sich die Lymphgefäße zu kleinen, rundlichen **Lymphknoten.** Hier prüfen verschiedene weiße Blutzellen die durchfließende Lymphe auf Fremdstoffe. Bei Infektionen schwellen die Lymphknoten an und können deshalb schmerzen. Außerdem lassen sie sich ertasten. Dies ist ein Symptom für eine Infektion.

1 ☐ Nenne verschiedene Schutzbarrieren.

2 ◪ Stelle die unspezifische Abwehr in Form eines Flussdiagramms dar.

lateinisch *specificus* = der Art entsprechend, besonders

französisch *Patrouille* = Wachgang

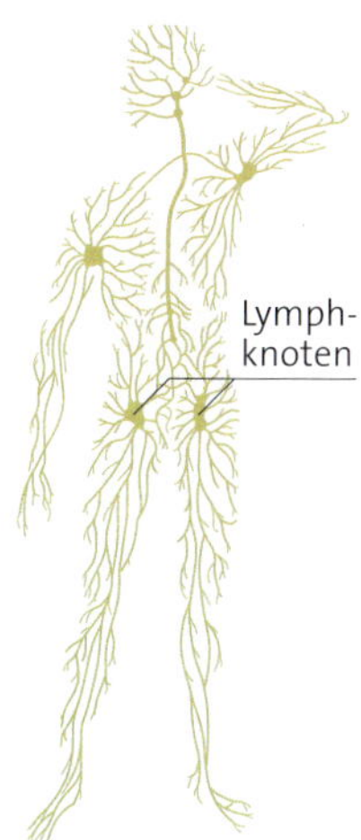

3 Lymphgefäßsystem

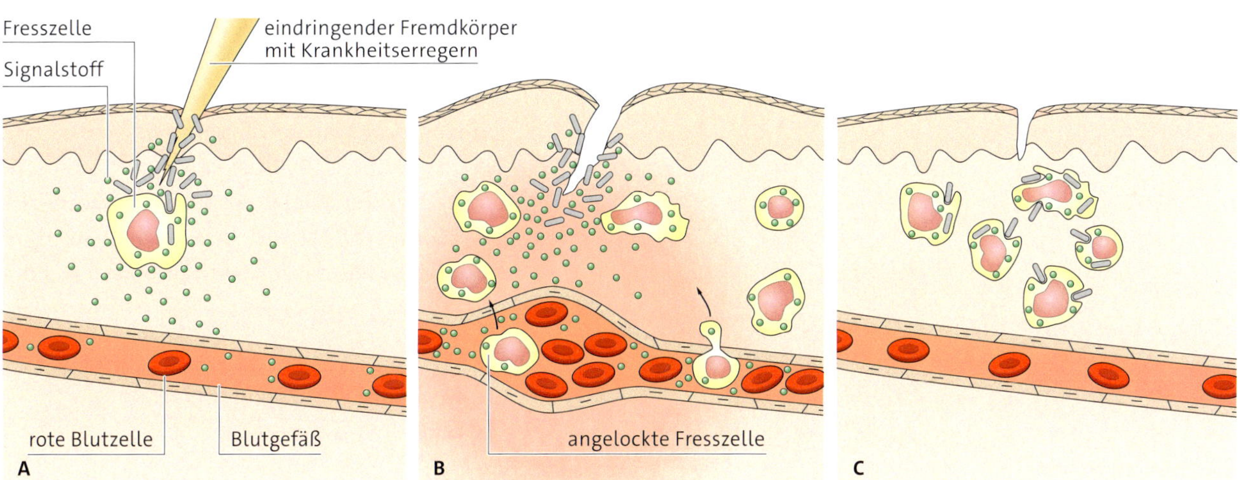

4 Entzündung: Reaktion auf das Eindringen von Krankheitserregern (▶ [▣])

lateinisch *anti*
= gegen
Antigen
= Kurzform für
Antikörper generierend, bedeutet: lässt Antikörper entstehen

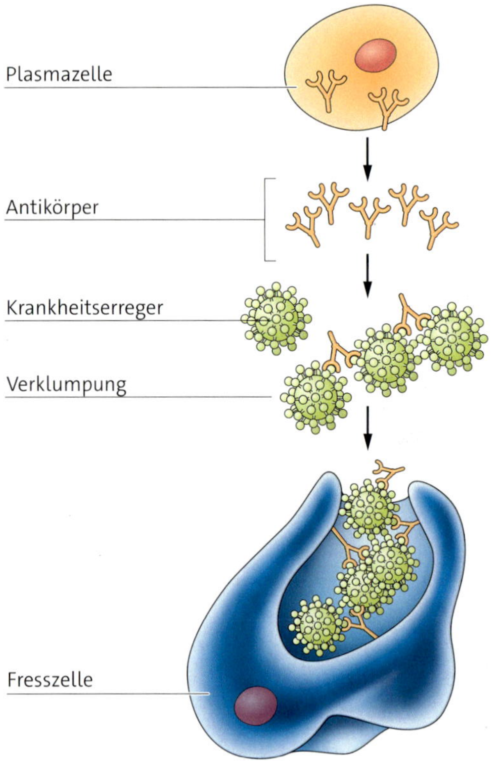

1 Spezifische Immunabwehr durch Antikörper

lateinisch *immunis*
= frei, unberührt

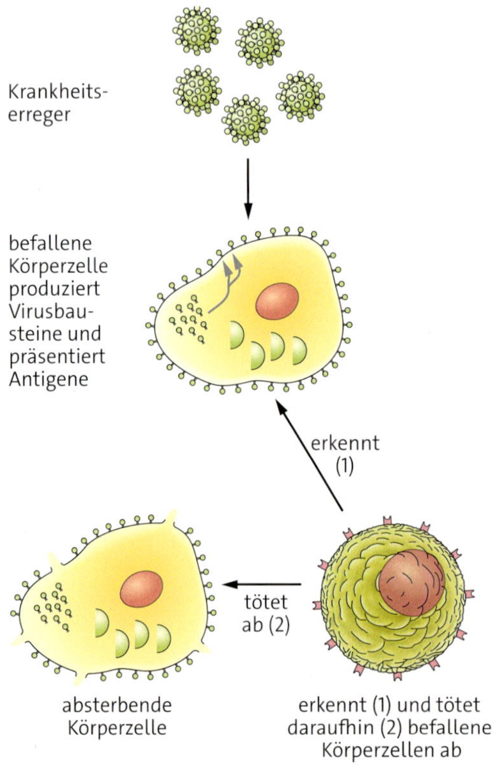

2 Spezifische Immunabwehr durch Killerzellen

Dritte Stufe: Spezifische Abwehr • Die unspezifische Abwehr erfolgt schnell, sie kann Krankheitserreger jedoch nicht immer ausreichend an der Vermehrung hindern. Doch es gibt noch eine effektivere Abwehrreaktion.

Jedes Bakterium, jedes Virus trägt auf seiner Oberfläche charakteristische Strukturen, die **Antigene.** Durch sie sind alle Krankheiterreger unterscheidbar. So können bestimmte weiße Blutzellen, die **Plasmazellen,** Abwehrstoffe bilden, die sich nur gegen einen bestimmten Erreger richten. Diese Abwehrstoffe heißen **Antikörper.** Falls Grippeviren in den Körper eindringen, werden beispielsweise Antikörper gebildet, die nur zu den **Antigenen** dieser Grippeviren passen, wie ein Schlüssel zu seinem Schloss. Jeder Antikörper hat zwei Bindungsstellen für die gleichen Antigene und kann zwei Viren miteinander verbinden. Mehrere Antikörper bewirken so eine Verklumpung vieler Erreger. Diesen Vorgang bezeichnet man als **Antigen-Antikörper-Reaktion.** Fresszellen können nun in einem einzigen Fressvorgang viele Erreger einschließen. Grippeviren, die durch Antikörper und Fresszellen nicht unschädlich gemacht wurden, dringen in Körperzellen ein und werden dort vermehrt. Die befallenen Körperzellen befestigen Bruchstücke der Viren an ihrer Oberfläche, man sagt: Sie **präsentieren Antigene**. So kann eine Sorte weißer Blutzellen die befallenen Körperzellen erkennen und abtöten. Sie werden daher **Killerzellen** genannt. In toten Zellen können Viren nicht vermehrt werden.

Antikörper und Killerzellen wehren gezielt einen bestimmten Krankheitserreger ab. Bei einer erneuten Infektion wird der Körper zudem nicht mehr krank, er ist jetzt **immun** gegen diesen Erreger. Diese gezielte Reaktion heißt deshalb **spezifische Immunabwehr**. Man spricht auch von **erworbener Immunabwehr**, da die Abwehr erst nach Kontakt mit einem Erreger aktiviert wird.

1 ☐ Nenne alle an der Abwehr beteiligten Blutzellen und ihre Funktion.

2 ◪ Stelle die spezifische Immunabwehr in Form einer Concept-Map dar.

Material A Verlauf einer Infektionskrankheit

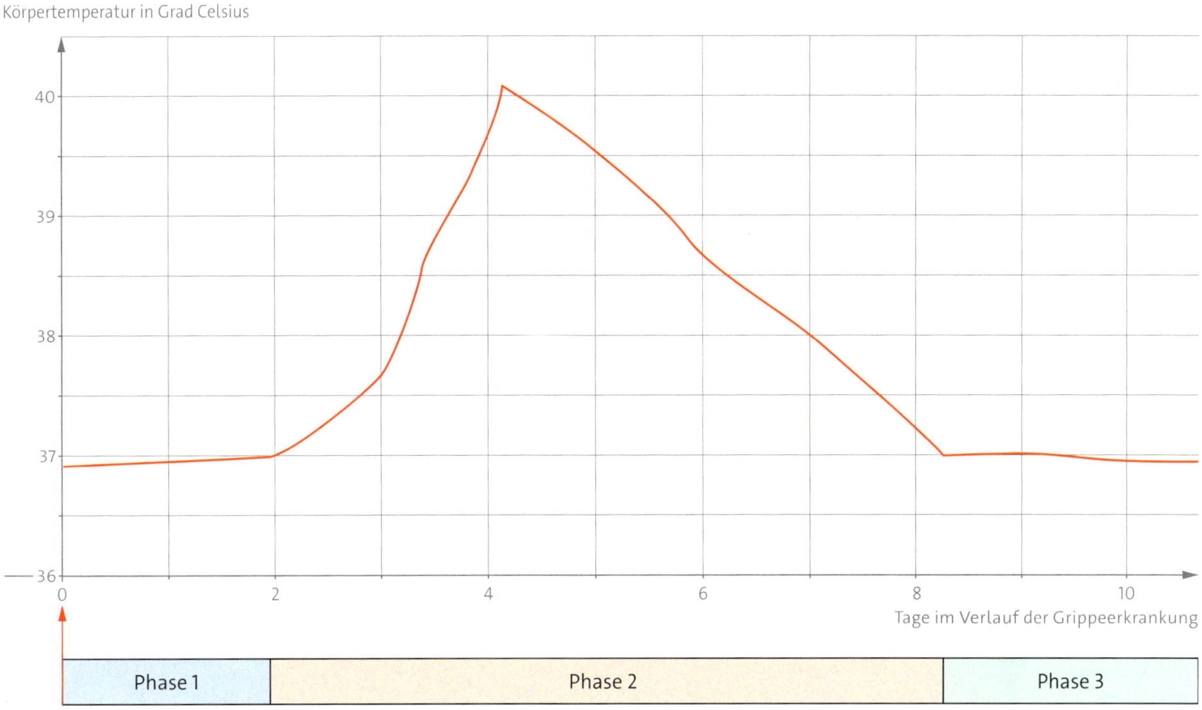

Grippe ist ein virale Infektionskrankheit, die durch Tröpfcheninfektion übertragen werden kann. Grippeviren befallen die Schleimhäute der Atemwege. Typisch für diese Erkrankung ist plötzlich einsetzendes Fieber, das von Schüttelfrost begleitet sein kann. Weitere Symptome sind Hals-, Gelenk- und Kopfschmerzen sowie Reizhusten. Die Krankheit kann 7–14 Tage andauern. Wer an der Grippe erkrankt ist, sollte das Bett hüten und sich isolieren.

1 Beschreibe das Diagramm.

2 Benenne die Phasen 1–3 und beschrifte den Pfeil.

3 Nenne die Phasen, in denen die Patientin oder der Patient für andere ansteckend ist.

4 Erläutere die Funktion von Fieber für den Körper.

5 Beschreibe, was in den verschiedenen Phasen im Körper geschieht.

6 Begründe, weshalb Antibiotika nicht gegen Grippe helfen.

Material B Antikörper

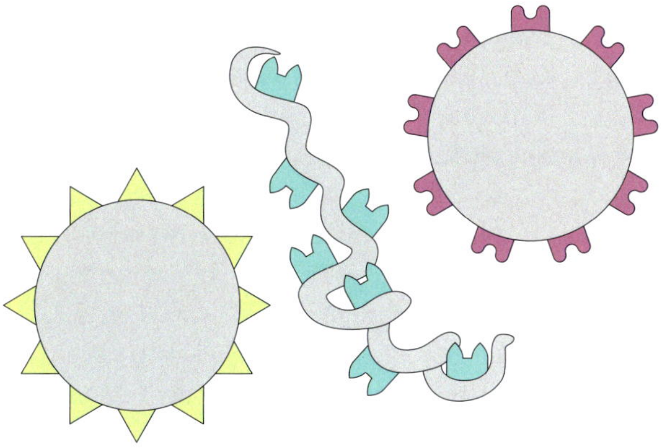

1 Übertrage die drei modellhaft dargestellten Erreger in dein Heft. Zeichne jeweils spezifische Antikörper und beschrifte die Zeichnung.

2 Erkläre mithilfe dieser Beispiele das Schlüssel-Schloss-Prinzip.

3 Erläutere die Vorteile der Bekämpfung von Krankheitserregern durch Antikörper.

4 Beschreibe zwei weitere biologische Zusammenhänge, in denen das Schlüssel-Schloss-Prinzip zur Anwendung kommt.

3.5 Immunisierung

1 Junge mit Windpocken

Ein Junge leidet unter Windpocken, die auf seiner Haut Juckreiz verursachen. Der Name Windpocken leitet sich von der hohen Ansteckungswahrscheinlichkeit ab, da die Viren mehrere Meter über die Luft verbreitet und somit auch ohne direkten Kontakt übertragen werden können. Dennoch erkrankt der Bruder des Jungen nicht, obwohl sich beide häufig in denselben Räumen aufhalten. Wie ist das zu erklären?

Immunität • Wenn die Windpockenviren zum ersten Mal in den Körper eindringen, nehmen weiße Blutzellen des Immunsystems ihre Tätigkeit auf. Fresszellen vernichten die Erreger und Plasmazellen werden aktiviert. Sie vermehren sich und bilden Antikörper gegen die Antigene der Windpockenviren. Allmählich werden dadurch immer mehr Windpockenviren verklumpt und vernichtet.

Die Windpockenviren, die durch die Antikörper nicht abgefangen werden, können bestimmte Körperzellen befallen. Hier greifen jedoch die Killerzellen an. Sie zerstören die befallenen Zellen und verhindern so die Vermehrung der Windpockenviren. Bei dieser **Erstinfektion** läuft die Immunabwehr nicht schnell genug ab, sodass sich die Windpockenerreger trotzdem stark vermehren können. Wie bei dem Jungen kann das Immunsystem daher den Ausbruch der Windpocken nicht verhindern. Vor einigen Jahren ging es seinem Bruder genauso. Weshalb erkrankt der Bruder aber nicht erneut an dieser Kinderkrankheit?

Bei der Erstinfektion wird noch ein weiterer Vorgang eingeleitet. Es bilden sich nicht nur Zellen, die Antikörper produzieren, sondern auch Zellen, die die Information speichern, dass es sich um Windpocken-Antigene handelt. Sie heißen daher **Gedächtniszellen.** Wenn Jahre später bei einer **Zweitinfektion** die Windpockenviren wieder in den Körper eindringen, sorgen die zahlreich vorhandenen Gedächtniszellen dafür, dass in kürzester Zeit eine große Anzahl an Antikörpern gebildet wird.

Die Windpockenviren werden so schnell bekämpft, bevor sie sich stark vermehren können. Der Körper ist gegen diesen Krankheitserreger **immun** geworden, sodass die Krankheit nicht ausbricht. Der Bruder ist also nach der Erstinfektion geschützt.

Aktive Immunisierung • Neben den vergleichsweise harmlosen Symptomen können bei einer Windpockenerkrankung auch schwere Krankheitserscheinungen auftreten, zum Beispiel eine Hirnhautentzündung mit bleibenden Ausfällen von Gehirnfunktionen. Ärztinnen und Ärzte empfehlen daher schon für das frühe Kleinkindesalter eine vorbeugende Behandlung, die vor Windpocken schützt.

Dem Kleinkind werden dazu abgeschwächte Windpockenviren in den Oberarm gespritzt, das Kind wird geimpft.
Bei anderen gefährlichen Infektionskrankheiten kommen auch abgetötete Erreger oder nur Bruchstücke des Erregers als Impfstoff zum Einsatz.
Die Krankheit bricht nicht aus, weil die Krankheitserreger abgeschwächt oder unvollständig sind, sodass sie sich nicht vermehren können. Wie bei einer Erstinfektion bildet das Immunsystem nun sowohl spezifische Antikörper gegen die Antigene der Erreger als auch die entsprechenden Gedächtniszellen.

Gelangen Jahre später vermehrungsfähige, krank machende Windpockenerreger in den Körper, können die Gedächtniszellen sofort und in kürzester Zeit dafür sorgen, dass eine große Anzahl von spezifischen Antikörpern bereitsteht. Diese verhindern den Ausbruch der Krankheit. Nach einer Windpockenimpfung ist das Kind gegen die Windpockenviren immun. Da der Körper bei dieser Impfung selbst einen Schutz gegen eine bestimmte Infektionskrankheit aufbaut, spricht man von **aktiver Immunisierung.**

Bei Kleinkindern verwendet man bei solchen **Schutzimpfungen** in der Regel Mehrfachimpfstoffe, die gegen verschiedene Krankheiten vorbeugen. So lässt sich bei der Vielfalt der möglichen Krankheitserreger die Anzahl der erforderlichen Impfungen verringern.

Die Immunität geht jedoch häufig nach einigen Jahren verloren, weil die bei der aktiven Immunisierung gebildeten Gedächtniszellen nicht lebenslang erhalten bleiben. In solchen Fällen muss der

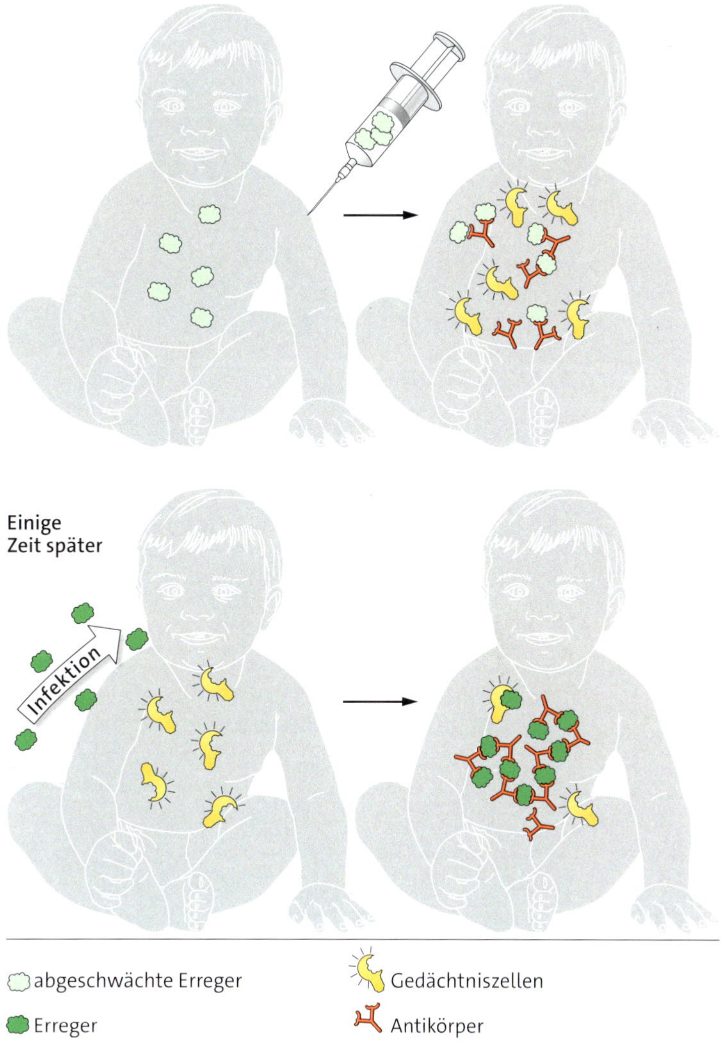

2 Aktive Immunisierung

Impfstoff durch eine **Auffrischungsimpfung** erneut verabreicht werden.

Durch Schutzimpfungen können Menschen wirksam vor vielen Infektionskrankheiten geschützt werden. Manche Menschen können sich nicht impfen lassen, zum Beispiel weil sie bestimmte Allergien oder Erkrankungen haben. Sie können geschützt werden, wenn eine große Mehrheit der Bevölkerung gegen einen Erreger geimpft ist. Die Wahrscheinlichkeit, dass ein infizierter Mensch einen anderen ungeimpften Menschen ansteckt, ist dann sehr gering. Man bezeichnet dies als **Herdenimmunität**. Bei den Windpocken liegt sie bei einer Impfquote von 80 Prozent.

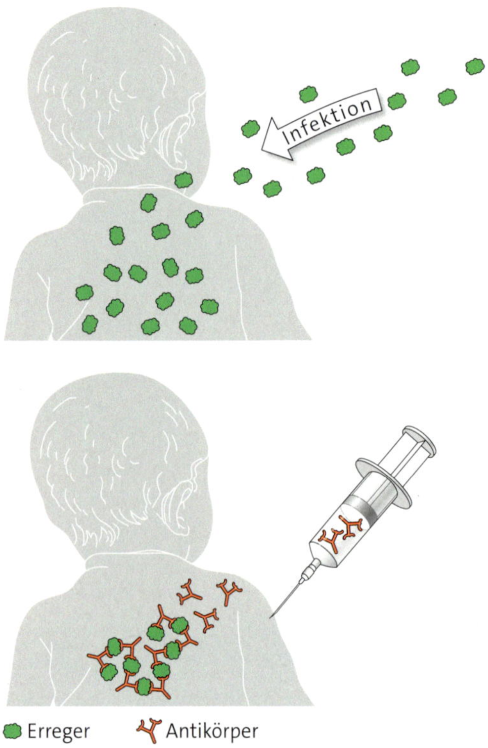

1 Passive Immunisierung

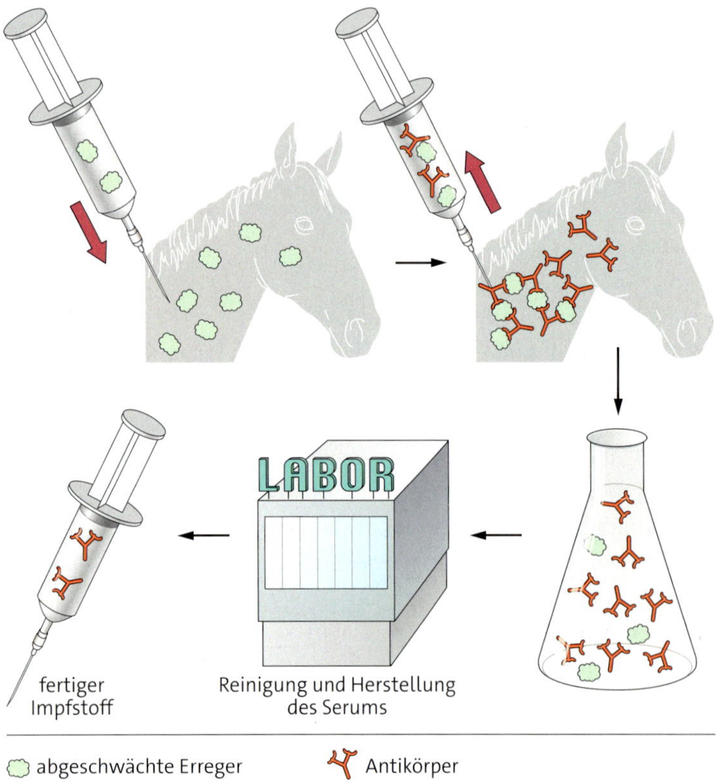

1 Herstellung von Heilserum

Passive Immunisierung • Wenn die Windpockenviren sich im Körper stark vermehrt haben, bricht die Krankheit aus. In einem solchen Fall kann man spezifische Antikörper gegen Windpockenviren spritzen. Diese Impfung beschleunigt deutlich den Heilungsprozess einer bereits erkrankten Person und wird daher als **Heilimpfung** bezeichnet.

Nach einiger Zeit erlischt dieser Impfschutz, da die Antikörper verbraucht oder abgebaut sind. Der Körper ist nicht dauerhaft immun, denn die eigene spezifische Immunabwehr wurde durch die schnelle Heilung nicht oder zumindest nicht ausreichend aktiviert. Bei einer Zweitinfektion fehlen die notwendigen Gedächtniszellen für die schnelle Bekämpfung der Windpockenviren.
Da der Körper die Krankheitserreger nicht selbst abwehrt, sondern die Heilwirkung auf den gespritzten spezifischen Antikörpern beruht, bezeichnet man diese Impfung als **passive Immunisierung.**

Diese Impfmethode entwickelte der deutsche Arzt **Emil von Behring** im Jahr 1890. Um den Impfstoff zu erhalten, spritzt man Säugetieren, wie zum Beispiel Pferden oder Schafen, abgeschwächte Krankheitserreger. Die Tiere bilden spezifische Antikörper gegen den jeweiligen Krankheitserreger. Diese Antikörper werden anschließend aus dem Blut der Tiere gewonnen und für die Herstellung von **Heilserum** zur Behandlung erkrankter Personen verwendet.

1 ◪ Erkläre, weshalb die aktive Immunisierung als Schutzimpfung bezeichnet wird.

2 ☐ Beschreibe, was man unter der Herdenimmunität versteht.

3 ☐ Nenne die Unterschiede zwischen aktiver und passiver Immunisierung. Fertige dazu eine Tabelle an.

4 ◪ Erstelle ein Pfeildiagramm, das die einzelnen Verfahrensschritte zur Herstellung eines Heilserums beschreibt.

Material A Schutzimpfung gegen Masern

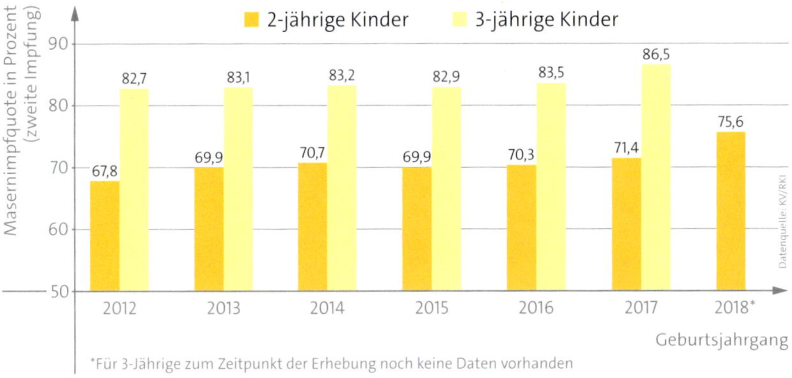

Masern ist eine hoch ansteckende Viruserkrankung, die rote Hautflecken verursacht, zu hohem Fieber führt sowie zu einem erheblich geschwächten Allgemeinzustand. Kinder unter 5 Jahren und Erwachsene über 20 Jahre tragen ein erhöhtes Risiko für schwerwiegende Folgeerkrankungen. Es kann zu Durchfall, einer Entzündung des Mittelohrs, der Lunge oder des Gehirns kommen. Am 1. März 2020 wurde die Masernimpfpflicht eingeführt: Alle Kinder ab dem vollendeten 1. Lebensjahr müssen beim Eintritt in den Kindergarten oder die Schule einen Impfschutz oder eine Immunität gegen Masern nachweisen. Das Ziel ist, dass 95 Prozent der Menschen gegen Masern geimpft sind. Damit sollen auch Menschen geschützt werden, die nicht selbst gegen Masern geimpft werden können.

1 ☐ Werte die Säulendiagramme im Hinblick auf das Ziel einer Impfquote von 95 Prozent aus.

2 ◪ Begründe, weshalb die Impfpflicht für die genannten Personengruppen gilt.

3 ■ Erläutere, wie Personen geschützt werden, die sich nicht impfen lassen können.

4 ■ Sammle Vor- und Nachteile einer Impfpflicht und formuliere eine ausgewogene Stellungnahme.

Material B Experiment mit Blut

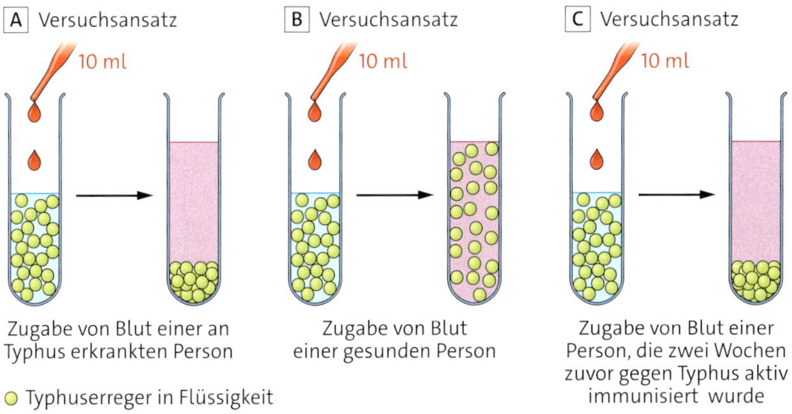

Typhus ist eine Infektionskrankheit, die durch das Bakterium *Salmonella typhi* hervorgerufen wird. Typhus ist vor allem in tropischen Regionen verbreitet, in denen unzureichende hygienische Bedingungen herrschen. Das Bakterium kann über verunreinigtes Trinkwasser oder Lebensmittel in den Körper gelangen und sich dort vermehren.

Typische Symptome von Typhus sind anhaltend hohes Fieber, starke Benommenheit sowie nach der dritten Krankheitswoche starke Durchfälle. Ohne Behandlung kann die Krankheit tödlich enden. Typhus kann mit Antibiotika behandelt werden. Reisenden in Risikogebiete wird eine Schutzimpfung empfohlen.

1 ☐ Nenne Hygienemaßnahmen, die vor einer Infektion mit Typhusbakterien schützen können.

2 ◪ Begründe, weshalb Reisenden in Risikogebiete eine Impfung empfohlen wird, obwohl Antibiotika zur Therapie zur Verfügung stehen.

3 ◪ Beschreibe die Durchführung des abgebildeten Experiments.

4 ◪ Formuliere eine mögliche Fragestellung, die mit dem Experiment beantwortet werden kann.

5 ◪ Werte die Ergebnisse aus.

6 ◪ Wenn man in Ansatz C Blut einer Person verwendet, die mehrere Jahre zuvor gegen Typhus aktiv immunisiert wurde, erhält man das gleiche Ergebnis wie in Ansatz B. Erkläre.

3.6 Coronavirus SARS-CoV-2

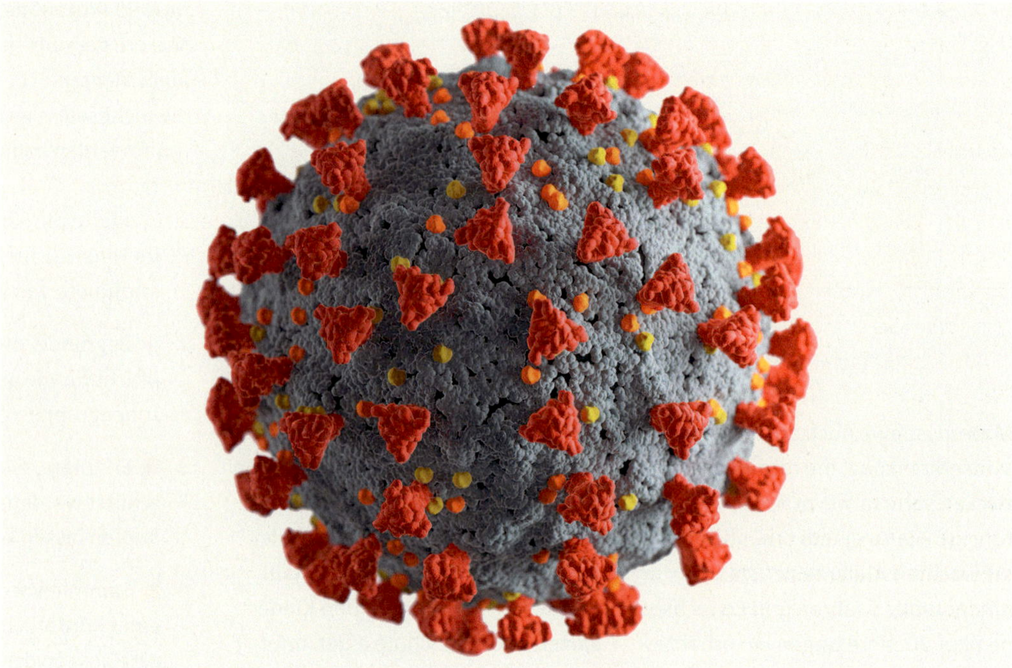

1 Coronavirus SARS-CoV-2

Im Dezember 2019 traten in China die ersten Fälle einer neuen Lungenerkrankung auf. Das SARS-CoV-2-Virus, das für das Auslösen der Erkrankung verantwortlich ist, breitete sich sehr schnell weltweit aus. Wie ist dieses Virus aufgebaut? Wie vermehrt es sich und wie können wir uns davor schützen?

lateinisch *corona* = Kranz, Krone

griechisch *pan* = alles, *demos* = Volk

Coronaviren • Coronaviren gehören zu den RNA-Viren. In elektronenmikroskopischen Aufnahmen fallen die grob kugelförmigen Coronaviren durch einen auffälligen Kranz aus blütenblattartigen Fortsätzen auf. Dieser verlieh den Viren ihren Namen. Coronaviren verursachen bei allen vier Klassen der Landwirbeltiere – Säugetiere, Vögel, Reptilien, Amphibien – sehr unterschiedliche Erkrankungen. Beim Menschen sind sieben Arten von Coronaviren als Erreger von Bedeutung: Sie sind Verursacher von leichten Infektionen der Atemwege wie Erkältungen oder grippalen Infekten, aber auch vom schweren akuten Atemwegssyndrom, genannt SARS.

SARS: *severe acute respiratory syndrome*

Von besonderer Bedeutung unter den menschlichen Coronaviren sind das Coronavirus SARS-CoV-1, das als Auslöser der SARS-Pandemie in den Jahren 2002 und 2003 gilt, sowie das Coronavirus MERS-CoV, das für die MERS-Epidemie 2012 verantwortlich ist. Mit dem 2019 auftgetretenen Coronavirus SARS-CoV-2 haben sich in kurzer Zeit Millionen von Menschen infiziert. Das Virus hat sich extrem schnell auf der ganzen Welt verbreitet. Eine solche zeitlich begrenzte, aber weltweite Ausbreitung einer Infektionskrankheit bezeichnet man als **Pandemie**.

MERS-CoV: *Middle East Respiratory Syndrome-related Coronavirus*

SARS-CoV-2 verändert sich ständig. Es gibt viele Virusvarianten, die unterschiedlich infektiös sind und unterschiedlich schwere Krankheitsverläufe verursachen. Es wird intensiv an diesem Virus geforscht, daher gibt es ständig neue Erkenntnisse.

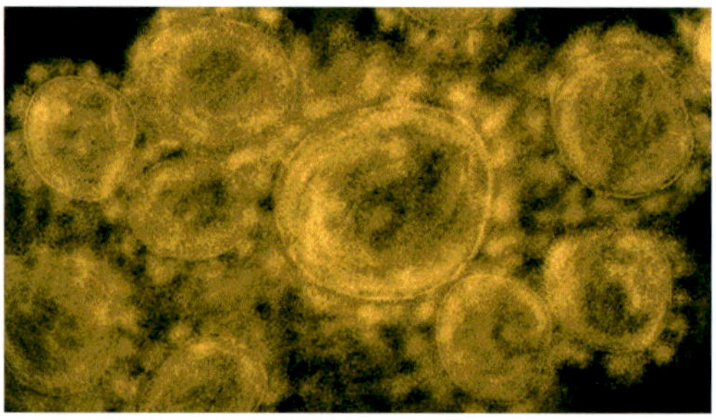

2 Elektronenmikroskopische Aufnahme von SARS-CoV-2-Viren

Bau des Coronavirus SARS-CoV-2 • SARS-CoV-2 besteht in seinem Aufbau aus drei wesentlichen Bestandteilen: Fetten, Proteinen und RNA. Die Fette bilden eine **Membranhülle**, die das Virus zusammenhält. In dieser Hülle befindet sich die aus einer lebenden Zelle, der Wirtszelle, mitgenommene Flüssigkeit. Die Membranhülle und die darin eingeschlossene Flüssigkeit spielen eine wesentliche Rolle beim Eintritt des Virus in eine Wirtszelle. Der Proteinanteil besteht aus verschiedenen Strukturproteinen: Eines davon bildet eine **Proteinkapsel**, die die Erbsubstanz, die **RNA**, umschließt. Ein Oberflächenprotein, das **Spike-Protein**, ist für den Eintritt in die Wirtszelle verantwortlich und enthält einen Bereich, der an einen spezifischen Rezeptor der Wirtszelle bindet. Nach dieser Verbindung verschmelzen Virushülle und Zellmembran und das Virus setzt seine RNA frei.

Vermehrungszyklus • SARS-CoV-2 hat einen Durchmesser von 80 bis 140 nm und trägt auf der Oberfläche 20 bis 25 nm lange Spike-Proteine. Zur Vermehrung benötigt SARS-CoV-2 eine lebende Zelle, eine Wirtszelle, die es so umprogrammiert, dass diese viruseigenes Material herstellt.

Zu Beginn bindet SARS-CoV-2 mit seinen Spike-Proteinen an einen bestimmten Rezeptor der Wirtszelle, der fest in der Zellmembran verankert ist. Eine besonders hohe Dichte an solchen Rezeptoren findet sich zum Beispiel im Atemwegstrakt des Menschen. Nach der Bindung des Spike-Proteins an den Rezeptor spaltet ein Enzym, das sich in der Membran der Wirtszelle befindet, das Spike-Protein, das daraufhin aktiviert wird. Damit erfolgt der Eintritt in die Wirtszelle, wo die Virus-RNA freigesetzt wird.

Nun erfolgt die eigentliche Vermehrung von SARS-CoV-2. Für die Wirtszelle ist die Virus-RNA nicht von der eigenen RNA zu unterscheiden. Daher werden in der Zelle virusspezifische Proteine gebildet. Dafür liefert die RNA des Virus die Bauanleitung. Die Virus-RNA wird mithilfe eines Enzyms, der viralen RNA-Polymerase, in der Wirtszelle vervielfältigt. Dadurch entstehen viele Kopien der Virus-RNA. Aus den RNA-Kopien und den virusspezifischen Proteinen werden neue Viren zusammengesetzt, die durch Abschnüren von der Zellmembran aus der Wirtszelle gelangen.

Bei der Vervielfältigung der Virus-RNA kommt es häufig zu Fehlern, die zu Mutationen von SARS-CoV-2 führen. Es entstehen Virusvarianten mit veränderten Eigenschaften.

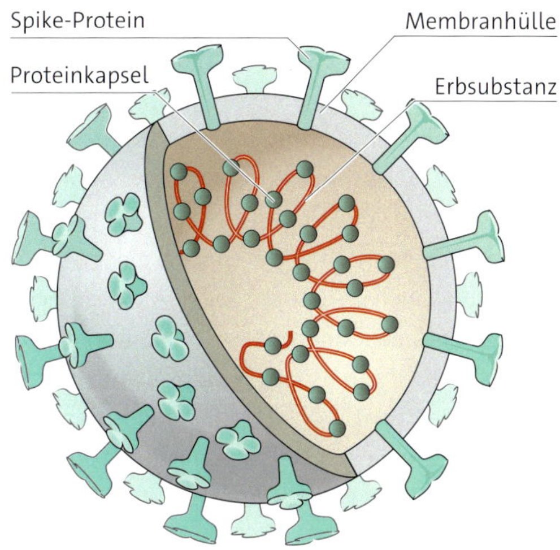

3 Aufbau von SARS-CoV-2

1 nm = 1 Nanometer
= 10^{-9} m
= 1 Millionstel mm

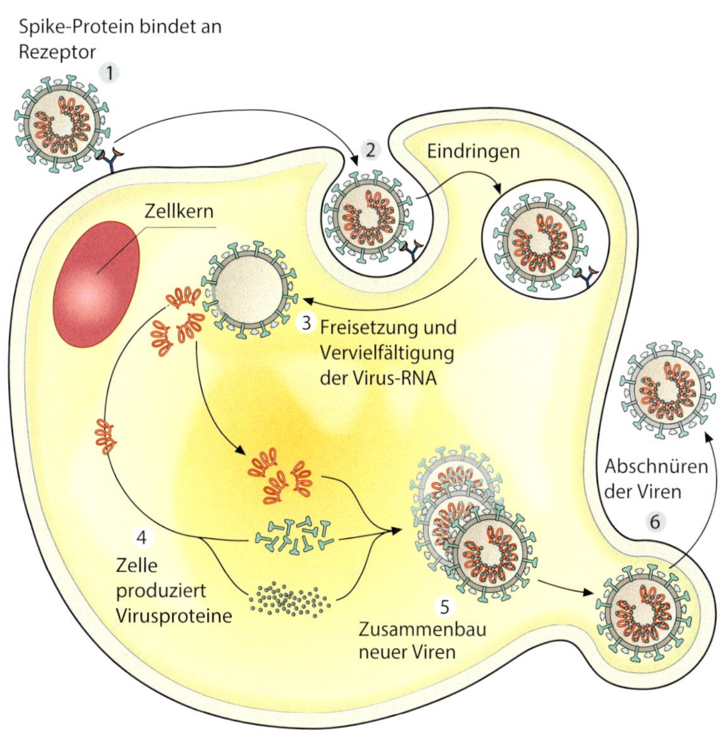

4 Vermehrungszyklus von SARS-CoV-2 (▶)

COVID-19 und Long COVID • Die Erkrankung, die durch SARS-CoV-2 ausgelöst wird, wird als COVID-19 bezeichnet und kann verschiedene Symptome aufweisen.

Bei einem schweren Verlauf von COVID-19 ist die höchste Anzahl an Viren im Lungengewebe nachweisbar. Dort kann es im Verlauf der Krankheit zu schweren Schäden kommen. Die Viren sind allerdings nicht nur auf die Lunge beschränkt, sondern können auch weitere Organe schädigen: Lymphgewebe, Magen-Darm-Trakt, Schilddrüse und Nebennieren, Gehirn, Herz und Blutgefäße, Nieren und Blase sowie Blut und Knochenmark.

Bei manchen Menschen treten nach einer akuten Erkrankung auch Symptome wie unterschiedliche Entzündungsreaktionen, Atemnot, neurologische Störungen oder anhaltende Müdigkeit auf. Halten diese länger als 4 Wochen an, spricht man von **Long COVID**, bei einer Dauer von 3 Monaten und länger vom Post-COVID-Syndrom.

Ansteckungswege • SARS-CoV-2 wird über Tröpfchen oder Aerosole übertragen. Aerosole sind in der Luft schwebende Tröpfchen, die kleiner als 5 µm sind. Feine Speicheltröpfchen können beim Husten oder Niesen in die Luft gelangen, Aerosole bereits beim Sprechen. Über die Zellen der Schleimhäute von Nase, Mund sowie der Bindehaut der Augen gelangen die Coronaviren in den Körper und können einen Menschen infizieren. Eine Ansteckung über die Berührung von Oberflächen, auf denen Viren vorkommen, und dem anschließenden Berühren von Mund, Nase oder Augen ist vermutlich ebenfalls möglich.

Hygiene- und Schutzmaßnahmen • Aufgrund der Ansteckungswege können folgende Verhaltensregeln vor einer Ansteckung mit SARS-CoV-2 schützen: Niesen und Husten in die Armbeuge, regelmäßiges und gründliches Händewaschen mit Seife, Tragen einer OP- oder FFP-2-Maske, Abstand zu anderen Menschen einhalten, regelmäßiges Lüften von Räumen. Das Verwenden der Corona-Warn-App ermöglicht eine schnelle Nachverfolgung von Kontaktpersonen.
Die Schutzimpfung stellt, je nach Virusvariante, einen Schutz vor Ansteckung dar, vor allem aber schützt sie vor einem schweren Krankheitsverlauf.

1 ▢ **Beschreibe, welche Rolle die Virushülle für das Eindringen in eine Wirtszelle spielt.**

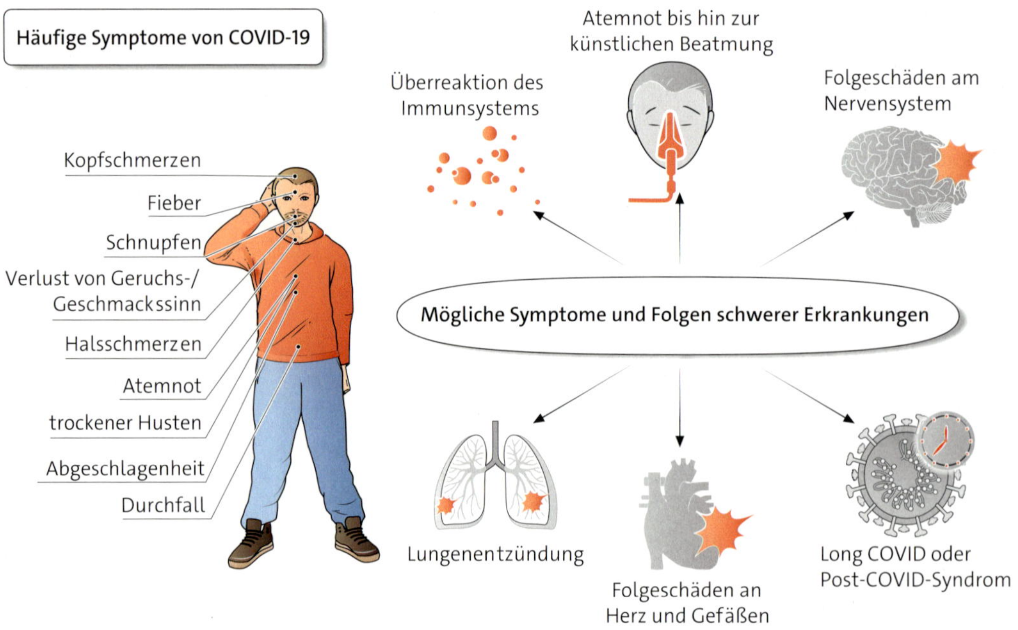

1 Symptome und Folgeerscheinungen bei COVID-19

Material A Zoonosen – Pandemien – Biodiversität

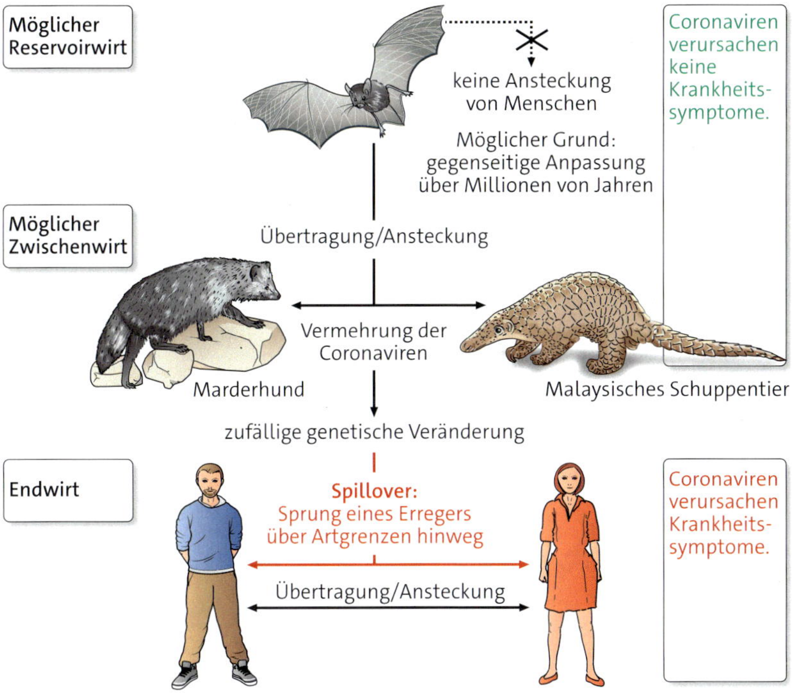

A1 Hypothese zum Ursprung des SARS-CoV-2-Virus

Zoonosen sind Infektionskrankheiten, die von Parasiten, Pilzen, Bakterien oder Viren verursacht und wechselseitig zwischen Tieren und Menschen übertragen werden können. Die Übertragung kann durch den direkten Kontakt, über Vektoren (z. B. Zecken, Mücken), aber auch über Milch, Eier, Fleisch oder andere Lebensmittel stattfinden. Viele Zoonosen entstehen durch das enge Zusammenleben von Menschen und Haustieren sowie durch die Nähe zu Kulturfolgern wie Ratten.

Man kennt über 200 Zoonosen, einige davon sind für den Menschen sehr gefährlich wie HIV, Ebola, MERS oder das Zika-Virus. Es wird vermutet, dass die Ausbreitung von Zoonosen durch den Klimawandel und die Zerstörung von Lebensräumen begünstigt wird.

Weitere Gründe, weshalb Zoonosen weltweit immer häufiger werden, sind vermutlich die Jagd auf Wildtiere, der Verlust der Biodiversität, die zunehmende Bevölkerungsdichte und die wachsende Mobilität der Menschen. Forscherinnen und Forscher haben die Hypothese aufgestellt, dass auch SARS-CoV-2 tierischen Ursprungs ist (▶ A1).

1 ☐ Definiere den Begriff Zoonose. Beschreibe, wie eine Übertragung stattfinden kann.

2 ◩ Abbildung A2 zeigt einen hypothetischen Übertragungsweg von SARS-CoV-2 auf den Menschen. Beschreibe die vermutete Übertragungskette.

3 ◩ Erstelle aus dem Steckbrief (▶ A2) zum West-Nil-Virus ein Schema wie in Abbildung A1.

4 ◩ Nenne Faktoren, die die Ausbreitung des West-Nil-Virus in Deutschland begünstigen. Begründe.

Steckbrief

West-Nil-Fieber

Verbreitung: Tropen, Südeuropa, seit 2019 Übertragungen in Deutschland, zunehmende Tendenz wird angenommen
Erreger: West-Nil-Virus
Vektor: Stechmücken, vor allem der Gattung *Culex*
Reservoirwirt: verschiedene Vögel, auch Zugvögel
Fehlwirte: Pferde, Mensch
Infektionswege: Mücken übertragen das Virus zwischen Vögeln, von dort auch auf Menschen.
Übertragungswege bei Menschen: Organtransplantation, Bluttransfusion, Schwangerschaft
Symptome der Erkrankung beim Menschen: Fieber; bei 1 % der Infizierten Entzündung der Hirnhaut, selten des Gehirns
Behandlung: Symptombehandlung, keine spezifische Therapie, keine Impfung

A2 Steckbrief West-Nil-Fieber

5 ◩ Begründe, weshalb eine hohe Bevölkerungsdichte und große Mobilität die Übertragung von Zoonosen auf den Menschen und ihre Ausbreitung begünstigen.

6 ■ Recherchiere den Zusammenhang zwischen Zoonosen, dem Auftreten von Pandemien und dem Verlust von Biodiversität.

7 ■ Formuliere persönliche Handlungsoptionen, die dazu beitragen können, die zukünftige Häufigkeit des Auftretens von Pandemien zu reduzieren.

3.7 Impfen gegen COVID-19

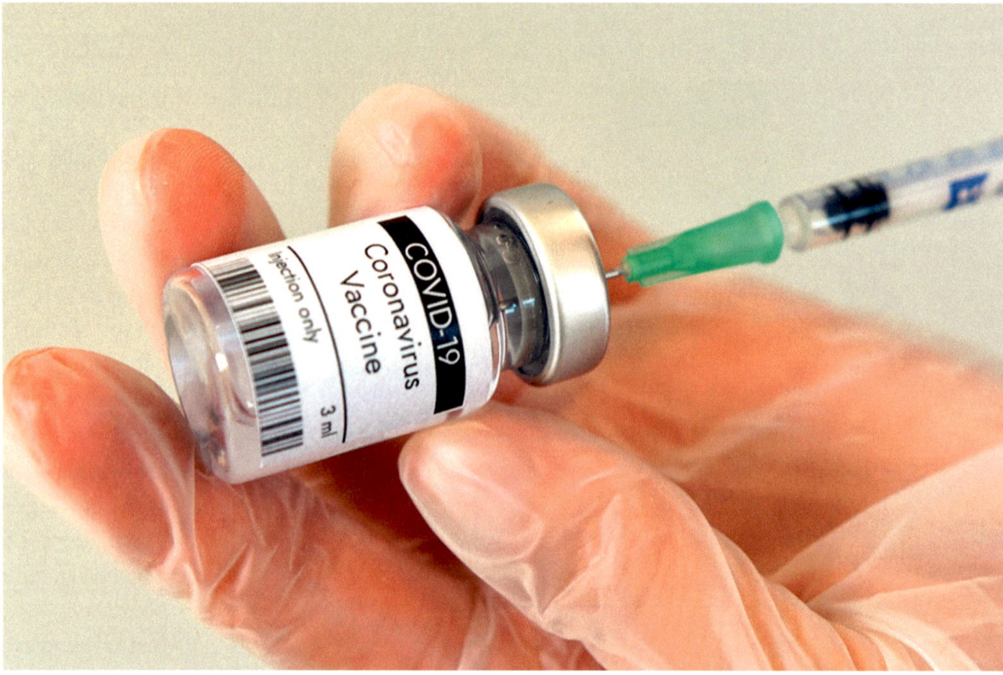

1 Impfstoff gegen COVID-19

Seit Dezember 2020 wird in Deutschland gegen COVID-19 geimpft. Neben dem Einhalten der Hygieneregeln ist die Corona-Schutzimpfung das wichtigste Mittel im Kampf gegen die COVID-19-Pandemie. Welche Impfstofftypen gibt es, wie werden sie hergestellt und wie wirken sie im Körper?

Impfstoffentwicklung • Von der Entwicklung eines Impfstoffs bis zu dem Zeitpunkt, dass er einem Menschen verabreicht werden kann, dauert es in der Regel 10–20 Jahre. In diesem Zeitraum muss der Impfstoff verschiedene Etappen durchlaufen. Die genetische Information des Virus muss analysiert werden, um aussagen zu können, wodurch genau eine Immunreaktion beim Menschen hervorgerufen wird.

Daraufhin wird der Impfstoff designt, was bedeutet, dass im Labor festgelegt wird, welche Virusbestandteile und welche Zusatzstoffe der Impfstoff enthalten soll. Zusatzstoffe werden in geringsten Mengen zugesetzt. Sie unterstützen auf unterschiedliche Weise die Wirksamkeit des Impfstoffs.

Die Verträglichkeit und Wirksamkeit des Impfstoffs werden zunächst an Versuchstieren untersucht, bevor die notwendige Häufigkeit des Impfens sowie die Schutzwirkung des Impfstoffs an zahlreichen freiwilligen Personen in mehreren klinischen Studien getestet werden.

Um ausreichend Impfstoff erhalten zu können, muss er in einem nächsten Schritt in großen Mengen produziert werden, damit nicht nur einzelne Personen, sondern die ganze Bevölkerung versorgt und geschützt werden kann.

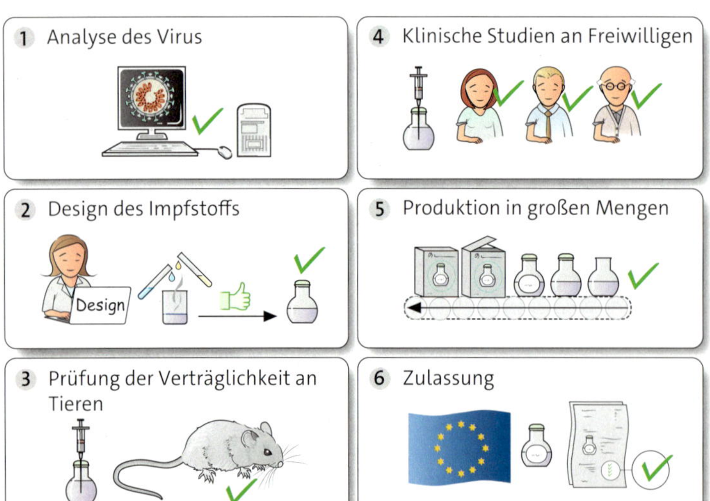

2 Etappen der Impfstoffentwicklung

Impfstoffentwicklung in der Pandemie • Während der COVID-19-Pandemie hat es lediglich 12 Monate gedauert, bis viele Impfstoffe gleichzeitig gegen COVID-19 entwickelt und nacheinander zugelassen wurden. Hierfür gibt es mehrere Gründe. Die genetische Information des Coronavirus konnte innerhalb weniger Tage im Labor entschlüsselt werden und wurde im Internet veröffentlicht.
Damit war die genetische Information des Virus weltweit für Wissenschaftlerinnen und Wissenschaftler zugänglich, die ihre Erfahrungen einbringen und somit gemeinsam an der Entwicklung von Impfstoffen arbeiten konnten.
Weiterhin wurden Prüf- und Herstellungsprozesse beschleunigt. Der Sicherheit und Wirksamkeit der Impfstoffe wurden jedoch weiterhin höchste Priorität eingeräumt.

Impfstofftypen • Grundsätzlich unterscheidet man zwischen abgeschwächten Lebendimpfstoffen und inaktivierten Impfstoffen, proteinbasierten Impfstoffen, Vektorimpfstoffen sowie genbasierten Impfstoffen, zu denen RNA-Impfstoffe und DNA-Impfstoffe gehören.

Bei **abgeschwächten Lebendimpfstoffen** wird eine abgeschwächte Form eines Virus verwendet. Diese kann sich immer noch in einer menschlichen Zelle vermehren und eine Immunreaktion auslösen, ohne jedoch eine Krankheit zu verursachen.
Inaktivierte Impfstoffe bestehen entweder aus ausgewählten Virusproteinen oder sie enthalten die gesamte Erbsubstanz eines Virus, das zerstört wurde. So kann es zu keiner Virusvermehrung mehr in menschlichen Zellen kommen, jedoch wird noch eine Immunreaktion ausgelöst.
Vektorimpfstoffe beruhen darauf, dass einem für den Menschen harmlosen Trägervirus, das mit der Krankheit nichts zu tun hat, der Bauplan zur Herstellung von Spike-Proteinen eingebaut wird. Im Vektorimpfstoff gegen COVID-19 dient als Trägervirus ein abgeschwächtes Schimpansen-Adenovirus, das in menschliche Zellen eindringen kann. Daraufhin stellt es Virusproteine her, die als Antigene wirken und eine Immunreaktion auslösen.

Genbasierte Impfstoffe verwenden entweder künstlich hergestellte DNA oder RNA, um menschlichen Zellen die Anweisung zu geben, Antikörper gegen die Antigene eines Virus herzustellen. Die mRNA-Impfstoffe gegen COVID-19 enthalten in mikroskopisch kleine Vesikel verpackte mRNA. Diese Vesikel können die Zellmembran einer Zelle ungehindert passieren. Die mRNA ist außerdem vor vorzeitigem Abbau geschützt. Die mRNA trägt die Bauanleitung zur Herstellung von Virusproteinen, den Spike-Proteinen. Diese wirken als Antigene und lösen eine Immunreaktion aus.
Die **proteinbasierten Impfstoffe** enthalten Teile des Spike-Proteins, die ebenfalls als Antigene wirken. Da diese keine ausreichende Immunantwort bewirken, enthalten diese Impfstoffe zusätzlich Substanzen, die die Immunreaktion verstärken, die **Adjuvanzien**.

lateinisch *adiuvare* = unterstützen, helfen

1 ☐ Nenne Gründe, die dazu führten, dass in kurzer Zeit viele Impfstoffe gegen COVID-19 hergestellt werden konnten.

2 ☑ Beschreibe die Herstellung von Vektorimpfstoffen und von mRNA-Impfstoffen. Verwende zur Darstellung jeweils ein Flussdiagramm.

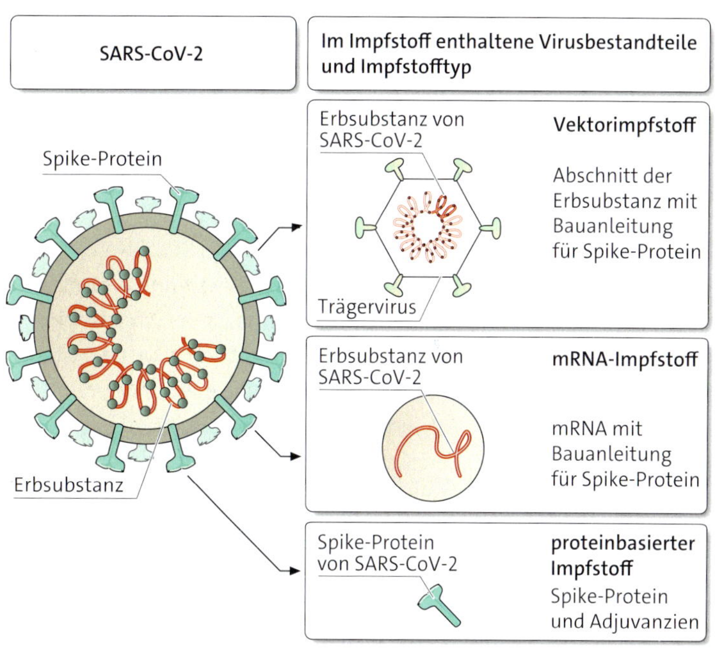

3 Impfstofftypen gegen COVID-19

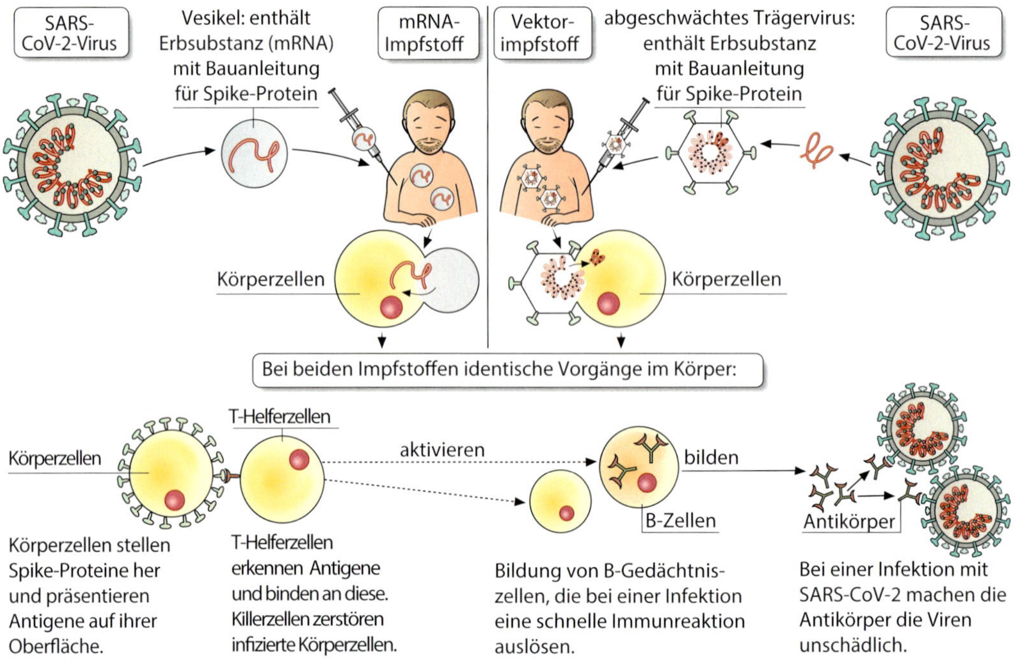

1 Wirkungsweise von mRNA-Impfstoffen (links) und von Vektorimpfstoffen (rechts)

Wirkungsweise von Impfstoffen • Nach dem Impfen mit einem mRNA-Impfstoff dringt die in Vesikel verpackte mRNA, die die Bauanleitung für Spike-Proteine enthält, in Körperzellen ein. Dort wird die Information auf der mRNA abgelesen und die Körperzellen beginnen, Spike-Proteine herzustellen. Teile dieser Virus-Spike-Proteine präsentieren die Zellen an ihrer Oberfläche. Bestimmte weiße Blutzellen erkennen diese als Antigene und binden mithilfe von Rezeptoren an sie. Weiterhin aktivieren sie auch B-Zellen, die passgenaue Antikörper gegen das Spike-Protein herstellen.
Ebenfalls werden Gedächtniszellen gebildet, die bei einer neuen Infektion mit SARS-CoV-2 das Spike-Protein wiedererkennen und eine spezifische Immunantwort auslösen. Schnell werden passgenaue Antikörper gebildet. Diese zirkulieren im Blut, binden an die Spike-Proteine von SARS-CoV-2 und verklumpen die Erreger, die daraufhin von Fresszellen aufgenommen werden. So wird das Eindringen der Viren in die Körperzellen verhindert und damit die Erkrankung COVID-19.
Bereits virusinfizierte Körperzellen werden von Killerzellen angegriffen und zerstört. Auch dieser Vorgang trägt maßgeblich dazu bei, den Ausbruch der Erkrankung zu verhindern.

Vektorimpfstoffe zeigen dieselbe Wirkungsweise. Der Unterschied zu den mRNA-Impfstoffen besteht darin, dass das Gen, das die Information für die Spike-Proteine enthält, in ein abgeschwächtes und für den Menschen harmloses Adenovirus eingefügt wird. Das Adenovirus infiziert Körperzellen und setzt dieselben Schritte der Immunantwort in Gang wie die mRNA-Impfstoffe.

Sowohl mRNA-Impfstoffe als auch Vektorimpfstoffe setzen die spezifische Immunabwehr des Körpers in Gang. Dabei werden auch Gedächtniszellen gebildet, sodass der Körper bei einer erneuten Infektion schnell Antikörper gegen die Erreger bilden kann. Diese stellen damit Schutzimpfungen dar.
Um einen Impfschutz gegen SARS-CoV-2 zu erreichen, werden in der Regel zwei Impfungen benötigt, deren vollständige Schutzfunktion circa 14 Tage nach der zweiten Impfung erreicht ist. Zudem sind Auffrischungsimpfungen notwendig, um den Impfschutz aufrechtzuerhalten.

1 Vergleiche die Wirkungsweise eines mRNA-Impfstoffs mit der eines Vektorimpfstoffs.

Material A Informationen zu Corona-Schutzimpfungen

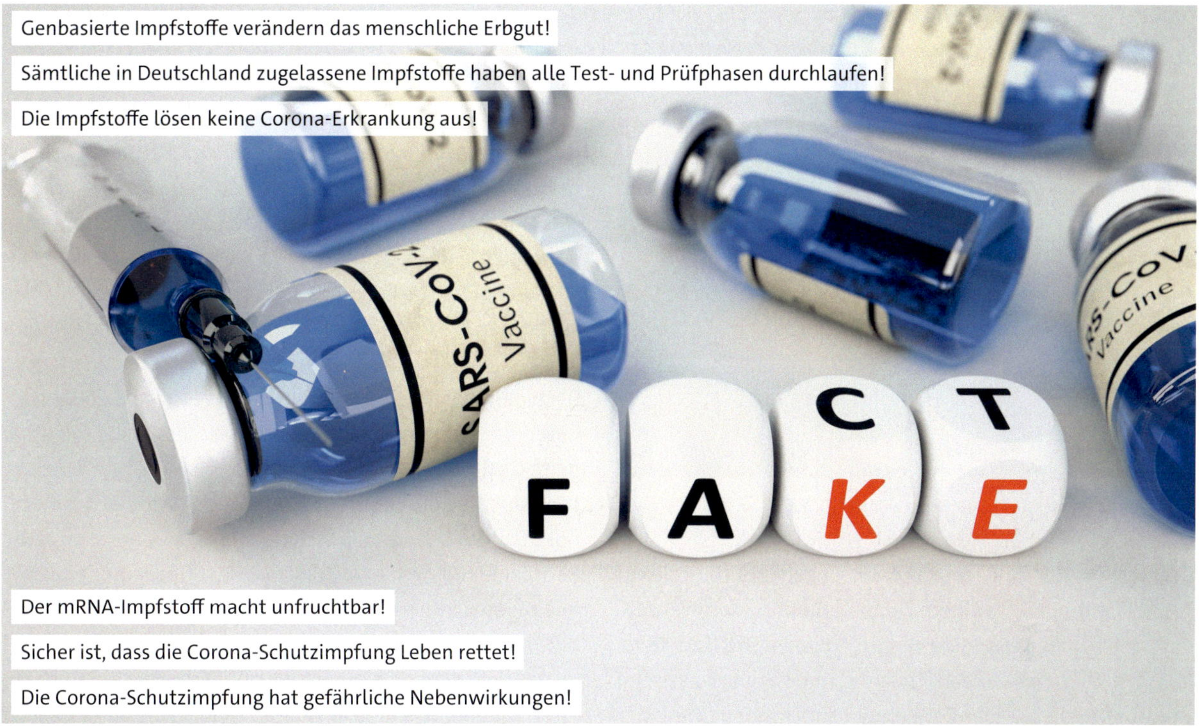

Im Prinzip kann jede Nutzerin und jeder Nutzer des Internets und der sozialen Medien zu einem Thema eine Webseite oder einen Kanal eröffnen. Daher ist es wichtig einzuordnen, ob es sich beim Inhalt um Fakten oder um Meinungen, zum Beispiel von Einzelpersonen oder Interessengruppen, handelt. Man sollte sich bewusst machen, wofür man die Information verwenden möchte. Will man sich ein allgemeines Meinungsbild zu einem bestimmten Thema machen oder möchte man fundierte und aktuelle Informationen bekommen? Immer sollte man alle Informationen auf ihre Korrektheit und Glaubwürdigkeit überprüfen. Auch zum Thema Corona und Corona-Schutzimpfungen sind viele Informationen, Meinungen sowie Falschaussagen im Netz zu finden. Aus diesem Grund ist es besonders wichtig, dass viele Menschen über wissenschaftlich gesicherte Tatsachen bezüglich der Impfungen informiert sind.

1 Fake oder Fakt? Ordne obige Aussagen nach deinem aktuellen Wissensstand zu.

2 Informiere dich über die jeweiligen Aussagen und nutze dabei seriöse Quellen im Internet.

3 Notiere wichtige Informationen, die die Aussagen untermauern oder korrigieren.

4 Erstelle ein Erklärvideo, mit dem du faktenbasiert über die Corona-Schutzimpfung aufklärst. Wähle hierfür eine Aussage.

Hinweise zum Erstellen eines Erklärvideos

Auftakt: Nenne Kriterien, die ein gutes Erklärvideo ausmachen.

Recherche: Informiere dich sorgfältig im Internet über die Fragestellung, der du genauer nachgehen möchtest, und halte aussagekräftige Informationen schriftlich fest.

Vorbereitung: Überlege dir, wie du das Erklärvideo in einzelne Szenen aufteilen möchtest. Verwende dazu ein Storyboard.

Erstellung: Erstelle das Erklärvideo mithilfe des Storyboards und berücksichtige die Kriterien, die ein gutes Erklärvideo ausmachen.

Bewertung: Schaut eure Erklärvideos an und notiert, was ihr dabei gelernt habt.

Corona-Tests

Das Testen auf das SARS-CoV-2-Virus ist eine wichtige Maßnahme zur Bewältigung der Corona-Pandemie. Wie kann man sich auf das Virus testen lassen und welche Methoden wurden entwickelt? Wie funktioniert ein Corona-Test und gibt es Vor- und Nachteile bei den verschiedenen Methoden?

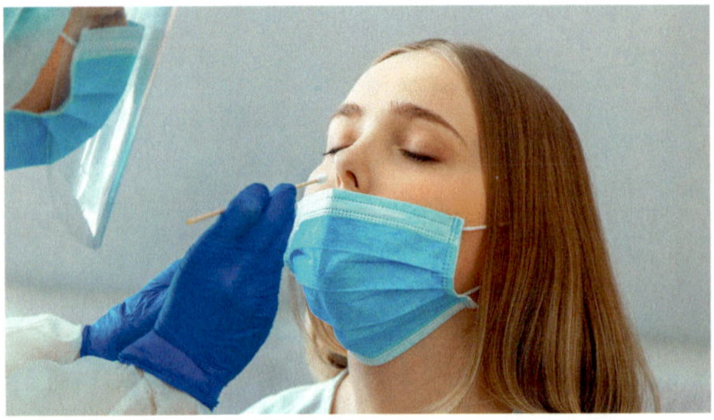

1 Nasenabstrich

PCR-Test • Der PCR-Test kann, im Gegensatz zu anderen Testverfahren, nur in einem Labor vorgenommen werden. PCR steht für den englische Begriff *Polymerase Chain Reaction*, also *Polymerase-Kettenreaktion*, und ist eine klassische Labormethode. Sie dient allgemein zur Untersuchung der Erbsubstanz von Lebewesen.
Im Zusammenhang mit der Corona-Pandemie verwendet man diese Methode, um festzustellen, ob eine Person mit dem SARS-CoV-2-Virus in Kontakt gekommen ist. Für den PCR-Test wird ein Schleimhautabstrich der Atemwege, über Mund oder Nase, aus dem Rachenraum genommen. Dieser kann nur durch medizinisches oder geschultes Personal vorgenommen werden. Es ist wichtig, dass die Probe aus den Atemwegen entnommen wird, da das SARS-CoV-2-Virus vor allem die Zellen der Atemwege befällt.

Die Analyse, ob Virus-RNA in der Probe vorhanden ist, wird anschließend in speziellen Labors durchgeführt. Dabei wird das Virusgenom durch das PCR-Verfahren so stark vervielfältigt, dass auch geringe Mengen von Virus-RNA nachgewiesen werden können. Wenn keine Virus-Erbsubstanz vorhanden ist, wird diese auch nicht vervielfältigt und der Test fällt dann in der Regel negativ aus. Die Auswertung einer PCR kann mit verschiedenen Methoden erfolgen, beispielsweise mithilfe von Fluoreszenzfarbstoffen, die sich während der Vervielfältigung an die Erbsubstanz anheften.

Ein Testergebnis kann nach ungefähr 24 Stunden mitgeteilt werden. Ein positives Ergebnis bedeutet, dass man Virus-Erbsubstanz in sich trägt. Das kann vor Eintreten der Erkrankung COVID-19 der Fall sein, währenddessen oder auch kurz nachdem man sich wieder gesund fühlt. Auch die **asymptomatischen** Fälle können so identifiziert werden. Das sind Personen, die trotz Infektion keine Symptome zeigen. Nicht jede positiv getestete Person ist auch hoch ansteckend. Das Ansteckungspotenzial hängt davon ab, wie viele Viren die Person in sich trägt. Dies wird mit der Virenlast der PCR-Analyse bestimmt.
Bei einem positiven Testergebnis sollte sich die Person isolieren. Je nach geltenden Vorschriften muss die Infektion beim Gesundheitsamt gemeldet und es kann eine Quarantäne angeordnet werden. Ein PCR-Test wird in der Regel durchgeführt, wenn ein sicherer Nachweis nötig ist, zum Beispiel für Menschen in Kliniken oder Pflegeeinrichtungen. In einigen Schulen und Kitas wird eine ganze Gruppe mithilfe des Lollitests gleichzeitig getestet. Die Kinder lutschen an einem Tupfer wie an einem Lolli. Anschließend werden alle Proben gebündelt und über einen einzigen PCR-Test analysiert.

Schnelltest • Der Schnelltest wird auch **Antigentest** genannt. Er ist eine schnellere und deutlich kostengünstigere Möglichkeit, eine mögliche Corona-Infektion festzustellen, als der PCR-Test. Er wird angewendet, wenn man vermutet, Teil einer Infektionskette zu sein oder einen offiziellen Bescheid benötigt, um an einer Veranstaltung teilzunehmen.

Beim Antigentest wird ebenfalls ein Abstrich der Atemwegsschleimhaut über Mund oder Nase von Fachpersonal genommen. Die Probe wird auf einen Teststreifen gegeben, der SARS-CoV-2-Antikörper enthält. Wenn die Person mit dem Coronavirus infiziert ist, binden die Spike-Proteine des Virus, die Antigene, an die Antikörper. Daraufhin erscheint durch eine Farbreaktion eine Linie auf dem Teststreifen. Der Test ist positiv auf Corona. Eine zweite Linie, die zu sehen sein sollte, zeigt als Kontrolle an, dass der Test funktioniert hat (▶ 2).

Vorteile dieser Testmethode sind neben den geringen Kosten die Analyse außerhalb eines Labors und das Vorliegen eines Testergebnisses nach circa 15–30 Minuten. Ein Nachteil ist, dass eine größere Virusmenge als beim PCR-Test benötigt wird, denn diese Tests sind weniger empfindlich.

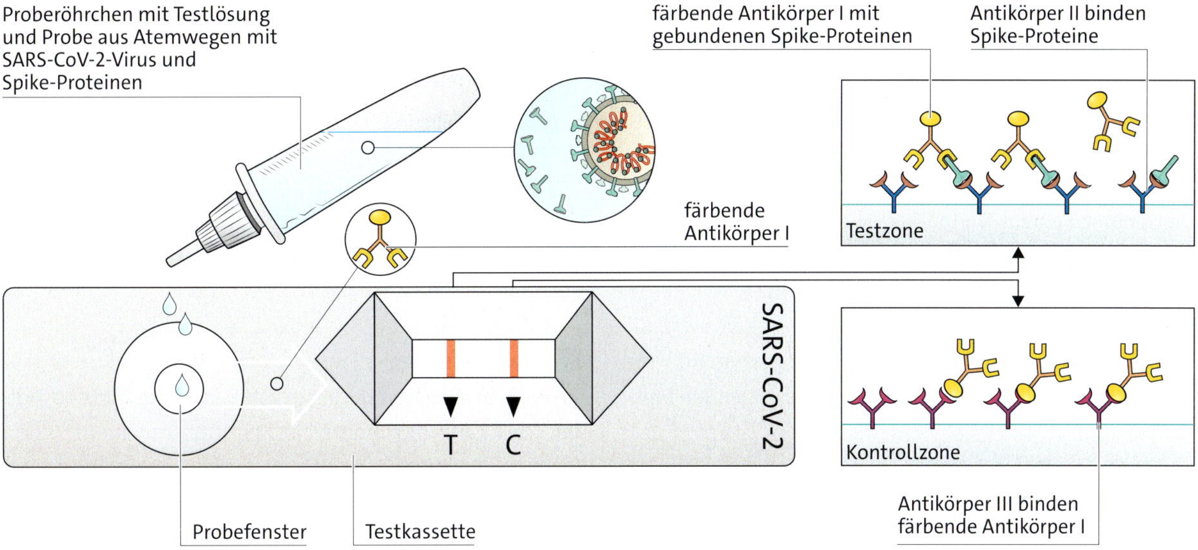

2 Antigentest (Schema) (▶)

Selbsttest • Der Selbsttest bietet die Möglichkeit, sich auch zu Hause, in der Schule oder am Arbeitsplatz, also außerhalb von offiziellen Teststationen, auf das Coronavirus zu testen.

Dieser Test funktioniert nach demselben Prinzip wie der Antigentest, aber es wird kein geschultes Personal benötigt. Jeder kann den Test bei sich selbst anwenden. Die Probe wird aus Mund oder Nase entnommen und auf den Teststreifen gegeben. Bei manchen Selbsttests dient Speichel als Probe, diese werden Spucktest genannt. Das Ergebnis kann man meist nach 15 Minuten ablesen. Selbsttests sind eine gute Möglichkeit, um sich vor privaten Treffen zu testen oder eine hohe Ansteckungsgefahr auszuschließen. Ein positives Ergebnis sollte ebenfalls durch einen PCR-Test überprüft werden, da Selbsttests eine vergleichsweise hohe Fehlerquote aufweisen. Dennoch sollte man sich sofort isolieren, um seine Mitmenschen nicht anzustecken.

1 ▢ **Begründe, weshalb die Proben für einen Test immer aus den Atemwegen entnommen werden müssen.**

2 ◪ **Erläutere, warum auch nach einem negativen Schnell- oder Selbsttest die Hygieneregeln beachtet werden sollten.**

	PCR-Test	**Schnelltest**	**Selbsttest**
Wann wird der Test angewendet?	• bei Covid-19 Symptomen • nach direktem Kontakt mit Infizierten	• Nachweise für Besuch von Veranstaltungen • nach Kontakt mit Infizierten	• vor persönlichen Treffen • in Schulen und an Arbeitsplätzen
Wo wird getestet?	• Teststation; Arzt oder Apotheke	• Teststation; Arzt oder Apotheke	• zu Hause • in Schulen und an Arbeitsplätzen
Wo wird ausgewertet?	• Labor	• Teststation; Arzt oder Apotheke	• zu Hause • in Schulen und an Arbeitsplätzen
Wie schnell erhält man ein Ergebnis?	ca. 24 Stunden	ca. 15–30 Minuten	ca. 15 Minuten
Wer testet?	Fachpersonal	Fachpersonal	selbst
Wo wird die Probe entnommen?	Atemwege über Mund oder Nase	Atemwege über Mund oder Nase	Atemwege über Mund oder Nase
Was ist das Testprinzip?	Virus-Erbsubstanz-Nachweis über Vervielfältigung	Virusnachweis durch Antigen-Antikörper-Reaktion	Virusnachweis durch Antigen-Antikörper-Reaktion

Im Internet recherchieren

Sich zu einem Thema schnell zu Infomieren ist im digitalen Zeitalter nur mit wenigen Klicks möglich. Allerdings ist es nicht einfach, aus der Informationsflut die richtigen Informationen herauszufiltern.

Recherchieren im Internet • Möchtest du aktuelle Informationen zu einem Thema finden oder einen Vortrag vorbereiten, kannst du schnell und einfach im Internet recherchieren. Doch Vorsicht: Nicht alles, was man im Internet findet, ist richtig. Es gibt auch unzuverlässige und irreführende Informationen. Damit die Internetrecherche möglichst sicher und effektiv ist, solltest du die folgenden Punkte beachten.

1 Suchmaschinen nutzen

Der einfachste Weg, im Internet Informationen zu finden, ist der Gebrauch einer Suchmaschine. Diese Programme durchsuchen das Internet nach den eingegebenen Begriffen. Die meisten Suchmaschinen ähneln sich in ihrem Aufbau (▶1). Unter dem Eingabefeld findet man oft Filteroptionen, mit denen zum Beispiel gezielt nach Bildern oder Videos gesucht werden kann.
Oft reicht es für eine Suche bereits aus, den Suchbegriff in das Adressfeld des Browsers einzutippen. In diesem Fall wird eine zuvor festgelegte Suchmaschine genutzt.
Du kannst auch andere als die üblichen Suchmaschinen verwenden. So gibt es spezielle Suchmaschinen für Kinder und Jugendliche wie *blinde-kuh, helles-köpfchen* und *fragFinn*, deren Inhalte fachlich überprüft werden und die teilweise werbefrei sind. Eines haben aber alle Suchmaschinen gemeinsam: Sie können nur nach vorgegebenen Begriffen suchen.

2 Gezielt suchen

In der Regel erhältst du bei einer Suche viele Tausend Treffer. Dies kann besonders bei Begriffen mit mehrfachen Bedeutungen wie Krone oder Wurzel zu ungewollt zahlreichen Suchergebnissen führen. Es ist daher oft sinnvoll, gleich mehrere Suchbegriffe einzugeben. Dadurch wird die Suche präziser und die Anzahl der Treffer meist geringer.
Wenn man zum Beispiel nach Informationen zur Wirksamkeit eines Impfstoffs gegen das Coronavirus sucht, kann man die Begriffe *Corona, Impfstoff* und *Wirksamkeit* eingeben. Setzt man Suchbegriffe in Anführungszeichen, werden zudem nur die Treffer angezeigt, die den exakten Wortlaut in genau dieser Reihenfolge beinhalten. Dies hilft zum Beispiel bei der Suche nach Zitaten. Setzt man vor einen zweiten Suchbegriff ein Minuszeichen, werden Suchergebnisse, die diesen Begriff enthalten, nicht angezeigt. Viele Suchmaschinen bieten diese Funktionen auch über die Filteroptionen an.

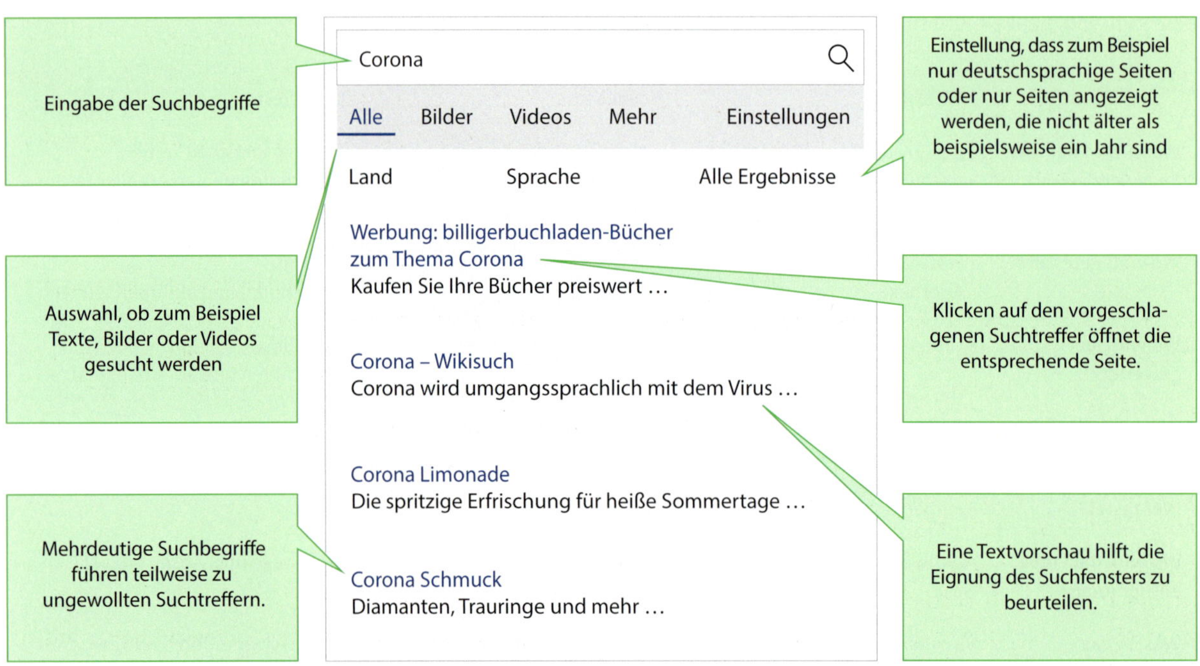

1 Suchergebnis einer Suchmaschine

3 Suchergebnisse bewerten

Oft befinden sich unter den ersten Suchergebnissen Werbeanzeigen. Diese sind für die Beschaffung von Informationen meist nicht zu gebrauchen. Sie lassen sich aber leicht an der Kennzeichnung „Anzeige“ oder „Werbung“ erkennen.

Fast jeder hat die Möglichkeit, eigene Texte, Bilder, Filme oder Webseiten ins Internet zu stellen. Daher kann man sich nicht darauf verlassen, dass alles, was im Internet steht, auch stimmt. Neben fundierten Tatsachen findest du auch viele persönliche Meinungen, erfundene Beiträge oder sogar absichtliche Fehlinformationen. Es ist daher sehr wichtig, darauf zu achten, von welchen Quellen man seine Informationen bezieht. Hierfür gibt es einige Punkte, die man berücksichtigen sollte: Es sollten Seiten genutzt werden, bei denen man von einer gesicherten Datenlage ausgehen kann, zum Beispiel von Universitäten, Behörden oder Forschungseinrichtungen. Weitere Hinweise für seriöse Quellen im Internet sind die Nennung der Autorin oder des Autors eines Beitrags, das Datum der Veröffentlichung, die Angaben von Quellen oder weiterführende Links und ein Impressum. Vorsichtig solltest du allerdings mit Inhalten von Webseiten mit zu vielen Werbeeinblendungen, Pop-up-Fenstern oder dem schnellen Weiterleiten auf andere Webseiten sein. Auch ist es wichtig, darauf zu achten, ob der Urheber ein besonderes Interesse daran hat, einen Inhalt positiv oder negativ zu bewerten. So werden Hersteller ihre Produkte meist als gut und sicher darstellen.

Unter den ersten Suchergebnissen finden sich oft die Seiten von Wikis. Dies sind interaktive Online-Lexika, zu denen jeder etwas beisteuern kann. Zahlreiche Autorinnen und Autoren erstellen hier täglich eine Vielzahl neuer Artikel oder korrigieren und aktualisieren bestehende. Auch hier gilt: Jeder Beitrag ist auf seine Qualität hin zu prüfen. Artikel können auch Fehler oder einseitige Sichtweisen enthalten. Gleiches trifft auch auf Foren-Beiträge zu. In Foren tauschen sich Personen zu einem bestimmten Thema aus, geben Tipps und Hinweise. Doch oft werden diese Beiträge nicht auf ihre Richtigkeit hin überprüft.
Auf Basis des Nutzerverhaltens wird mithilfe von Algorithmen vorgefiltert, welche Links, Videos oder Artikel einem vorgeschlagen werden. Dadurch kann das angezeigte Meinungsbild zu einem Thema stark verzerrt sein. Dieses Phänomen wird mit dem englischen Begriff *Filter Bubble*, übersetzt Filterblase, beschrieben. Die Informationen, die angezeigt werden, sind unter anderem davon beeinflusst, welche Seiten beziehungsweise Seitentypen man angeklickt hat, welche Suchmaschinen man nutzt und welche Kanäle man abonniert hat. Du kannst versuchen, die „Bubble“ aktiv zu verändern beziehungsweise zu vergrößern, indem du die Kanäle und Internetseiten mit Bedacht und breit gefächert auswählst oder deinen Suchverlauf regelmäßig löschst. Unter anderem werden Verhalten und Nutzungsinformationen über Cookies gesammelt und gespeichert, dies lässt sich über die Cookie-Einstellungen einschränken oder deaktivieren. Bei allen digitalen Medien solltest du deine persönlichen Daten nur mit Bedacht angeben.

2 Im Internet suchen

4 Urheberrecht und Quellenangaben

Fast alle Inhalte, die man im Internet findet, sind urheberrechtlich geschützt. Für eine Präsentation im Unterricht ist das meistens aber kein Problem. Es muss jedoch darauf geachtet werden, dass die Quellen, also die Seiten, auf denen man die Informationen gefunden hat, und das Datum des Aufrufs angegeben werden.

1 ● Recherchiere im Internet zur Herstellung und Wirkungsweise von zugelassenen COVID-19-Proteinimpfstoffen und erstelle hierzu eine kurze Präsentation.

Immunbiologie

Mit dieser Übersicht kannst du die wichtigsten Inhalte des Kapitels wiederholen. Ergänze das Schema um weitere Begriffe und finde Querbeziehungen zwischen den Themen.

- **Krankheitserreger**
  - Bakterien
  - Viren
  - Weitere Krankheitserreger
- **Infektionskrankheiten**
  - Ansteckung und Übertragung
- **Immunsystem**
  - Schutzbarrieren
  - Unspezifische Abwehr
  - Spezifische Abwehr
- **Immunisierung**
  - Impfen

Nützliche Bakterien

Krankmachende Bakterien

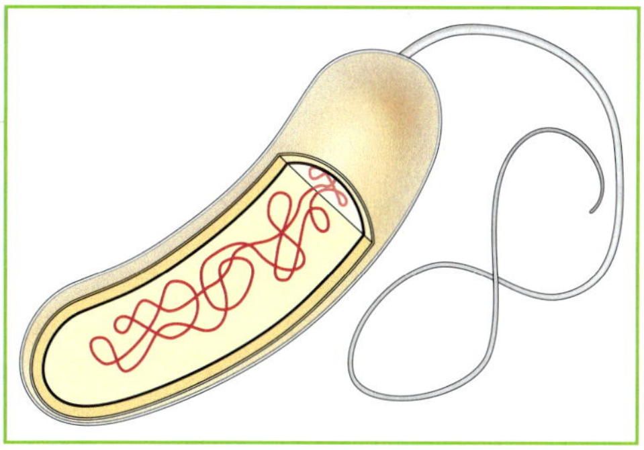

Antibiotika

Vermehrung von Viren

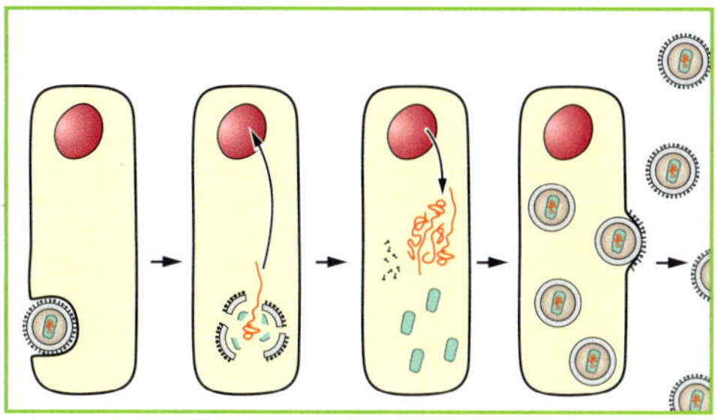

Bandwürmer

Malariaerreger

FSME-Virus und Borreliose-Bakterium

Verlauf einer Infektionskrankheit

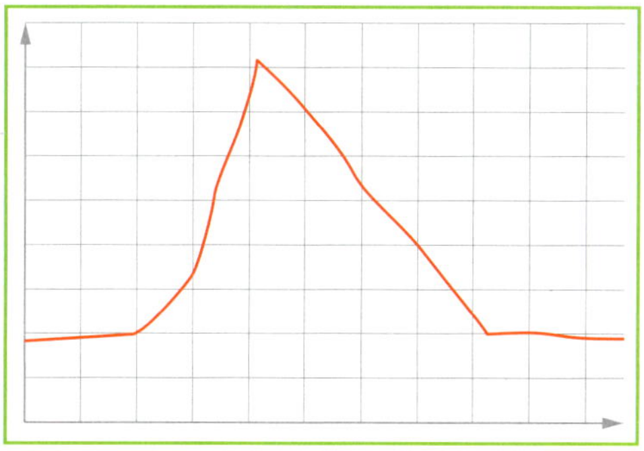

Haut und Schleimhäute

Lymphgefäßsystem

Fresszellen

Entzündung

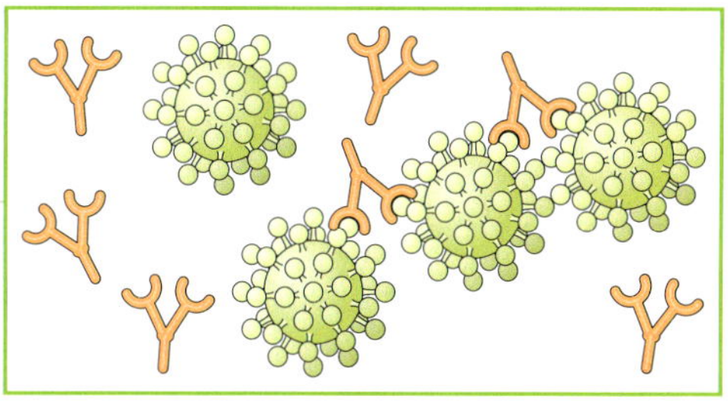

Antikörper

Killerzellen

Aktive Immunisierung

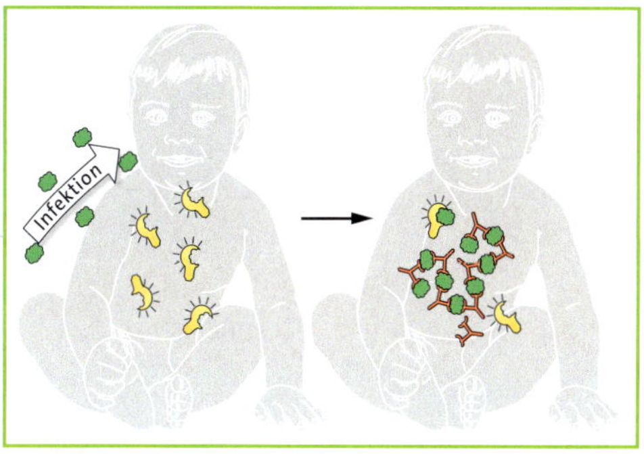

Passive Immunisierung

Immunbiologie

Mit den folgenden Aufgaben kannst du überprüfen, ob du die Inhalte aus dem Kapitel verstanden hast. In der Tabelle findest du die zu erwerbenden Kompetenzen sowie Angaben zu den Seiten, auf denen du zum jeweiligen Thema noch einmal nachlesen kannst.

Krankheitserreger

1 Verschiedene Lebewesen, aber auch Viren können beim Menschen Krankheiten verursachen.

a ▢ Unten sind ein Bakterium und ein Virus schematisch abgebildet (▸ 1). Ordne den Ziffern die richtigen Bezeichnungen zu.

b ◪ Begründe, weshalb Viren keine Lebewesen sind.

c ◪ Es gibt mehr nützliche als schädliche Bakterien. Nenne Beispiele, wo Bakterien für den Menschen nützlich sind.

d ◪ Beschreibe stichwortartig den Ablauf bei der Vermehrung von Viren.

e ▢ Nenne zwei weitere Krankheitserreger des Menschen.

Infektionskrankheiten

2 Menschen sind Krankheitserregern nicht schutzlos ausgeliefert.

a ◪ Beschreibe vorbeugende Maßnahmen, mit denen man sich vor Infektionen schützen kann.

b ▢ Nenne fünf Barrieren des Körpers, die Krankheitserregern das Eindringen erschweren.

c ◪ Stelle den typischen Verlauf einer Infektionskrankheit, beispielsweise eines grippalen Infekts, in einem Flussdiagramm dar.

d ◪ Erkläre den Unterschied zwischen Infektion und Erkrankung.

Immunsystem

3 Sind Krankheitserreger in den Körper eingedrungen, reagiert dieser mit verschiedenen Abwehrmechanismen.

a ◪ Erkläre, wie das unspezifische Abwehrsystem des Körpers arbeitet.

b ◪ Beschreibe, was bei einer Entzündungsreaktion geschieht.

c ◪ Erkläre, weshalb bei einer Infektion häufig die Körpertemperatur ansteigt.

d ◪ Begründe, weshalb die unspezifische Abwehr auch als angeborene Abwehr bezeichnet wird.

4 Das erworbene oder spezifische Abwehrsystem richtet sich gegen bestimmte Erreger.

a ◪ Beschreibe den Ablauf der spezifischen Immunreaktion.

b ◪ Erkläre das Schlüssel-Schloss-Prinzip am Beispiel der Antigen-Antikörper-Reaktion.

c ◪ Erläutere, was man unter Immunität versteht.

5 Das Diagramm unten (▸ 2) zeigt die Antikörperreaktion nach der ersten und der zweiten Infektion mit dem gleichen Erreger.

a ▢ Beschreibe die dargestellten Ergebnisse.

b ◪ Erkläre den unterschiedlichen Verlauf der Antikörperreaktion bei Erst- und Zweitkontakt mit dem Erreger.

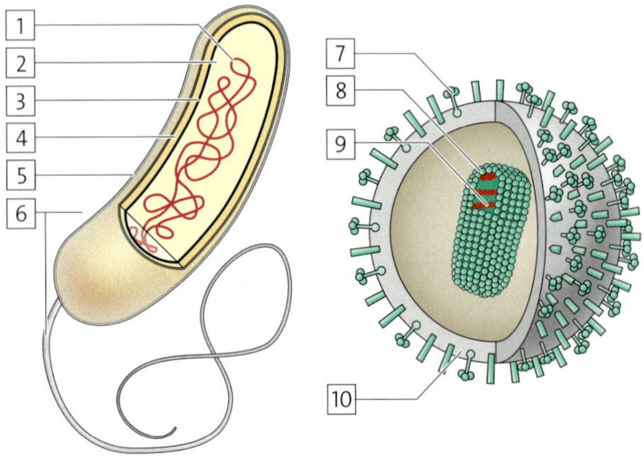

1 Bakterium und Virus

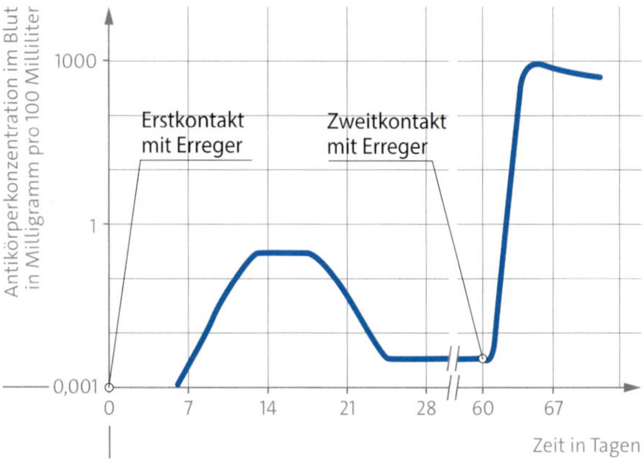

2 Immunreaktion nach Erst- und Zweitinfektion

Immunisierung

6 Durch eine Impfung wird der Körper immunisiert, das heißt unempfindlich gegen einen Erreger gemacht, und so vor einer Erkrankung geschützt. In der nebenstehenden Abbildung (▶ **3**) ist eine von zwei Formen der Immunisierung dargestellt.

a ◪ Beschrifte die Ziffern in der Abbildung und finde eine Überschrift für die Schritte A–D.

b ▢ Ordne die Abbildung begründet einer Form der Immunisierung zu.

c ◪ Erkläre, weshalb die passive Immunisierung auch Heilimpfung genannt wird und die aktive Immunisierung Schutzimpfung.

7 Keuchhusten ist eine bakterielle Infektionskrankheit, die hoch ansteckend ist und für Säuglinge lebensbedrohlich sein kann. Auch viele Erwachsene erkranken an Keuchhusten. Die Schutzimpfung wird für alle Menschen empfohlen (▶ **4**).

a ▢ Beschreibe den Impfkalender.

b ◪ Begründe, weshalb eine erste Schutzimpfung gegen Keuchhusten bereits ab dem zweiten Lebensmonat empfohlen wird.

c ◪ Erläutere, für welche Personengruppen außer Kindern der Impfschutz besonders wichtig ist.

d ◪ Bewerte folgende Aussage. Prüfe dabei die sachliche Richtigkeit und nenne Werte, die berührt sind: „Ich lasse mein Kind und mich nicht gegen Keuchhusten impfen. Es ist besser, wenn der Körper selbst einen Immunschutz aufbaut."

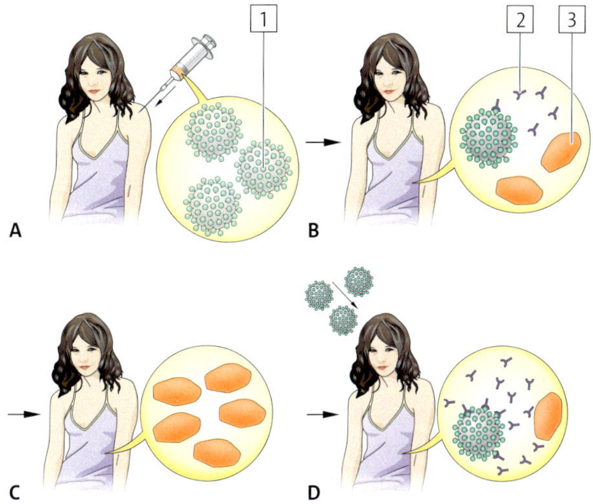

3 Immunisierung (Schema)

Lebensalter	Keuchhustenimpfung
2 Monate	Grundimmunisierung 1
4 Monate	Grundimmunisierung 2
11 Monate	Grundimmunisierung 3
11 Monate bis 4 Jahre	Nachholimpfung für noch nicht Geimpfte
5–6 Jahre	Auffrischungsimpfung 1
7–8	Nachholimpfung für noch nicht Geimpfte
9–16 Jahre	Auffrischungsimpfung 2
18–60 Jahre	Auffrischungsimpfung 3

4 Impfkalender für die Keuchhustenimpfung

Mithilfe des Kapitels kannst du:	Aufgabe	Hilfe
✓ den Bau und die Vermehrung von Bakterien und Viren beschreiben.	1 a, 1 d	**S. 123, S. 126–127**
✓ den Verlauf einer Infektionskrankheit beschreiben.	2 c	**S. 122**
✓ Infektionsbarrieren und Mechanismen der angeborenen Immunabwehr beschreiben und Maßnahmen zur Vermeidung von Infektionskrankheiten erläutern.	2 a, 2 b, 3 a	**S. 132–133**
✓ die erworbene Immunantwort als Wechselwirkung auf zellulärer Ebene beschreiben und die Entstehung von Immunität erklären.	4, 5	**S. 134**
✓ die Immunisierung durch Impfung erklären und hinsichtlich ihrer individuellen und gesellschaftlichen Bedeutung bewerten.	6, 7	**S. 136–139**

▶ **Die Lösungen zu den Aufgaben findest du im Anhang.**

4

Zellbiologie

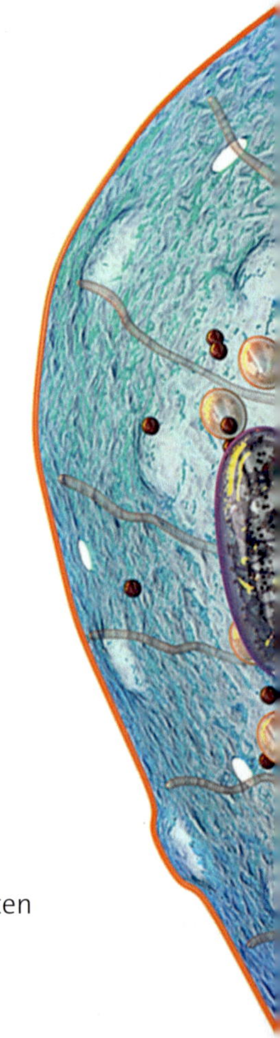

- In diesem Kapitel erfährst du, aus welchen zellulären Strukturen Tiere und Pflanzen bestehen und wie Zellen, Gewebe und Organe aufgebaut sind.

- Du lernst, wie du ein Lichtmikroskop verwendest und wie du Präparate zum Mikroskopieren herstellen kannst. Ebenfalls wird erklärt, wie lichtmikroskopische Aufnahmen vermessen und Beobachtungen dokumentiert werden.

- Es gibt tierische und pflanzliche Zellen, aber auch Bakterienzellen. Wie sich die Zelltypen voneinander unterscheiden, wird in diesem Kapitel erläutert. Du lernst, wie diese Zellen genau aufgebaut sind, aus welchen Bestandteilen sie bestehen und welche Funktionen sie besitzen.

- In Zellen finden komplexe Stoffwechselvorgänge statt. In diesem Kapitel erfährst du, welche Zellbestandteile dabei zusammenarbeiten und welche Prozesse in einer Zelle ablaufen.

- Außerdem werden in diesem Kapitel zwei grundlegende Vorgänge in der Zelle erklärt: Diffusion und Osmose.

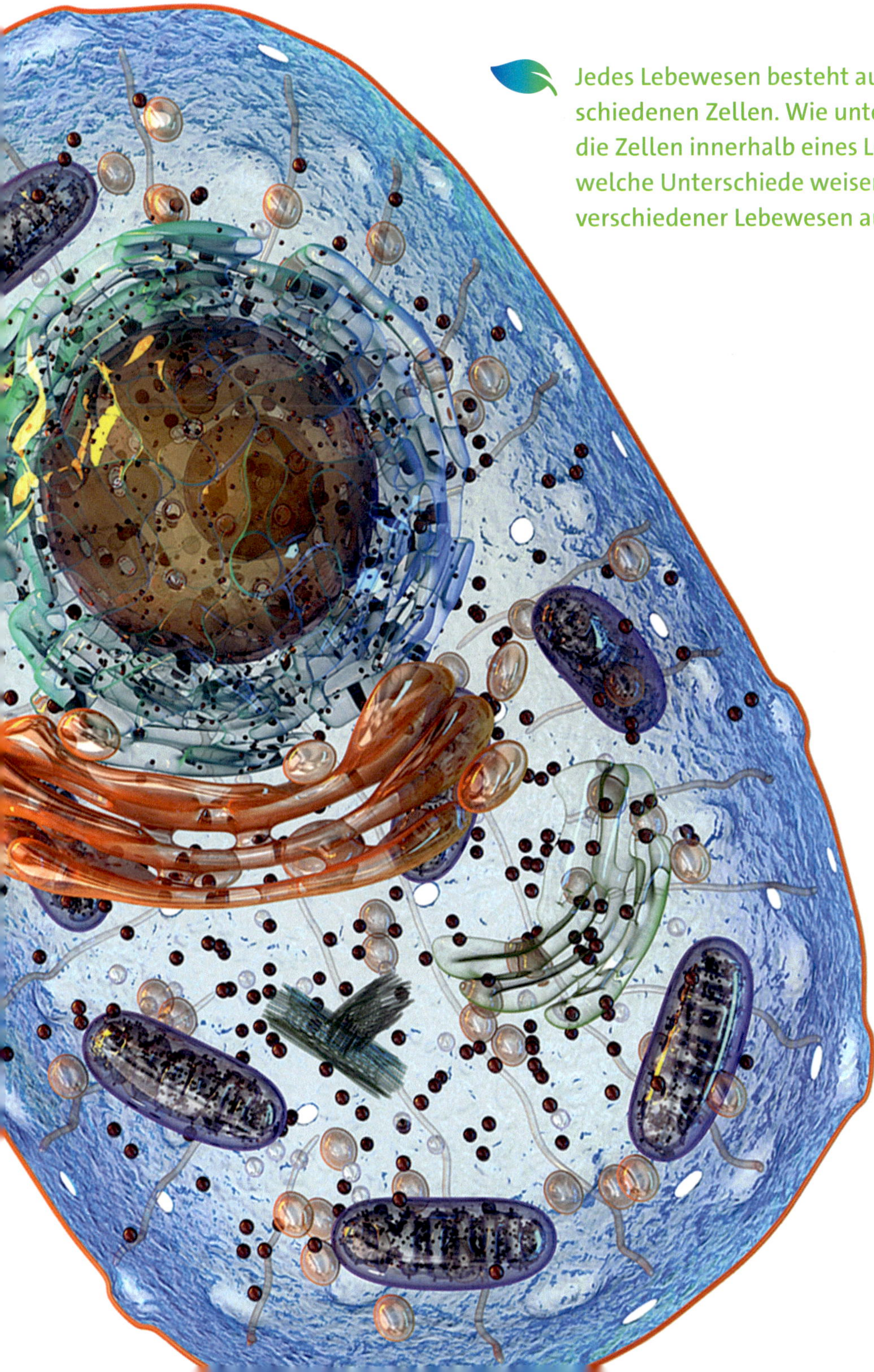

Jedes Lebewesen besteht aus vielen verschiedenen Zellen. Wie unterscheiden sich die Zellen innerhalb eines Lebewesens und welche Unterschiede weisen die Zellen verschiedener Lebewesen auf?

4.1 Zellulärer Bau der Lebewesen

1 Mammutbaby „Ljuba“ aus dem Permafrostboden Sibiriens

Im Jahr 2007 fand man im auftauenden Permafrostboden Sibiriens ein vollständig erhaltenes Mammutbaby. Es ermöglichte sehr genaue Untersuchungen zum Bau der Organe und Gewebe eines Mammuts. Wie können Forscher herausfinden, ob es sich um Teile eines Mammuts handelt, wenn in einem anderen Fall nur Weichteilreste gefunden wurden?

Kennzeichen des Lebens • Wenn im Permafrostboden tiefgefrorene Brocken zutage treten, muss zunächst geklärt werden, ob es sich um anorganisches Material oder Organismenreste handelt. Lebewesen können von anorganischem Material durch verschiedene Kennzeichen unterschieden werden. Dazu gehören Gestalt, Wachstum und Entwicklung, Stoffwechsel, Fortpflanzung und Vererbung sowie der Aufbau aus Zellen.

Reste von Weichteilen fossiler Tiere kann man als solche meist nur noch durch ihren zellulären Aufbau identifizieren. Dieser kann möglicherweise mit einer guten Lupe bereits am Fundort erkannt werden. Nachdem eine Probe des Fundstücks im Labor fixiert, angefärbt und in sehr dünne Scheiben geschnitten wurde, kann anhand dieses mikroskopischen Präparats eine genauere Untersuchung mit einem Lichtmikroskop erfolgen. Dabei erkennt man zelluläre Strukturen sehr genau und kann darüber hinaus auch bestimmen, um welche Zelltypen es sich handelt.

Zellen, Gewebe und Organe • Säugetiere besitzen mehr als 200 verschiedene Zelltypen, die aufgrund ihres Baus für unterschiedliche Aufgaben spezialisiert sind. Verbände gleichartiger Zellen mit einer gemeinsamen Aufgabe bezeichnet man als **Gewebe**. Die Gewebe von Säugetieren kann man vier Grundgeweben zuordnen:
Gewebe, die eine äußere Grenzschicht bilden oder Körperhohlräume auskleiden, gehören zu den

Deck- oder **Epithelgeweben**. Je nach Funktion sind Epithelgewebe sehr unterschiedlich gebaut. Typisch für das Epithelgewebe, das die Luftröhre und die Bronchien auskleidet, sind zum Beispiel die Flimmerhärchen. Gewebe, die eine Stützfunktion haben und Verbindungen zu anderen Geweben schaffen wie Knorpel- und Knochengewebe, gehören zu den **Bindegeweben**. Bindegewebszellen sind häufig in einer Grundsubstanz eingebettet, die elastisch, fest oder hart sein kann.
Eng mit dem Bindegewebe verbunden sind die für Bewegungen erforderlichen **Muskelgewebe**. Muskelzellen erkennt man an fädigen Strukturen, die durch die Muskelfilamente bedingt sind. Bei der Skelett- und Herzmuskulatur sind die Muskelzellen zu größeren Einheiten verschmolzen, in denen die Muskelfilamente so angeordnet sind, dass sich im Lichtmikroskop eine Querstreifung zeigt.
Ein weiteres Grundgewebe ist das für die Weiterleitung und Verarbeitung von Informationen verantwortliche **Nervengewebe**. Nervenzellen besitzen zum Teil sehr lange Zellfortsätze, über die sie miteinander in Kontakt stehen. Außerdem gibt es Zellen, die frei in den Körperflüssigkeiten vorkommen, wie zum Beispiel Blutzellen.

Wenn verschiedene Gewebe eng miteinander verbunden sind und gemeinsam bestimmte Aufgaben erfüllen, spricht man von einem **Organ**. Die Haut ist das größte Organ. Weitere Organe sind zum Beispiel die Lunge, der Magen, die Leber, die Bauchspeicheldrüse, der Dünndarm und die Nieren.

Die Untersuchung des zellulären Aufbaus ermöglicht daher Rückschlüsse auf das Gewebe und eventuell auch auf das Organ, aus dem das Fundstück stammt. Die meisten Zellen enthalten zudem einen Zellkern, in dem der gesamte Bauplan eines Lebewesens in der Erbsubstanz, der DNA, gespeichert ist. Durch genetische Untersuchungen kann man deshalb schließlich sogar herausfinden, ob der gefundene Organismenrest von einem Mammut stammt.

1 Erläutere den Zusammenhang zwischen Zellen, Geweben und Organen.

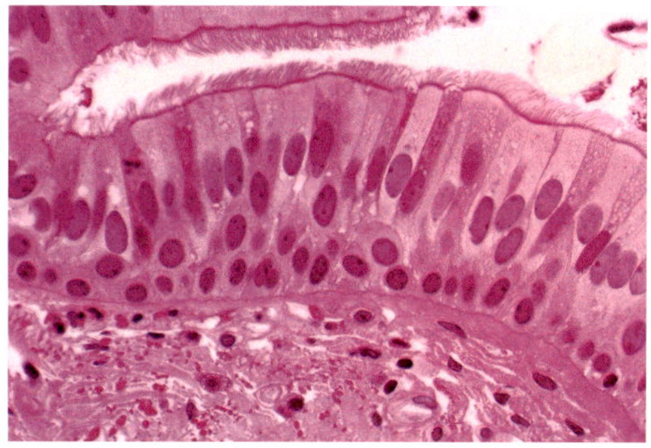

2 Epithelgewebe der Bronchien

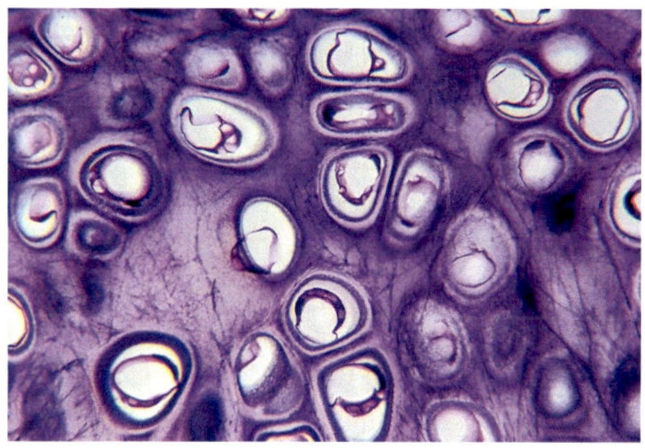

3 Knorpelgewebe

4 Muskelgewebe eines Skelettmuskels

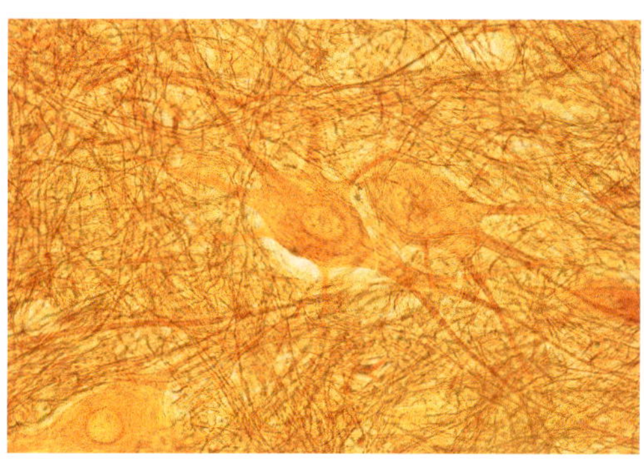

5 Nervengewebe des Gehirns

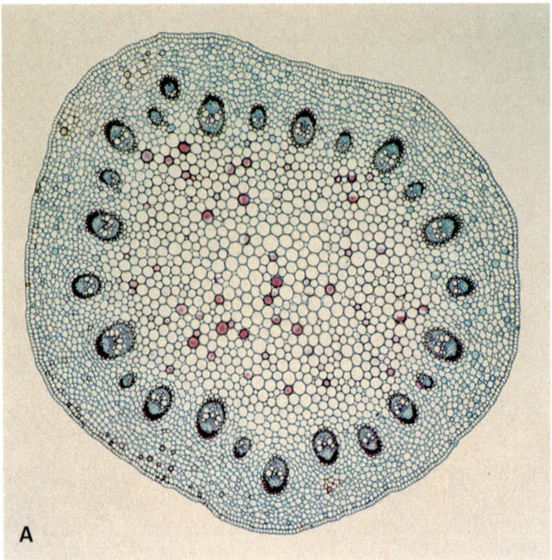

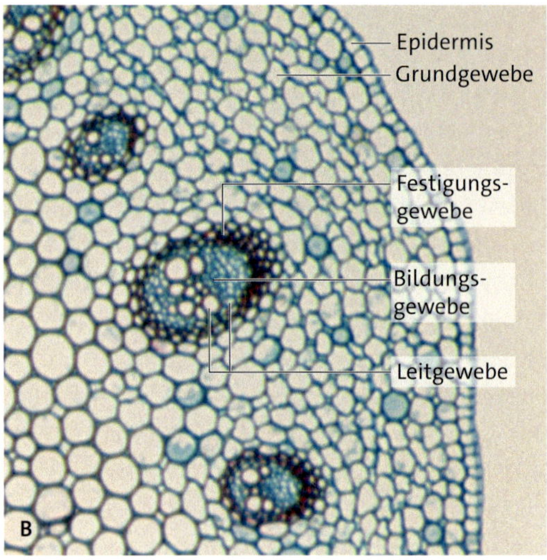

1 Querschnitt durch die Sprossachse von Hahnenfuß im Lichtmikroskop:
A in 40-facher Vergrößerung,
B Ausschnitt

Pflanzenzellen und Gewebe • Bereits 1972 war ein Mammutkadaver mit gut erhaltenen inneren Organen gefunden worden. Im Magen waren noch 290 kg Nahrung, eine Mischung verschiedener Pflanzenreste, konserviert.

Auch Pflanzen sind aus unterschiedlich spezialisierten Zellen, Geweben und Organen aufgebaut. Ihre Gewebe kann man fünf Grundgeweben zuordnen.

Deckgewebe bestehen aus flachen, dicht beieinander liegenden Zellen mit verdickten Zellwänden auf der Außenseite. Bei den Blättern und bei der Sprossachse dient die Epidermis dem Schutz vor Austrocknung und Verletzungen. In der Wurzelhaarzone weisen die Zellen des Deckgewebes schlauchartige Ausstülpungen mit dünnen Zellwänden auf, durch die Wasser und Mineralstoffe aufgenommen werden.

An das Deckgewebe schließt das **Grundgewebe** an, das den größten Teil einer Pflanze ausmacht. Grundgewebszellen sind meist dünnwandig und je nach Aufgabe unterschiedlich geformt. Die Zellen des Palisadengewebes der Blätter, die auf Fotosynthese spezialisiert sind, sind länglich und besitzen viele Chloroplasten. Typische Speicherzellen sind eher rundlich und enthalten beispielsweise in Stärkekörnern gespeicherte Stärke.

Im Grundgewebe ist das **Festigungsgewebe** eingebettet. Es verleiht dem Pflanzenkörper Stabilität. Es kann aus lebenden Zellen mit verdickten Zellwänden bestehen oder aus toten Zellen, deren Zellwände durch Lignin verholzt sind. Das Grundgewebe wird außerdem von röhrenartigen Zellverbänden, dem **Leitgewebe**, durchzogen. In toten Leitgewebszellen werden Wasser und Mineralstoffe von der Wurzel bis in die Blätter transportiert. Umgekehrt gelangen die in den Laubblättern aufgebauten Nährstoffe in lebenden, lang gestreckten Zellen in die Sprossachse und die Wurzel.

Da viele Pflanzen lebenslang wachsen, besitzen sie auch Verbände kleiner, undifferenzierter Zellen, die durch Zellteilung neue Zellen bilden können, das **Bildungsgewebe**. Es ist an der Spross- und Wurzelspitze zu finden, wo es vor allem das Längenwachstum ermöglicht. Bei einigen Pflanzen ist im Bereich der Sprossachse eine ringförmige Schicht von Bildungsgewebe vorhanden, das dem Dickenwachstum der Sprossachse dient.

Bei den verschiedenen Pflanzenarten sind die Gewebe prinzipiell gleich aufgebaut. Jedoch kann man anhand des genauen Baus Arten unterscheiden. So konnte man durch die zelluläre Untersuchung der Pflanzenreste herausfinden, welche Pflanzen das Mammut gefressen hatte. Es waren überwiegend Fuchsschwanz- und Straußgräser, Salzschwaden, Seggen und Gerste. Die mikroskopische Untersuchung der im Magen gefundenen Pflanzenpollen ergab, dass im Lebensraum des Mammuts auch Weiden, Lärchen, Erlen und Kiefern wuchsen.

Material A Gewebe und Organe des Menschen

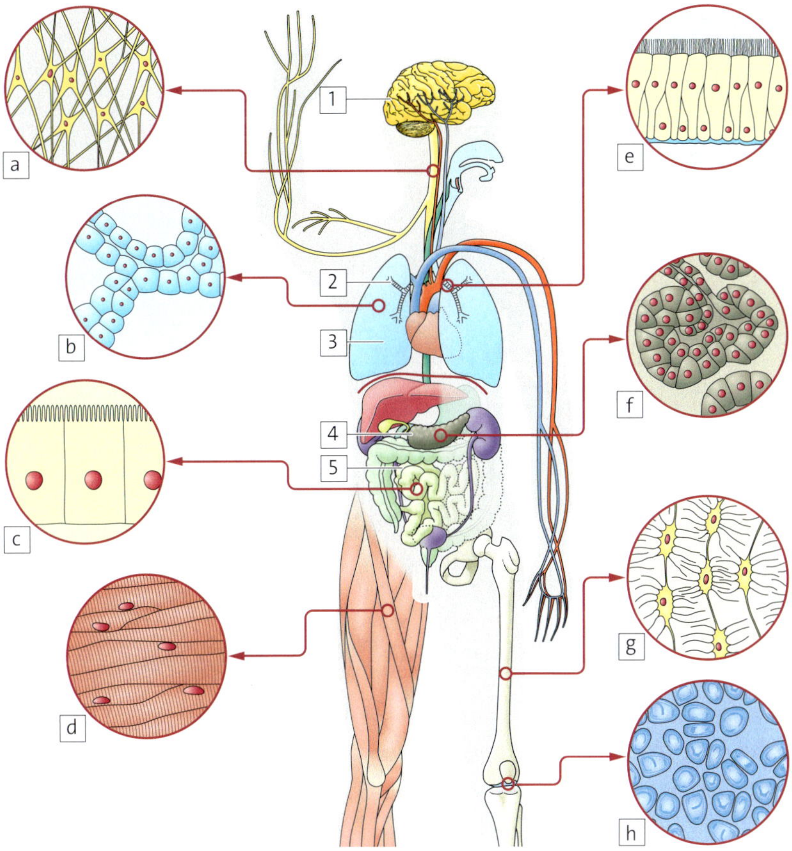

1 Benenne die mit Zahlen gekennzeichneten Organe und die mit Buchstaben gekennzeichneten Gewebe.

2 Ordne die abgebildeten Gewebe den vier Grundgewebetypen zu.

3 Beschreibe den Bau von zwei abgebildeten Geweben.

Das biologische Prinzip Struktur und Funktion bedeutet, dass bei biologischen Strukturen ein Zusammenhang mit ihrer Funktion zu erkennen ist.

4 Erläutere das biologische Prinzip Struktur und Funktion an einem der abgebildeten Gewebe.

Material B Gewebe und Organe der Pflanzen

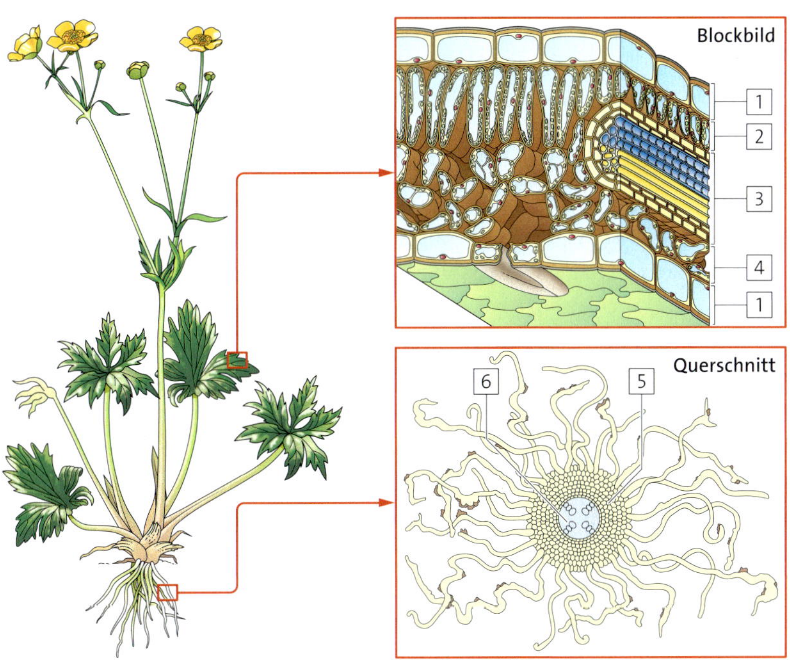

Die Abbildung zeigt den Aufbau einer Hahnenfußpflanze aus Organen. Von zwei Pflanzenorganen ist auch der Aufbau aus Geweben dargestellt.

1 Nenne die in der Abbildung erkennbaren Pflanzenorgane.

2 Beschreibe die mit Zahlen gekennzeichneten Gewebetypen.

3 Vergleiche Bau und Funktion der abgebildeten Deckgewebe mit den Epithelgeweben beim Menschen.

4 Stelle Vermutungen an, welche Gewebetypen der Tiere bei Pflanzen nicht vorkommen.

4.2 Mikroskopieren mit dem Lichtmikroskop

1 Schülerinnen und Schüler beim Mikroskopieren

Das Lichtmikroskop ist eines der wichtigsten Geräte in der Biologie. Man kann damit stärker vergrößern als mit einer Lupe und für das Auge unsichtbare Strukturen erkennen. Wie bedient man ein Lichtmikroskop richtig?

Aufbau des Lichtmikroskops • Im Unterschied zu einer Lupe besitzt ein Lichtmikroskop mehrere Glaslinsen. Entscheidend für die Qualität und Genauigkeit des Bildes sind die Linsen in den **Objektiven**. Schulmikroskope haben meist drei Objektive, die 3,5-fach, 10-fach und 40-fach vergrößern. Sie sind in einem **Objektivrevolver** befestigt.
Das Bild, das durch die Objektive entsteht, gelangt durch einen **Tubus** zum **Okular**, wo es mit der meist 10-fach vergrößernden Okularlinse für das menschliche Auge sichtbar wird.

Die Voraussetzungen für die Entstehung eines Bildes durch die Objektive sind Licht, das in der **Mikroskopleuchte** erzeugt wird, und ein durchsichtiges Objekt, das sich auf einem gläsernen Objektträger auf dem **Objekttisch** unterhalb des Objektivs befindet. Das Licht wird mithilfe eines **Kondensors**, der weitere Glaslinsen enthält, von unten auf das Objekt fokussiert. Mit einer **Blende** am Kondensor kann der Kontrast des Bildes reguliert werden.

Alle genannten Bauteile des Mikroskops sind aufeinander abgestimmt an einem **Stativ** fest montiert. Dieses besitzt einen stabilen **Stativfuß**. Mithilfe eines **Grob- und Feintriebs**, mit dem der Abstand zwischen Objektiv und Objekttisch verändert werden kann, kann das Bild scharf gestellt werden.

Bedienung des Lichtmikroskops • Das Mikroskop muss beim Transport zum Arbeitsplatz mit einer Hand am Stativ und mit der anderen Hand unter dem Stativfuß gehalten werden. Auf dem Arbeitstisch muss es stabil stehen. Dann wird das Mikroskop an die Stromversorgung angeschlossen, die Beleuchtung eingeschaltet und auf eine mittlere Beleuchtungsstärke reguliert. Damit die Objektive beim Drehen des Objektrevolvers nicht beschädigt werden, wird der Objekttisch mithilfe des Grobtriebs ganz nach unten gedreht. Anschließend wird der Objektivrevolver so gedreht, dass das Objektiv mit der geringsten Vergrößerung über der Öffnung des Objekttischs steht.

Nun wird der Objektträger, auf dem sich das zu betrachtende Objekt befindet, unter die Halteklammern des Objekttischs geschoben. Ist ein Kreuztisch vorhanden, wird es in diesen eingespannt. Der Objektträger wird dann so verschoben, dass das Objekt im Lichtstrahl über der Öffnung des Objekttischs liegt.
Mithilfe des Grobtriebs wird anschließend der Objekttisch weit nach oben gedreht. Dabei beobachtet man von der Seite, denn der Objekttisch darf das Objektiv nicht berühren.
Man schaut nun durch das Okular und dreht mit dem Grobtrieb den Objekttisch sehr langsam nach unten, bis ein Bild des Objekts sichtbar wird. Zum Scharfstellen des Bildes dreht man vorsichtig am Feintrieb.

Helligkeit und Kontrast des Bildes werden über den Regler für die Beleuchtungsstärke und die Blende reguliert. Durch vorsichtiges Verschieben des Objektträgers unter gleichzeitiger Betrachtung des Objekts durch das Okular kann man sich nun einen Überblick über das Objekt verschaffen.

Um bestimmte Strukturen stärker vergrößert zu betrachten, verschiebt man den Objektträger so, dass diese Strukturen in die Mitte des Sehfelds gelangen. Durch vorsichtiges Drehen am Objektivrevolver wechselt man dann zum Objektiv mit der nächsten Vergrößerung.
Um wieder ein scharfes Bild zu erhalten, reicht nun ein leichtes Hin- und Herdrehen am Feintrieb. Das sollte man auch während des Mikroskopierens ständig tun, um die verschiedenen Ebenen des Objekts zu erfassen und die Augen zu entlasten.
Wenn man noch stärker vergrößern möchte, wiederholt man die genannten Arbeitsschritte mit dem nächstgrößeren Objektiv.

Lichtmikroskopische Präparate • Mit dem Lichtmikroskop können nur kleine Objekte betrachtet werden, die auf einen Glasobjektträger passen und die dünn und lichtdurchlässig sind. Um diese Voraussetzungen zu erfüllen, müssen die meisten Objekte entsprechend vorbereitet, also präpariert werden.

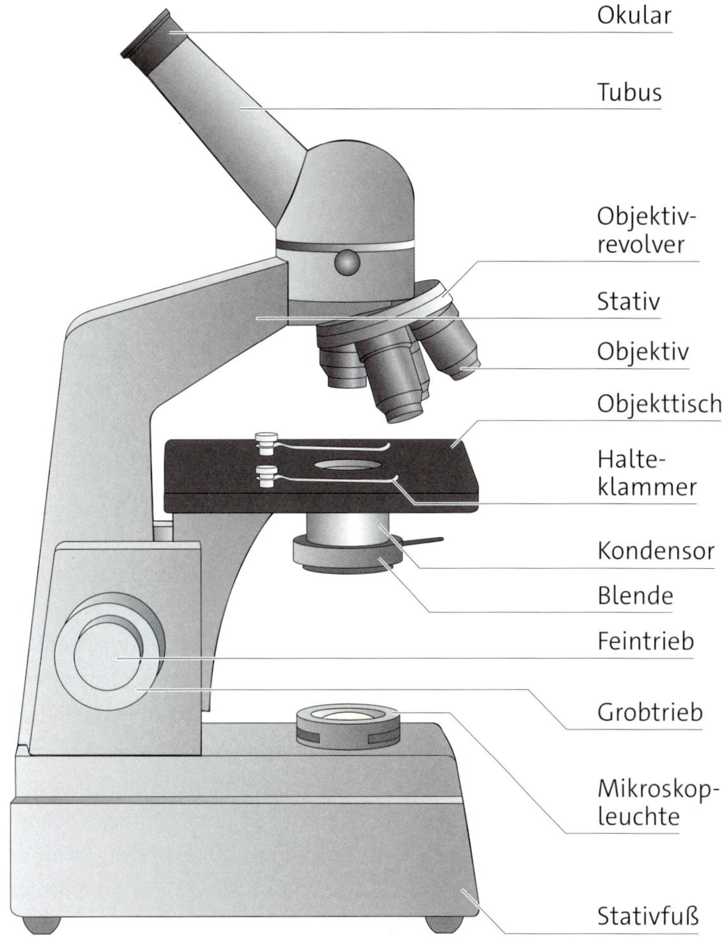

2 Aufbau eines Lichtmikroskops

Einzeller oder kleinere Organismen können ohne weiteren Präparationsaufwand in einen Wassertropfen auf einen Objektträger gegeben werden und nach vorsichtigem seitlich schrägem Auflegen eines Deckglases betrachtet werden. Ebenso kann ein Präparat eines Wasserpestblättchens, das zuvor von der Pflanze abgetrennt wurde, erstellt werden.
Andere Untersuchungsobjekte werden auf unterschiedliche Weise präpariert, beispielsweise durch Anfertigen dünner Schnitte und Anfärben.

1 ▢ Nenne die Funktionen der in Abbildung 2 benannten Bauteile eines Lichtmikroskops.

2 ◪ Erstelle mithilfe des Textes „Bedienung des Lichtmikroskops" eine Bedienungsanleitung in Form einer Liste.

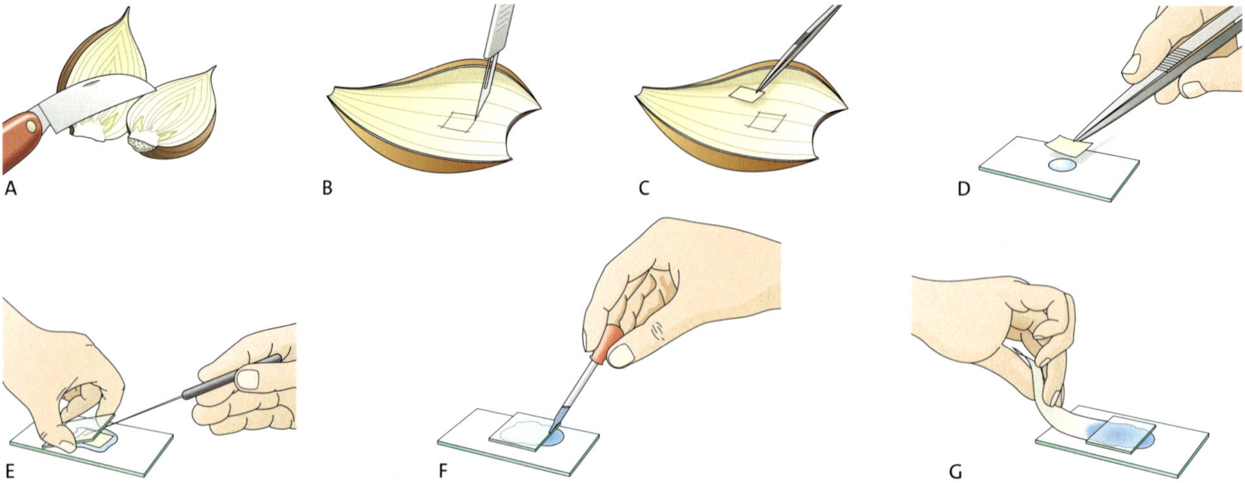

1 Herstellung eines Präparats der Epidermiszellen einer Zwiebelschuppe

Herstellen lichtmikroskopischer Präparate • Die Herstellung eines lichtmikroskopischen Präparats ist je nach Untersuchungsobjekt unterschiedlich aufwendig.

Um die Epidermiszellen der Küchenzwiebel zu betrachten, muss man zunächst die Zwiebel zerteilen und eine Schuppe herauslösen. Mit einem Skalpell wird dann auf der Innenseite der Schuppe ein etwa 0,5 cm großes Quadrat in die Schuppe geritzt, von dem sich mit einer spitzen Pinzette ein dünnes quadratisches Häutchen abziehen lässt. Dieses gibt man in einen Wassertropfen und legt vorsichtig ein Deckglas auf (▸ 1).

Von sehr weichen Objekten wie Lebergewebe kann man ein **Quetschpräparat** herstellen. Dabei wird ein Stückchen Lebergewebe in einen Tropfen 0,9%iger Kochsalzlösung auf einen Objektträger überführt und ein Deckglas aufgelegt. Durch leichten Druck auf das Deckglas wird das Gewebe so gequetscht, dass es lichtdurchlässig wird und man einzelne Zellen erkennen kann.

Die Herstellung von Präparaten härterer Objekte wie dem Sprossquerschnitt einer Pflanze erfordert etwas mehr Übung. Dazu klemmt man ein Stück eines Sprosses in ein aufgeschnittenes Styroporblöckchen und schneidet mit einer Rasierklinge oder einem Skalpell sehr dünne Scheiben ab. Diese überführt man danach mit einem Pinsel in einen Wassertropfen auf einem Objektträger und legt ein Deckglas auf.

Färben von Präparaten • Um Strukturen in Präparaten hervorzuheben, kann man sie mit bestimmten Farbstoffen anfärben. Färbt man Epidermiszellen der Zwiebel mit **Methylenblau**, erkennt man den dunkelblau gefärbten Zellkern gut.

Durch eine Färbung eines Präparats der Wurzelspitze der Zwiebel mit **Karminessigsäure**, die die Zellkerne und Chromosomen rot färbt, lassen sich verschiedene Zellteilungsstadien identifizieren. Mit einer Kombination der Farbstoffe **Astrablau** und **Safranin** erreicht man eine selektive Doppelfärbung bei einem Sprossquerschnitt: Zellwände aus Zellulose färben sich mit Astrablau intensiv blau und verholzte Zellwände mit Safranin rot.

Herstellen von Dauerpräparaten • Frischpräparate pflanzlicher und tierischer Gewebe sind aufgrund ihres Wassergehalts nur kurze Zeit haltbar. Um ein Präparat zu konservieren und ein **Dauerpräparat** zu erhalten, wird es entwässert. Dieser Vorgang, den man **Fixieren** nennt, muss schrittweise erfolgen, damit die Gewebe nicht schrumpfen. Dazu spült man das in einem Wassertropfen liegende Präparat mehrmals mit einer Reihe von Alkohol-Wasser-Mischungen mit zunehmender Alkoholkonzentration. Nach dem Fixieren erfolgt das **Einbetten** des Präparats in ein flüssiges Einbettmittel, zum Beispiel Kunstharz. Danach wird ein Deckglas blasenfrei aufgelegt. Nach dem Erhärten ist das Präparat dauerhaft haltbar.

Versuch A Herstellen von einfachen Präparaten

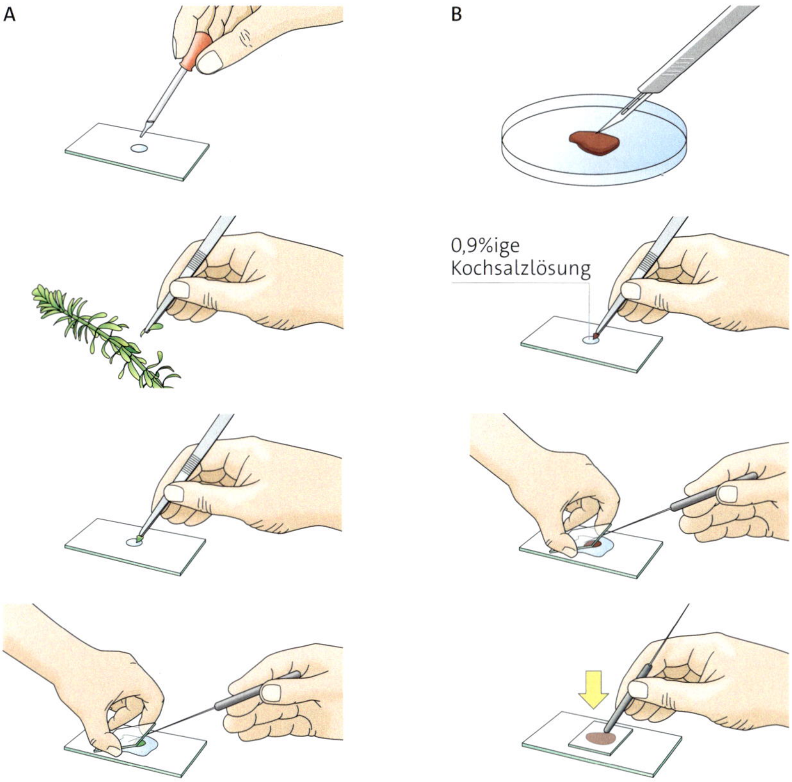

1 Stelle mithilfe der Abbildung **A** ein Präparat der Wasserpest her. Entferne dazu ein Blatt von einem Spross der Wasserpest, überführe es auf einen Objektträger in einen Tropfen Wasser und lege ein Deckglas auf.

2 Mikroskopiere das Präparat und fertige bei der größten Vergrößerung eine beschriftete Zeichnung einer Zelle an.

3 Stelle mithilfe der Abbildung **B** ein Quetschpräparat von Lebergewebe her und mikroskopiere es.

4 Stelle mithilfe der Abbildung 1 auf Seite 164 ein mit Methylenblau (Achtung, Gesundheitsgefahr: GHS08) gefärbtes Präparat der Epidermiszellen einer Zwiebel her und vergleiche es mit der Abbildung 1 auf Seite 166.

Versuch B Herstellen eines gefärbten Querschnitts der Sprossachse

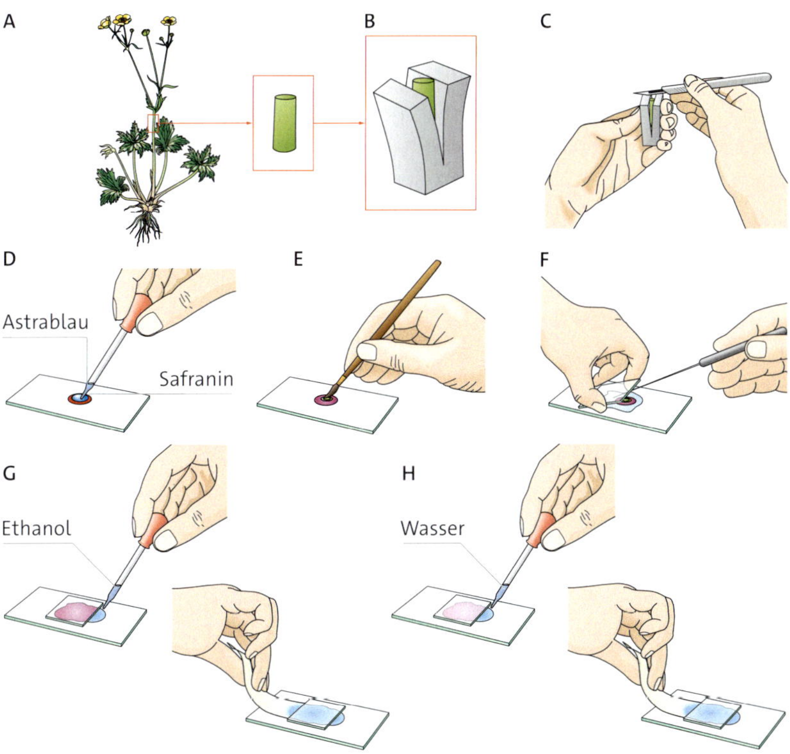

1 Stelle mithilfe der Abbildung und folgender Anleitung einen Sprossachsenquerschnitt einer Hahnenfußpflanze her und mikroskopiere ihn.

Durchführung:
Schneide in ein Styroporblöckchen einen Spalt und klemme ein Sprossstück so ein, dass es kaum aus dem Blöckchen ragt. Presse das Blöckchen fest zusammen und schneide mehrmals mit einem Skalpell sehr flach parallel zur oberen Fläche. Überführe die dünnen Schnitte in einen Tropfen der vorbereiteten Färbelösung.

2 Beschreibe die erforderlichen Schritte, um aus diesem Präparat ein Dauerpräparat herzustellen.

4.3 Messen und Dokumentieren

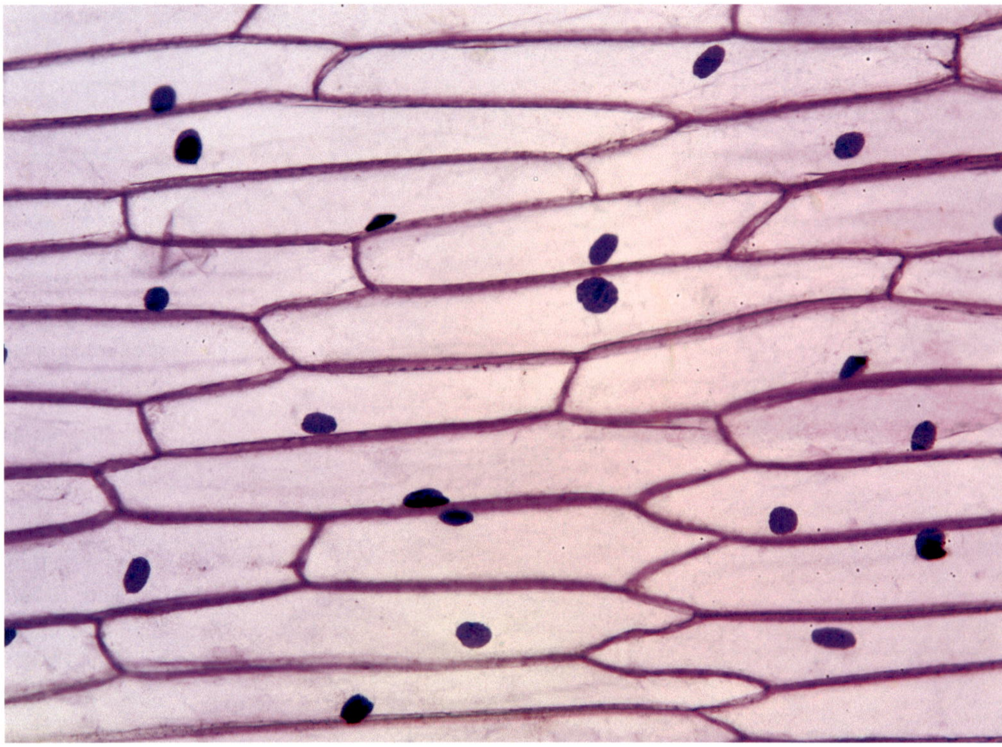

1 Präparat einer Zwiebelepidermis (mit Methylenblau gefärbt)

Bei der Betrachtung eines angefärbten Präparats einer Zwiebelepidermis mit einem Objektiv, das 40-fach vergrößert, kann man Zellumrisse und Zellkerne sehr gut erkennen. Wie groß sind diese Zellen und Zellkerne tatsächlich?

2 Okular: Vergrößerung 10×, Sehfeldzahl 20 mm

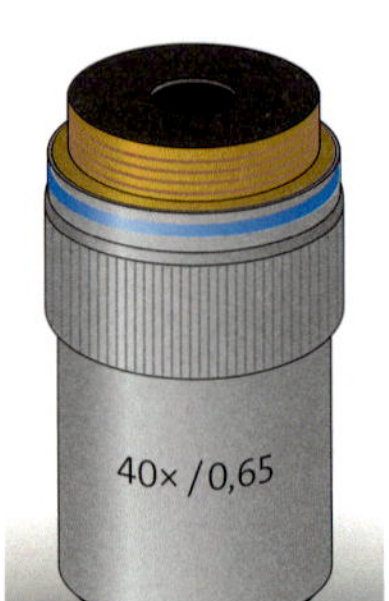

3 Objektiv: Vergrößerung 40×, numerische Apertur 0,65

Größenmessung mit dem Lichtmikroskop • Beim Mikroskop wird ein Gegenstand zuerst durch die Sammellinse des Objektivs vergrößert, wodurch im Tubus ein Zwischenbild entsteht. Dieses wird durch die Okularlinse noch einmal vergrößert. Die **Gesamtvergrößerung** ergibt sich aus dem Produkt der Objektiv- und Okularvergrößerung.
Bei einem 40-fach vergrößernden Objektiv und einem 10-fach vergrößernden Okular ergibt sich demnach eine 400-fache Vergrößerung.

Verfügt man über kein weiteres mikroskopisches Messzubehör, kann man die tatsächliche Größe eines mikroskopischen Objekts mithilfe des **Gesichtsfelddurchmessers** abschätzen.

Dieser lässt sich für jede Kombination von Okular und Objektiv berechnen. Er entspricht dem Quotienten aus der **Sehfeldzahl des Okulars** und der **Vergrößerung des Objektivs**. Diese Zahlen sind auf Okular und Objektiv angegeben. Ein 10-fach vergrößerndes Okular hat zum Beispiel eine Sehfeldzahl von 20 mm. Kombiniert mit einem 40-fach vergrößernden Objektiv ergibt sich ein Gesichtsfelddurchmesser von 20 mm geteilt durch 40, also gleich 0,5 mm. Nimmt zum Beispiel das Objekt etwa die Hälfte des Gesichtsfelds ein, ist es demnach circa 0,25 mm groß.

Für genauere Messungen benötigt man ein **Okularmikrometer**. Dies ist ein rundes Glasplättchen, in das eine Skala mit 100 Teilstrichen eingraviert ist, das in das Okular eingelegt wird.
Unabhängig vom verwendeten Objektiv sieht man dann beim Blick durch das Okular immer die gleiche Skala. Weil die Objektive unterschiedlich stark vergrößern, muss diese Skala für jedes Objektiv zunächst geeicht werden. Dies erfolgt mit einem speziellen Objektträger, dem **Objektmikrometer**, das eine Skala von exakt 1 mm Länge mit 100 Teil-

strichen eingraviert hat. Der Abstand zwischen zwei Teilstrichen beträgt also genau 0,01 mm beziehungsweise 10 Mikrometer (10 µm). Das Objektmikrometer wird wie ein Präparat auf den Objekttisch gelegt und zunächst mit der kleinsten Vergrößerung betrachtet. Die Skala des Okularmikrometers wird dann parallel zu der des Objektmikrometers ausgerichtet und es wird bestimmt, wie viele Teilstriche des Okularmikrometers wie vielen Teilstrichen des Objektmikrometers entsprechen.

Diese Bestimmung muss für jedes Objektiv durchgeführt und notiert werden. Entsprechen zum Beispiel 100 Teilstriche des Okularmikrometers genau 40 Teilstrichen des Objektmikrometers, also 0,4 mm, dann beträgt der Abstand zwischen zwei Teilstrichen des Okularmikrometers bei diesem Objektiv 0,004 mm beziehungsweise 4 µm.

Epidermiszellen der Zwiebel sind etwa 0,4 mm lang und besitzen Zellkerne mit einem Durchmesser von etwa 0,06 mm oder 60 µm.

Dokumentieren • In wissenschaftlichen Labors sind die Lichtmikroskope meistens mit Computern verbunden. Das mikroskopische Bild kann so auf einem Monitor betrachtet, im Rechner gespeichert und bearbeitet werden. In der Schule können die Beobachtungen der Präparate durch Fotografieren und Zeichnen dokumentiert werden.

Eine schnelle und einfache Methode ist das Fotografieren mit dem Smartphone. Die Kamera des Smartphones wird dabei direkt auf das Okular gehalten. Hierbei helfen ein Stativ oder spezielle Halterungen für das Smartphone. Fotos können rasch erstellt und gespeichert werden. Ein Nachteil ist, dass sie bei stärkerer Vergrößerung nur eine Schärfenebene des Objekts abbilden können.

Eine mikroskopische Zeichnung erfordert dagegen eine intensivere Beschäftigung mit dem Präparat. Man betrachtet es dadurch aber genauer und sieht mehr Details. Aus der Betrachtung mehrerer Schärfenebenen kann dabei auch ein räumliches Gesamtbild des Untersuchungsobjekts erstellt werden.

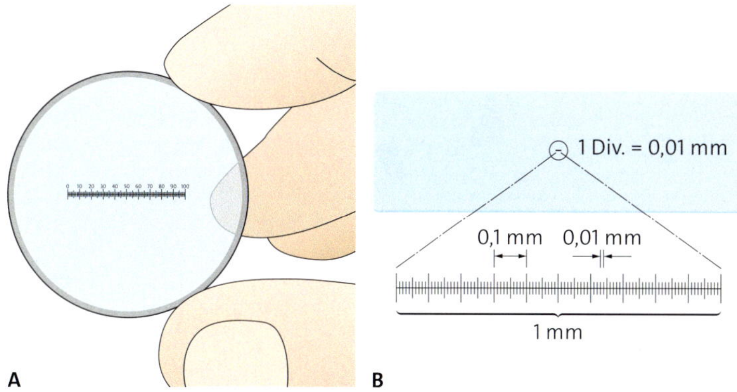

4 A Okularmikrometer, B Objektmikrometer

1 mm = 1000 µm
1 µm = 0,001 mm

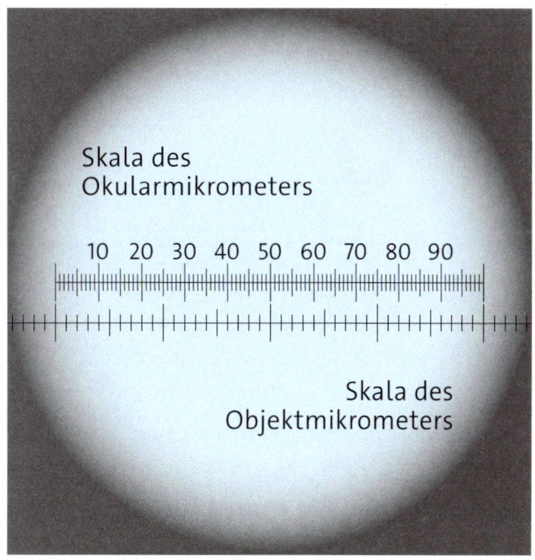

5 Eichen eines Okularmikrometers

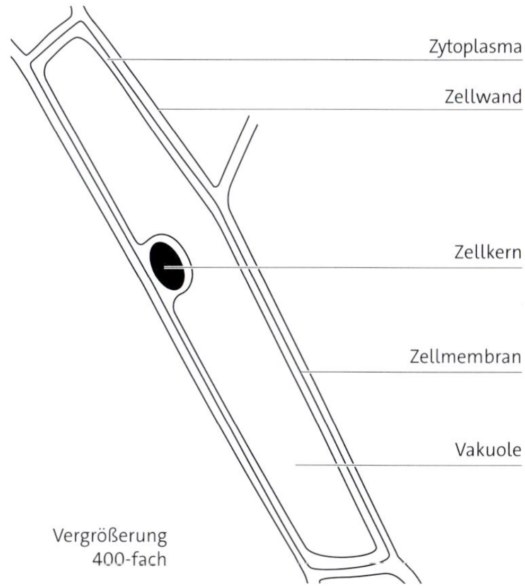

6 Beschriftete Zeichnung einer Zwiebelepidermiszelle

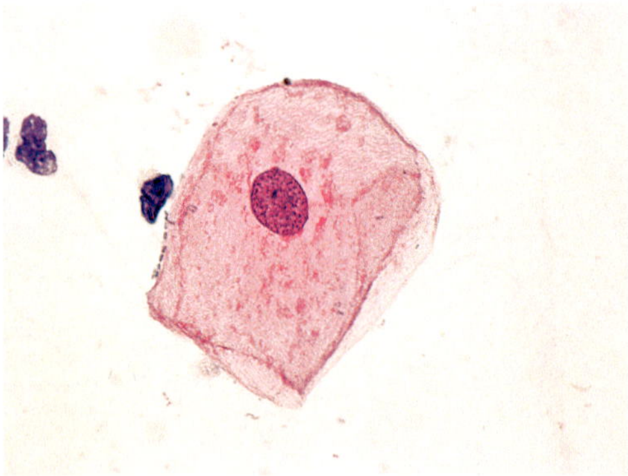

1 Menschliche Mundschleimhautzelle, angefärbt

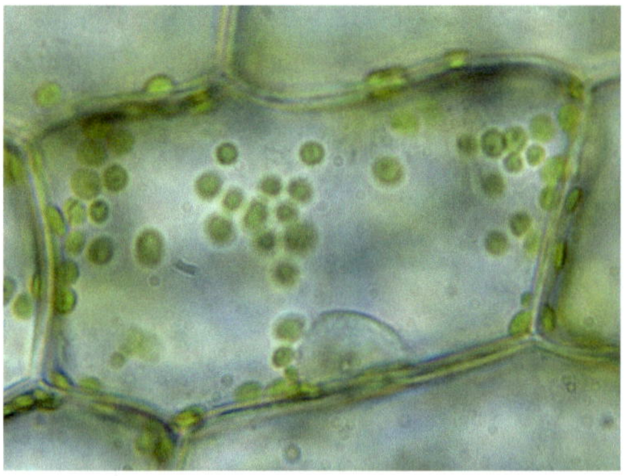

3 Blattzelle der Wasserpest

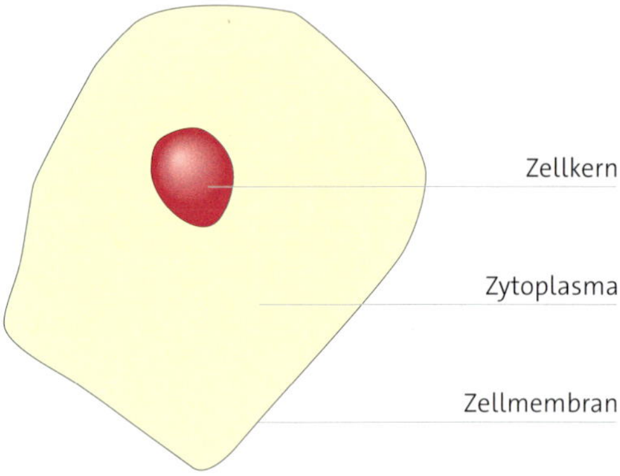

2 Mundschleimhautzelle (Schema)

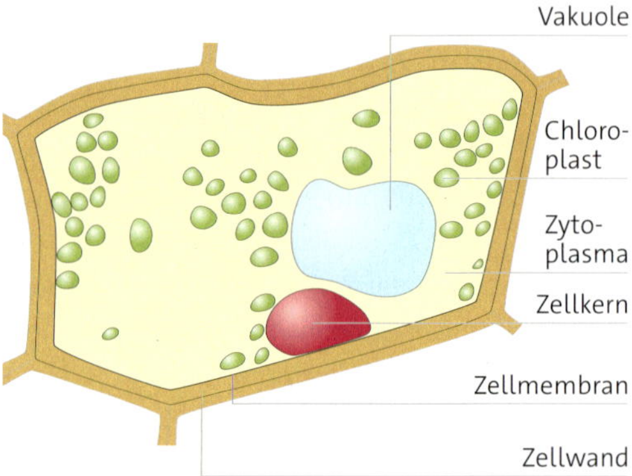

4 Blattzelle der Wasserpest (Schema)

Auflösungsvermögen • Mit dem Lichtmikroskop will man nicht nur ein vergrößertes Bild eines Objekts bekommen, sondern auch mehr Einzelheiten erkennen können. Entscheidend dafür ist das **Auflösungsvermögen** eines Objektivs. Darunter versteht man den minimalen Abstand zwischen zwei Punkten, bei dem diese noch getrennt zu sehen sind. Unser Auge hat ein maximales Auflösungsvermögen von etwa 0,2 mm, das heißt, dass man zum Beispiel zwei parallel verlaufende Linien, die einen geringeren Abstand als 0,2 mm voneinander haben, nur als eine Linie sieht.

Das Auflösungsvermögen von Objektiven ist abhängig von der **numerischen Apertur** des Objektivs und der Wellenlänge des verwendeten Lichts. Die numerische Apertur ist ein Zahlenwert, der auf dem Objektiv neben der Vergrößerung angegeben ist. Er stellt ein Qualitätsmerkmal eines Objektivs dar. Je größer die numerische Apertur und je kurzwelliger das verwendete Licht, desto höher ist das Auflösungsvermögen. 40-fach vergrößernde Objektive in Schulmikroskopen haben meistens eine numerische Apertur von 0,65. Bei einer Beleuchtung mit gelb-grünem Licht kann ein Auflösungsvermögen von 0,55 µm erreicht werden.

Lichtmikroskkopisches Bild von Tier- und Pflanzenzelle • Mit einem Schulmikroskop können beim Mikroskopieren von Tier- und Pflanzenzellen nur Zellbestandteile gesehen werden, die größer als 0,55 µm sind.
Bei einer Tierzelle, zum Beispiel einer angefärbten menschlichen Mundschleimhautzelle, erkennt man dabei lediglich den Zellumriss, das Zellplasma, den Zellkern und eventuell auch Mitochondrien.

Bei Pflanzenzellen wie zum Beispiel einer Blattzelle der Wasserpest kann man außerdem die Zellwand, Chloroplasten und die Abgrenzung einer Zellvakuole erkennen.

Material A Mikroskopische Dimensionen

Name	Dezimalschreibweise in m	Potenzschreibweise in m	Präfix	Einheitenzeichen
Eins	1	10^0	–	–
1 Zehntel	0,1	10^{-1}	Dezi-	d
1 Hundertstel	0,01	10^{-2}	Zenti-	c
1 Tausendstel	0,001	10^{-3}	Milli-	m
1 Millionstel	0,000 001	10^{-6}	Mikro-	µ
1 Milliardstel	0,000 000 001	10^{-9}	Nano-	n

In einem Lexikon findest du folgende Größenangaben: rote Blutzelle 8 µm, Mundschleimhautzelle 0,07 mm, Grippevirus 100 nm.

1 Gib mithilfe der Tabelle alle drei Angaben in Metern, Millimetern, Mikrometern und Nanometern an.

Material B Messen mit dem Lichtmikroskop

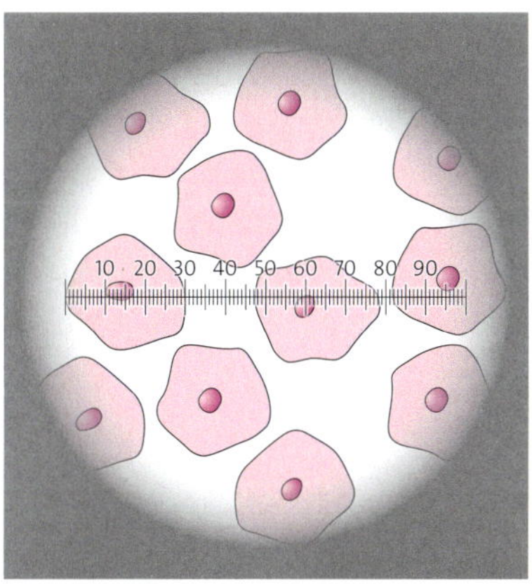

Der Gesichtsfelddurchmesser (D) eines Lichtmikroskops ist abhängig von der Sehfeldzahl (S) des Okulars und der Maßstabszahl (M), dem Vergrößerungswert, des Objektivs. Er kann nach folgender Formel berechnet werden: $D = \frac{S}{M}$.

Die abgebildeten Mundschleimhautzellen sollen mit einem geeichten Okularmikrometer vermessen werden. Der Abstand zwischen zwei Teilstrichen des Okularmikrometers beträgt bei dieser Vergrößerung 4 µm.

1 Berechne für die Objektive 3,5 ×, 10 ×, 40 × und 100 × den Gesichtsfelddurchmesser bei einem Okular mit der Sehfeldzahl 20 mm.

2 Bestimme anhand der Abbildung den Durchmesser einer Mundschleimhautzelle sowie den eines Zellkerns.

Versuch C Dokumentieren

C1 Grünlilie

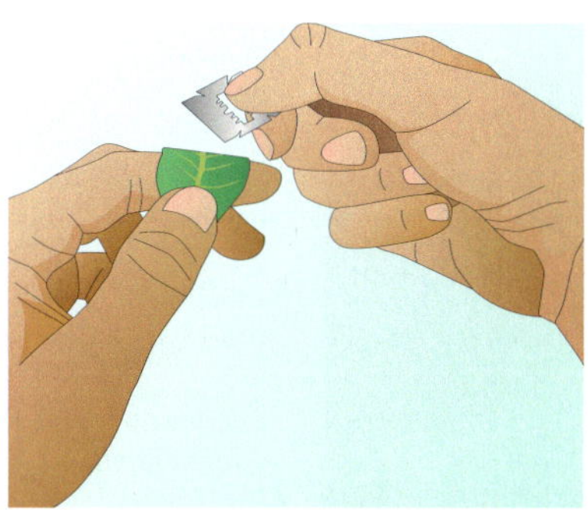

C2 Anfertigen eines Flächenschnitts

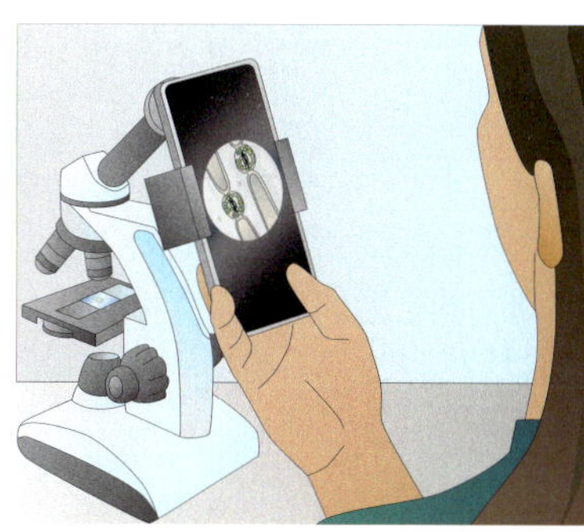

C3 Dokumentieren mit dem Smartphone

Bei einem Flächenschnitt wird das Blatt um einen Finger gewickelt und dann parallel zur Blattoberfläche geschnitten (▸ C2).

1 Fertige ein Flächenschnittpräparat von der unteren Epidermis eines Grünlilienblatts an.

2 Dokumentiere die Spaltöffnungen einer Grünlilie bei 400-facher Vergrößerung mit dem Smartphone und mit einer beschrifteten Zeichnung.

Elektronenmikroskopie

Mit Elektronenmikroskopen kann man winzige Objekte wie Viren und Strukturen kleinster Zellbestandteile sichtbar machen. Wie funktionieren diese Geräte?

Transmissionselektronenmikroskop • Das Auflösungsvermögen eines Lichtmikroskops ist durch die Wellenlängen des sichtbaren Lichts begrenzt. Von Blau nach Rot ist dies der Wellenlängenbereich von 400 bis 700 Nanometern (nm). Nur Objekte, die größer als die halbe Wellenlänge des Lichtes sind, also mindestens 200 nm, können mit dem Lichtmikroskop abgebildet werden.

Beim **Transmissionselektronenmikroskop (TEM)**, werden statt Lichtstrahlen Elektronenstrahlen durch das Objekt geleitet. Da diese von Luftteilchen stark abgelenkt werden, besteht ein TEM vor allem aus einer großen geschlossenen Metallröhre, dem **Tubus**, in dem ein Vakuum erzeugt wird. Als Elektronenquelle dient ein Wolframdraht, die **Kathode**, am oberen Ende des Mikroskops. Aus ihr treten durch Anlegen einer Hochspannung Elektronen aus, die mithilfe der **Anode** im Hochspannungsfeld beschleunigt werden. Je höher die angelegte Spannung ist, desto stärker werden die Elektronen beschleunigt und desto kleiner ist ihre Wellenlänge. So kann ein Auflösungsvermögen von maximal 0,1 nm und eine Vergrößerung bis zu 2 000 000-fach erreicht werden. Elektronenstrahlen können nicht wie Lichtstrahlen durch Glaslinsen abgelenkt werden, sondern nur durch elektromagnetische Felder. Der erzeugte Elektronenstrahl wird durch einen **elektromagnetischen Kondensor** gebündelt, über den die Helligkeit und der Kontrast reguliert werden. Danach trifft er auf das **Präparat**, das über eine **Objektschleuse** in den Tubus eingeführt wird.

Das sich anschließende elektromagnetische **Objektiv** erzeugt wie beim Lichtmikroskop ein Zwischenbild des Präparats. Dieses wird von der elektromagnetischen Okularlinse, dem **Projektiv**, vergrößert und auf einen **Leuchtschirm** projiziert.

Im Unterschied zum Lichtmikroskop entsteht beim TEM ein Schwarz-Weiß-Bild. Dunkle Stellen weisen auf dichtere und helle Stellen auf weniger dichte Strukturen im Präparat hin. Das Bild kann direkt auf dem Leuchtschirm betrachtet werden oder durch Übertragung auf den Monitor eines Computers. Hier lässt sich das Bild bearbeiten. Zum Beispiel können Strukturen mit entsprechender Software durch Kolorieren hervorgehoben werden.

1 Transmissionselektronenmikroskop (TEM)

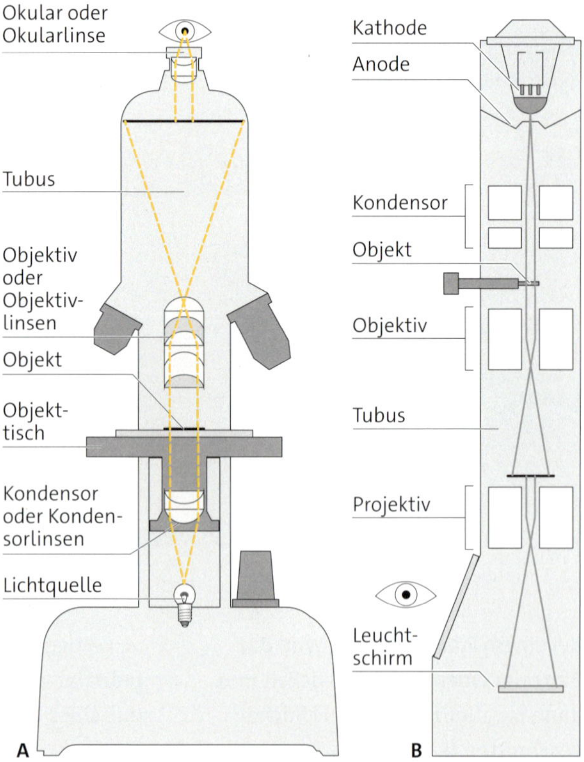

2 Vergleich: A Lichtmikroskop, B TEM (Schema)

Herstellen von Präparaten für das TEM • Damit ein Untersuchungsobjekt von Elektronenstrahlen durchstrahlt werden kann, muss es in hauchdünne Scheiben von 20–80 nm Dicke geschnitten werden. Bei einer menschlichen Mundschleimhautzelle sind das zum Beispiel 1 000 Scheiben.

Vor dem Schneiden muss das Objekt durch vollständigen Wasserentzug fixiert werden. Danach wird es mit flüssigem Kunststoff, zum Beispiel Epoxidharz, in einem kleinen Reagenzglas eingebettet. Der erhärtete Kunststoffblock wird dann am unteren Ende, wo das Objekt liegt, durch Zuspitzen für den Schneidevorgang vorbereitet. Beim Schneiden mit einem Ultramikrotom wird der eingespannte Kunststoffblock an der frischen Bruchkante eines Glasmessers vorbeigeführt. Dabei wird er entsprechend der am Mikrotom eingestellten Schnittdicke automatisch nach vorn geschoben.
Die Schnitte werden in einem kleinen, wassergefüllten Sammelbecken, das am Glasblock befestigt ist, abgefangen. Die auf der Wasseroberfläche schwimmenden Schnitte werden mit einem Kupfernetz von nur 3 mm Durchmesser, dem Objektträger, abgefischt, getrocknet und über die Objektschleuse ins TEM eingeführt.

Rasterelektronenmikroskop • Vergleichbar einer Stereolupe, mit der man dreidimensionale Objekte bei Auflicht untersucht, ermöglicht das **Rasterelektronenmikroskop, REM**, eine genaue Abbildung der Oberfläche eines Objekts mithilfe von Elektronenstrahlen.
Ein REM ist ähnlich aufgebaut wie ein TEM. Die vorhandenen elektromagnetischen Linsen dienen jedoch nicht der Abbildung, sondern sind Kondensorlinsen, die den Elektronenstrahl sehr stark bündeln.
Die Objekte, zum Beispiel kleine Insekten, Schneckengehäuse oder Pollenkörner, werden vor der mikroskopischen Untersuchung getrocknet, mit einer sehr feinen Goldschicht bedampft und schließlich auf einen Präparathalter geklebt.

Beim Mikroskopieren wird der **Primärelektronenstrahl** mithilfe von Ablenkspulen wie beim Scannen zeilenweise über die Oberfläche des Präparats geführt. Dabei werden aus der dünnen Goldschicht des Präparats **Sekundärelektronen** freigesetzt. Diese werden von einem Elektronenfänger, dem **Detektor**, aufgenommen und in einem angeschlossenen Computer zu einem Rasterbild zusammengesetzt. Auf diese Weise erhält man sehr plastische Bilder von biologischen Objekten. Dieser räumliche Eindruck wird durch Kolorieren der zunächst grauen Bilder noch verstärkt.

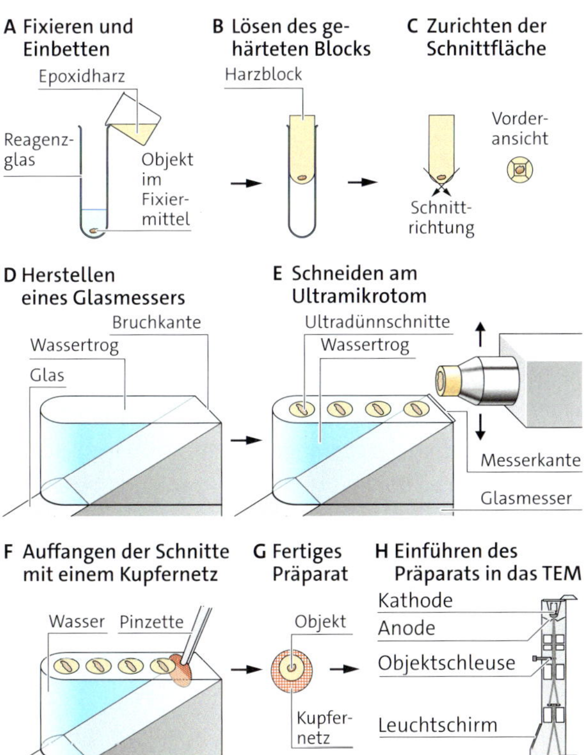

3 Herstellen eines TEM-Präparats

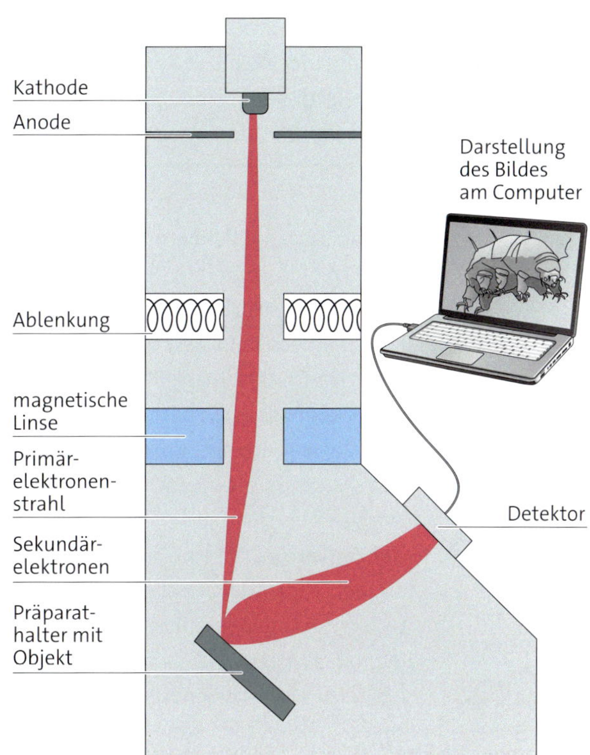

4 Schema eines Rasterelektronenmikroskops (REM)

4.4 Feinbau der Zelle

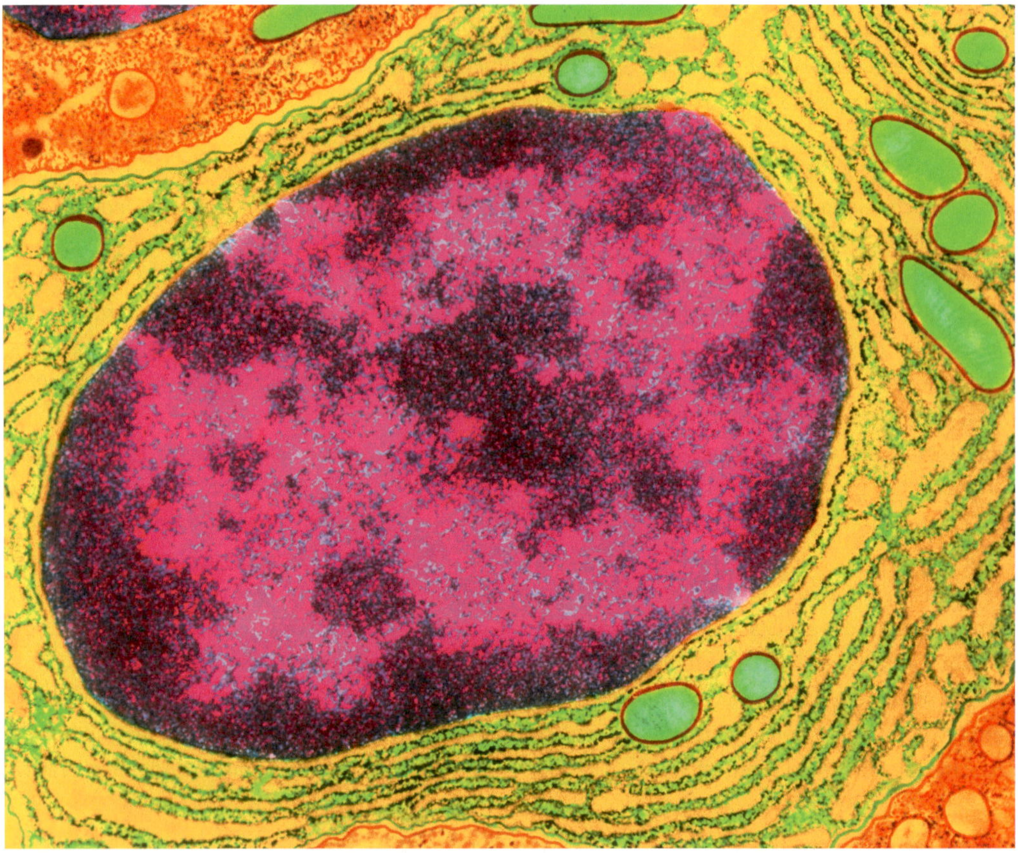

1 Plasmazelle aus dem Knochenmark eines Menschen (nachträglich kolorierte elektronenmikroskopische Aufnahme bei 18 000-facher Vergrößerung)

Plasmazellen produzieren Antikörper gegen Krankheitserreger. Vergleicht man die komplexen Strukturen einer elektronenmikroskopischen Aufnahme mit dem lichtmikroskopischen Bild einer solchen Zelle, kann man vermuten, dass der große zentrale Bereich der Zellkern ist. Was aber sind die anderen Strukturen?

griechisch *kytos* = Gefäß

Zytoplasma und Zellkern • In einem Frischpräparat von Plasmazellen sind die Zellbestandteile im Lichtmikroskop schwer zu erkennen. Mit geeigneten Färbemitteln lässt sich das **Zytoplasma**, die gelartige Grundflüssigkeit der Zelle, blau einfärben (▸ 2). Einige Bereiche darin bleiben jedoch hell, weil sie den Farbstoff kaum aufnehmen. So werden die Umrisse feiner Strukturen innerhalb des Zytoplasmas sichtbar.

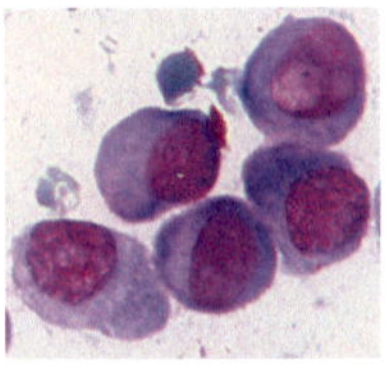

2 Frischpräparat von Plasmazellen, lichtmikroskopische Aufnahme, Zytoplasma und Zellkern angefärbt

Der **Zellkern** erhält eine kräftig violette Färbung, die jedoch ebenfalls nicht gleichmäßig verteilt ist. Untersuchungen an unterschiedlich aktiven Zellen haben ergeben, dass schwächer gefärbte Bereiche zu Material gehören, das der Erbsubstanz zugeordnet werden kann, deren Erbinformation gerade verwendet wird. Es ist locker angeordnet und wird als **Euchromatin** bezeichnet. Die stärker gefärbten Bereiche entsprechen verdichteter Erbsubstanz, die gerade nicht verwendet wird, dem **Heterochromatin**.

Mit dieser Orientierung aus dem lichtmikroskopischen Bild lassen sich bereits einige Strukturen der elektronenmikroskopischen Aufnahme der Plasmazelle zuordnen (▸ 1): Im zentralen Zellkern können dunkles Heterochromatin und helles Euchromatin noch präziser unterschieden werden. Er ist von einer doppelten Linie mit kleinen Unterbrechungen umgeben. Es handelt sich um eine doppelte Membran mit zahlreichen Poren. Im umgebenden Zytoplasma sind viele weitere feine Strukturen erkennbar.

Zu ihrer besseren Unterscheidung können sie nachträglich in der Aufnahme digital koloriert werden.

Endoplasmatisches Retikulum • Außerhalb des Zellkerns durchziehen zahlreiche parallele Linien weite Bereiche des Zytoplasmas. Sie sind größtenteils mit kleinen schwarzen Punkten, den Ribosomen, besetzt. Diese Strukturen sieht man im Lichtmikroskop nicht. Schneidet man aus einer einzigen Zelle eine Serie von etwa 50 Präparaten und fotografiert sie unter dem Elektronenmikroskop, kann man aus der entstehenden Bilderserie ein präzises dreidimensionales Modell erstellen. Es zeigt ein Netzwerk aus taschenförmigen Kammern, das von einer einfachen Membran umhüllt ist. Man nennt es **endoplasmatisches Retikulum** (ER). Vor allem in der Nähe des Zellkerns ist es häufig mit Ribosomen besetzt und wird deshalb als **raues ER** bezeichnet. Bereiche ohne Ribosomen nennt man entsprechend **glattes ER**.

Mitochondrien • Im elektronenmikroskopischen Bild der Plasmazelle (▶ 1) erkennt man neben dem Zellkern ovale Strukturen. In Lebendpräparaten kann man unter dem Lichtmikroskop beobachten, dass sie sich teilen und miteinander verschmelzen und so ständig ihre Gestalt verändern. Ihre Form wandelt sich von fädig zu körnig und umgekehrt. Diesen Zellbestandteil nennt man daher **Mitochondrium,** abgeleitet von den altgriechischen Wörtern *mitos* für *Faden* und *chondrion* für *Körnchen.* In der hohen Auflösung ist gut zu erkennen, dass sie eine doppelte Membran besitzen. Die innere Membran der Mitochondrien ist an vielen Stellen stark eingefaltet, wodurch der Innenraum stark untergliedert ist.

Golgi-Apparat • In der Zelle sind weitere, parallel angeordnete, unverzweigte und oft halbmondförmige Membranstapel zu erkennen. An ihren Enden befinden sich oft kleine Bläschen, die Vesikel. Ein solches System wird als **Dictyosom** bezeichnet. Die Gesamtheit aller Dictyosomen einer Zelle nennt man nach ihrem Entdecker **Golgi-Apparat**.

1 ☐ Beschreibe, wie man durch verschiedene mikroskopische Präparationstechniken den Feinbau einer Zelle sichtbar machen kann.

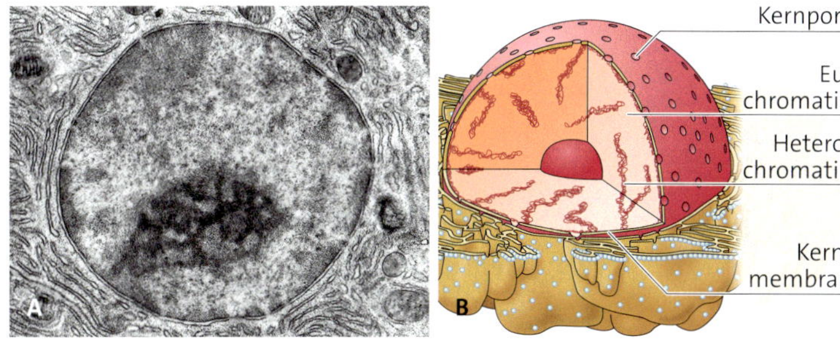

3 Zellkern: A elektronenmikroskopisches Bild, B dreidimensionales Schema

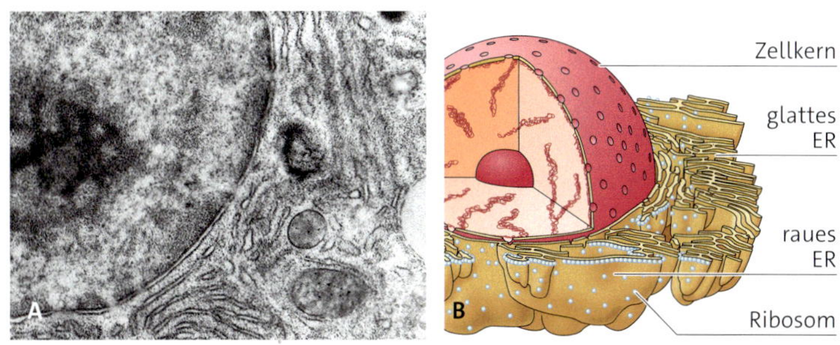

4 Endoplasmatisches Retikulum: A elektronenmikroskopisches Bild, B dreidimensionales Schema

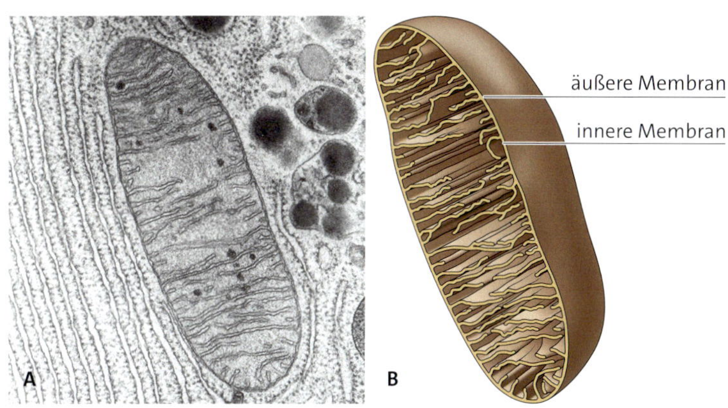

5 Mitochondrium: A elektronenmikroskopisches Bild, neben endoplasmatischem Retikulum (links), B dreidimensionales Schema

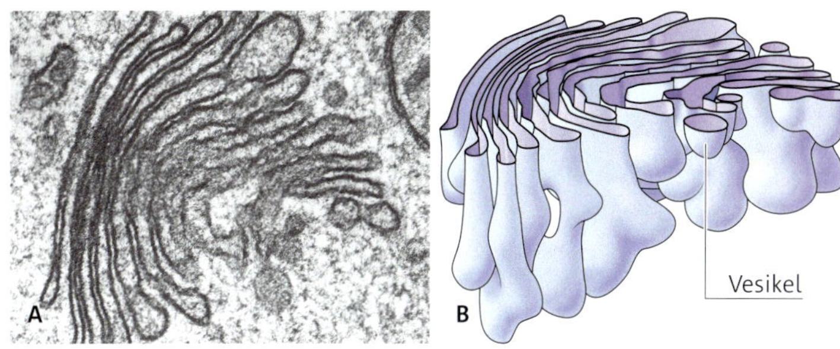

6 Dictyosom mit Vesikeln: A elektronenmikroskopisches Bild, B dreidimensionales Schema

Bestandteile von pflanzlichen Zellen • In pflanzlichen Zellen sind verschiedene Bestandteile zu erkennen, die in tierischen Zellen nicht zu finden sind. Bereits im Lichtmikroskop erkennt man in ihnen relativ große, grüne, ovale Strukturen. Im elektronenmikroskopischen Bild wird deutlich, dass diese ähnlich wie die Mitochondrien von einer doppelten Membran umgeben sind. Auch ihre innere Membran ist wie bei den Mitochondrien vielfach eingefaltet und bildet so enge Hohlräume, die **Thylakoide**.

griechisch *chloros* = grün, *plastos* = geformt

Im Querschnitt kann man bei besonders hoher mikroskopischer Auflösung körnchenartig verdunkelte Bereiche aus verdichteten Membranstapeln und hellere Regionen unterscheiden. Diese Zellbestandteile sind besonders zahlreich in Geweben, die dem Sonnenlicht ausgesetzt sind, zum Beispiel im Grundgewebe von Laubblättern. In Wurzelzellen sind sie hingegen nur sehr selten zu finden. Man bezeichnet sie aufgrund ihrer intensiven grünen Farbe als **Chloroplasten**.

Den größten Raum in der Pflanzenzelle nehmen meistens die **Vakuolen** ein. Sie sind von einer einfachen Membran umgeben, dem **Tonoplasten**, und enthalten häufig eine wässrige Lösung mit Mineralsalzen.
Pflanzliche Zellen sind zusätzlich noch von einer stabilen **Zellwand** umgeben, die der Zellmembran außen aufliegt. In verholzten Pflanzenteilen ist sie besonders stark ausgeprägt.

Kompartimentierung • Feste Zellbestandteile mit einer bestimmten Funktion heißen **Zellorganellen.** Es gibt Zellorganellen ohne Membranen wie Ribosomen und Organellen mit einfachen Membranen wie glattes und raues endoplasmatisches Retikulum, Dictyosom, Vesikel und Vakuole sowie solche mit doppelter Membran wie Zellkern, Mitochondrium und Chloroplast.
Die Zellorganellen bilden unterschiedlich abgegrenzte Räume, die jeweils unterschiedliche Funktionen erfüllen, die **Kompartimente**. In ihnen laufen unterschiedliche Auf- und Abbauprozesse ab, sodass sie jeweils spezifische Funktionen im Zellstoffwechsel übernehmen. Manche der Zellorganellen stehen dabei in enger Wechselwirkung, zum Beispiel indem sie ihre Stoffwechselprodukte gegenseitig weiterverarbeiten.

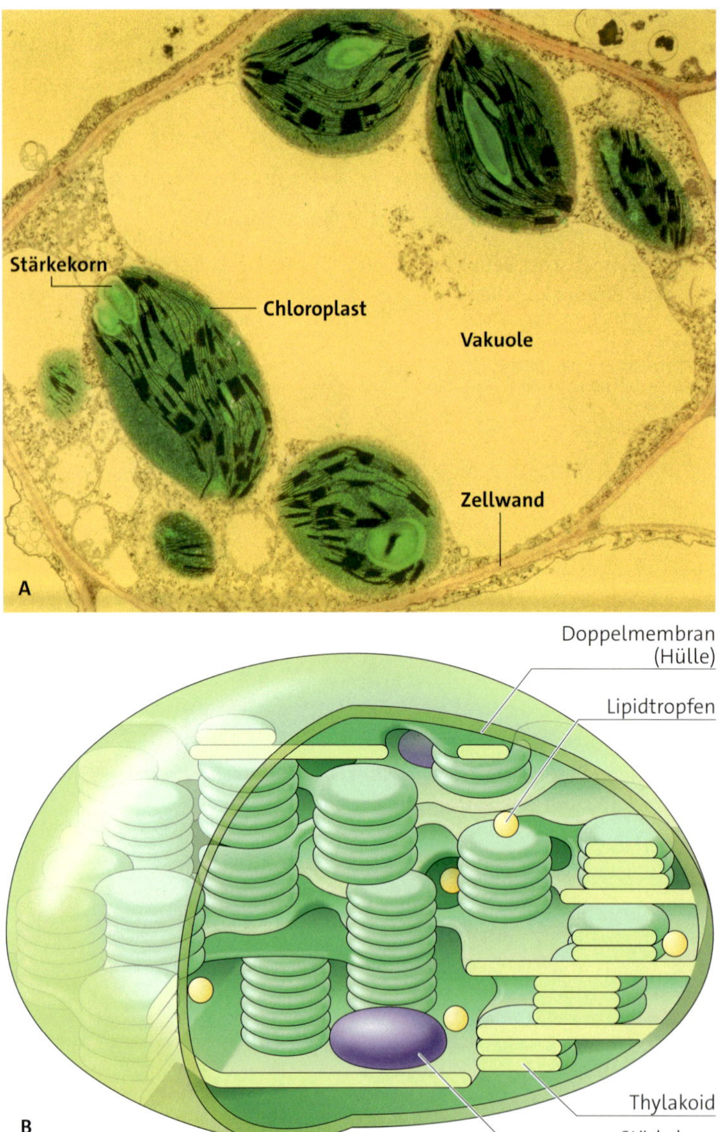

1 Chloroplast: A elektronenmikroskopisches Bild einer Pflanzenzelle mit sieben Chloroplasten, B dreidimensionales Schema

1 ☐ Vergleiche in einer Tabelle das Vorkommen der einzelnen Organellen in tierischen und pflanzlichen Zellen.

2 ☑ Erläutere die Vorteile der Kompartimentierung von Zellen.

Material A Zellkernhülle und endoplasmatisches Retikulum

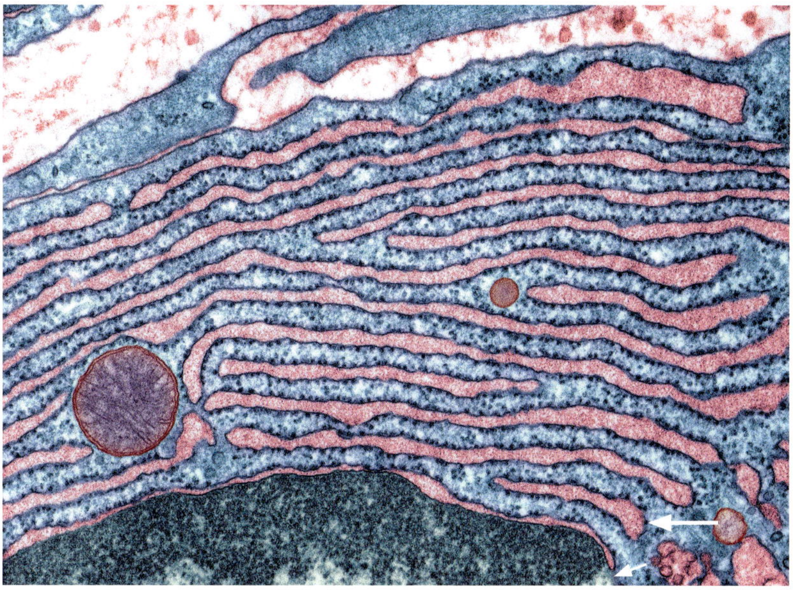

Das elektronenmikroskopische Bild zeigt einen stark vergrößerten Ausschnitt aus einer Zelle. Im unteren Teil des Bildes verläuft die Grenze zwischen dem Zellkern und dem Zytoplasma. Während das Zellplasma von vielen Membranen des endoplasmatischen Retikulums (ER) durchzogen ist, erscheint der Zellkerninhalt unregelmäßig körnig. Der kleine Pfeil zeigt auf eine Lücke in der Membran des Zellkerns, der große Pfeil auf eine Membran des ER. Die an der Membran des rauen ER sichtbaren schwarzen Punkte sind Ribosomen. An ihnen werden die genetischen Informationen, die im Zellkern gespeichert sind, in Proteine umgesetzt. Einige Ribosomen sind nicht an die Membran des rauen ER gebunden, sondern bewegen sich frei im Zytoplasma.

1 ▢ Beschreibe den Aufbau der Kernmembran.

2 ◪ Beschreibe den Aufbau des ER. Nimm die Abbildung 4 auf Seite 173 zu Hilfe.

3 ◪ Beschreibe den Kontaktbereich zwischen ER und Kernmembran.

4 ■ Stelle eine Hypothese über mögliche Vorgänge auf, die sich zwischen Zellkern und rauem ER abspielen könnten.

Material B Endoplasmatisches Retikulum, Golgi-Apparat und Vesikel

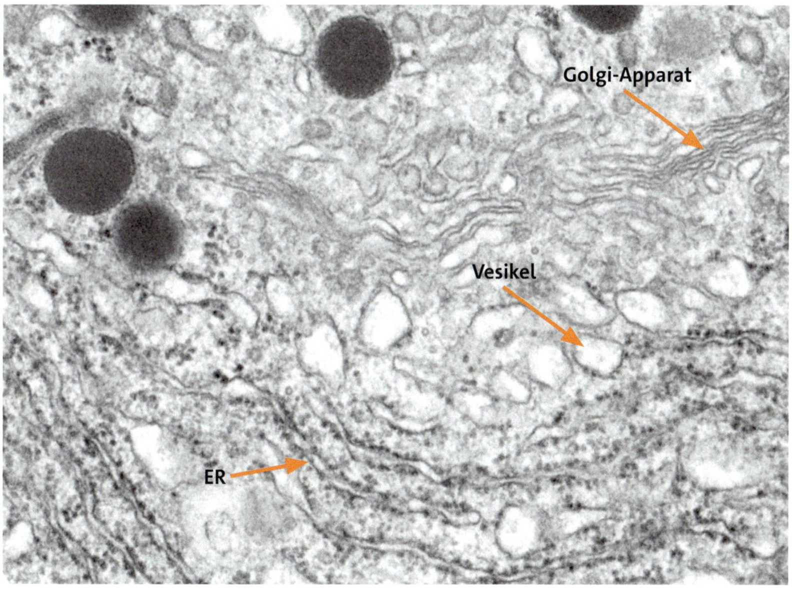

Die Abbildung zeigt eine typische Anordnung von ER, kleinen Vesikeln und Bestandteilen des Golgi-Apparats in aktiven Drüsenzellen.

1 ◪ Beschreibe genau die Lage von ER, Vesikeln und Golgi-Apparat zueinander.

2 ■ Stelle eine Hypothese auf, mit welchen Vorgängen die Lage, Anzahl und Größe von ER, Vesikeln und Golgi-Apparat in dieser Drüsenzelle in Verbindung stehen könnte.

4.5 Zusammenwirken von Zellbestandteilen

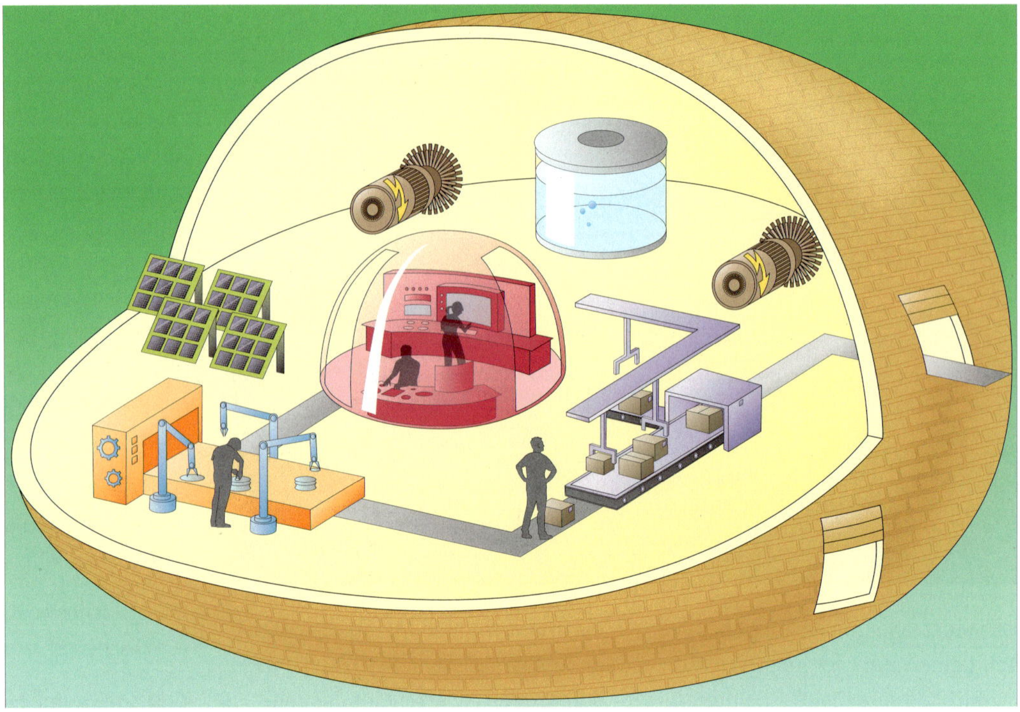

1 Zelle als biochemische Fabrik (Modell)

In lebenden Zellen finden zahlreiche komplexe Stoffwechselvorgänge statt. Dabei werden chemische Verbindungen umgewandelt, abgebaut oder neu hergestellt. Diese Abläufe sind ähnlich wie in einer biochemischen Fabrik genau aufeinander abgestimmt. Wie können die einzelnen Zellbestandteile so perfekt zusammenarbeiten?

Untersuchung von Zellbestandteilen • Im Elektronenmikroskop kann man verschiedene Zellorganellen gut erkennen. Da die Zellen für diese Aufnahmetechnik aber abgetötet werden müssen, kann man die Vorgänge in ihnen nicht beobachten und deshalb auch die Funktionen ihrer einzelnen Zellbestandteile nicht untersuchen.
Dies gelingt erst, wenn man Zellen so aufbricht, dass ihre Organellen und weiteren Bestandteile intakt und funktionsfähig bleiben. Um genügend Untersuchungsmaterial zu erhalten, nimmt man dafür mehrere Zellen eines Gewebes, die den gleichen Bau haben.

Die Zellen werden zunächst durch mechanischen Druck und Zerreiben oder ähnliche Techniken vorsichtig geöffnet. Dabei werden ihre Zellmembranen teilweise zerstört. So entsteht aus den jeweils verwendeten Zellen eines Typs ein einheitliches flüssiges Gemisch aus ihrem Zytoplasma mit den darin enthaltenen Organellen und allen weiteren Bestandteilen, ein Zellaufschluss, der als **Homogenat** bezeichnet wird.
Aus dem Homogenat können nun einzelne intakte Zellbestandteile eines Typs gezielt entnommen werden. Dabei macht man sich die spezifischen physikalischen Eigenschaften von Zellorganellen, zum Beispiel ihre Größe, Dichte und Oberflächenstruktur, zunutze.

Auch in einem Homogenat laufen noch zahlreiche Stoffwechselvorgänge ab, die in intakten Zellen normalerweise stattfinden.
Entfernt man aus einem solchen Homogenat gezielt nur einen bestimmten Typ von Zellorganellen, sind jeweils spezifische Stoffwechselschritte nicht mehr nachweisbar. Aus diesen Beobachtungen lassen sich indirekt die jeweiligen Funktionen der Organellen innerhalb des Stoffwechsels der Zellen erschließen.

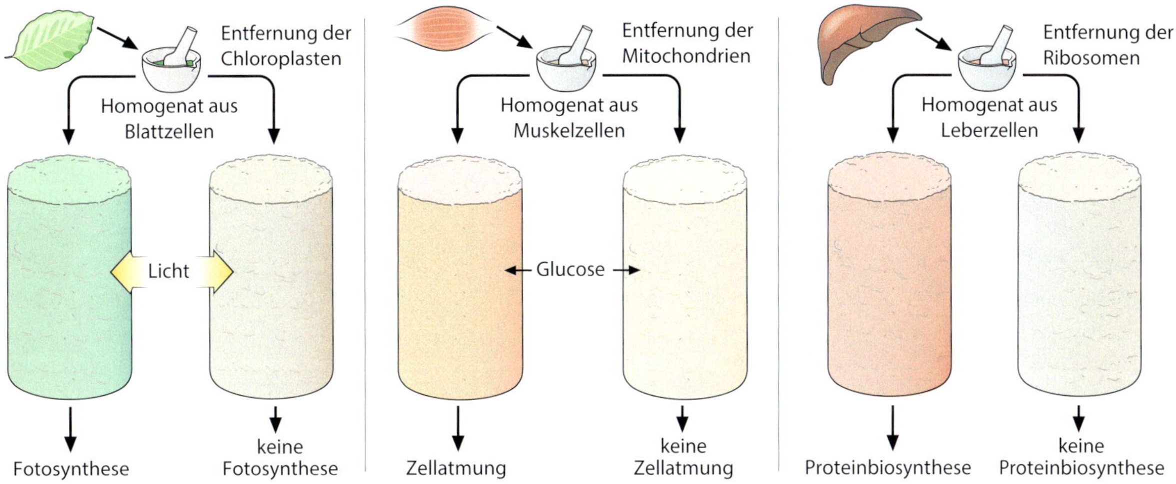

2 Indirekter Nachweis der Funktionen von Zellorganellen

Funktionen der Zellbestandteile • In den grünen Blattzellen von Pflanzen findet unter Lichteinwirkung Fotosynthese statt. Auch in einem Homogenat dieser Zellen werden unter Belichtung Glucose und Sauerstoff gebildet. Entfernt man aber alle Chloroplasten aus dem Gemisch, sind diese Stoffwechselvorgänge nicht mehr nachweisbar. Damit ist indirekt nachgewiesen, dass Chloroplasten an der Fotosynthese beteiligt sind.

Im Prozess der Zellatmung wird Glucose unter Verbrauch von Sauerstoff und Produktion von Kohlenstoffdioxid so abgebaut, dass die für viele Stoffwechselvorgänge notwendige chemische Energie bereitgestellt wird. Diese Prozesse ermöglichen zum Beispiel die Bewegungsaktivität von Muskelzellen. Auch in einem Homogenat aus Muskelzellen sind Vorgänge der Zellatmung bei Zufuhr von Glucose nachweisbar. Werden jedoch alle Mitochondrien entfernt, finden diese Prozesse nicht mehr statt. Die Mitochondrien sind also für den Ablauf der Zellatmung notwendig.

In intakten Zellen der Leber werden ständig große Mengen an verschiedenen Proteinen gebildet, die von zentraler Bedeutung für zahlreiche Stoffwechselprozesse in diesem Organ sind. Diese Proteinbiosynthese läuft in begrenztem Ausmaß auch in einem Homogenat aus Leberzellen ab. Nach Entfernung aller Ribosomen findet jedoch keine Produktion von Proteinen mehr statt. Das deutet darauf hin, dass die Proteinbiosynthese auf Ribosomen angewiesen ist.

Die Funktion weiterer Zellorganellen kann durch die vergleichende Auswertung vieler elektronenmikroskopischer Aufnahmen des gleichen Zelltyps zu unterschiedlichen Zeitpunkten erschlossen werden. So kann man Bildfolgen von Zellen der Bauchspeicheldrüse zusammenstellen, die die Funktion der Vesikel des Golgi-Apparats veranschaulichen. Sie zeigen, dass die Vesikel am Dictyosom gebildet werden, zur Zellmembran wandern und dort ihren Inhalt nach außen freisetzen (▸ 3).

1 ▢ Beschreibe, wie man mithilfe von Homogenaten die Funktion einzelner Zellbestandteile indirekt nachweisen kann.

2 ◪ Erläutere, wie man mit speziellen Aufnahmeverfahren die genauen Vorgänge an Zellorganellen bei bestimmten Stoffwechselvorgängen sichtbar machen kann.

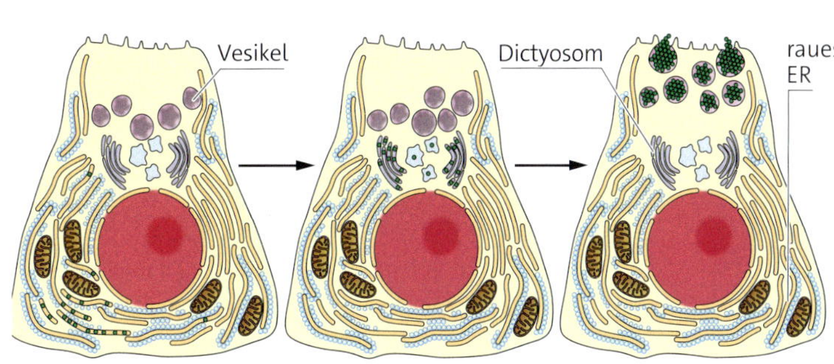

3 Zellen der Bauchspeicheldrüse (Schema nach elektronenmikroskopischen Bildern)

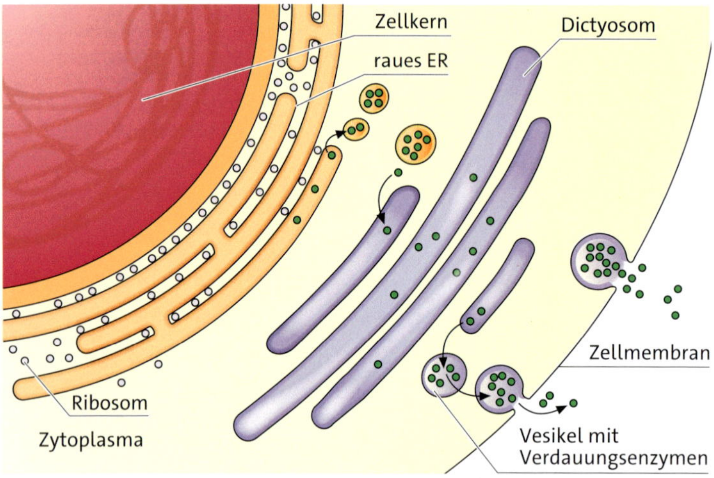

1 Produktion und Freisetzung der Verdauungsenzyme in Zellen der Bauchspeicheldrüse

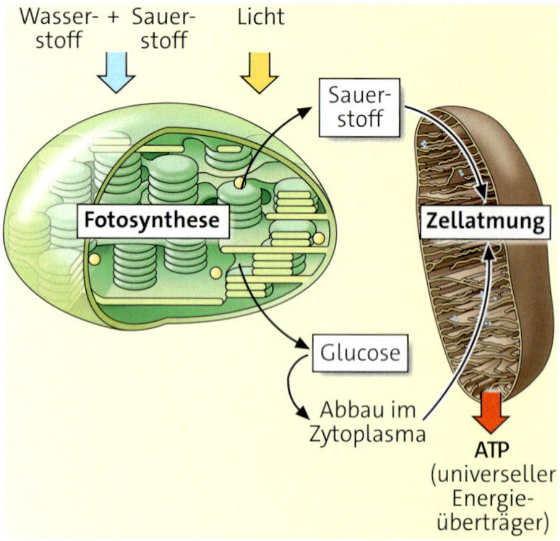

2 Zusammenwirken von Chloroplasten und Mitochondrien

Zusammenwirken der Zellbestandteile • Die Zellen der Bauchspeicheldrüse produzieren Enzyme, die den Abbau von Nährstoffen bei der Verdauung im Zwölffingerdarm beschleunigen. **Enzyme** sind Proteine und werden nach den Vorgaben der Erbinformation auf der DNA des Zellkerns bei der Proteinbiosynthese produziert. Dies findet an den Ribosomen statt und wird durch mRNA-Moleküle gesteuert, die den Zellkern durch die Kernporen verlassen. Nach der Produktion der Verdauungsenzyme der Bauchspeicheldrüse an den Ribosomen des rauen ER werden die gebildeten Proteine direkt in das Kanalsystem des rauen ER abgegeben. Sie werden weitertransportiert und über Vesikel an benachbarte Dictyosomen übertragen. Hier werden die Verdauungsenzyme funktionsfähig gemacht und in Golgi-Vesikel verpackt. Diese werden an die Zellmembran gebracht, mit der sie verschmelzen. So werden die Enzyme nach außen abgegeben. Diese Freisetzung wird als **Exozytose** bezeichnet. Schließlich gelangen die Enzyme in das Innere des Zwölffingerdarms. Bei der Produktion der Verdauungsenzyme arbeiten die verschiedenen Zellorganellen genau aufeinander abgestimmt zusammen.

Lysosomen kommen nur in tierischen Zellen vor, häufig in Leber und Niere. Diese Vesikel enthalten zahlreiche Enzyme, die den Abbau von großen Molekülen innerhalb der Zelle beschleunigen. Sie erfüllen die Aufgabe eines intrazellulären Verdauungssystems. Ihre Membran wird von den Dictyosomen gebildet, die sie als Vesikel abschnüren. Ihre Verdauungsenzyme entstehen an den Ribosomen des rauen ER, von wo sie über Membrankanäle und Vesikel in die Dictyosomen gelangen. So arbeiten die Organellen auch hier eng zusammen.

In Pflanzenzellen hängt die Aktivität der Mitochondrien mit der Fotosyntheseleistung der Chloroplasten zusammen. Chloroplasten können die Energie des Sonnenlichts aufnehmen und in chemische Energie umwandeln, indem sie bei der Fotosynthese aus Wasser und Kohlenstoffdioxid den energiereichen Nährstoff Glucose aufbauen. Dabei entsteht als Nebenprodukt Sauerstoff. Im Zytoplasma und in den Mitochondrien wird Glucose mithilfe von Enzymen und Sauerstoff wieder zerlegt. Dabei wird in den Mitochondrien das Molekül **ATP** hergestellt. Es fungiert als Energieüberträger in vielen Stoffwechselprozessen der Zelle. Gelangt Glucose aus pflanzlichen Zellen über die Nahrung in tierische Zellen, laufen hier die gleichen Prozesse in den Mitochondrien ab. Das Zusammenwirken von Chloroplasten, Zytoplasma und Mitochondrien erfolgt also über den Aufbau und Abbau von Kohlenhydraten. Da hierbei verschiedene Energieformen ineinander überführt werden, spricht man von einer **energetischen Kopplung**.

Material A Quer gestreifte Muskulatur – energetische Kopplung

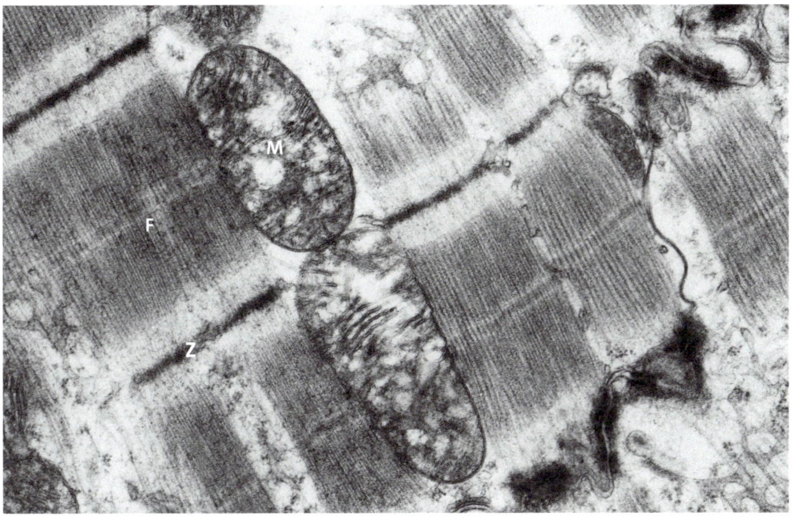

1 Beschreibe den auffälligen Bau der abgebildeten Muskelzellen. Gehe dabei auf die Anzahl und Anordnung der verschiedenen Zellbestandteile ein.

2 Erläutere das Zusammenwirken der hier vorliegenden Zellorganellen.

3 Stelle eine Hypothese auf, inwiefern bei der Muskelbewegung eine energetische Kopplung abläuft.

Im Elektronenmikroskop kann man die typischen Strukturen eines Skelettmuskels erkennen. Die großen, ovalen Gebilde im elektronenmikroskopischen Bild sind Mitochondrien (M). Dazwischen befindet sich Zytoplasma mit regelmäßig angeordneten weiteren Zellbestandteilen. Von einem dunklen Querstreifen, der Z-Scheibe (Z), zum nächsten verlaufen parallel zu den Mitochondrien fädige Proteine, die Muskelfilamente (F). Mithilfe der Filamente verkürzt sich der Muskel. Dabei treten die Filamente von gegenüberliegenden Z-Scheiben miteinander in Wechselwirkung und gleiten ineinander. Für diesen Vorgang wird Energie in Form von ATP benötigt. Unterhalb der Markierung Z sieht man durchgeschnittene Anteile des endoplasmatischen Retikulums.

Material B Gewinnung von Zellbestandteilen – Funktion der Chloroplasten

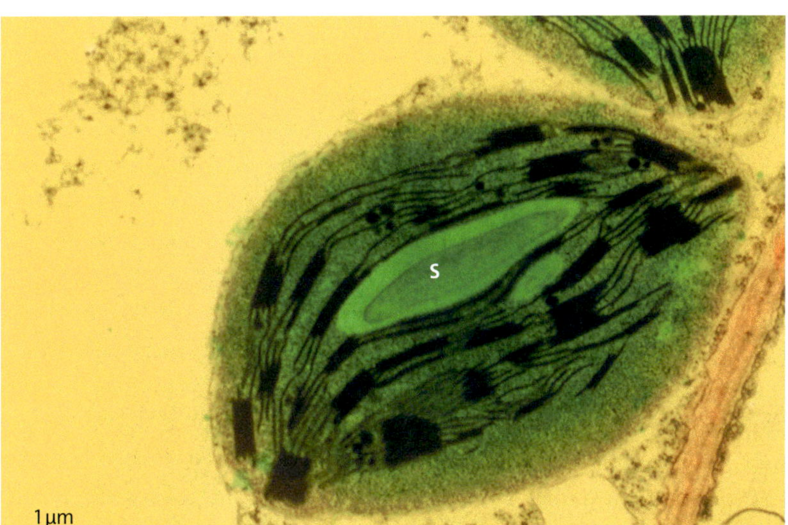

Der im elektronenmikroskopischen Bild dargestellte Chloroplast ist von Zellplasma umgeben. Dieses wird rechts von der Zellwand begrenzt, links durch die Vakuolenmembran. In der Mitte liegt ein Stärkekorn (S).

1 Beschreibe mithilfe einer Skizze, wie man aus Spinatblättern Chloroplasten isolieren und anreichern kann.

2 Plane ein Experiment, in dem nachgewiesen wird, dass die Chloroplasten in dem Homogenat noch funktionsfähig sind.

Vergleich von Pflanzenzelle und Tierzelle

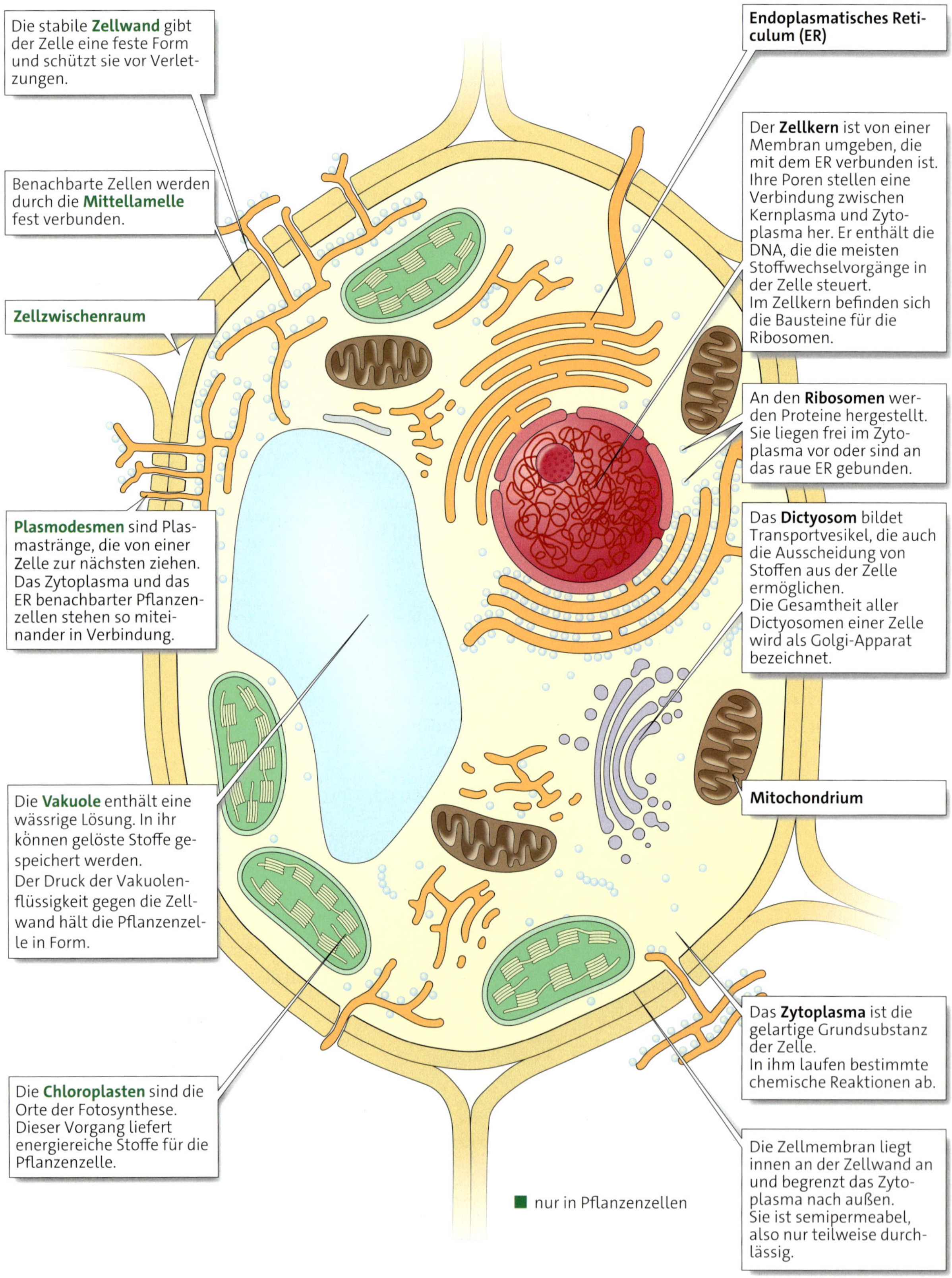

1 Pflanzenzelle (idealisiertes Schema)

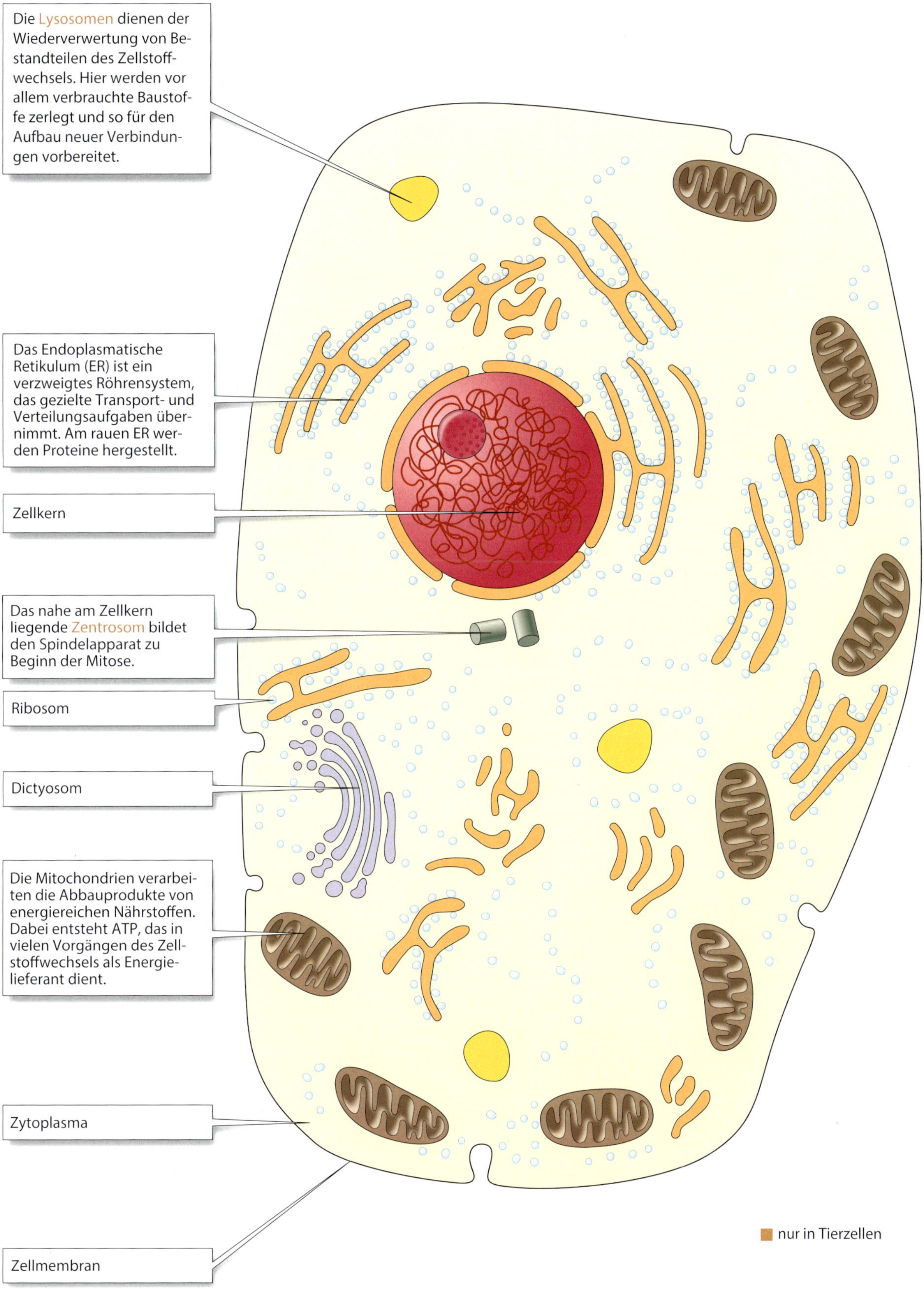

2 Tierzelle (idealisiertes Schema)

4.6 Zellen mit und ohne Zellkern

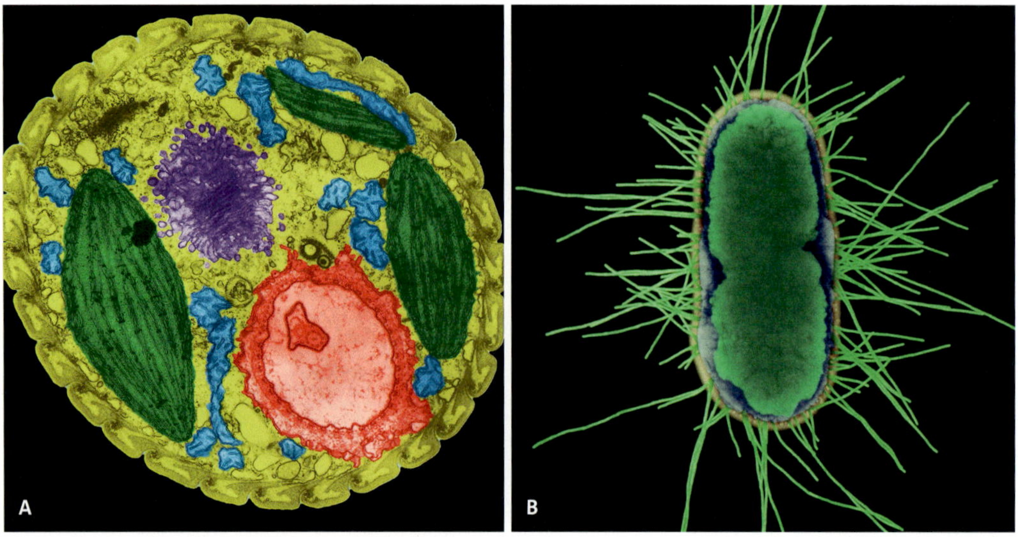

1 EM-Aufnahmen (digital koloriert): **A** Einzeller *Euglena*, **B** Darmbakterium *Escherichia coli* (15 000-fache Vergrößerung)

Vergleicht man elektronenmikroskopische Bilder von tierischen und pflanzlichen Zellen mit dem elektronenmikroskopischen Bild einer Bakterienzelle, lassen sich schon auf den ersten Blick deutliche Unterschiede erkennen. Welche besonderen Baumerkmale weisen diese Zelltypen auf?

griechisch *eu* = wohl-, gut
griechisch *karyon* = Kern

Eukaryoten und Prokaryoten • Die Zellen von Pflanzen, Tieren und Pilzen besitzen einen vom Zytoplasma abgegrenzten Zellkern. Lebewesen mit solchen Zellen nennt man **Eukaryoten.**
Dazu gehören auch einzellige Organismen wie Amöben, Pantoffeltierchen oder das Augentierchen *Euglena* (▸ 1A). Die meisten eukaryotischen Zellen haben einen Durchmesser von etwa 10 bis 50 μm.

Demgegenüber haben die Zellen von Bakterien keinen durch eine Membran vom Zytoplasma abgegrenzten Zellkern. Lebewesen aus solchen Zellen nennt man **Prokaryoten**. Sie bestehen wie *Escherichia coli* (▸ 1B) in der Regel aus nur einer einzigen Zelle. Prokaryotische Zellen sind meistens nur 1–5 μm groß und damit erheblich kleiner als eukaryotische Zellen. Ihr Volumen beträgt weniger als ein Tausendstel bis maximal ein Hundertstel des Volumens von Eukaryoten.

Vergleich von pro- und eukaryotischen Zellen • Beide Zelltypen haben gemeinsam, dass ihr Zellkörper hauptsächlich aus Zytoplasma besteht, das von einer Zellmembran umgeben ist. In eukaryotischen Zellen fallen Membranstrukturen auf, die die Zellen durch Einfaltungen und Abgrenzungen räumlich vielfach untergliedern. Durch diese **Kompartimentierung** entstehen abgetrennte Reaktionsräume für jeweils eigene Stoffwechselprozesse, die **Zellorganellen.**
Der Zellkern von eukaryotischen Zellen ist oft bereits im Lichtmikroskop zu erkennen. Er ist von einer doppelten Membran, der **Kernhülle**, umgeben. Im Zellkern befindet sich die Erbinformation in Form von Chromosomen, die aus DNA und Protein bestehen. Die Mitochondrien – und bei Pflanzen auch die Chloroplasten – verfügen ebenfalls über eine Hülle aus zwei Membranen. Die Mitochondrien enthalten vor allem Enzyme für die Zellatmung und den Fettabbau.
Die Chloroplasten enthalten alle Enzyme der Fotosynthese und das Pigment Chlorophyll. Mitochondrien und Chloroplasten besitzen eigene kleine ringförmige DNA-Moleküle.
Weitere Membranen und Membransysteme teilen das Zytoplasma von Eukaryoten auf: Alle eukaryotischen Zellen enthalten das **endoplasmatische Retikulum** (ER). Je nachdem, ob es von Ribosomen besetzt ist oder nicht, heißt es raues ER oder glattes ER. Es dient als intrazelluläres Transportsystem.

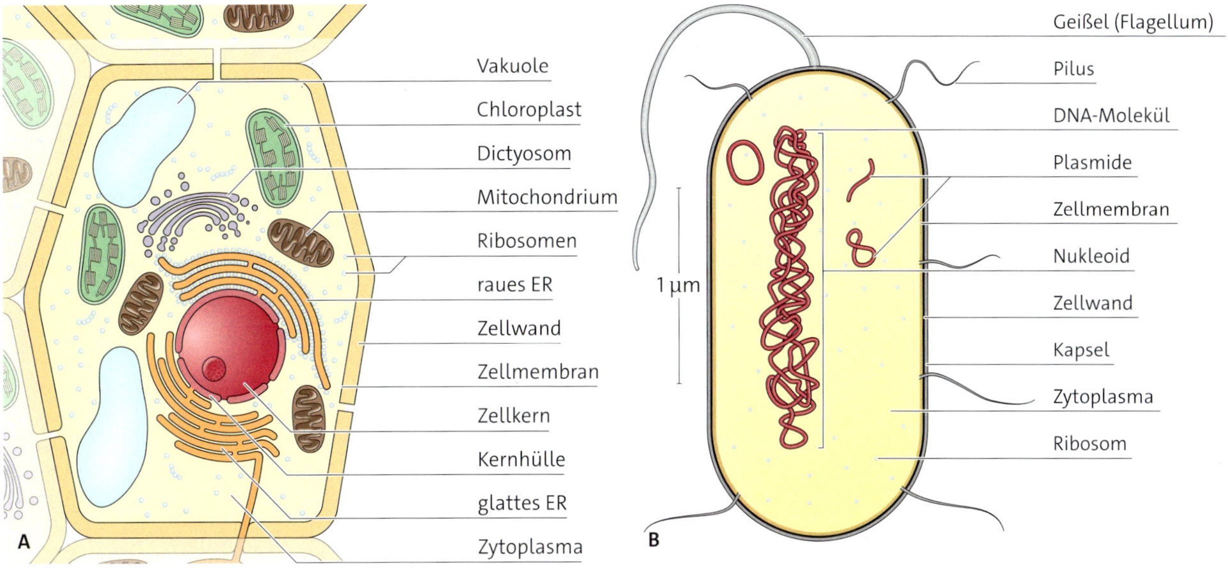

2 Eukaryotische und prokaryotische Zelle (Schema): A Pflanzenzelle, B Bakterienzelle

Ein weiteres Membransystem ist der **Golgi-Apparat**. Dieser kann Enzyme und andere Proteine an ihren Bestimmungsort bringen.

In den meisten Pflanzenzellen trennt eine Membran die Vakuole vom Zytoplasma ab. In der Vakuole werden gelöste Reserve- oder Abfallstoffe eingelagert.
In tierischen und pflanzlichen Zellen findet man zahlreiche von einer Membran umgebene kleine Bläschen, die **Lysosomen**. Sie enthalten proteinspaltende Enzyme, die beim Um- und Abbau von Zellstrukturen aktiv sind.
An den **Ribosomen** werden nach den Vorgaben der DNA des Zellkerns Proteine hergestellt. Dieser Prozess heißt Proteinbiosynthese.

Viele Zellbestandteile der eukaryotischen Zellen kommen in Prokaryoten nicht vor. So gibt es in prokaryotischen Zellen zum Beispiel keinen Zellkern. Ihre Erbinformation ist in einem einzigen ringförmigen DNA-Molekül gespeichert, das frei im Zytoplasma liegt. Daneben besitzen sie kleine ringförmige oder fadenförmige DNA-Stücke, die **Plasmide.**
Die Ribosomen der prokaryotischen Zellen sind etwas kleiner als die Ribosomen der eukaryotischen Zellen.

Mitochondrien, Chloroplasten, ein raues oder glattes ER und ein Golgi-Apparat sind im Zytoplasma von Prokaryoten nicht zu finden. Oft ist jedoch die Zellmembran stellenweise etwas nach innen eingefaltet. Das führt zu einer gewissen Gliederung des Zytoplasmas. Die eingefaltete Membran trägt Enzyme, die dort besondere Stoffwechselreaktionen ermöglichen.
Bei Cyanobakterien sind diese Einfaltungen besonders ausgeprägt und ähneln den Membraneinfaltungen der Thylakoide von Chloroplasten. Sie enthalten neben Chlorophyll zusätzlich auch blaue und rote Farbpigmente. Cyanobakterien werden deshalb Blaualgen genannt.

Viele Bakterien besitzen eine Geißel, auch **Flagellum** genannt, die der Fortbewegung dient. Manche Bakterien tragen außen auf der Kapsel mehrere sehr dünne Fäden aus Proteinen. Mit diesen **Pili** kann sich ein Bakterium an der Oberfläche anderer Zellen anheften.

Singular von Pili = Pilus

Die bei Bakterien vorhandene Zellwand besteht meistens aus **Murein**. Murein ist eine komplexe Verbindung aus eng vernetzten Zucker- und Proteinmolekülen.
Oft ist diese kapselartige Schicht noch von einer äußeren Schleimhülle bedeckt.

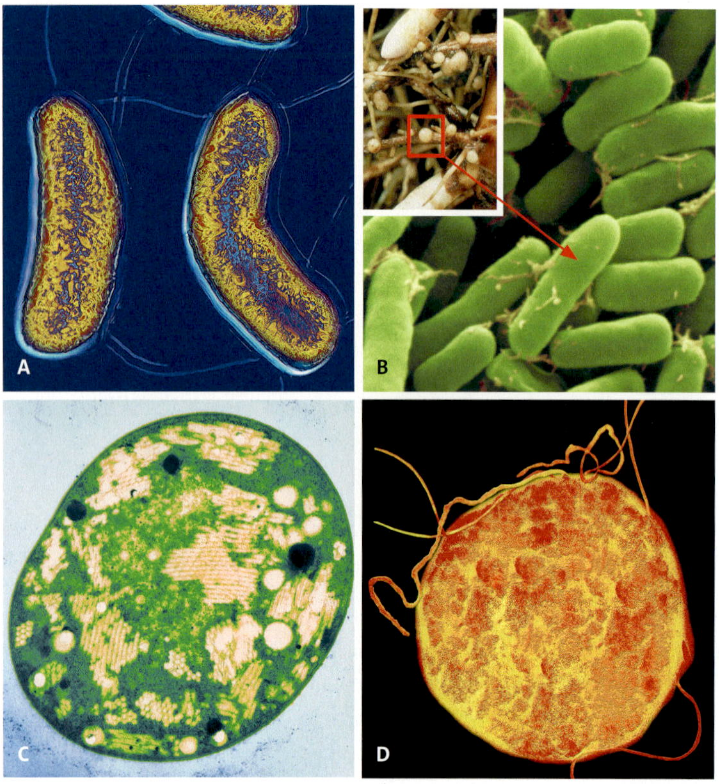

1 Prokaryoten: A Bakterien mit Schleimhülle, B Knöllchenbakterien bilden Wurzelknöllchen, C Cyanobakterium *Microcystis,* D Archaebakterium *Sulfolobus*

griechisch *archaios* = uralt, ursprünglich

Bedeutung der Prokaryoten • Trotz ihres vergleichsweise einfachen Baus verfügen Prokaryoten über einen vielfältigen Stoffwechsel: Bestimmte Bakterienarten sind zwar auf eine einzige Lebensweise spezialisiert, in ihrer Gesamtheit jedoch zeigen Prokaryoten eine enorme Vielfalt an Fähigkeiten und Leistungen, die von Eukaryoten in vielen Fällen nicht erreicht wird.
Prokaryoten kommen im Boden, im Wasser und in der Luft vor. Sie leben in der Tiefsee, in heißen Quellen und im Gletschereis. Eine Vielzahl besiedelt Pflanzen, Tiere und Menschen. Allein im Darm des Menschen gibt es über 1000 verschiedene Bakterienarten. Einige sind für die Verdauung, die Wasserrückgewinnung im Dickdarm oder die Produktion von Vitaminen unerlässlich. Auf der Haut des Menschen schützen Bakterien den Körper vor Krankheitserregern. In der Lebensmittelherstellung nutzt man Bakterien zur Erzeugung von Joghurt, Käse, Salami oder Sauerkraut. Von den vermutlich mehreren Millionen Bakterienarten auf der Erde sind nur wenige Hundert als Krankheitserreger bekannt.

Viele Bakterienarten spielen in Stoffkreisläufen eine herausragende Rolle, indem sie organische Stoffe als Nahrung aufnehmen und sie bis zu Mineralstoffen abbauen. Diese Bakterien werden zu den **Destruenten** gezählt. Die Mineralstoffe werden von Pflanzen für den Aufbau ihrer organischen Substanzen benötigt.

Eine besondere Rolle spielen Knöllchenbakterien. Diese Prokaryoten können entweder als stäbchenförmige Bakterien frei im Boden leben oder mit Schmetterlingsblütlern oder Hülsenfrüchten eine Symbiose eingehen. Sie befinden sich dort in den knöllchenartig verdickten Wurzeln, zum Beispiel von Erbsen, Bohnen, Lupinen und Sojapflanzen. Hier nehmen sie Luftstickstoff aus dem Boden auf und geben ihn chemisch gebunden an die Pflanzen weiter. Da Pflanzen auf ein ausreichendes Stickstoffangebot angewiesen sind, können diese Pflanzenarten mithilfe ihrer Knöllchenbakterien sogar stickstoffarme Böden besiedeln.

Neben der Gruppe der Bakterien gibt es eine weitere, eigenständige Gruppe von Prokaryoten, die **Archaeen**. Unter ihnen gibt es sehr viele Arten, die unter extremen Bedingungen existieren können. So hat zum Beispiel das in heißen Quellen lebende Archaebakterium *Sulfolobus* ein Wachstumsoptimum bei 75 °C. Solche Archaeen können aus Schwefelwasserstoff Grundstoffe und Energie für ihren Stoffwechsel gewinnen. Diese als **Chemosynthese** bezeichneten Stoffwechselvorgänge ähneln der Fotosynthese der grünen Pflanzen, sind aber nicht auf Licht angewiesen.

1 ☐ Beschreibe Gemeinsamkeiten und Unterschiede von Prokaryoten und Eukaryoten.

2 ◪ Erläutere das Zustandekommen und die Vorteile der hohen Komplexität eukaryotischer Zellen.

3 ◪ Erläutere anhand von zwei Beispielen die unterschiedlichen Bedeutungen, die Prokaryoten für den Menschen haben.

Material A Eukaryotische Einzeller

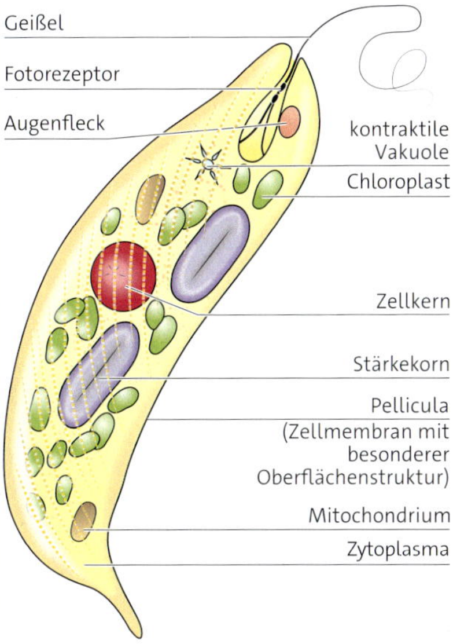

Euglena ist ein einzelliges Lebewesen. Aufgrund seines auffälligen Flecks wird es auch Augentierchen genannt. Es lebt in den oberflächennahen Bereichen stehender Süßgewässer.

1 Beschreibe die äußere Gestalt und Größe von *Euglena* und *Escherichia -coli*-Bakterien (▸ S. 182, 1B).

2 Vergleiche in einer Tabelle die inneren Strukturen von *Euglena* mit einer typischen Bakterienzelle (▸ S. 183, 2B).

3 Erläutere die Wahl des bevorzugten Lebensraums von *Euglena* mit ihrem Zellaufbau.

4 Ordne *Euglena* den Prokaryoten beziehungsweise Eukaryoten begründet zu.

5 Diskutiere, inwiefern *Euglena* als Pflanze oder Tier bezeichnet werden kann.

Material B *Nostoc* – ein besonderes Cyanobakterium

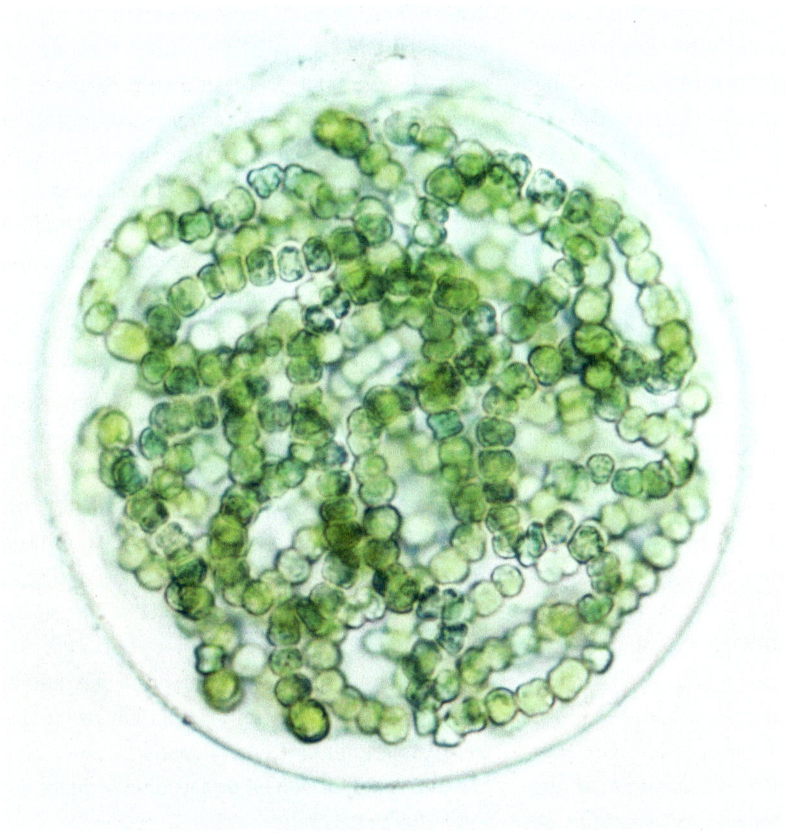

Nostoc ist ein Cyanobakterium, das Kolonien aus Zellfäden in einer gelatineartigen Masse bilden kann. Die Zellen besitzen Chlorophyll und betreiben Fotosynthese. In einzelnen größeren Zellen der Kolonie wird Luftstickstoff in Ammonium umgesetzt. Dieses wird für den Aufbau von Proteinen und anderen lebenswichtigen stickstoffhaltigen Verbindungen genutzt.
Viele *Nostoc*-Arten leben in Symbiose mit Pflanzen und Pilzen.

1 Stelle begründete Vermutungen auf, welche Vorteile die Koloniebildung haben könnte.

2 Erläutere jeweils die Vorteile, die *Nostoc* für Pflanzen und Pilze als Symbiosepartner bietet.

3 Diskutiere, inwiefern man bei *Nostoc* von einem mehrzelligen Prokaryoten sprechen kann.

4.7 Diffusion und Osmose

1 Gurkenscheiben mit Kochsalz

Bestreut man eine frisch geschnittene Gurkenscheibe mit Kochsalz, lässt sich beobachten, dass die Salzkristalle innerhalb kurzer Zeit immer feuchter werden und bald mit Flüssigkeit getränkt sind. Wie lässt sich dieses Phänomen erklären?

Diffusion • Um das Phänomen zu verstehen, hilft ein kleiner Versuch: Nachdem man mit einer langen Pipette eine blaue Farbstofflösung am Boden eines mit Wasser gefüllten Becherglases vorsichtig unterschichtet hat, löst sich die anfangs deutliche Trennung von unterer blauer und oberer klarer Schicht langsam auf. Nach einigen Tagen ist die Lösung einheitlich blassblau gefärbt. Dies geschieht, ohne dass die Lösung von außen bewegt oder von unten erhitzt wird (▸ 2).

Auf Ebene der gelösten Teilchen bedeutet dies, dass sich die Farbstoffmoleküle zunächst nur in der unteren blauen Schicht befinden. Dort ist ihre Konzentration sehr hoch, während sie in der klaren Wasserschicht darüber gleich null ist.

Sowohl die Farbstoff- als auch die Wassermoleküle zeigen eine geringe, aber ständige und ungerichtete Eigenbewegung in alle Richtungen. Prallen zwei Moleküle aufeinander, werden sie in ihrer Bewegungsrichtung abgelenkt, ähnlich dem Effekt, wenn zwei Billardkugeln aneinanderstoßen.

Durch diese permanenten ungerichteten Bewegungen und die dadurch ausgelösten zufälligen Zusammenstöße der Teilchen kommt es zur Ausbreitung der Farbstoffmoleküle im Becherglas. Bei solchen Prozessen bewegen sich gelöste Teilchen mit einer höheren Wahrscheinlichkeit von Bereichen hoher Konzentration in Bereiche niedriger Konzentration. Deshalb ist die blaue Färbung am Ende des Versuchs im gesamten Becherglas gleichmäßig verteilt. Die Konzentration der Farbstoffmoleküle ist dann im gesamten Becherglas geringer als in der unteren blauen Schicht am Anfang. Die Färbung ist aufgrund dieser Verdünnung nun auch weniger intensiv als zu Beginn. Dieser Vorgang heißt **Diffusion**.

Sie führt dazu, dass sich die Farbstoffmoleküle in einem begrenzten Raum gleichmäßig verteilen und so ein **Konzentrationsausgleich** erreicht wird. Die Teilchen behalten ihre ungerichtete Eigenbewegung dauerhaft bei, da diese durch die Wärmeenergie der Umgebung angetrieben wird. Nur beim absoluten Nullpunkt bei −273 °C kommt sie zum Erliegen.

Mit steigender Temperatur nimmt die Diffusionsgeschwindigkeit deshalb immer weiter zu. Dadurch verteilen sich die Teilchen rascher im Raum. Diffusionsprozesse verlaufen auch umso schneller, je größer der Konzentrationsunterschied zwischen zwei Lösungen ist und je kleiner die beteiligten Bereiche sind.

2 Diffusion eines blauen Farbstoffs in Wasser (▶)

Innerhalb von Zellen und in ihrer direkten Umgebung sind nur kurze Entfernungen zu überwinden. Dort können gelöste Stoffe sehr rasch diffundieren. Für größere Entfernungen in einem Organismus ist die Diffusion für biologische Stoffwechselvorgänge jedoch zu langsam.

Plasmolyse • Auf der Gurkenscheibe (▶ 1) befindet sich anfangs nur ein dünner Wasserfilm, da viele Zellen durch den Schnitt verletzt worden sind und Flüssigkeit aus ihren Vakuolen austritt. Nach kurzer Zeit sammelt sich immer mehr Wasser, die Gurkenscheibe wird dünner und weich. Man muss annehmen, dass nun auch Wasser aus tiefer liegenden, unverletzten Zellen aus der Gurkenscheibe ausgetreten ist.

Im Lichtmikroskop kann man den Vorgang, der diesem Phänomen zugrunde liegt, genauer beobachten. Gut geeignet sind hierfür die verhältnismäßig großen Epidermiszellen der roten Küchenzwiebel mit ihren rot gefärbten Vakuolen. Gibt man zu diesen Zellen eine konzentrierte Salzlösung auf den Objektträger, beobachtet man, dass das Volumen der Vakuolen abnimmt und sich das Zellplasma von der Zellwand ablöst. Gleichzeitig erscheint die Färbung der Vakuolen intensiver rot. Die umgebende Lösung hat eine höhere Konzentration an gelösten Salzteilchen als das Zellinnere. Man bezeichnet sie als **hypertonisch**. Die gelösten Salzteilchen können die Zellwände von außen nach innen passieren, nicht aber die Zellmembranen.

Innerhalb der Zellen wiederum ist die Konzentration an Wassermolekülen höher als in der direkten Umgebung. Die Wasserteilchen aus der Vakuole und dem Zytoplasma können die Membranen leicht durchdringen. Sie diffundieren deshalb verstärkt nach außen und bewirken so einen Konzentrationsausgleich.

Dies hat zur Folge, dass das Volumen des Zellinneren abnimmt. Da sich dabei das Zytoplasma von der Zellwand ablöst, nennt man diesen Vorgang **Plasmolyse**.

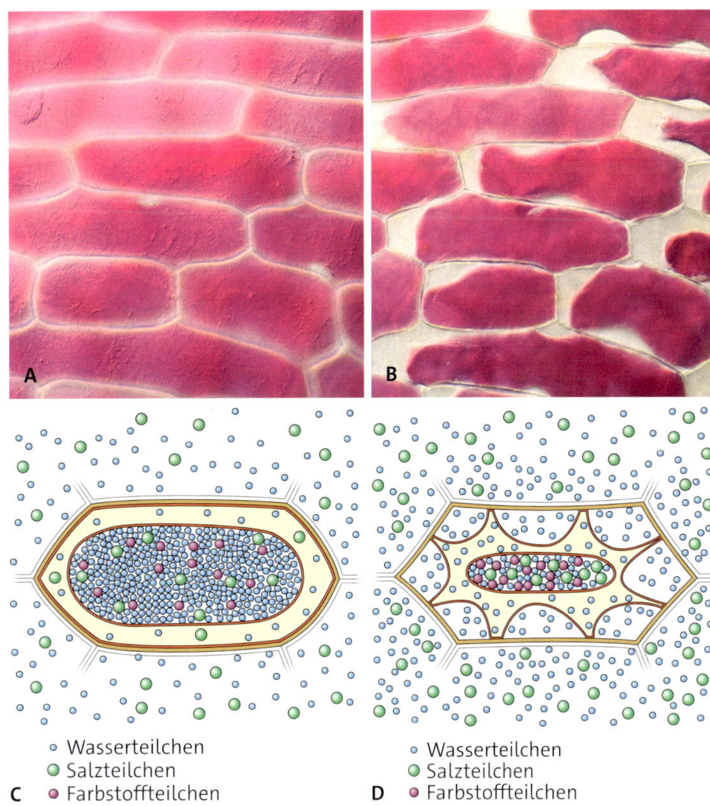

3 Plasmolyse (▶)

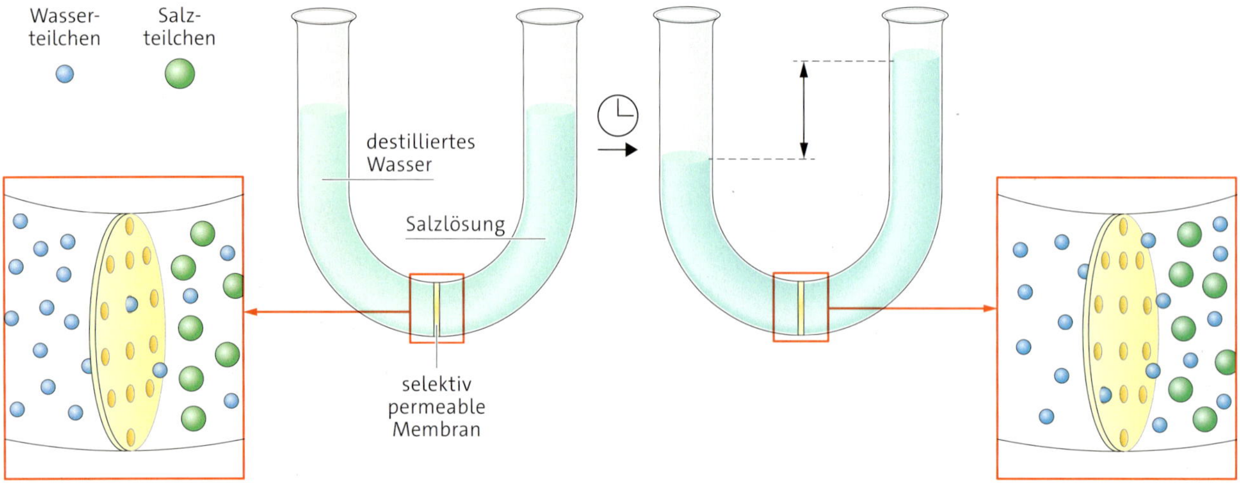

1 Osmose durch eine selektiv permeable Membran im Modell (▶ [▣])

griechisch *hyperton* = höheren Druck habend
griechisch *hypoton* = geringeren Druck habend
griechisch *isoton* = gleichen Druck habend
lateinisch *permeabel* = durchlässig

Deplasmolyse • Überführt man die Zwiebelepidermis anschließend in eine Lösung, die eine geringere Salzkonzentration als das Zellinnere hat, also in eine **hypotonische** Lösung, findet der umgekehrte Prozess statt: Die Wasserteilchen diffundieren nun vermehrt zurück ins Zytoplasma und in die Vakuolen. Das Zytoplasma und die Vakuole dehnen sich dadurch wieder aus und nehmen ihre ursprüngliche Form an. Diesen Vorgang nennt man **Deplasmolyse.**

Eine wesentliche Ursache für die Plasmolyse und die Deplasmolyse ist, dass die Zell- und Vakuolenmembranen für Wassermoleküle durchlässig sind, nicht aber für darin gelöste Stoffe. Man nennt die Membranen deshalb **selektiv permeabel** oder **semipermeabel.** Der durch diese Membraneigenschaft regulierte Durchtritt des Lösungsmittels durch eine solche Membran wird als **Osmose** bezeichnet.

Vorgänge an selektiv permeablen Membranen • Ein U-Rohr trennt man durch eine semipermeable Membran in zwei Bereiche. In den einen Bereich wird destilliertes Wasser eingefüllt, in den anderen eine konzentrierte Salzlösung. Durch die Membran können Wassermoleküle aufgrund ihrer geringen Größe gut diffundieren, größere gelöste oder geladene Teilchen jedoch nicht. Die ungerichteten Bewegungen der Wasserteilchen und Salzteilchen werden durch die Membran also unterschiedlich beeinflusst. Gelangen Wassermoleküle durch ihre Bewegungen zufällig an die Membran, können sie diese passieren und in die Salzlösung gelangen. So senken sie dort allmählich die Salzkonzentration. Stoßen jedoch gelöste Salzteilchen in der konzentrierten Salzlösung an die Membran, können diese sie nicht durchdringen und in das destillierte Wasser gelangen. Nach einigen Stunden haben sich die Konzentrationen der beiden Bereiche deshalb angenähert. Ein völliger Konzentrationsausgleich kann jedoch nie eintreten.

Bei einer frischen Gurkenscheibe sind die Zellvakuolen prall gefüllt und pressen die Zellmembranen dadurch an die Zellwand. Deshalb ist ihr Gewebe straff. Werden nun Salzkristalle aufgelegt, strömen Wassermoleküle vermehrt durch die Vakuolen- und Zellmembranen aus den Zellen zum Salz. Der damit verbundene Volumenverlust der Vakuolenflüssigkeit führt zur Plasmolyse und dadurch zur Verringerung des Drucks in den Zellen. Dadurch erschlafft das Gewebe und die Gurkenscheiben werden weich (▶ S. 186, 1).

1 Beschreibe den Zusammenhang zwischen den Vorgängen Diffusion und Osmose.

2 Erläutere am Beispiel der mit Kochsalz bestreuten Gurkenscheibe den Vorgang der Plasmolyse.

3 Begründe, weshalb es bei Diffusionsvorgängen zu einem völligen Konzentrationsausgleich kommen kann, bei osmotischen Prozessen jedoch nicht.

Versuch A Simulationsspiel zur Diffusion

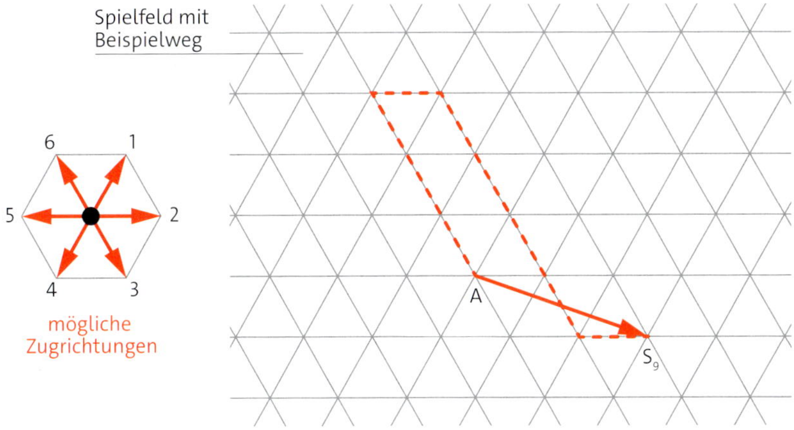

Die Abbildung zeigt ein Beispiel eines Weges mit der Würfelfolge 6, 6, 6, 2, 3, 3, 3, 3, 2.

Die ungerichtete Teilchenbewegung bei der Diffusion lässt sich auf einem Spielfeld aus gleichseitigen Dreiecken simulieren, zum Beispiel einem Halmaspielfeld. Man benötigt hierzu einen Würfel und einen Spielstein.

Zunächst wird ein Startpunkt A bestimmt. Die Richtung der Bewegung wird durch die gewürfelte Augenzahl nach der in der Abbildung gezeigten Zugrichtung festgelegt. Gewandert wird ausschließlich entlang der Linien und immer um einen Schritt.

1 Führe das Simulationsspiel durch und zeichne den Weg deines Spielsteins auf. Markiere die nach 9, 16, 25 und 36 Schritten erhaltenen Endpunkte S_9, S_{16}, S_{25} und S_{36}. Miss die jeweiligen Abstände zum Startpunkt A.

2 Vergleiche deine Zufallswege mit denen deiner Mitschülerinnen und Mitschüler.

3 Erläutere, welche Eigenschaften des Teilchenmodells der Diffusion im Simulationsspiel erfasst werden und welche nicht.

Material B Hühnereier

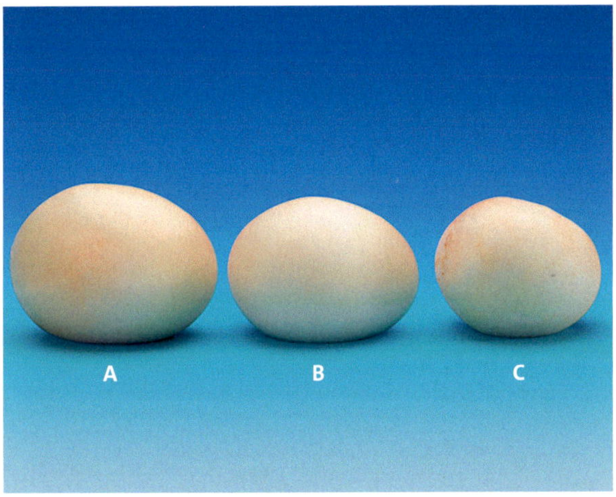

Massenveränderung von Hühnereiern ohne Schale

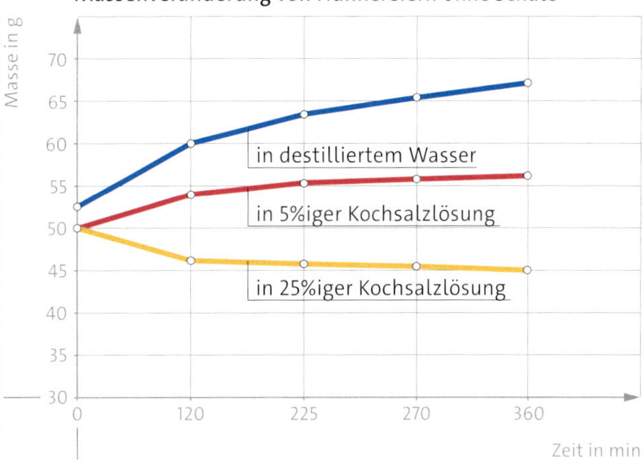

Drei rohe Hühnereier wurden je in ein mit Haushaltsessig gefülltes Becherglas gelegt und 2 Tage lang aufbewahrt. Durch Einwirkung der Essigsäure löste sich die Kalkschale der Eier langsam auf. Die membranartige Eihaut blieb erhalten. Die so vorbereiteten Eier wurden vorsichtig mit klarem Wasser abgespült und anschließend in drei verschiedene Lösungen überführt: ein Ei in destilliertes Wasser (A), ein Ei in 5%ige Kochsalzlösung (B) und ein Ei in 25%ige Kochsalzlösung (C). Innerhalb der folgenden 6 h wurden die Massenveränderungen der Hühnereier ohne Schale festgehalten.

1 Beschreibe die dargestellten Veränderungen der Massen der drei Hühnereier.

2 Erkläre die beobachteten Massenveränderungen.

3 Entwickle ein Folgeexperiment zur Bestimmung der Salzkonzentration im Hühnerei.

Zellbiologie

Mit dieser Übersicht kannst du die wichtigsten Inhalte des Kapitels wiederholen. Ergänze das Schema um weitere Begriffe und finde Querbeziehungen zwischen den Themen.

- **Zellulärer Bau der Lebewesen**
  - Zellen
- **Mikroskopieren**
  - Lichtmikroskop
- **Feinbau der Zelle**
  - Elektronenmikroskop
  - Zellorganellen
- **Eukaryoten und Prokaryoten**
  - Zellen mit Zellkern
  - Zellen ohne Zellkern
- **Diffusion und Osmose**
  - Diffusion
  - Plasmolyse und Deplasmolyse

Zelltypen

Zellen – Gewebe – Organe

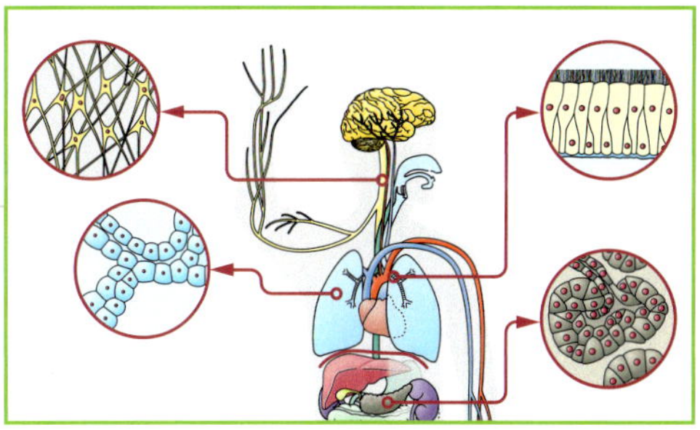

Gewebetypen

Bedienung des Lichtmikroskops

Mikroskopische Präparate

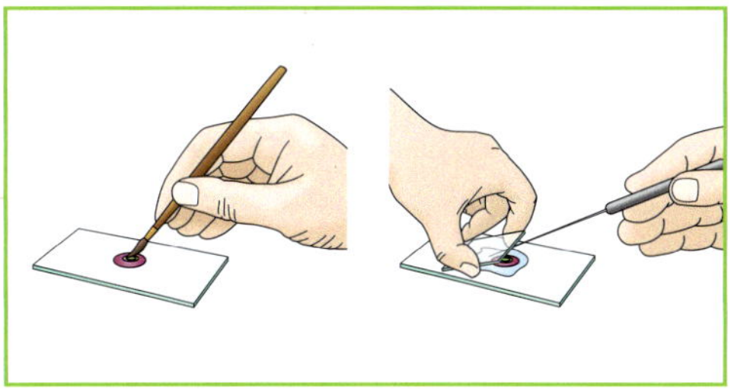

Dokumentieren und Messen

Transmissionselektronenmikroskop

Funktion der Zellorganellen

Zusammenwirken der Zellbestandteile

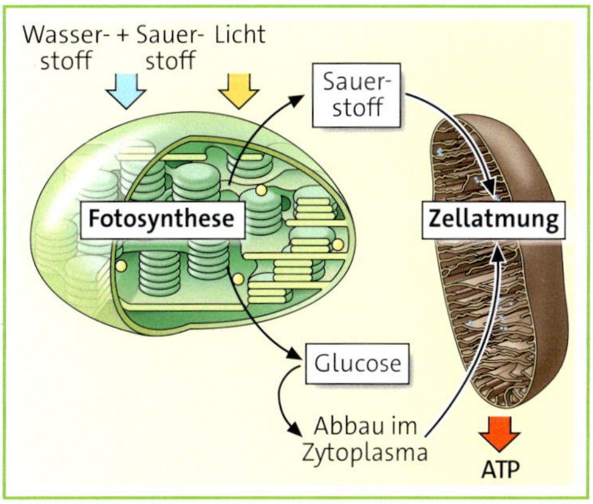

Tierzelle

Pflanzenzelle

Eukaryotische Einzeller

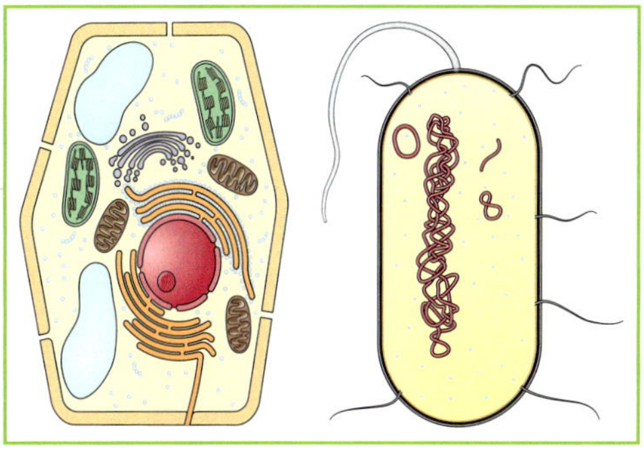

Bakterienzelle

Bedeutung der Prokaryoten

Konzentrationsausgleich

Selektiv permeable Membran

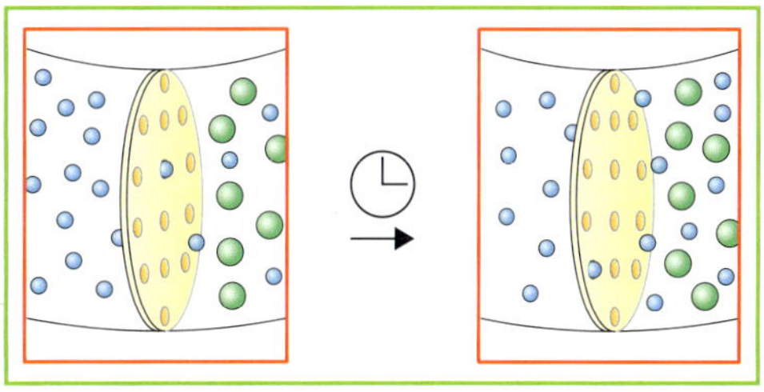

Zellbiologie

Mit den folgenden Aufgaben kannst du überprüfen, ob du die Inhalte aus dem Kapitel verstanden hast. In der Tabelle findest du die zu erwerbenden Kompetenzen sowie Angaben zu den Seiten, auf denen du zum jeweiligen Thema noch einmal nachlesen kannst.

Zellen und Gewebe

1 In den Abbildungen unten sind verschiedene Gewebe (▸ **1**) und Zellen (▸ **2**) dargestellt.

a ▢ Nenne den Gewebetyp der Gewebe A–D in der Abbildung (▸ **1**).

b ◪ Nenne die Funktionen der Gewebetypen.

c ◪ Erläutere an konkreten Merkmalen, bei welchen der abgebildeten Zellen (▸ **2**) es sich um Pflanzen- beziehungsweise Tierzellen handelt.

d ◪ Ordne den abgebildeten Zellen jeweils eine der folgenden Funktionen begründet zu: a) Aufnahme von Stoffen, b) Transport von Stoffen, c) Speicherung von Stoffen.

Mikroskopieren

2 Mikroskopieren ist eine wichtige Arbeitsweise in der Biologie.

a ▢ Stelle die Vorgehensweise beim Mikroskopieren Schritt für Schritt als Flussdiagramm dar.

b ▢ Nenne die mit den Ziffern 1–13 gekennzeichneten Bauteile eines Lichtmikroskops (▸ **3**) und ihre jeweilige Funktion.

c ◪ Beschreibe, wie man mithilfe der Sehfeldzahl des Okulars und der Vergrößerung des Objektivs die Größe von Zellstrukturen abschätzen kann.

d ◪ Beschreibe das Vorgehen bei der Herstellung eines Präparats der Zwiebelepidermiszelle.

e ◪ Stelle in einer Tabelle vier wesentliche Unterschiede zwischen einem Lichtmikroskop und einem Transmissionselektronenmikroskop dar. Nenne auch Unterschiede der jeweils durch sie erhaltenen Bilder.

Zellbestandteile und ihre Funktion

3 Verschiedene Lebewesen haben unterschiedlich aufgebaute Zellen.

a ◪ Nenne Zellbestandteile einer Pflanzenzelle, die man bereits im lichtmikroskopischen Bild sieht, und solche, die man erst im elektronenmikroskopischen Bild erkennen kann.

b ◪ Beschreibe die Zusammenarbeit der Zellorganellen Zellkern, raues endoplasmatisches Retikulum (rER) und Dictyosom am Beispiel der Produktion von Verdauungsenzymen in Bauchspeicheldrüsenzellen.

c ◪ Erläutere den Zusammenhang von Struktur und Funktion am Beispiel des rER.

d ◪ Erläutere das Prinzip der Kompartimentierung.

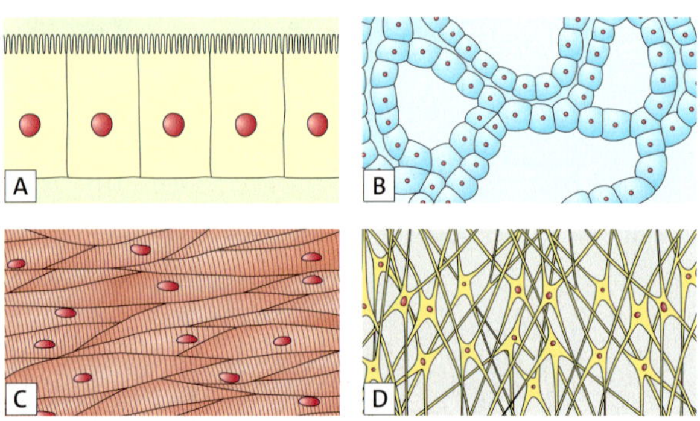

1 Gewebe

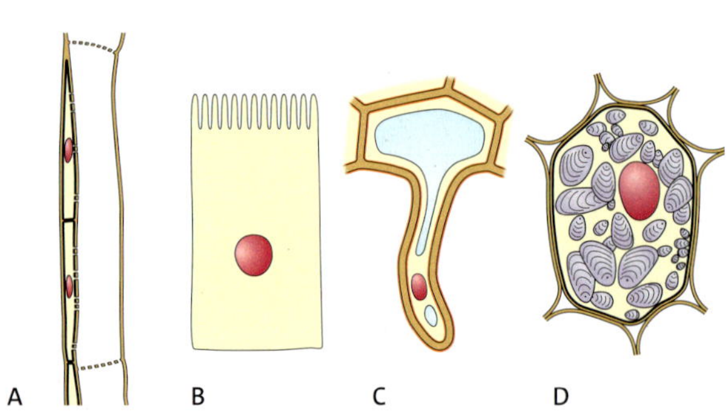

2 Zellen

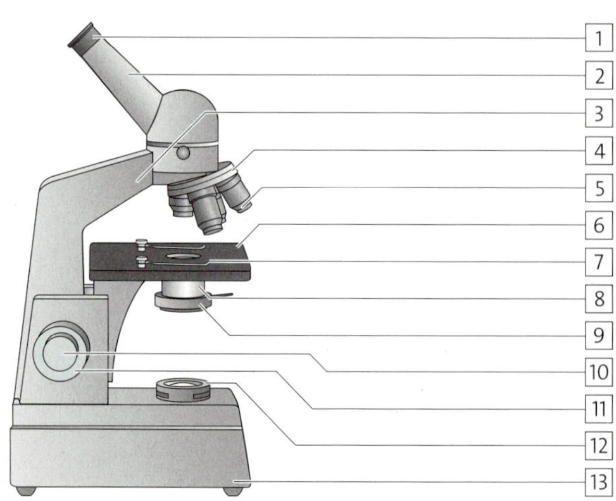

3 Mikroskop

Eukaryoten und Prokaryoten

4 Es gibt Lebewesen mit und ohne Zellkern.

a ▢ Nenne je zwei Beispiele für Prokaryoten und Eukaryoten.

b ◪ Ordne die abgebildeten Zellen (▸**4**) begründet Pro- und Eukaryoten zu.

c ◪ Nenne die Funktion des Zellkerns und beschreibe, wie diese in Zellen ohne Zellkern erfüllt wird.

d ◪ Ordne den mit Ziffern gekennzeichneten Strukturen in der Abbildung (▸**4**) die richtigen Bezeichnungen zu.

e ◪ Vergleiche tabellarisch eine Bakterienzelle und eine Tierzelle.

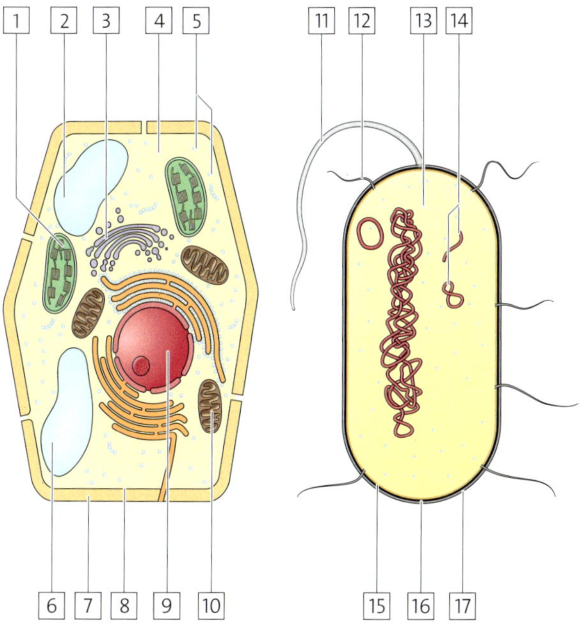

4 Zellen verschiedener Organismen

Diffusion und Osmose

5 In der Abbildung unten (▸**5**) sind Vorgänge in einer Pflanzenzelle vereinfacht dargestellt.

a ▢ Beschreibe den jeweiligen Zustand der Zellen.

b ◪ Beschreibe die Vorgänge, die zu den jeweiligen Zuständen geführt haben, und verwende dabei passende Fachbegriffe.

c ◪ Erkläre die Vorgänge auf der Teilchenebene unter Verwendung geeigneter Fachbegriffe.

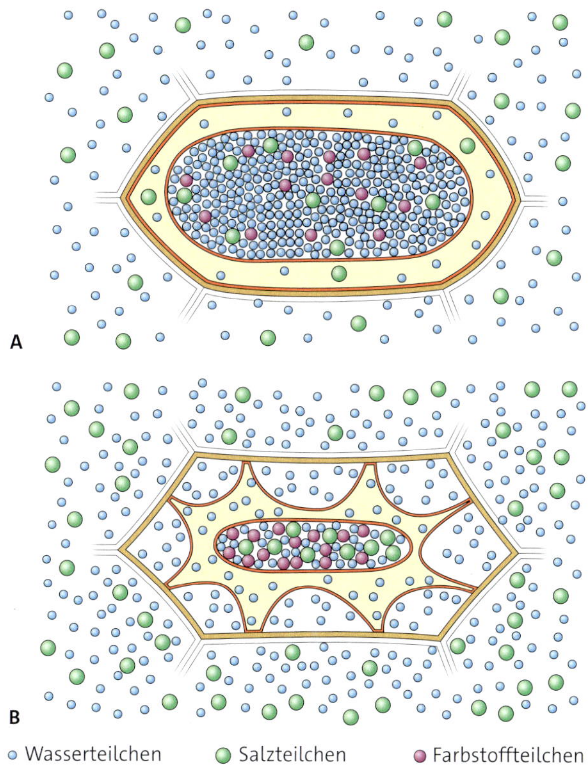

5 Vorgänge in einer Pflanzenzelle (Schema)

Mithilfe des Kapitels kannst du:	Aufgabe	Hilfe
✓ pflanzliche und tierische Zellen im licht- und elektronenmikroskopischen Bild beschreiben und vergleichen.	1, 3	S. 158–161; 168, S. 172–174
✓ das Zusammenwirken von Zellorganellen an einem Beispiel beschreiben.	3 b	S. 178
✓ den Zusammenhang von Struktur und Funktion am Beispiel von Zellorganellen und verschiedenartig differenzierten Zellen darstellen	1 b, d; 3 c	S. 159–161
✓ Plasmolyse und Deplasmolyse anhand lichtmikroskopischer Untersuchungen beschreiben und durch osmotische Vorgänge erklären.	5	S. 186–188
✓ prokaryotische und eukaryotische Zellen vergleichen	4	S. 182–183

▶ **Die Lösungen zu den Aufgaben findest du im Anhang.**

Aufgaben sind ein wichtiger Bestandteil deines Biologiebuchs und unterstützen das Lernen auf vielfältige Weise. Bevor du eine Aufgabe lösen kannst, musst du sie verstehen. Dafür ist es wichtig, verschiedene Typen von Aufgaben unterscheiden zu können. Das Verb zu Beginn der Aufgabenstellung, der Operator, gibt an, welche Form der Aufgabenbearbeitung gefordert ist. Im Folgenden findest du Beschreibungen einiger wichtiger Operatoren und Beispielaufgaben mit Lösungen.

Nennen • Aufgaben mit dem Verb *nennen* fordern dazu auf, bestimmte Sachverhalte, Begriffe oder Daten ohne Erläuterungen aufzuzählen. Auch das Beschriften von Abbildungen gehört dazu.

Beispielaufgabe:

1 Nenne zwei Tiere, die keine Laufbeine haben, aber dennoch in die Gruppe der Vierfüßer eingeordnet werden.

Beispiellösung: Kreuzotter, Pottwal

Beschreiben • Aufgaben mit dem Verb *beschreiben* zielen darauf ab, wichtige Eigenschaften von Strukturen, Sachverhalten oder Zusammenhängen mit eigenen Worten strukturiert und mithilfe der Fachsprache in ganzen Sätzen wiederzugeben.

Beispielaufgabe:

2 Beschreibe die Längenverhältnisse zwischen Armen und Beinen beim Schimpansen und beim *Homo sapiens*.

Beispiellösung: Beim Schimpansen sind die Arme länger als die Beine. Beim *Homo sapiens* sind die Längenverhältnisse umgekehrt: Die Beine des Menschen sind länger als seine Arme.

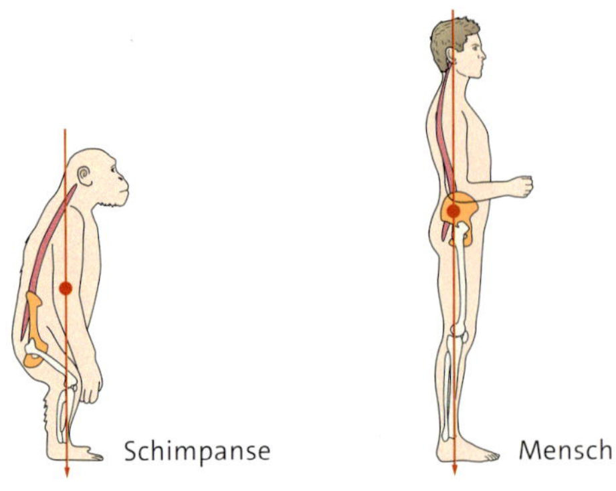

1 Mensch und Schimpanse (Schema)

Vergleichen • Bei Aufgaben mit dem Verb *vergleichen* sollen Gemeinsamkeiten und Unterschiede von mehreren Objekten, Lebewesen oder Vorgängen festgestellt werden. Dabei werden Kriterien verwendet. Die Ergebnisse lassen sich in Textform oder in Form einer Tabelle darstellen.

Beispielaufgabe:

3 Vergleiche Körper- und Geschlechtszellen des Menschen hinsichtlich ihrer Chromosomen.

Beispiellösung in Tabellenform:

Zellen / Kriterium	Körperzellen	Geschlechtszellen
Anzahl der Chromosomen	46 (23 Paare)	23
Chromosomensatz	diploid	haploid

Beispiellösung in Textform: Sowohl Körper- als auch Geschlechtszellen haben Chromosomen, die sich jedoch in der Anzahl unterscheiden. Körperzellen haben einen diploiden Chromosomensatz mit 46 Chromosomen: Jedes Chromosom ist zweimal vorhanden. Es gibt also 23 Chromosomenpaare.
Geschlechtszellen haben einen haploiden Chromosomensatz mit 23 Chromosomen. Jedes Chromosom ist nur einmal vorhanden.

Erklären • Aufgaben mit dem Verb *erklären* verlangen, dass die Zusammenhänge von Sachverhalten, Strukturen oder Prozessen auf Gesetze oder allgemeine Aussagen zurückgeführt werden.

Beispielaufgabe:

4 Erkläre, weshalb sich Leistungssportlerinnen und -sportler zum Training oft längere Zeit im Hochgebirge aufhalten.

Beispiellösung: Leistungssportler und -sportlerinnen benötigen für die Verrichtung von Muskelarbeit ausreichend Sauerstoff in den Muskelzellen. Je mehr rote Blutzellen im Blut zur Verfügung stehen, desto mehr Sauerstoff gelangt in die Muskulatur und der Muskel kann mehr Arbeit verrichten. Beim Höhentraining nimmt die Zahl der Blutzellen zu. Bei anschließenden Wettkämpfen unter Normalbedingungen ist die Leistungsfähigkeit der Sportler kurzzeitig erhöht, da mehr Muskelarbeit geleistet werden kann.

Erläutern • Aufgaben mit dem Verb *erläutern* fordern dazu auf, dass die Zusammenhänge von Sachverhalten, Strukturen oder Prozessen auf Gesetze oder allgemeine Aussagen zurückgeführt und durch zusätzliche Informationen verständlich dargestellt werden. Hilfreich ist die Verwendung weiterer Beispiele und Vergleiche.

Beispielaufgabe:

5 Erläutere den Zusammenhang zwischen Zellen, Geweben und Organen.

Beispiellösung: Gleichartige Zellen mit einer Funktion bilden ein Gewebe und mehrere Gewebe ein Organ. So besteht die Lunge des Menschen aus Epithelgewebe, dem Abschlussgewebe der Bronchien, mit Zellen des Flimmerepithels und aus dem Gewebe der Lungenbläschen mit Zellen, die den Gasaustausch ermöglichen. Das Organ Laubblatt der Samenpflanze besteht aus Abschlussgewebe, Grundgewebe und Leitgewebe. Das Abschlussgewebe, die Epidermis, besteht aus Epidermiszellen. Das Grundgewebe ist aus Palisaden- und Schwammgewebe aufgebaut mit Zellen, die Fotosynthese betreiben. Das Leitgewebe enthält Zellen, die die Leitungsbahnen bilden.

Begründe • Bei Aufgaben mit dem Verb *begründen* soll ein Sachverhalt auf Regeln, Gesetzmäßigkeiten oder kausale Zusammenhänge zurückgeführt werden.

Beispielaufgabe:

6 Begründe, um welche Fossilform es sich in der Abbildung 2 handelt.

Beispiellösung: Es handelt sich um einen Steinkern. Das Sediment ist in den Hohlraum der Schale des Tieres gelangt und versteinert. Man erkennt auf der Außenseite die innere Struktur der Schale, während sich die Schale selbst aufgelöst hat.

Bewerten • Aufgaben mit dem Verb *bewerten* verlangen, dass man einen Sachverhalt nach fachwissenschaftlichen oder fachmethodischen Kriterien begründet einschätzt und dabei persönliche und gesellschaftliche Werte berücksichtigt.

7 Bewerte folgende Aussage: „Ich lasse mein 2-jähriges Kind und mich nicht gegen Masern impfen. Es ist besser, wenn der Körper selbst einen Immunschutz aufbaut.“

Beispiellösung: Einen eigenen Impfschutz gegen Masern aufzubauen würde bedeuten, dass das Kind oder der erwachsene Mensch erkranken. Eine Erkrankung ist aber gefährlich und es können weitere Menschen im Umfeld mit Masern angesteckt werden. Die körperliche Unversehrtheit als Wert steht hier im Fokus: Es sollen möglichst wenige Menschen geschädigt werden. Der dem entgegenstehende Wert wäre die individuelle Freiheit (der Eltern). Hier kann der erste Wert als wichtiger eingestuft werden, was für eine Impfung spricht. In Kindergärten gibt es eine Impfpflicht gegen Masern. Wird das Kind nicht geimpft, kann es nicht in den Kindergarten. Damit wäre es eventuell in seiner Entwicklung benachteiligt. Das Kind sollte bestmöglich gefördert werden, auch das spricht für eine Impfung.

2 Fossil

Lösungen der Check-up-Aufgaben

Evolution (Seite 56/57)

1 **a** Als Population bezeichnet man eine Gruppe von Lebewesen im gleichen Lebensraum, die sich untereinander fortpflanzen können, also derselben Art angehören.
Variabilität ist die Unterschiedlichkeit von Lebewesen, im engeren Sinn sind es die unterschiedlichen Merkmalsausprägungen von Nachkommen derselben Eltern. Beruhen diese auf unterschiedlichen Erbinformationen, spricht man von genetischer Variabilität. Die Neukombination der Erbinformation bei der geschlechtlichen Fortpflanzung ist die wichtigste Ursache für Variabilität.
Mit Selektion wird die natürliche Auswahl der jeweils fitteren Lebewesen bezeichnet (natürliche Selektion). Besser angepasste Individuen einer Population können sich mit einer höheren Wahrscheinlichkeit fortpflanzen und geben ihre Erbinformation mit höherer Wahrscheinlichkeit an die nachfolgende Generation weiter. Bei der künstlichen Selektion wählt der Mensch die Lebewesen aus, die sich weiter fortpflanzen (Züchtung).
Als Konkurrenz bezeichnet man den Wettbewerb um natürliche Ressourcen. Auch innerhalb einer Population gibt es Konkurrenz, beispielsweise um Nahrung. Nicht alle Individuen überleben so lange, um sich fortpflanzen zu können.
b Evolution ist die Veränderung von Lebewesen im Laufe der Erdgeschichte. Lebewesen haben sich durch Mutation, Rekombination und natürliche Selektion über sehr viele Generationen hinweg, in sehr langen Zeiträumen und in sehr kleinen Schritten entwickelt.
c Die Überproduktion bedeutet, dass Lebewesen mehr Nachkommen produzieren, als für das Überleben der Art notwendig wäre. Diese konkurrieren untereinander und es überleben nur die am besten Angepassten (Selektion). In der darauffolgenden Generation entstehen wieder sehr viele Nachkommen, die unterschiedlich gut angepasst sind. Auch hier wirkt wieder die Selektion. Die Lebewesen verändern sich dadurch mit der Zeit. Diesen Prozess bezeichnet man als Evolution.
d Ergebnis der Züchtung als auch der natürlichen Selektion sind Lebewesen mit veränderten Merkmalen. Während bei der Züchtung ein Zuchtziel vorgegeben ist und der Mensch gezielt Lebewesen für die Fortpflanzung auswählt, pflanzen sich bei der natürlichen Selektion diejenigen Lebewesen fort, die am besten an die jeweiligen Umweltbedingungen angepasst sind. Die natürliche Selektion ist im Vergleich zur Züchtung ein sehr langsamer, lange Zeit dauernder Prozess.
e Lebewesen sind an ihre Umwelt und ihre Lebensweise angepasst. Die Angepasstheit ist ein Ergebnis der Evolution. Durch Selektion können sich die jeweils besser angepassten Lebewesen mit höherer Wahrscheinlichkeit fortpflanzen.

2 **a** Ursprünglich lebte auf einer Insel eine Gecko-Art (Ursprungsart). Durch den Meeresspiegelanstieg wurde die Insel in zwei Inseln geteilt. Die Geckos der einen Insel konnten sich nicht mehr mit den Geckos der anderen Insel vermischen: Durch die geografische Barriere sind zwei getrennte Populationen entstanden. Auf die beiden Populationen wirken die Evolutionsfaktoren Mutation, Rekombination und Selektion jeweils unterschiedlich. Die Nachkommen der verschiedenen Populationen unterscheiden sich dadurch zunehmend. Selbst wenn die Barriere nach langer Zeit z. B. durch Rückgang des Meeresspiegels entfällt, können sich die Individuen nicht mehr untereinander fortpflanzen. Es sind zwei unterschiedliche Arten, Gecko-Art A und Gecko-Art B, entstanden.

3 **a** Die Wirbeltiergruppen heißen (im Diagramm von links nach rechts): Fische, Amphibien, Reptilien, Vögel und Säugetiere.
b Fische: Sie sind die ersten Wirbeltiere, also Tiere mit einer Wirbelsäule. Amphibien: Laufbeine; Reptilien: Jugendentwicklung ohne Larvenstadium im Ei; Säugetiere: Fell; Vögel: Federn, Flügel

4 **a** In einigen Gruppen der Fische entstand vor etwa 400 Millionen Jahren zusätzlich zu den Kiemen eine Lunge als Atmungsorgan, vermutlich als Angepasstheit an sauerstoffarme Gewässer. Die Vordergliedmaßen dieser Lebewesen waren bereits kräftiger ausgebildet als die der kiemenatmenden Fische und ähnelten bereits ein wenig denen landlebender Tiere. Man bezeichnet diese Tiere als Fleischflosser. Aus ihnen entstanden mit der Zeit Tiere, die Laufbeine hatten und sich an Land gut fortbewegen konnten.

b Die muskulösen Flossen der Fleischflosser bestanden zum Teil aus Knochen, die denen der Landwirbeltiere schon ähnlich sahen. Bei der Übergangsform *Tiktaalik* waren die Knochen der Gliedmaßen deutlich vergrößert. Sie ermöglichten den Tieren vermutlich ein Abstützen und Vorwärtskommen an Land. Die Skelettstrukturen entwickelten sich weiter. Die ersten vollständig an Land lebenden Tiere (Ur-Amphibien) besaßen schon Oberschenkel, Unterschenkel und Fußknochen, mit denen sie sich an Land fortbewegen konnten.
c Eine Mosaikform ist ein Lebewesen, das Merkmale verschiedener Gruppen besitzt. *Tiktaalik* besaß Merkmale der Fische wie Flossen zur Fortbewegung im Wasser. So war die Schwanzflosse noch fischähnlich. Dagegen waren die Vordergliedmaßen durch Knochen verstärkt. Der Kopf ähnelte mehr dem von Amphibien.

5 **a** Die Überreste von Lebewesen aus früheren Zeiten bezeichnet man als Fossilien. Es gibt verschiedene Arten von Fossilien wie Steinkerne, Abdrücke, Versteinerungen, Mumien oder Spurenfossilien.
b Organe oder Strukturen, die sich auf den gleichen Grundbauplan zurückführen lassen, bezeichnet man als homolog. Sie können aber dennoch unterschiedlich aussehen. In der Abbildung sind die Vordergliedmaßen eines Vogels und eines Wals dargestellt, beides Wirbeltiere. Die Gliedmaßen bestehen jeweils aus Oberarmknochen, zwei Unterarmknochen, Handwurzelknochen, Mittelhandknochen und Fingerknochen, die prinzipiell gleich angeordnet sind. Durch Verkürzung, Reduzierung oder Verlängerung einzelner Knochen sind die Gliedmaßen sehr unterschiedlich geformt. Sie haben eine unterschiedliche Funktion: Während Vögel mithilfe ihrer Flügel fliegen, sind die Vordergliedmaßen der Wale zu Flossen umgeformt, mit denen sie sich im Wasser fortbewegen können.
c Homologe Strukturen wie die Gliedmaßen der Wirbeltiere belegen, dass Lebewesen aus gemeinsamen Vorfahren entstanden sind, also miteinander verwandt sind. Homologien sind daher ein Beleg dafür, dass Evolution stattgefunden hat.
d Lebende Fossilien sind Lebewesen, die sich im Laufe der Erdgeschichte kaum verändert haben und bis heute ursprüngliche Merkmale aufweisen. Ein Beispiel ist der Quastenflosser, ein Bewohner der Tiefsee. Er hat große Ähnlichkeit mit ausgestorbenen Vertretern der Gruppe der Fleischflosser, die bereits vor 400 Millionen Jahren lebten.

6 **a** 1 = Regenwald-Menschenaffe, 2 = andere Menschenaffen, 3 = *Homo habilis*, 4 = *Homo erectus*, 5 = Neandertaler, 6 = *Homo sapiens*
b Der aufrechte Gang ermöglicht einen Überblick im offenen Gelände. Dies verbessert die Orientierung und gewährleistet frühzeitiges Erkennen von Feinden. Durch die frei gewordenen Hände kann mit Geräten und Waffen hantiert werden, es kann Nahrung transportiert und Junge können auf den Armen getragen werden.
In einem schattenarmen Lebensraum hat die aufrechte Körperhaltung den Vorteil, dass sich der Körper weniger stark aufheizt, weil nur eine kleine Fläche von der Sonne direkt bestrahlt wird.
c Mit Feuer konnte Nahrung erhitzt werden. Dadurch wurde sie leichter verdaulich oder erst genießbar gemacht. Dies erweiterte das Nahrungsspektrum und die Nährstoffversorgung wurde verbessert. Die verbesserte Nährstoffzufuhr wiederum begünstigte die Entwicklung eines größeren Gehirns. Große Gehirne benötigen viel Energie, da die Vorgänge im Gehirn sehr energieaufwendig sind.
d Sprache vereinfacht die Kommunikation, damit war eine verbesserte Zusammenarbeit, Arbeitsteilung sowie vorausschauende Planung möglich. Die Wortsprache erleichtert die Weitergabe von Kenntnissen und Wissen erheblich. So wurde die kulturelle Entwicklung beschleunigt.

Genetik (Seite 118/119)

1 **a** Wenn ein Organismus wächst, teilen sich Zellen und es entstehen aus einer Zelle zwei identische Tochterzellen. Vor der Teilung wird im Zellkern die Erbinformation identisch verdoppelt: Dies ist die Mitose. Die Mitose ist Teil des Zellzyklus, bei dem sich Interphase, in der die Chromosomen in ihrer Arbeitsform vorliegen, und die Mitose abwechseln. Vor der Mitose verdoppeln sich die Chromosomen. Sie liegen in der Transportform vor und können bei der Mitose auf zwei Zellkerne aufgeteilt werden, was die Voraussetzung für die Zellteilung ist.
b Vor der Teilung einer Zelle läuft im Zellkern die Mitose ab. Die Chromosomen liegen als Zwei-Chromatiden-Chromosomen vor. Bei der Mitose werden die Hälften der Zwei-Chromatiden-Chromosomen getrennt und an entgegengesetzte Zellpole gezogen.

Nach der Kernteilung und der anschließenden Zellteilung befinden sich jeweils die identischen Ein-Chromatid-Chromosomen in den beiden Tochterzellen.

c A: Die Ein-Chromatid-Chromosomen werden zu den gegenüberliegenden Zellpolen gezogen (Anaphase). B: Die Zelle hat sich eingeschnürt. Es sind zwei Zellkerne vorhanden (Telophase). C: Zwei-Chromatiden-Chromosomen ordnen sich in der Äquatorialebene der Zelle an (Metaphase). D: Im Zellkern sind vier Zwei-Chromatiden-Chromosomen zu erkennen (Prophase).
Die richtige Reihenfolge ist D, C, A, B.

2 **a** Die Meiose ist ein Zellteilungsvorgang, bei dem aus einer Zelle mit diploidem Chromosomensatz vier Zellen mit haploidem Chromosomensatz entstehen. Die Meiose läuft in zwei Schritten ab. Im ersten Schritt werden die homologen Chromosomenpaare getrennt. Dazu lagern sich die homologen Chromosomen während der Metaphase I in der Äquatorialebene an und werden während der Anaphase I zu den entgegengesetzten Polen gezogen. Nachdem sich die Zelle in der Telophase I geteilt hat, findet der zweite Schritt statt. Nun werden – ähnlich wie bei der Mitose – die Zwei-Chromatiden-Chromosomen in beiden Zellen getrennt und die jeweiligen Ein-Chromatid-Chromosomen werden zu den entgegengesetzten Polen gezogen. Nach einer erneuten Zellteilung beider Zellen sind vier haploide Zellen mit Ein-Chromatid-Chromosomen entstanden.

b Die biologische Bedeutung der Meiose liegt in der Durchmischung der Erbinformation in der Generationenfolge. Dies führt zu einer außerordentlich großen genetischen Vielfalt. Sie ist der Grund dafür, dass Geschwister trotz gleicher Eltern individuelle Erbinformationen und damit individuelle Merkmale aufweisen. Somit ist jeder Mensch einzigartig.

c

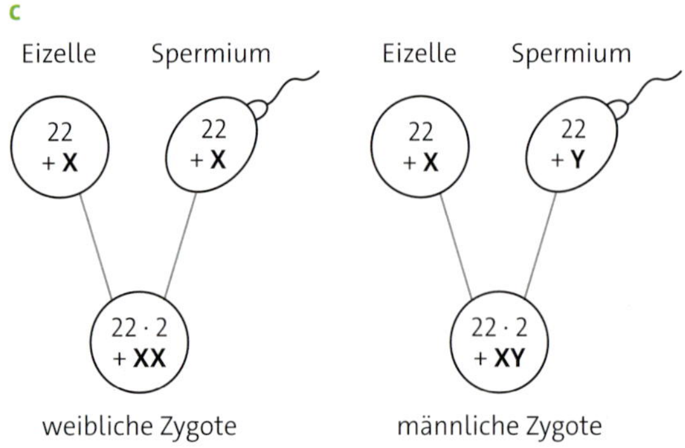

3 **a** Siehe Seite 61, Abbildung 6.

b In der Arbeitsform des Chromosoms liegt die DNA als langer, dünner Faden vor. In der Transportform ist die DNA spiralig aufgewickelt und so verkürzt und komprimiert.

c Die DNA ist ein Riesenmolekül, das aus wiederkehrenden Bausteinen besteht. Diese Bausteine nennt man Nukleotide. Sie bestehen jeweils aus einer der vier Basen Adenin, Thymin, Cytosin oder Guanin sowie einem Phosphat und dem Zucker Desoxyribose. Die Basen ergänzen sich. Sie sind komplementär zueinander. Dabei kann Adenin nur mit Thymin und Cytosin nur mit Guanin ein Paar bilden. Sie sind über Wasserstoffbrückenbindungen miteinander verbunden. Jeweils zwei Basen bilden im Strickleitermodell die Sprossen. Phosphat und Zucker wechseln sich auf den Außenseiten immer ab und bilden die Holme der Strickleiter.
Die Erbinformation ist in der Abfolge der Basen verschlüsselt, der Basensequenz. Ein DNA-Abschnitt mit einer bestimmten Basensequenz bildet ein Gen, dieses wiederum enthält die Information für die Ausprägung eines Merkmals.

d Vor der Verdopplung wird der DNA-Doppelstrang mithilfe eines Enzyms entwunden, wobei die Wasserstoffbrücken zwischen den Basen gelöst werden. An die Einzelstränge lagern sich dann die einzelnen Nukleotide an, entsprechend der zueinander passenden Basen. Über die Zucker- und Phosphatreste werden die Nukleotide mithilfe eines weiteren Enzyms zu einem Strang verknüpft. Dieser ist komplementär zum alten Strang.

e Die Verdopplung der DNA findet vor der Zellteilung statt und während der Interphase.

4 Allel für schwarze Fellfarbe = A,
Allel für wildfarben = a,
Allel für kurze Haare = B,
Allel für lange Haare = b

P-Generation	AAbb	aaBB

Kombinationsquadrat

P/P	aB	aB
Ab	AaBb	AaBb
Ab	AaBb	AaBb

F_1-Generation: schwarze, kurzhaarige Kaninchen

F_1-Generation	AaBb	AaBb

Kombinationsquadrat

F_1 \ F_1	AB	Ab	aB	ab
AB	AABB schwarz, kurzhaarig	AABb schwarz, kurzhaarig	AaBB schwarz, kurzhaarig	AaBb schwarz, kurzhaarig
Ab	AABb schwarz, kurzhaarig	AAbb schwarz, langhaarig	AaBb schwarz, kurzhaarig	Aabb schwarz, langhaarig
aB	AaBB schwarz, kurzhaarig	AaBb schwarz, kurzhaarig	aaBB wildfarben, kurzhaarig	aaBb wildfarben, kurzhaarig
ab	AaBb schwarz, kurzhaarig	Aabb schwarz, langhaarig	aaBb wildfarben, kurzhaarig	aabb wildfarben, langhaarig

Das Verhältnis der Phänotypen schwarz, kurzhaarig zu schwarz, langhaarig zu wildfarben, kurzhaarig zu wildfarben langhaarig beträgt 9 : 3 :3 : 1.

5 **a**

P-Generation	Aa	aa

Kombinationsquadrat

P \ P	a	a
A	Aa	Aa
a	aa	aa

Die Hälfte der Kinder haben statistisch gesehen den homozygot-rezessiven Genotyp. Damit liegt die Wahrscheinlichkeit, dass ein Kind Merkmalsträger ist, bei 50 Prozent.

6 **a** Die Vererbung beim Menschen kann man nicht durch Kreuzungsversuche erforschen, das ist ethisch nicht vertretbar. Außerdem ist die Generationenfolge beim Menschen sehr lang. Daher wird die Vererbung anhand von Stammbäumen über Generationen hinweg verfolgt. Diese erlauben Aussagen über die Vererbung bestimmter Gene.

b Mit einem Kreuzungsschema wird eine Kreuzung oder Paarung von zwei Individuen dargestellt. Dabei werden bei meist bekannten Genotypen der Eltern alle möglichen Geno- und Phänotypen der nachfolgenden Generationen ermittelt. Stammbäume stellen tatsächliche Familienverhältnisse dar, wobei die Weitergabe der Allele zufällig erfolgt. Auch die Anzahl der Nachkommen ist zufällig und es treten meist nicht alle möglichen Genotypen in einer Generation auf. Mit Stammbäumen kann man die Weitergabe eines Merkmals phänotypisch über mehrere Generationen hinweg verfolgen und gegebenenfalls auf die Genotypen und die Art der Vererbung schließen.

c Im Stammbaum sind die Eltern 3 und 4 keine Merkmalsträger, ihr Sohn Nr. 7 jedoch schon. Dies schließt eine dominante Vererbung aus. Es handelt sich also um eine rezessive Vererbung. Es sind mehr Männer als Frauen Merkmalsträger, was auf einen gonosomalen Erbgang hinweist.
Die Frauen 2 und 4 müssten dann Überträgerinnen sein (**X**X). Sohn 7 bekommt das Allel von seiner Mutter und ist damit Merkmalsträger (**X**Y). Er hat mit Frau Nr. 6 vier Kinder, von denen beide Jungen Merkmalsträger sind. Daher muss auch Frau Nr. 6 Überträgerin sein (**X**X), denn die Söhne können das Allel nur mit dem mütterlichen X-Chromosom erhalten haben. Aus der Verbindung von Frau Nr. 9 mit Mann Nr. 10 gehen zwei Töchter hervor, die Merkmalsträgerinnen sind. Sie müssen beide homozygot bezüglich des Allels sein. Das heißt, dass auch Frau Nr. 9 Überträgerin ist (**X**X) und die Töchter 15 (**XX**) und 16 (**XX**) jeweils das Allel von ihr und ihrem Mann erhalten haben, während der Sohn das „gesunde" X-Chromosom erhalten hat und damit nicht Merkmalsträger ist (XY).

7 **a** Bei einer Genmutation ist die Basensequenz eines Gens verändert, zum Beispiel kann eine einzelne Base fehlen oder ausgetauscht sein, was zu einer veränderten Aminosäureabfolge im Protein führen kann und damit zu einem veränderten Protein.
Eine Veränderung auf der Ebene der Chromosomen kann eine Chromosomenmutation sein, wobei ein einzelnes Chromosom betroffen ist, oder eine Genommutation, bei der die Anzahl der Chromosomen verändert ist.

b Die Zellen verfügen über Reparaturmechanismen. Ein DNA-Reparatursystem erkennt Veränderungen an der DNA und repariert diese.

8 **a** Eine Trisomie ist das dreifache Vorkommen eines Chromosoms in den normalerweise diploiden Körperzellen eines Lebewesens.

b

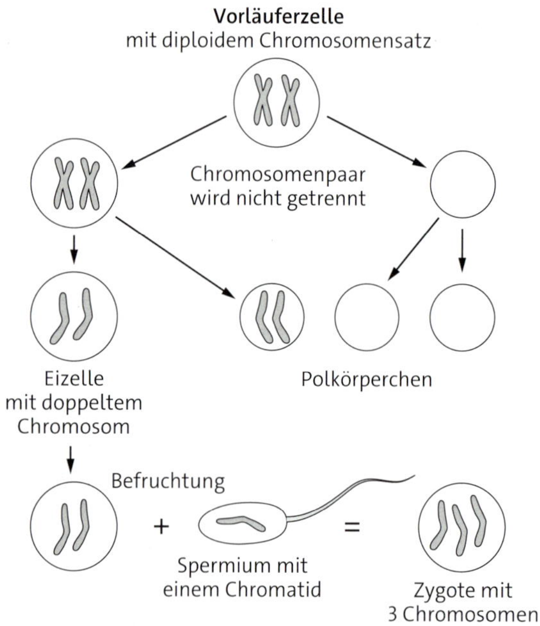

c Bei der Mukoviszidose geht ein Basentriplett verloren. Folglich wird die Aminosäuresequenz eines Membranproteins von Schleimhautzellen so verändert, dass es seine Funktion verliert. Dadurch bleibt der in vielen Organen gebildete Schleim zähflüssig, sodass Drüsenzellen verstopfen.
Die Auswirkungen auf den Organismus sind: quälender Husten, Atemnot, schwere Lungenentzündungen und Verdauungsstörungen. Wenn die Spermienleiter verstopfen, sind die männlichen Patienten zeugungsunfähig.
Behandlung: Die Patientinnen und Patienten inhalieren mehrmals täglich Kochsalzlösung, machen spezielle Atemübungen und müssen Antibiotika gegen Entzündungen nehmen. Verdauungsenzyme und eine besondere Ernährung unterstützen die Verdauung.

d Erbkrankheiten beruhen auf Mutationen, also Veränderungen der Erbinformation. Da die Erbinformation von Menschen bisher nicht durch medizinische Eingriffe verändert wird, können die eigentlichen Ursachen der Erkrankung nicht beseitigt werden.

9 a Zuchtformen bei Pflanzen: (Kultur-)Mais; bei Tieren: Hausschwein

b Hausschweine sind durch Auslesezüchtung entstanden. Dabei wählt man Tiere mit den gewünschten Eigenschaften wie schnelles Wachstum und Stresstoleranz und paart sie miteinander. Unter den Nachkommen werden wieder Tiere mit den gewünschten Eigenschaften zur weiteren Fortpflanzung ausgewählt. So entstehen über viele Generationen Tiere, die das entsprechende Zuchtziel erfüllen.
Beim Mais werden durch Hybridzüchtung leistungsfähige Sorten gezüchtet. Dazu werden homozygot-dominante Maispflanzen (Inzuchtlinien) mit Pollen von homozygot-rezessiven Maispflanzen künstlich bestäubt sowie umgekehrt homozygot-rezessive Maispflanzen mit Pollen von homozygot-dominanten Pflanzen. Dabei entstehen heterozygote Samen, die Hybride. Aus diesen wachsen aufgrund des Heterosiseffekts ertragreiche Maispflanzen.

10 a Ein transgener Organismus ist ein Organismus, der Erbinformation eines anderen, artfremden Lebewesens enthält.

b Aus Spenderzellen von Menschen wird zunächst der DNA-Abschnitt isoliert, der das Gen für die Herstellung von Humaninsulin enthält. Dazu nutzt man Schneideenzyme, die die DNA an bestimmten Stellen trennen. Anschließend wird aus Bakterienzellen ringförmige DNA isoliert, die Plasmide. Das Plasmid wird mithilfe eines Schneideenzyms aufgeschnitten. An diese Stelle des Plasmids wird mithilfe von Bindeenzymen der DNA-Abschnitt der menschlichen DNA eingesetzt. Die veränderten Plasmide werden in Bakterienzellen übertragen. Die Bakterien werden vermehrt. Diese transgenen Bakterien produzieren nun in ihren Zellen das Humaninsulin. Es wird schließlich aus den Bakterien isoliert und gereinigt.

11 a Für eine Bewertung sammelt man im 1. Schritt mehr Informationen über den Sachverhalt. Hier sind dies zum Beispiel Informationen über das Unkrautvernichtungsmittel und die Größe der Flächen, auf denen die transgenen Pflanzen angebaut werden sollen.
Im 2. Schritt werden die Handlungsmöglichkeiten beschrieben, die in dem Fall bestehen. Beispielsweise wäre eine Option, den Anbau der Pflanzen ganz abzulehnen, und eine andere, dem Anbau zuzustimmen. Es kann aber auch dazwischenliegende Möglichkeiten geben, wie den Anbau nur auf eng begrenzten Flächen zuzulassen.
Im 3. Schritt sammelt man Argumente für die verschiedenen Handlungsoptionen. Die Argumente müssen auf sachliche Richtigkeit geprüft werden. Ein Argument enthält Sachaussagen und ethische

Aussagen sowie eine Schlussfolgerung. Ein mögliches Argument in diesem Fall wäre: „Durch den Anbau der transgenen Sojapflanzen wird mehr von dem schädlichen Unkrautvernichtungsmittel ausgebracht als auf Flächen mit empfindlichen Sojapflanzen. Das Unkrautvernichtungsmittel vergiftet den Boden und gefährdet das Ökosystem. Dies soll aber geschützt werden. Daher ist der Anbau der transgenen Pflanzen abzulehnen." Ein anderes Argument könnte lauten: „Durch das gentechnisch veränderte Soja können viel höhere Erträge erzielt werden als durch herkömmliche Pflanzen. Um den Welthunger zu bekämpfen, müssen möglichst ertragreiche Sorten angebaut werden. Dies spricht für den Anbau der transgenen Pflanzen."
Der 4. Schritt besteht darin, Werte zu benennen, die in Zusammenhang mit dem Sachverhalt stehen, und diese den Argumenten zuzuordnen. Dem erstgenannten Argument kann man zum Beispiel die Werte „Erhalt von Ökosystemen" oder „Nachhaltigkeit" zuordnen, dem zweiten Argument zum Beispiel „Nahrungsmittelsicherheit" oder „Menschenwürde".
Im 5. Schritt gewichtet man die gesammelten Argumente, indem man entscheidet, welche der zugeordneten Werte einem besonders wichtig sind. So entsteht eine Rangfolge.
Schließlich kann man im 6. Schritt eine begründete Entscheidung treffen, indem man mithilfe der Gewichtung die verschiedenen Handlungsmöglichkeiten gegeneinander abwägt.

Immunbiologie (Seite 154/155)

1 **a** Bakterium: 1 = Erbsubstanz, 2 = Zellplasma, 3 = Zellmembran, 4 = Zellwand, 5 = Kapsel, 6 = Geißel; Virus: 7 = Proteinfortsatz, 8 = Proteinkapsel, 9 = Erbsubstanz, 10 = Membranhülle
b Viren besitzen nicht alle Kennzeichen von Lebewesen. So haben sie keinen eigenen Stoffwechsel und können sich nicht selbstständig vermehren. Sie benötigen Wirtszellen zur Vermehrung.
c Bakterien werden zur Herstellung von Lebensmitteln wie Joghurt, Quark, Salami oder Sauerkraut genutzt. (Im menschlichen Körper bilden sie beispielsweise die Darmflora und unterstützen somit die Verdauung.) Bakterien spielen außerdem als Zersetzer in natürlichen Stoffkreisläufen eine wichtige Rolle, was letztlich auch für den Menschen, zum Beispiel in der Landwirtschaft nützlich ist.
d Kontakt mit Wirtszelle; Virus bleibt mit seinen Proteinfortsätzen an den Oberflächenstrukturen, den Rezeptoren der Wirtszelle, haften; Aufnahme in Wirtszelle; Freisetzen der Erbsubstanz; Erbsubstanz wird (im Zellkern der Wirtszelle) vervielfacht; Wirtszelle stellt Virusbestandteile her; Viren werden zusammengesetzt; Viren verlassen die Zelle durch Abschnüren oder nach Platzen der Zelle; Viren befallen neue Zellen.
e Plasmodium, Erreger der Malaria, und Rinderbandwurm

2 **a** Durch Hygienemaßnahmen wie Händewaschen, Desinfizieren von Händen und Oberflächen, Waschen von Obst und Gemüse vor dem Verzehr kann man sich vor vielen Erregern von Infektionskrankheiten schützen. Vor Atemwegsinfektionen schützen auch Abstandhalten und Mundschutz. Wenn man Symptome hat, sollte man sich isolieren, damit schützt man andere.
b Haut (Zellschicht, Säureschutzmantel und Bakterien auf der Haut), Schleimhäute, Flimmerhärchen in den Atemwegen, Husten, Naselaufen, Tränenflüssigkeit, Magensäure, Stuhlgang, Wasserlassen
c

Infektion: Erreger dringen in den Körper ein.

↓

Inkubationszeit: Erreger vermehren sich in Darm, Blut oder Körperzellen (Dauer: Stunden oder Tage).

↓

Erkrankung: Körper zeigt Symptome wie Fieber. Die Erreger werden im Körper bekämpft.

↓

Gesundung: Symptome klingen ab.

d Infektion bedeutet, dass Krankheitserreger in den Körper eingedrungen sind. Zu diesem Zeitpunkt hat man häufig noch keine Symptome. Eine Erkrankung ist dagegen mit Symptomen verbunden.

3 **a** In den Körper eindringende Erreger oder fremde Stoffe werden von weißen Blutzellen als fremd erkannt und bekämpft. Fresszellen umfließen Fremdkörper und Krankheitserreger, nehmen sie so auf und zerstören sie. Dabei geben sie Signalstoffe ab, die weitere Fresszellen anlocken. Haben sich die Erreger stark vermehrt oder im Körper verbreitet, reagiert dieser mit erhöhter Temperatur, dem Fieber.

b Eine Entzündung ist lokal begrenzt und entsteht ebenfalls durch eingedrungene Krankheitserreger, zum Beispiel an einer Wunde. Fresszellen erkennen auch hier die Erreger und geben Signalstoffe ab. Blutgefäße werden erweitert und ihre Wände durchlässiger für Fresszellen, wodurch mehr Fresszellen die Erreger bekämpfen können. Das Gewebe schwillt an, weil auch mehr Flüssigkeit eindringt. Durch abgestorbene Körperzellen und Fresszellen entsteht Eiter.

c Durch Fieber werden alle Stoffwechselreaktionen des Körpers beschleunigt, wodurch die körpereigene Abwehr ebenfalls verbessert ist. Außerdem kann die erhöhte Temperatur Erreger abtöten.

d Die Bestandteile der unspezifischen Abwehr sowie die Schutzbarrieren besitzen Menschen von Geburt an.

4 **a** Bestimmte weiße Blutzellen, die Plasmazellen, erkennen in den Körper eingedrungene Antigene, zum Beispiel die Proteinfortsätze eines Virus, und bilden spezifische Antikörper gegen diese. Die Antikörper haben zwei Bindungsstellen und binden jeweils zwei Antigene. Dadurch, dass viele Antikörper an die Antigene binden, verklumpen die Erreger. Diese können nun von Fresszellen umschlossen und unschädlich gemacht werden. Zusätzlich werden Körperzellen, in die Erreger eingedrungen sind und die daraufhin Bruchstücke der Erreger an ihrer Oberfläche präsentieren, von anderen weißen Blutzellen, den Killerzellen, erkannt und zerstört. In ihnen können sich nun keine Erreger mehr vermehren.

b Antikörper werden jeweils zu den Antigenen eines bestimmten Erregers passend gebildet. Antigene besitzen zwei Bindungsstellen, die zu den Antigenen genau passen, wie ein Schlüssel zu seinem Schloss passt. Bei der Antigen-Antikörper-Reaktion binden zwei Antigene an einen Antikörper. Dadurch können die Erreger unschädlich gemacht werden.

c Immunität besteht gegen einen bestimmten Erreger. Es bedeutet, dass der Körper von diesem Erreger nicht mehr krank wird. (Das kann nach der spezifischen Immunabwehr oder nach einer Schutzimpfung der Fall sein.)

5 **a** Die Reaktion einer Person auf eine zweimalige Infektion mit einem Erreger wurde untersucht. Dargestellt ist die Antikörpermenge im Blut in mg pro 100 ml in Abhängigkeit von der Zeit in Tagen. Es handelt sich um eine schematische Darstellung.
Die Zählung der Tage (= Zeitpunkt 0) beginnt mit der ersten Ansteckung mit einem Erreger. Die Antikörperkonzentration steigt erst im Laufe des 7. Tages nach der Infektion auf Werte höher als 1 µg pro 100 ml. Sie steigt dann rasch an und erreicht den höchsten Wert etwa 13 Tage nach der Infektion. Etwa 5 Tage lang bleibt die Antikörperkonzentration auf dieser Höhe, bevor sie zunächst rasch abfällt. Ab etwa 24 Tage nach der Infektion bleibt die Antikörperkonzentration auf einem relativ niedrigen Wert zwischen 1 und 10 µg pro 100 ml.
Die Messung wurde unterbrochen. Bei der nächsten Messung, etwa 58 Tage nach der ersten Infektion, war die Antikörperkonzentration noch auf demselben Wert. 60 Tage nach der ersten Infektion wurde der untersuchte Patient erneut mit demselben Erreger infiziert. Nach weniger als einem Tag begann die Antikörperkonzentration rasch und immer schneller zu steigen, sodass sie etwa 5 Tage nach der zweiten Infektion einen Maximalwert von 1000 mg pro 100 ml erreichte. Bis zum 12. Tag nach der zweiten Infektion nahm die Antikörpermenge kontinuierlich, aber nur geringfügig ab.

b Beobachtung: Die erste Infektion führt zu einer langsam anlaufenden Antikörperproduktion und die Antikörperkonzentration nimmt wieder ab.
Erklärung: Durch die langwierige Aktivierung und Vermehrung von (zunächst nur wenigen) Plasmazellen braucht es eine gewisse Zeit, bis die Antikörperproduktion anläuft. Die Antikörperkonzentration steigt dann, weil die Plasmazellen ständig neue Antikörper produzieren. Die Lebensdauer der Antikörper ist beschränkt. Vermutlich sind die Erreger so stark dezimiert, dass die Plasmazellen nicht mehr angeregt werden, Antikörper zu produzieren, oder auch die Lebensdauer der Plasmazellen ist abgelaufen.
Beobachtung: Bei der zweiten Infektion sind schon vor Beginn mehr Antikörper im Blut und der Anstieg der Antikörperkonzentration beginnt wesentlich früher. Der Anstieg der Antikörperkonzentration verläuft viel schneller: Bereits zwei Tage nach der zweiten Infektion hat die Antikörperkonzentration den Maximalwert der Erstinfektion erreicht.
Erklärung: Es werden seit der ersten Infektion offenbar dauerhaft Antikörper durch Plasmazellen

produziert. Die Aktivierung der Plasmazellen fällt weg, da Gedächtniszellen existieren, die dafür sorgen, dass sofort sehr viele Antikörper produziert werden.

6 a 1 abgeschwächte Erreger, 2 = Antikörper, 3 = Gedächtniszellen. A: Impfung, B: Bildung von Antikörpern und Gedächtniszellen, C: Gedächtniszellen bleiben im Körper, D: Immunität

b Aktive Immunisierung

c Bei einer Heilimpfung wird der bereits erkrankte Mensch mit einem Serum geimpft, das die betreffenden Antikörper enthält. So kann eine bereits ausgebrochene Krankheit, zum Beispiel die Windpocken, eingedämmt werden, der Mensch wird geheilt.
Bei der aktiven Immunisierung bildet das Immunsystem Plasmazellen, die Antikörper gegen die Antigene der Erreger produzieren, und Killerzellen, die infizierte Zellen zerstören. Es werden außerdem Gedächtniszellen gebildet, die bei einer Zweitinfektion sofort spezifische Plasmazellen und Killerzellen bilden. Dadurch ist der geimpfte Mensch gegen diesen Erreger geschützt.

7 a Im Impfkalender sind die Impfungen (Immunsierungen) eingetragen, die für Menschen verschiedener Altersstufen empfohlen werden. Die erste Impfung soll im Alter von 2 Monaten erfolgen. Beim Kleinkind werden 3 Impfungen nacheinander gegeben, mit 2, 4 und 11 Monaten. Wenn ein Kind noch nicht geimpft wurde, können im Alter zwischen 11 Monaten und 4 Jahren die Impfungen nachgeholt werden. Im Alter von 5 oder 6 Jahren ist eine Auffrischungsimpfung erforderlich. Zwischen 7 und 8 Jahren können diese Keuchhustenimpfungen nachgeholt werden. Weitere Auffrischungsimpfungen sind dann zwischen 9 und 16 sowie zwischen 18 und 60 Jahren empfohlen.

b Die frühe Schutzimpfung wird empfohlen, weil Keuchhusten für Kleinkinder lebensbedrohlich werden kann.

c Eine Schutzimpfung gegen Keuchhusten ist für alle Personen wichtig, die engen Kontakt zu Kleinkindern haben, also Eltern, Familienangehörige von Kleinkindern sowie Betreuerinnen und Betreuer. Ungeimpfte können die Kinder anstecken und diese daraufhin lebensbedrohlich erkranken.

d Einen eigenen Impfschutz gegen Masern aufzubauen würde bedeuten, dass der Mensch erkrankt, nur dann reagiert das Immunsystem und es wird eine Immunität aufgebaut. Eine Erkrankung ist aber gefährlich und es können weitere Menschen im Umfeld mit Masern angesteckt werden. Die körperliche Unversehrtheit als Wert steht hier im Fokus: Es sollen möglichst wenige Menschen geschädigt werden. Der dem entgegenstehende Wert wäre die individuelle Freiheit (der Eltern). Hier kann der erste Wert als wichtiger eingestuft werden, was für eine Impfung spricht.
In Kindergärten gibt es eine Impfpflicht gegen Masern. Wird das Kind nicht geimpft, kann es nicht in den Kindergarten. Damit wäre das Kind eventuell in seiner Entwicklung benachteiligt. Das Kind sollte bestmöglich gefördert werden, auch das spricht für eine Impfung.

Zellbiologie (Seite 192/193)

1 a A = Deckgewebe/Epithelgewebe (Darm), B = Deckgewebe/Epithelgewebe (Lunge), C = Muskelgewebe, D = Nervengewebe

b Ein Deck- oder Epithelgewebe kleidet zum Beispiel das Innere von Organen aus wie Darmepithel (A). Das Epithelgewebe der Lungenbläschen ist sehr dünn und hat die Funktion der Aufnahme und Abgabe von Stoffen (B). Muskelgewebe ermöglicht Bewegungen (C), Nervengewebe leitet Informationen im Körper weiter und verarbeitet sie (D).

c A = Pflanzenzellen: Die Zellen besitzen eine Zellwand. Eine der Zellen ist abgestorben, sie enthält kein Zytoplasma und keinen Zellkern und ist über durchbrochene Zellwände mit Nachbarzellen verbunden; es handelt sich um Zellen aus dem Leitgewebe einer Pflanze; B = Tierzelle: Die Zelle besitzt keine Zellwand, nur eine Zellmembran, Zytoplasma sowie einen Zellkern. An einer Seite besitzt die Zelle viele feine Ausstülpungen; es handelt sich um die Zelle aus dem Dünndarmepithel. C = Pflanzenzelle: Die Zelle besitzt Zellwand und Vakuole; auf einer Seite hat die Zelle eine Ausstülpung; es ist eine Wurzelhaarzelle dargestellt. D = Pflanzenzelle: Die Zelle besitzt eine Zellwand und einen Zellkern. In der Zelle befinden sich viele Stärkekörner; es handelt sich um eine pflanzliche Speicherzelle.

d A – b) Stofftransport (Leitgewebszelle transportiert Wasser und Mineralstoffe); B – b) Stofftransport (Epithelzelle des Dünndarms transportiert Nährstoffe ins Blut); C – a) Aufnahme von Stoffen (Wurzelhaarzelle nimmt Wasser und Mineralstoffe auf), D – c) Speicherung von Stoffen (Speicherung von Stärke in Form von Stärkekörnern)

2 a

Aufstellen des Mikroskops
↓
Anschließen des Mikroskops an die Stromversorgung und Regulieren der Beleuchtungsstärke
↓
Objekttisch mit Grobtrieb ganz nach unten drehen
↓
Drehen des Objektivrevolvers, sodass Objektiv mit der geringsten Vergrößerung über dem Objekttisch steht
↓
Auflegen und ggf. Einspannen des Objektträgers mit Objekt
↓
Verschieben des Objektträgers, sodass das Objekt im Lichtstrahl liegt
↓
Hochdrehen des Objekttisches bei gleichzeitigem Beobachten von der Seite
↓
Schauen durch das Okular und gleichzeitiges Betätigen des Grobtriebs, wobei der Objekttisch langsam nach unten gedreht wird, bis das Bild erscheint
↓
Scharfstellen des Bildes mit dem Feintrieb sowie Einstellen von Helligkeit und Kontrast mit der Blende

b 1 = Okular (Vergrößerung), 2 = Tubus (enthält Okular), 3 = Objektivrevolver (an ihm sind die Objektive drehbar befestigt), 4 = Stativ (Transport), 5 = Objektiv (Vergrößerung), 6 = Objekttisch (zum Auflegen des Objektträgers), 7 = Halteklammer (Befestigen des Objektträgers), 8 = Kondensor (Fokussieren des Lichts), 9 = Blende (Regelung des Kontrasts), 10 = Feintrieb (Scharfstellen des Bildes), 11 = Grobtrieb (Scharfstellen des Bildes), 12 = Mikroskopleuchte (Beleuchtung), 13 = Stativfuß (Stand, Transport)

c Zur Abschätzung der Größe eines Objekts berechnet man den Gesichtsfelddurchmesser (= Durchmesser des durch das Mikroskop gesehenen Bereichs). Er entspricht dem Quotienten aus der Sehfeldzahl des Okulars und der Vergrößerung des Objektivs. Hat das Okular zum Beispiel eine Sehfeldzahl von 20 mm und man verwendet ein 20-fach vergrößerndes Objektiv, ergibt sich ein Gesichtsfelddurchmesser von 20 mm geteilt durch 20, also gleich 1 mm. Nimmt zum Beispiel das Objekt etwa die Hälfte des Gesichtsfelds ein, ist es demnach circa 0,5 mm groß.

d Dazu zerteilt man zunächst eine Zwiebel und löst eine einzelne Schuppe heraus. Auf der Innenseite der Schuppe ritzt man mit einem Skalpell ein etwa 5 mm großes Quadrat in die Schuppe. Mit einer spitzen Pinzette kann man anschließend ein Stückchen der Epidermis, ein dünnes Häutchen, abziehen. Dieses gibt man in einen Wassertropfen auf den Objektträger und legt vorsichtig ein Deckglas auf.

e

Lichtmikroskop	Elektronenmikroskop (TEM)
Lichtstrahlen werden durch das Objekt geleitet.	Elektronenstrahlen werden durch das Objekt geleitet.
Glaslinsen brechen das Licht.	Elektromagnetische Felder lenken den Elektronenstrahl.
liefert farbiges Bild	liefert Schwarz-Weiß-Bild
Auflösungsvermögen bis 200 nm	Auflösungsvermögen bis 0,1 nm
Bild wird direkt durch das Mikroskop betrachtet.	Bild wird auf einem Leuchtschirm oder Monitor betrachtet.

3 a Im Lichtmikroskop gesehene Zellbestandteile: Zellwand, Zytoplasma, Vakuole, Zellkern, Chloroplasten (Mitochondrien); im elektronenmikroskopischen Bild zusätzlich zu erkennende Zellbestandteile: endoplasmatisches Retikulum (raues und glattes ER), Ribosomen, Mitochondrien (mit doppelter Membran sowie Einfaltungen), Thylakoide und Stärkekörner in den Chloroplasten, Golgi-Apparat (Dictyosom) und Vesikel

b Enzyme werden wie andere Proteine durch die Proteinbiosynthese gebildet. Die Erbinformation für das Protein auf der DNA im Zellkern wird durch mRNA-Moleküle ins Zytoplasma transportiert und an den Ribosomen des rauen ER wird das Protein zusammengebaut. Anschließend werden die gebildeten Proteine direkt in das Kanalsystem des rauen ER abgegeben. Sie werden weitertransportiert und über Vesikel an benachbarte Dictyosomen übertragen. Hier werden die Verdauungsenzyme funktionsfähig gemacht und in Golgi-Vesikel verpackt. Diese gelangen an die Zellmembran, mit der sie verschmelzen. So werden die Enzyme nach außen abgegeben.

c Das endoplasmatische Retikulum besteht aus einem Netzwerk aus taschenförmigen Kammern und Kanälen, das von einer einfachen Membran umhüllt ist. Vor allem in der Nähe des Zellkerns ist es häufig mit Ribosomen besetzt. Die Nähe zum Zellkern ist wichtig für die Funktion der Proteinbiosynthese, da für diese die mRNA aus dem Zellkern zum ER gelangen muss. Die eigentlichen Orte der Proteinbiosynthese, die Ribosomen, sitzen dicht am ER an. Proteine, die am Ribosom entstehen, können so direkt ins Innere des ER gelangen. Verdauungsenzyme können in Vesikeln durch das umfangreiche Kanalsystem des ER bis in die Nähe des Golgi-Apparats transportiert werden. Vesikel mit Verdauungsenzymen können schließlich von der ER-Membran abgeschnürt werden.

d Als Kompartimentierung wird die Untergliederung in verschiedene Räume, die Kompartimente, bezeichnet. So sind einige Zellorganellen von Membranen umgeben und bilden dadurch eigene Räume innerhalb der Zelle. In diesen Räumen können jeweils getrennte Stoffwechselvorgänge ablaufen, beispielsweise die Fotosynthese in den Chloroplasten und die Zellatmung in den Mitochondrien einer Pflanzenzelle.

4 a Prokaryoten: Darmbakterium *(Escherichia coli)*, Cyanobakerien; Eukaryoten: Augentierchen (*Euglena*, Einzeller), Regenwurm

b Links ist eine Pflanzenzelle dargestellt = eukaryotische Zelle, rechts ist eine Bakterienzelle zu sehen = prokaryotische Zelle.

c Im Zellkern ist die Erbinformation eines Organismus enthalten, die DNA. Durch sie werden alle Stoffwechselvorgänge in der Zelle gesteuert. Bei Prokaryoten liegt die Erbinformation frei im Zytoplasma vor und kann dort ebenfalls abgelesen werden und die Vorgänge in der Zelle steuern.

d 1 = Chloroplast, 2 = Vakuole, 3 = Dictyosom, 4 = Zytoplasma, 5 = Ribosomen, 6 = Vakuole, 7 = Zellwand, 8 = Zellmembran, 9 = Zellkern, 10 = Mitochondrium, 11 = Geißel, 12 = Pilus, 13 = Zytoplasma, 14 = Plasmide, 15 = Zellmembran, 16 = Zellwand, 17 = Kapsel

e

Bakterienzelle	Tierzelle
besitzen jeweils Zellmembran, Zytoplasma, Ribosomen, DNA als Erbinformation.	
Zellwand und Kapsel vorhanden	keine Zellwand, keine Kapsel vorhanden
Erbinformation frei im Zytoplasma	Erbinformation im Zellkern
Mitochondrien, Golgi-Apparat, ER vorhanden	Mitochondrien, Golgi-Apparat, ER nicht vorhanden

5 a In A ist die Vakuole groß und enthält viel Wasser. Zellmembran und Zytoplasma liegen der Zellwand an. In B ist die Vakuole verkleinert und enthält nur noch wenig Wasser. Die Zellmembran und das Zytoplasma haben sich von der Zellwand gelöst.

b Ist eine die Zelle umgebende Lösung hypertonisch, hat sie also eine höhere Konzentration an gelösten Salzteilchen als das Zellinnere, wird ein Konzentrationsausgleich angestrebt. Die Vakuole verliert Wasser, es tritt aus den Zellen aus. Die Vakuole und der Zellinhalt schrumpfen. Da sich dabei das Zytoplasma von der Zellwand ablöst, nennt man diesen Vorgang Plasmolyse (Bild B).
Überführt man die Zelle in eine hypotonische Lösung, findet der umgekehrte Prozess statt: Wasser gelangt vermehrt in die Zelle. Das Zytoplasma und die Vakuole dehnen sich dadurch wieder aus und nehmen ihre ursprüngliche Form an (Bild A). Diesen Vorgang nennt man Deplasmolyse.

c Ist die umgebende Lösung hypertonisch, hat sie also eine höhere Konzentration an gelösten Salzteilchen als das Zellinnere, diffundieren Wasserteilchen verstärkt aus der Vakuole und dem Zytoplasma. Sie können leicht durch die Membranen hindurchgelangen. Die gelösten Salzteilchen dagegen können nur die Zellwand passieren, nicht aber die Zellmembran. Dies hat zur Folge, dass das Volumen des Zellinneren abnimmt (Bild B).
Überführt man die Zelle in eine Lösung, die eine geringere Konzentration an Salzteilchen als das Zellinnere hat, also in eine hypotonische Lösung, findet der umgekehrte Prozess statt: Die Wasserteilchen diffundieren nun vermehrt zurück ins Zytoplasma und in die Vakuole. Das Zytoplasma und die Vakuole dehnen sich dadurch wieder aus und nehmen ihre ursprüngliche Form an (Bild A).

Glossar

A

aktive Immunisierung: Schutzimpfung; ▸ Impfung mit Impfstoff, der Antigene für den betreffenden Erreger enthält; führt zur Immunität; wird vorbeugend durchgeführt

Allel: Zustandsform eines Gens, im diploiden Chromosomensatz gibt es in der Regel für jedes ▸ Gen zwei Allele

Ammonium: stickstoffhaltige chemische Verbindung; kann von Knöllchenbakterien und ▸ Archaeen aus Luftstickstoff gebildet, umgewandelt und Pflanzen verfügbar gemacht werden

Anämie: Blutarmut; zu geringe Konzentration von ▸ Hämoglobin im Blut

anorganische Stoffe: chemische Elemente und Verbindungen, die keinen Kohlenstoff enthalten

Antibiotikum (Plural: Antibiotika): Wirkstoff, der ▸ Bakterien hemmt oder abtötet

Antigen: körperfremder Stoff oder Teil eines Erregers, der vom Immunsystem erkannt wird und die ▸ spezifische Immunabwehr aktiviert

Antikörper: von weißen Blutzellen (▸ Plasmazellen) gebildete Proteine, die spezifisch an Antigene binden

Archaeen (Archaea, Singular: Archaeon, früher Archaebakterien): einzellige Prokaryoten. Einige von ihnen können unter extremen Bedingungen wie in heißen Quellen leben.

Atavismus: bei einzelnen Individuen auftretende Merkmale, die schon bei den stammesgeschichtlichen Vorfahren vorhanden waren und im Lauf der Evolution verschwanden

ATP (Adenosintriphosphat): universelles Energieüberträgermolekül in vielen Stoffwechselprozessen der ▸ Zelle

Auslesezüchtung: klassische Züchtungsmethode, bei der Individuen mit den gewünschten Merkmalen zur Fortpflanzung ausgewählt werden. Gewünschte Merkmale werden in den folgenden Generationen immer stärker ausgeprägt.

Autosomen: alle ▸ Chromosomen, die keine ▸ Gonosomen sind. Der Mensch hat 44 Autosomen (22 ▸ homologe Paare).

B

Bacillus thuringiensis (Bt): in Böden, Pflanzen und Insekten lebendes Bakterium, das Gifte, die Bt-Toxine, bildet und zur biologischen Schädlingsbekämpfung eingesetzt wird. Das für die Giftproduktion verantwortliche Gen wurde in ▸ transgenem Mais verwendet, um diesen resistent gegen den Schädling Maiszünsler zu machen.

Bakterien (Singular: Bakterium): Gruppe der ▸ Prokaryoten. Nach der Form ihrer ▸ Zellen unterscheidet man Kokken, Stäbchen, Spirillen und andere.

Basen: Stoffe, die in Wasser gelöst alkalische Losungen bilden. Die Basen Adenin, Thymin, Guanin und Cytosin bilden einen Teil der ▸ DNA.

Bedecktsamer: Samenpflanzen („Blütenpflanzen"), bei denen die Samenanlagen von Fruchtblättern beziehungsweise dem Fruchtknoten vollständig umschlossen sind

Befruchtung: Verschmelzung von männlicher (Spermienzelle) und weiblicher Geschlechtszelle (Eizelle)

Blutserum (Serum): nach Gerinnung und Zentrifugieren des Blutes erhaltener Überstand; enthält alle flüssigen Teile des Blutes (Blutplasma) außer den Gerinnungsfaktoren

C

Chemosynthese: Stoffwechselvorgang in Mikroorganismen, z. B. ▸ Archaeen, bei dem durch Umwandlung chemischer Verbindungen Energie bereitgestellt wird

Chlorophyll: grüner Farbstoff in Pflanzenzellen und ▸ Cyanobakterien; beteiligt an der Fotosynthese

Chloroplast: Zellbestandteil (Zellorganell) pflanzlicher ▸ Zellen, in dem die ▸ Fotosynthese stattfindet

Cholera: bakterielle ▸ Infektionskrankheit, ausgelöst durch den Erreger *Vibrio cholerae*

Chromatid: Teil der ▸ Chromosomen, besteht aus ▸ Chromatin

Chromatin: Form der Erbinformation im ▸ Zellkern; lange und dünne Fäden aus ▸ DNA und Proteinen

Chromosom: Träger der Erbinformation; je nach Zellzyklus-Phase bestehend aus ein oder zwei identischen ▸ Chromatiden, die am Zentromer zusammenhängen

Chromosomensatz: Gesamtheit der ▸ Chromosomen eines Zellkerns. Man unterscheidet zwischen ▸ haploidem und ▸ diploidem Chromosomensatz.

CRISPR/Cas-Methode: molekularbiologische Methode, mit der ▸ DNA gezielt an bestimmten Stellen geschnitten und verändert werden kann

Cyanobakterien: produzieren als einzige ▸ Bakterien Sauerstoff durch Fotosynthese; früher auch Blaualgen genannt

D

Destruenten: Zersetzer; Lebewesen, die sich von toten Organismen ernähren, wobei diese zerkleinert oder vollständig zu ▸ anorganischen Stoffen abgebaut werden

Differenzierung: Zelldifferenzierung; Vorgang, bei dem sich ▸ Zellen unterschiedlich entwickeln; geht meist mit einer Spezialisierung der Zellen einher

Diffusion: eigenständiges Durchmischen zweier Stoffe aufgrund der Teilchenbewegung (Brown'sche Bewegung)

dihybrider Erbgang: Erbgang, bei dem zwei Merkmale betrachtet werden

diploid: doppelter Chromosomensatz (2*n*), bei dem die ▸ Chromosomen in ▸ homologen Paaren vorliegen

DNA (engl. *deoxyribonucleic acid*)**:** Desoxyribonukleinsäure; doppelsträngiges, fadenförmiges Molekül, bestehend aus ▸ Nukleotiden mit Desoxyribose, Phosphatresten und ▸ Basen. In ihm ist die Erbinformation eines Lebewesens verschlüsselt.

dominant: ▸ Allel, das sich gegenüber anderen Allelen eines ▸ Gens phänotypisch durchsetzt

Down-Syndrom: ▸ Trisomie 21; Chromosomenanomalie; ▸ Genommutation, bei dem das ▸ Chromosom 21 dreifach in den Körperzellen vorliegt

E

energetische Kopplung: Stoffwechselreaktionen in ▸ Zellen, bei denen Energie bereitstellende Reaktionen, oft unter Beteiligung von ▸ ATP, mit Energie benötigenden Reaktionen gekoppelt sind und diese so ermöglichen

Entzündung: lokal begrenzte Reaktion der ▸ unspezifischen Abwehr auf körperfremde Stoffe, Reize oder Erreger; typischerweise verbunden mit Rötung, Schwellung, Wärme und Schmerz

Enzym: Biokatalysator; Protein, das Stoffwechselreaktionen katalysiert, also beschleunigt

Epidemie: örtlich und zeitliche begrenztes, gehäuftes Auftreten einer Krankheit

Erbkrankheit: genetisch bedingte Krankheit; durch eine oder mehrere Mutationen verursacht, die von Generation zu Generation weitergegeben werden

Erythrocyten: rote Blutzellen; enthalten ▸ Hämoglobin und transportieren Atemgase, vor allem Sauerstoff; besitzen keinen Zellkern

Eukaryoten: Lebewesen mit Zellkern

Evolution: Veränderung der Lebewesen im Laufe der Erdgeschichte

Exozytose: Stofftransport aus der ▸ Zelle, wobei die Membran eines Vesikels mit der Zellmembran verschmilzt

F

Filialgeneration (F-Generation)**:** Tochtergeneration

Fitness: Häufigkeit, mit der Erbanlagen an die nächste Generation weitergegeben werden; Maß für die Angepasstheit eines Individuums an seine Umwelt

Fixieren: Präparationsmethode; Prozess zur Haltbarmachung von biologischen und medizinischen Präparaten

Fossilien: Lebensspuren aus früheren erdgeschichtlichen Zeiten wie Reste von Lebewesen oder Abdrücke

Fotosynthese: Stoffwechselprozess, bei dem Pflanzen unter Nutzung der Energie des Lichts aus Kohlenstoffdioxid und Wasser Glucose herstellen, wobei Sauerstoff entsteht

Fresszellen: ▸ weiße Blutzellen, Bestandteile der ▸ unspezifischen und ▸ spezifischen Immunabwehr; machen Fremdkörper und infizierte Körperzellen durch Aufnahme ins Zellinnere unschädlich und aktivieren weitere Abwehrzellen

G

Gedächtniszellen: bei ▸ Infektion oder ▸ aktiver Immunisierung gebildete, langlebige ▸ weiße Blutzellen; lösen bei erneuter Infektion mit demselben Erreger eine schnelle Immunantwort aus

Gen: kleinste informationstragende Einheit oder Abschnitt auf der ▸ DNA, der die Erbinformation für die Ausprägung eines Merkmals trägt

genetischer Code: Art und Weise, mit der die Basensequenz der ▸ RNA, nachdem diese von der ▸ DNA kopiert wurde, in die Aminosäuresequenz eines Proteins übersetzt wird; identisch bei allen bekannten Lebewesen

Genmutation: ▸ Mutation, bei der die Basenabfolge innerhalb eines Gens verändert ist

Genom: Gesamtheit der Gene einer ▸ Zelle

Genommutation: ▸ Mutation, bei dem die Chromosomenzahl verändert ist

Genotyp: Gesamtheit aller Gene eines Organismus; auch: bestimmte Paare von ▸ Allelen an Genorten ▸ homologer Chromosomen

Gentechnik: Verfahren, die auf Kenntnisse der Genetik und ▸ Molekularbiologie beruhen, mit denen das ▸ Genom von Lebewesen durch gezielte Eingriffe verändert wird

Gonosomen: Geschlechtschromosomen; bestimmen als Chromosomenpaar das Geschlecht; beim Menschen X- und Y-Chromosom

H

Hämoglobin: roter Blutfarbstoff in den roten Blutzellen, der Sauerstoff bindet und im Blut transportiert

haploid: einfacher Chromosomensatz (*n*), bei dem jedes ▸ Chromosom nur einmal vorhanden ist

Herdenimmunität: Schutz einer Population von Menschen vor einer ▸ Infektionskrankheit dadurch, dass ein meist hoher Prozentsatz der ▸ Population immun ist und damit auch Individuen schützt, die nicht immun sind

Heterosiseffekt: hohe Leistungsfähigkeit von ▸ heterozygoten Nachkommen (Hybriden) zweier unterschiedlicher reinerbiger Eltern; wird bei der Züchtung von Pflanzensorten und Tieren genutzt

heterozygot: mischerbig; ▸ Zellen oder Organismen, die verschiedene ▸ Allele eines ▸ Gens tragen

Homogenat: Zellaufschluss; entsteht durch Zerreiben oder Zentrifugieren von zellulären Strukturen; wird zur Untersuchung der Funktionen von ▸ Zellorganellen verwendet

homologe Chromosomen: Im ▸ diploiden Chromosomensatz liegen die ▸ Autosomen als homologe, das heißt in Form und Größe gleich aussehende Chromosomen vor.
Homologie: Übereinstimmung im Bau von Organen oder Strukturen aufgrund des gemeinsamen evolutionären Ursprungs
homozygot: reinerbig; ▸ Zellen oder Organismen, die identische ▸ Allele eines ▸ Gens tragen
Hybridzüchtung: Züchtungsmethode, bei der man den ▸ Heterosiseffekt ausnutzt

I

Immunität: Fähigkeit zur ▸ spezifischen Abwehr von Krankheitserregern durch spezifische ▸ Gedächtniszellen
Immunsystem: alle an der körpereigenen Abwehr beteiligten Organe und ▸ Zellen
Impfung: künstlich hergestellte ▸ Immunität gegenüber einem Krankheitserreger durch ▸ aktive Immunisierung oder Zufuhr von ▸ Antikörpern (▸ passive Immunisierung)
Infektion: Eindringen von Krankheitserregern in einen Organismus
Infektionskrankheiten: Krankheiten, die durch Krankheitserreger ausgelöst werden; meist ansteckend
Inkubationszeit: Zeitraum zwischen der ▸ Infektion und den ersten Symptomen einer ▸ Infektionskrankheit
Insulin: Hormon, das in der Bauchspeicheldrüse gebildet wird und die Senkung des ▸ Blutzuckerspiegels bewirkt
intermediär: Erbgang, bei dem heterozygote Individuen bezüglich des betrachteten Allels im Phänotyp zwischen den reinerbigen Individuen liegen
Interphase: Abschnitt des Zellzyklus, der zwischen zwei ▸ Mitosen liegt: In dieser Phase finden das Zellwachstum, die meisten Stoffwechselprozesse und Verdopplung der ▸ Chromatiden statt.

K

Karyogramm: bildliche Darstellung des ▸ Chromosomensatzes einer ▸ Zelle
Killerzellen: ▸ weiße Blutzellen; Teil der ▸ spezifischen Immunabwehr; erkennen infizierte Körperzellen und lösen deren Zerstörung aus
kodominant: Vererbung, bei der beide ▸ Allele vollständig zur Ausprägung kommen
Kohlenstoffdioxid: farb- und geruchloses Gas; Luftbestandteil; gasförmiger Ausgangsstoff der ▸ Fotosynthese; entsteht bei der ▸ Zellatmung
Kompartimente: voneinander abgegrenzte Reaktionsräume in ▸ Zellen, in denen unterschiedliche Stoffwechselvorgänge ablaufen können
Konvergenz: Ähnlichkeit von Strukturen oder Organen unterschiedlicher Lebewesen, die als Angepasstheit an gleiche oder ähnliche Funktionen, aber jeweils stammesgeschichtlich unabhängig entstanden sind

L

Larve: Zwischenform in der Entwicklung vom Ei zum Erwachsenenstadium; bei Tieren mit Metamorphose wie Insekten und Amphibien
Lymphsystem: Teil des ▸ Immunsystems; umfasst die Lymphgefäße mit der Lymphflüssigkeit (Lymphe) und die lymphatischen Organe wie Knochenmark, Milz, Thymus, Mandeln und Lymphknoten

M

Meiose: Reifeteilung; Zellkernteilung, die bei der Bildung von Geschlechtszellen den Chromosomensatz der Vorläuferzellen vom ▸ diploiden auf den ▸ haploiden Satz reduziert
Mimikry: Nachahmung der Gestalt oder Musterung von anderen Arten; damit sind Vorteile für die nachahmende Art verbunden wie Abschreckung von Fressfeinden
Mitochondrien (Singular: Mitochondrium)**:** Zellorganellen in Tier- und Pflanzenzellen. In ihnen findet die ▸ Zellatmung statt, durch die Energie bereitgestellt wird.
Mitose: Zellkernteilung, bei der aus einer Körperzelle zwei erbgleiche Tochterzellen entstehen
Modifikation: Merkmalsveränderung, die durch Umwelteinflüsse hervorgerufen wird
Molekularbiologie: Forschungsgebiet der Biologie, das sich mit der Struktur und Funktion biologischer Moleküle beschäftigt, z. B. der ▸ DNA und ▸ RNA sowie Proteinen
monohybrider Erbgang: Erbgang, bei dem ein Merkmal betrachtet wird
multiple Allelie: Vorliegen von mehr als zwei ▸ Allelen eines ▸ Gens
Mutation: zufällig auftretende Veränderung der Erbinformation; neben der ▸ Rekombination eine wichtige Ursache für die ▸ Variabilität von Lebewesen

N

Nacktsamer: Samenpflanzen, bei denen die Samenanlagen nicht in einen Fruchtknoten eingeschlossen sind, sondern frei zugänglich auf Schuppen liegen
Nukleotide: Grundbausteine der ▸ DNA und ▸ RNA, die sich aus Zucker, Phosphatrest und Base zusammensetzen

O

Osmose: gerichteter Durchtritt eines Lösungsmittels durch eine selektiv permeable oder semipermeable Membran. Diese ist für das Lösungsmittel wie Wasser durchlässig, aber nicht für gelöste Teilchen.

P

Paläontologie: Wissenschaft, die sich mit der Erforschung von ▸ Fossilien beschäftigt
Pandemie: weltweite, zeitlich begrenzte starke Verbreitung einer ▸ Infektionskrankheit

Parasit: Lebewesen, das in oder auf einem anderen Lebewesen, dem ▶ Wirt, lebt und diesen schädigt

Parentalgeneration (P-Generation)**:** Elterngeneration

passive Immunisierung: ▶ Impfung bei einer akuten Erkrankung mit spezifischem Heilserum, ohne dass ein dauerhafter Impfschutz besteht

PCR (engl. *Polymerase Chain Reaction*)**:** Polymerase-Kettenreaktion, Standardlaborverfahren zur Vervielfältigung von Erbmaterial

Phänotyp: Summe aller Merkmale eines Organismus oder sichtbare Ausprägung eines Merkmals; äußeres Erscheinungsbild, das durch den ▶ Genotyp und Umwelteinflüsse geprägt wird

Plasmid: ringförmige ▶ DNA, die neben dem Bakterienchromosom in einigen ▶ Bakterien und ▶ Archaeen vorkommt

polyploid: mehr als der ▶ diploide Chromosomensatz liegt in der ▶ Zelle vor

Population: Gesamtheit der Individuen einer ▶ Art, die zur gleichen Zeit in einem begrenzten Gebiet leben

pränatale Diagnostik: vorgeburtliche Untersuchungen und Untersuchungsmethoden zur Früherkennung von Krankheiten beim Ungeborenen

Prokaryoten: Lebewesen ohne ▶ Zellkern, z. B. ▶ Bakterien und ▶ Archaeen

Proteinbiosynthese: Neubildung von Proteinen in ▶ Zellen nach Vorgabe der Erbinformation

R

Rekombination: Neukombination der ▶ Gene bei der Bildung der Geschlechtszellen in der ▶ Meiose; wichtigste Ursache für die ▶ Variabilität

Reproduktion: Fortpflanzung; man unterscheidet geschlechtliche und ungeschlechtliche Fortpflanzung

Rezeptor: Bindungsstelle von ▶ Zellen, die aufgrund ihrer Struktur spezifisch für einen bestimmten Stoff ist

rezessiv: ▶ Allel, das gegenüber dem anderen Allel zurücktritt und im ▶ heterozygoten Organismus nicht zur Merkmalsausprägung führt

RNA *(ribonucleic acid)***:** einsträngiges Molekül aus ▶ Nukleotiden mit Ribose, Phosphatresten und ▶ Basen; kopiert die Erbinformation der ▶ DNA für die ▶ Proteinbiosynthese

Rudiment: im Verlauf der Stammesentwicklung funktionslos gewordenes Merkmal; bei allen Individuen ausgeprägt

S

Selektion: natürliche Auslese; unterschiedlich erfolgreiche Fortpflanzung von Individuen aufgrund unterschiedlich guter Angepasstheit

spezifische Abwehr: im Lauf des Lebens erworbenes, körpereigenes Abwehrsystem. Krankheitserreger, die dem ▶ Immunsystem unbekannt sind, führen zur Bildung von ▶ Antikörpern und zur ▶ Immunität

Stammbaum: stellt die Abstammung und Verwandtschaft von Lebewesen untereinander dar. In der Genetik dienen Stammbäume dazu, die Weitergabe bestimmter Merkmale in Familien nachzuverfolgen.

Symptom: Anzeichen, mit dem eine Erkrankung in Erscheinung tritt

T

transgener Organismus: Lebewesen, das gentechnisch verändert wurde und in das dabei artfremde Gene eingeschleust wurden

Trisomie: dreifaches Vorkommen eines ▶ Chromosoms im Chromosomensatz (▶ Genommutation)

U

unspezifische Abwehr: angeborenes, körpereigenes Abwehrsystem. Erreger werden sofort von ▶ Fresszellen beseitigt.

V

Variabilität: Unterschiedlichkeit der Individuen einer ▶ Art innerhalb einer ▶ Population; begründet durch unterschiedliche ▶ Allele oder ▶ Modifikation

Vererbung: Weitergabe von Erbinformationen (▶ Gene) von der Elterngeneration zu den Nachkommen

Viren (Singular: Virus)**:** bestehen aus einer die Erbinformation umgebenden Hülle; ohne eigenen Stoffwechsel; Vermehrung mithilfe von ▶ Wirtszellen; keine Lebewesen

W

weiße Blutzellen: Leukozyten; ▶ Zellen unterschiedlicher Gestalt mit ▶ Zellkern. Sie sind Teil des ▶ Immunsystems.

Wirt: Lebewesen, auf oder in dem ein ▶ Parasit lebt und das von ihm geschädigt wird

Wirtszelle: lebende ▶ Zelle, die von einem ▶ Virus, ▶ Bakterium oder ▶ Parasiten befallen werden kann und in der dieser Erreger oder Parasit sich vermehrt

Z

Zellatmung: Stoffwechselreaktion, bei der energiereiche Stoffe mithilfe von Sauerstoff zu Kohlenstoffdioxid und Wasser abgebaut werden. Dabei wird Energie bereitgestellt. Die Zellatmung findet in den ▶ Mitochondrien statt.

Zelle: Grundeinheit aller Lebewesen; kann mit dem Lichtmikroskop sichtbar gemacht werden. Sie besteht aus verschiedenen ▶ Zellorganellen.

Zellkern: Zellorganell; enthält die Erbinformation; steuert die Stoffwechselvorgänge der ▶ Zelle

Zellorganellen: abgrenzbare Bereiche einer Zelle (▶ Kompartimente) mit spezifischer Funktion, z. B. ▶ Mitochondrien, ▶ Chloroplasten

Zygote: befruchtete Eizelle

Register

Bildquellenverzeichnis

Cover: stock.adobe.com/schankz **3/o. l.:** stock.adobe.com/schankz **3/o. r.:** stock.adobe.com/Panupong **4/o. l.:** stock.adobe.com/Axel Kock **4/o. r.:** Shutterstock.com/WAYHOME studio **5:** Shutterstock.com/3d_man **6/Seite oben:** stock.adobe.com/Panupong **6/mittlere Seite:** o. l.: bpk/Museum für Naturkunde Berlin/Carola Radke, u. l.: Cornelsen/Tom Menzel **6/Seite unten links:** Cornelsen/Tom Menzel, bearbeitet durch newVISION GmbH, Bernhard A. Peter; **6/Seite unten Mitte:** o.: Cornelsen/Tom Menzel, bearbeitet durch Andrea Thiele; u.: Cornelsen/Tom Menzel; **6/Seite unten rechts:** Cornelsen/Tom Menzel, bearbeitet durch newVISION GmbH, Bernhard A. Peter **7/Seite oben + mittlere Seite:** alle: Cornelsen/Tom Menzel, bearbeitet durch newVISION GmbH, Bernhard A. Peter **7/Seite unten links:** o.: Shutterstock.com/tonyzhao120, m. l.: Shutterstock.com/Everett Historical **7/Webcode-Seite:** Cornelsen/Inhouse **8/1:** mauritius images/Science Source **8/2:** stock.adobe.com/rost9 **8/3:** mauritius images/Science Photos Library/All mauritius images **8/4:** sciencephotolibrary/Murti, Dr. Gopal **9/5:** Science Photo Library/Porter, K.R. **9/6:** stock.adobe.com/Patrick Daxenbichler **9/7:** stock.adobe.com/phanasitti **9/8:** sciencephotolibrary/DENNIS KUNKEL MICROSCOPY **9/9:** Shutterstock.com/Ole Schoener **9/10:** picture-alliance/OKAPIA/Rene Arnault **10+11:** stock.adobe.com/Panupong **12/1:** mauritius images/Alamy/tbkmedia.de **13/2:** stock.adobe.com/Stokholm **13/3:** Imago Stock & Peoplee/blickwinkel **13/4:** mauritius images/Martin Siepmann **13/5:** sciencephotolibrary/British Antarctic Survey **14/1:** stock.adobe.com/focus finder **14/2:** Cornelsen/Karin Mall, bearbeitet durch newVISION GmbH, Bernhard A. Peter **15/A:** Cornelsen/Andrea Thiele **15/B l.:** Elena Trushkova **15/B r.:** Cornelsen/Tom Menzel, bearbeitet durch Andrea Thiele **16/1:** bpk/Museum für Naturkunde Berlin/Carola Radke **16/2:** Cornelsen/Tom Menzel **17/alle:** Cornelsen/Tom Menzel, bearbeitet durch newVISION GmbH, Bernhard A. Peter **18/1A:** mauritius images/alamy stock photo/Tami Freed **18/1B:** sciencephotolibrary/Scoones, Peter **18/2A:** sciencephotolibrary/Broman, Louise K. **18/2B:** stock.adobe.com/emer **19/A1:** stock.adobe.com/bluehand **19/A2:** dpa Picture-Alliance/OKAPIA/Rene Arnault **19/B1:** Cornelsen/Tom Menzel **19/B2:** Cornelsen/Tom Menzel, bearbeitet durch newVISION GmbH, Bernhard A. Peter **20/1:** ddp images/Picture Press/Minden Pictures/360° CREATIVE/Michael Durham **20/2 A+B:** Cornelsen/Tom Menzel, bearbeitet durch newVISION GmbH, Bernhard A. Peter **21/alle:** Cornelsen/Tom Menzel, bearbeitet durch newVISION GmbH, Bernhard A. Peter **22/1:** mauritius images/Corne van der Linden/nature picture library **22/2:** Cornelsen/Andrea Thiele **23/A o. l.:** stock.adobe.com/santia3 **23/A o. r.:** Imago Stock & People GmbH/blickwinkel **23/A u. l.:** Cornelsen/Tom Menzel, bearbeitet durch newVISION GmbH, Bernhard A. Peter **23/A u. r.:** Cornelsen/Tom Menzel **23/B o.:** Shutterstock.com/Ralf Juergen Kraft **23/B u.:** Cornelsen/Tom Menzel **24/1:** Shutterstock.com/tonyzhao120 **24/2:** Shutterstock.com/Everett Historical **25/3:** Shutterstock.com/Ole Schoener **26/alle:** Cornelsen/Tom Menzel, bearbeitet durch newVISION GmbH, Bernhard A. Peter **27/2:** Cornelsen/Karin Mall, bearbeitet durch Andrea Thiele **27/3A:** stock.adobe.com/phanasitti **27/3B:** mauritius images/Blume Bild **27/3C:** Shutterstock.com/Ger Bosma Photos **27/3D:** Shutterstock.com/Johan van Beilen **28/A:** Cornelsen/Tom Menzel **28/B l.:** Shutterstock.com/Pedro Luna **28/B r.:** Cornelsen/Tom Menzel **29/C:** stock.adobe.com/Xaver Klaußner **29/D alle:** Cornelsen/Tom Menzel bearbeitet durch Angelika Kramer **30:** mauritius images/alamy stock photo/Frank Hecker **31/2:** Cornelsen/Tom Menzel, bearbeitet durch newVISION GmbH, Bernhard A. Peter **31/3 o. l.:** Shutterstock.com/Stubblefield Photography **31/3 o. r.:** mauritius images/alamy stock photo/Art Directors/donna Ikenberry **31/3 u. l.:** stock.adobe.com/dlrz4114 **31/3 u. r.:** mauritius images/alamy stock photo/Philip Mugridge **32:** Cornelsen/Tom Menzel, bearbeitet durch Andrea Thiele **33/A1:** Shutterstock.com/sumikophoto **33/A2:** stock.adobe.com/Martha Marks **33/A3:** Shutterstock.com/Stubblefield Photography **33/B1:** mauritius images/alamy stock photo/phototrip **33/B2:** Shutterstock.com/Marek R. Swadzba **33/B3:** Cornelsen/Tom Menzel **34/1A:** Shutterstock.com/Eric Isselee **34/1B:** Shutterstock.com/Awei **34/1C:** Shutterstock.com/cynoclub **34/1D:** Shutterstock.com/Ekaterina V. Borisova **34/2:** mauritius images/alamy stock photo/Brian Parker **35/3:** Cornelsen/Tom Menzel **36/1:** Cornelsen/Tom Menzel **36/2:** Cornelsen/Angelika Kramer, bearbeitet durch newVISION GmbH, Bernhard A. Peter **37/B:** stock.adobe.com/169169 **37/C1:** Juniors/G. Lacz **37/C2:** Shutterstock.com/Krzysztof Odziomek **38/1:** Shutterstock.com/Guenter Albers **38/2A+B:** Cornelsen/Tom Menzel, bearbeitet durch newVISION GmbH, Bernhard A. Peter **39/3 A:** Cornelsen/Karin Mall, bearbeitet durch Hannes von Goessel **39/3 B:** Cornelsen, Illu Schuppenbaum: akg-images/Science Photo Library, Artwork taken from Mines and Miners L. Simonin 1868; Fossil Schuppenbaum: Science Photo Library/GEORGE BERNARD **39/4 A+B:** mauritius images/alamy stock photo/blickwinkel **40/1:** stock.adobe.com/mates **40/2:** stock.adobe.com/Lina Ciupliene/LifeCollectionPhoto **40/3 alle:** Cornelsen/Tom Menzel, bearbeitet durch newVISION GmbH, Bernhard A. Peter **41/A:** Cornelsen/Tom Menzel, bearbeitet durch newVISION GmbH, Bernhard A. Peter **41/B1:** stock.adobe.com/nixki **41/B2:** mauritius images/Alamy/E.R. Degginger **41/B3:** Cornelsen/Tom Menzel **42/1:** sciencephotolibrary/MSF/JAVIER TRUEBA **43/2A:** Shutterstock.com/Ondrej_Novotny_92 **43/2B:** imago stock&people/blickwinkel **43/2C:** Shutterstock.com/Bernhard Richter **43/2D:** Shutterstock.com/Ari Wid **44/1A:** mauritius images/Alamy/The Natural History Museum **44/1B:** Bridgeman Images/De Agostini Picture Library/A. Dagli Orti **44/2:** Cornelsen/Tom Menzel, bearbeitet durch Andrea Thiele **45/3:** Cornelsen/Karin Mall, bearbeitet durch newVISION GmbH, Bernhard A. Peter **45/4:** akg-images/Science Photo Library **46/A+B:** Cornelsen/Karin Mall, bearbeitet durch Tom Menzel und newVISION GmbH, Bernhard A. Peter **47/C:** Cornelsen/Karin Mall **47/D:** Cornelsen/Karin Mall, bearbeitet durch newVISION GmbH, Bernhard A. Peter **48/1A:** akg-images/E. DAYNES/S. ENTRESSANGLE/SCIENCE PHOTO LIBRARY **48/1B:** sciencephotolibrary/Degginger, E.R. **49/2:** Cornelsen/Karin Mall, bearbeitet durch newVISION GmbH, Bernhard A. Peter **49/3:** Neanderthal Museum, Mettmann **50/1:** Cornelsen/Karin Mall, bearbeitet durch newVISION GmbH, Bernhard A. Peter **51/A:** Cornelsen/Karin Mall, bearbeitet durch newVISION GmbH, Bernhard A. Peter **52/1:** stock.adobe.com/Franz Pfluegl **53/2:** Cornelsen/Tom Menzel, bearbeitet durch newVISION GmbH, Bernhard A. Peter **55/alle** Cornelsen/Tom Menzel, bearbeitet durch newVISION GmbH, Bernhard A. Peter **56/1:** Cornelsen/Andrea Thiele **56/2+3:** Cornelsen/Tom Menzel, bearbeitet durch newVISION GmbH, Bernhard A. Peter **57/4:** Cornelsen/Tom Menzel, bearbeitet durch newVISION GmbH, Bernhard A. Peter **57/5:** Cornelsen/Karin Mall, bearbeitet durch newVISION GmbH, Bernhard A. Peter **58+59:** stock.adobe.com/Axel Kock **60/1:** Bradley Smith, University of Michigan, Ann Arbor, MI **60/2:** Cornelsen/Tom Menzel **61/3A:** sciencephotolibrary/Biophoto Associates **61/3B:** mauritius images/Science Source **61/4–6:** Cornelsen/Tom Menzel **62/1A–E:** Cornelsen/Tom Menzel **63/A, A–C:** sciencephotolibrary/STEVE GSCHMEISSNER **64/1:** sciencephotolibrary/DENNIS KUNKEL MICROSCOPY **65/2:** Cornelsen/Tom Menzel, bearbeitet durch newVISION GmbH, Bernhard A. Peter **66/1:** Cornelsen/Tom Menzel, bearbeitet durch newVISION GmbH, Bernhard A. Peter **67/A+B:** Cornelsen/Tom Menzel **68/1:** Shutterstock.com/wavebreakmedia **69/2:** Cornelsen/Tom Menzel **69/3:** stock.adobe.com/pictworks **70/1:** stock.adobe.com/Liubov Levytska **71/2:** Cornelsen/Tom Menzel, bearbeitet durch newVISION GmbH, Bernhard A. Peter **71/3:** Cornelsen/Tom Menzel **72/A1+A2:** Schiek, Dr. Ulrike **72/B, A:** Shutterstock.com/tomisframes **72/B, B:** Shutterstock.com/Prostock-studio **72/B, C+D:** Cornelsen/Tom Menzel **73/D1:** Cornelsen/Tom Menzel **74/1:** akg-images/Science Photo Library **75/2:** Cornelsen/Tom Menzel, bearbeitet durch newVISION GmbH, Bernhard A. Peter **76/1+2:** Cornelsen/Tom Menzel **77/A1:** Cornelsen/Tom Menzel **78+79:** Cornelsen/Tom Menzel, bearbeitet durch newVISION GmbH, Bernhard A. Peter **80/1A:** akg-images **80/1B:** sciencephotolibrary/BOB GIBBONS **80/2 A+B:** Cornelsen/Tom Menzel **81/3 A+B:** Cornelsen/Tom Menzel, bearbeitet von NewVision GmbH, Bernhard A. Peter, Pattensen **82/4+5:** Cornelsen/Tom Menzel,bearbeitet durch newVISION GmbH, Bernhard A. Peter **83/A l.:** Shutterstock.com/greatstockimages **83/A r.:** Shutterstock.com/Eric Isselee **83/B:** Cornelsen/Volker Minkus **84/1:** mauritius images/alamy stock photo/Martin Shields **85/2+3:** Cornelsen/Tom Menzel **86/1 l.:** Shutterstock.com/Melissa Tate **86/1 m.:** Shutterstock.com/Matee Nuserm **86/1 r.:** Shutterstock.com/KanphotoSS **86/2:** Cornelsen/Tom Menzel, bearbeitet durch newVISION GmbH, Bernhard A. Peter **87/A l.:** stock.adobe.com/Wolfgang Jargstorff **87/A r.:** stock.adobe.com/cameron1983 **87/B:** Cornelsen/Tom Menzel **87/C1:** mauritius images/Udo Bernhart **87/C2:** Cornelsen/Tom Menzel, bearbeitet durch newVISION GmbH, Bernhard A. Peter **88/D:** Cornelsen/Tom Menzel **88/E:** Cornelsen/Karin Mall, bearbeitet durch newVISION GmbH, Bernhard A. Peter **89/F:** Cornelsen/Karin Mall **89/G:** Cornelsen/Tom

Menzel, bearbeitet durch newVISION GmbH, Bernhard A. Peter **90 + 91/alle:** Cornelsen/Tom Menzel, bearbeitet von NewVision GmbH, Bernhard A. Peter, Pattensen **92/1:** Shutterstock.com/AnnaStills **93/2:** Cornelsen/Tom Menzel, bearbeitet durch newVISION GmbH, Bernhard A. Peter **94/1+2:** Cornelsen/Tom Menzel **95/B+C:** Cornelsen/Tom Menzel, bearbeitet durch newVISION GmbH, Bernhard A. Peter **96/1:** Cornelsen/Volker Minkus **97/2:** Cornelsen/Tom Menzel, bearbeitet durch newVISION GmbH, Bernhard A. Peter **97/3:** Cornelsen/Tom Menzel **98 + 99/alle:** Cornelsen/Tom Menzel, bearbeitet durch newVISION GmbH, Bernhard A. Peter **100/1:** sciencephotolibrary/Biophoto Associates **101/2:** Cornelsen/Tom Menzel **102/1:** Shutterstock.com/IgorMitrovic88 **102/2:** Cornelsen/Tom Menzel, bearbeitet durch newVISION GmbH, Bernhard A. Peter **103/A+C:** Cornelsen/Tom Menzel, bearbeitet durch newVISION GmbH, Bernhard A. Peter **103/B:** Cornelsen/Tom Menzel **104/1:** mauritius images/Winfried Schäfer **104/2A:** stock.adobe.com/Lj/Uwe Lütjohann **104/2B:** stock.adobe.com/fineart-collection **105/3A:** stock.adobe.com/sunset man **105/3B:** Shutterstock.com/Pavlo Baliukh **105/3C:** Cornelsen/Karin Mall **106/1:** Cornelsen/Tom Menzel, bearbeitet durch Andrea Thiele **107/A1:** Cornelsen/Tom Menzel **107/B1:** Shutterstock.com/nnattalli **107/B2:** Shutterstock.com/Mirko Graul **107/B3:** Cornelsen/ newVISION GmbH, Bernhard A. Peter **108/1:** stock.adobe.com/borzywoj **109/2:** Cornelsen/Tom Menzel, bearbeitet durch newVISION GmbH, Bernhard A. Peter **110/1A:** mauritius images/foodcollection **110/1B:** mauritius images/Pitopia **110/1C:** interfoto e.k./FLPA/Nigel Cattlin **111/2:** Cornelsen/Karin Mall, bearbeitet durch newVISION GmbH, Bernhard A. Peter **112/1:** Cornelsen/newVISION GmbH, Bernhard A. Peter **113/2:** Cornelsen/newVISION GmbH, Bernhard A. Peter **114/A:** Cornelsen/newVISION GmbH, Bernhard A. Peter **115/1:** Cornelsen/newVISION GmbH, Bernhard A. Peter **117/alle:** Cornelsen/Tom Menzel, bearbeitet durch newVISION GmbH, Bernhard A. Peter **118/1+2:** Cornelsen/Tom Menzel, bearbeitet durch newVISION GmbH, Bernhard A. Peter **120+121:** Shutterstock.com/WAYHOME studio **122/1:** mauritius images/alamy stock photo/Wayne HUTCHINSON **123/2A:** Agentur Focus/Gelderblom/eye of science **123/2B:** Cornelsen/Tom Menzel **123/3:** Science Photo Library/SCIENCE PHOTO LIBRARY **123/4:** mauritius images/alamy stock photo **123/5:** Science Photo Library/AMI IMAGES **124/1:** Bridgeman Images/Universal History Archive/UIG **124/2:** mauritius images/Phototake **125/A:** Cornelsen/Tom Menzel, bearbeitet durch newVISION GmbH, Bernhard A. Peter **125/B l.:** sciencephotolibrary/Public Health England/Dowsett, A. **125/B m.:** sciencephotolibrary/CDC **125/B r.:** sciencephotolibrary/NATIONAL INSTITUTES OF HEALTH **126/1A:** mauritius images/BSIP/CDC **126/1B:** mauritius images/Science Source **126/2:** Cornelsen/Tom Menzel, bearbeitet durch newVISION GmbH, Bernhard A. Peter **127/3:** Cornelsen/Tom Menzel, bearbeitet durch newVISION GmbH, Bernhard A. Peter **127/m.:** Shutterstock.com/Stacy Barnett **127/u.:** sciencephotolibrary/DR P. MARAZZI **128/1:** dpa Picture-Alliance/Everett Collection/James Gathany **129/2A:** Shutterstock.com/Pingpoy **129/2B:** Cornelsen/Tom Menzel, bearbeitet durch newVISION GmbH, Bernhard A. Peter **129/3A:** sciencephotolibrary/ERIC GRAVE **129/3B:** sciencephotolibrary/STEVE GSCHMEISSNER **130/1A+B:** Cornelsen/Tom Menzel **130/2A:** mauritius images/alamy stock photo **130/2B:** stock.adobe.com/Cosmin Manci **130/2C:** mauritius images/Andre Skonieczny **131/A+B:** Cornelsen/Tom Menzel **132/1:** mauritius images/Stephanie Böhlhoff **132/2:** sciencephotolibrary/JUERGEN BERGER **133/3:** Cornelsen/Tom Menzel **133/4:** Cornelsen/Tom Menzel, bearbeitet durch newVISION GmbH, Bernhard A. Peter **134 + 135/alle:** Cornelsen/Tom Menzel, bearbeitet von newVision GmbH, Bernhard A. Peter, Pattensen **136/1:** sciencephotolibrary/ SCIENCE PHOTO LIBRARY **137/2:** Cornelsen/Tom Menzel, bearbeitet durch newVISION GmbH, Bernhard A. Peter **138/1+2:** Cornelsen/Tom Menzel, bearbeitet durch newVISION GmbH, Bernhard A. Peter **139/A:** Cornelsen/newVISION GmbH, Bernhard A. Peter **139/B:** Cornelsen/Tom Menzel, bearbeitet durch newVISION GmbH, Bernhard A. Peter **140/1:** Shutterstock.com/Hamza CHEGGOUR **140/2:** Shutterstock.com/Pong Ch **141/3+4:** Cornelsen/Angelika Kramer **142/1:** Cornelsen/ Angelika Kramer, bearbeitet durch newVISION GmbH, Bernhard A. Peter **143/A1:** Cornelsen/ Angelika Kramer, bearbeitet durch newVISION GmbH, Bernhard A. Peter **144/1:** Shutterstock.com/Maria Kaminska **144/2:** Cornelsen/Angelika Kramer **145/3:** Cornelsen/Angelika Kramer **146/1:** Cornelsen/Angelika Kramer **147:** Shutterstock.com/Alexander Limbach **148/1:** Shutterstock.com/beton studio **149/2:** Cornelsen/Angelika Kramer, bearbeitet durch newVISION GmbH, Bernhard A. Peter **150/1:** Cornelsen/newVISION GmbH, Bernhard A. Peter **151/2:** Shutterstock.com/fizkes **153/alle:** Cornelsen/Tom Menzel, bearbeitet durch newVISION GmbH, Bernhard A. Peter **154/1:** Cornelsen/Tom Menzel, bearbeitet durch newVISION GmbH, Bernhard A. Peter **154/2:** Cornelsen/newVISION GmbH, Bernhard A. Peter **155/3:** Cornelsen/Tom Menzel, bearbeitet durch newVISION GmbH, Bernhard A. Peter **156+157:** Shutterstock.com/3d_man **158/1:** Elena Trushkova **159/2:** dpa Picture-Alliance/Gladden W. Willis/OKAPIA **159/3:** Shutterstock.com/DrWD40 **159/4:** sciencephotolibrary/EYE OF SCIENCE **159/5:** Shutterstock.com/Jose Luis Calvo **160/1 A+B:** mauritius images/alamy stock photo/Grant Heilman Photography **161/A:** Cornelsen/Tom Menzel, bearbeitet durch Andrea Thiele **161/B:** Cornelsen/Tom Menzel **162/1:** stock.adobe.com/Rido **163/2:** Cornelsen/Tom Menzel, bearbeitet durch newVISION GmbH, Bernhard A. Peter **164/1:** Cornelsen/Tom Menzel, bearbeitet durch Andrea Thiele **165/A+B:** Cornelsen/Tom Menzel, bearbeitet durch Andrea Thiele **165/Gefahrstoffzeichen:** Cornelsen/Atelier G/Marina Goldberg **166/1:** Imago Stock & People GmbH/J M Barres **166/2:** Cornelsen/Claudia Hild, bearbeitet durch newVISION GmbH, Bernhard A. Peter **166/3:** Cornelsen/newVISION GmbH, Bernhard A. Peter **167/4+5:** Cornelsen/Claudia Hild, bearbeitet durch newVISION GmbH, Bernhard A. Peter **167/6:** Cornelsen/Angelika Kramer **168/1:** stock.adobe.com/JosLuis **168/2+4:** Cornelsen/Andrea Thiele **168/3:** mauritius images/Alamy/Grant Heilman Photography **169/B:** Cornelsen/Claudia Hild, bearbeitet durch newVISION GmbH, Bernhard A. Peter **169/C1:** Shutterstock.com/Coplay **169/C2+C3:** Cornelsen/Andrea Thiele **170/1:** mauritius images/age fotostock **170/2:** Cornelsen/newVISION GmbH, Bernhard A. Peter **172/1:** sciencephotolibrary/Murti, Dr. Gopal **171/3+4:** Cornelsen/Tom Menzel, bearbeitet durch newVISION GmbH, Bernhard A. Peter **172/2:** mauritius images/alamy stock photo/Medicshots **173/3A+4A:** Science Photo Library/Fawcett, Don **173/5A:** Science Photo Library/Porter, K.R. **173/6 A:** Science Photo Library/BIOPHOTO ASSOCIATES **173/3 B, 4 B, 5 B, 6 B:** Cornelsen/Tom Menzel, bearbeitet durch newVISION GmbH, Bernhard A. Peter **174/1 A:** mauritius images/Science Source **174/1B:** Cornelsen/Tom Menzel, bearbeitet durch newVISION GmbH, Bernhard A. Peter **175/A:** Science Photo Library/MEDIMAGE **175/B:** H. Jastrow aus Dr. Jastrows elektronenmikroskopischem Atlas (www.drjastrow.de) **176/1:** Cornelsen/Andrea Thiele **177/2:** Cornelsen/Angelika Kramer **177/3:** Cornelsen/Tom Menzel, bearbeitet durch Angelika Kramer **178/1+2:** Cornelsen/Tom Menzel, bearbeitet durch Angelika Kramer **179/A+B:** mauritius images/Science Source **180/1+2:** Cornelsen/Tom Menzel, bearbeitet durch Angelika Kramer **182/1 A:** sciencephotolibrary/Biophoto Associates **182/1 B:** mauritius images/Science Source/Kwangshin Kim **183/2 A+B:** Cornelsen/Tom Menzel **184/1 A:** sciencephotolibrary/Cavallini, James **184/1 B:** Montage: Cornelsen, sciencephotolibrary/DR JEREMY BURGESS (Knolle), mauritius images/alamy stock photo/Mediscan (Bakterium) **184/1 C:** mauritius images/Biophoto Associates/Science Source **184/1 D:** sciencephotolibrary/DR. TERRY BEVERIDGE, VISUALS Unlimited **185/A l.:** Science Photo Library/WIM VAN EGMOND/ VISUALS UNLIMITED **185/A r.:** Cornelsen/Tom Menzel, bearbeitet durch Angelika Kramer **185/B:** mauritius images/Winton Patnode/Science Source **186/1:** Cornelsen/Volker Minkus **187/2 (Fotos):** Cornelsen/Volker Minkus **187/2 (Grafiken):** Cornelsen/newVISION GmbH, Bernhard A. Peter **187/3A+B:** Wissenschaftliche Bildagentur Karly/Florian Karly **187/3C+D:** Cornelsen/Tom Menzel, bearbeitet durch newVISION GmbH, Bernhard A. Peter **188/1:** Cornelsen/Karin Mall, bearbeitet durch newVISION GmbH, Bernhard A. Peter **189/A:** Cornelsen/newVISION GmbH, Bernhard A. Peter **189/B l.:** Cornelsen/Volker Minkus **189/B r.:** Cornelsen/newVISION GmbH, Bernhard A. Peter **191/o. + 2. v. o.:** Cornelsen/Tom Menzel, bearbeitet durch Andrea Thiele **191/m.:** Cornelsen/Tom Menzel, bearbeitet durch Angelika Kramer **191/2. v. u.:** Cornelsen/Tom Menzel, bearbeitet durch newVISION GmbH, Bernhard A. Peter **191/u.:** Cornelsen/Karin Mall, bearbeitet durch newVISION GmbH, Bernhard A. Peter **192/1+2:** Cornelsen/Tom Menzel, bearbeitet durch Andrea Thiele **192/3:** Cornelsen/Tom Menzel, bearbeitet durch newVISION GmbH, Bernhard A. Peter **193/4+5:** Cornelsen/Tom Menzel, bearbeitet durch newVISION GmbH, Bernhard A. Peter **194/1:** Cornelsen/Karin Mall, bearbeitet durch newVISION GmbH, Bernhard A. Peter **195/2:** Cornelsen/Andrea Thiele **198+200:** Cornelsen/newVISION GmbH, Bernhard A. Peter